萧洪恩◎著

民俗文化鉴赏

团结出版社

图书在版编目（ＣＩＰ）数据

民俗文化鉴赏 / 萧洪恩著 . — 北京：团结出版社，
2018.2

ISBN 978-7-5126-6061-8

Ⅰ.①民… Ⅱ.①萧… Ⅲ.①风俗习惯－研究－中国
Ⅳ.① K892

中国版本图书馆 CIP 数据核字（2018）第 014197 号

出　　版：团结出版社

　　　（北京市东城区东皇城根南街 84 号　　邮编：100006）

电　　话：（010）65228880 65244790

网　　址：http://www.tjpress.com

E-mail：65244790@163.com

经　　销：全国新华书店

印　　装：北京市金星印务有限公司

开　　本：170mm×240mm　　1/16

印　　张：24.75

字　　数：413 千字

版　　次：2018 年 3 月　　第 1 版

印　　次：2018 年 3 月　　第 1 次印刷

书　　号：978-7-5126-6061-8

定　　价：80.00 元

前　言

　　20 世纪 80 年代中期，我乘着武汉大学哲学硕士研究生毕业的学历学位和献身民族地区建设的激情来到了鄂西土家族苗族自治州（现已更名为恩施土家族苗族自治州，故下以恩施州称之）工作，初始被分配到筹备中的恩施州社会科学联合会，不久过渡到中国共产党恩施州委员会党校工作。自此而后，我的灵心所指、智慧所向、情感所钟、意志所持即是以民俗文化形式呈现的各民族文化研究，于是我的民族文化研究实际上以民俗文化研究的形式出现，并在研究中力求以哲学的深刻、理性的激情、犀利的文笔、动情的语言展现恩施州各族人民之智慧的生产、深情的生活、诚信的交往、文明的成就，于是写下了一篇篇论文，今天借此机会摘引一些当时所写的字句，以显示我们为什么会以鉴赏的眼光来看民俗文化的长期认识背景，并借以为前言。

　　1986 年暑期刚参加工作，即在搜集资料的基础上写下了《浅谈土家先民的哲学思想》一文，原文刊于《湖北少数民族》1987 年第 2 期上。文章论述了土家族人物共本的创生说、"俱事鬼神"的自然观、祖先崇拜的朴素心理等哲学问题，基本态度是：

　　　　土家族先民的神话传说，醞藏着他们的哲学思想。正如马克思所说的：当人们在开始思索"关于他们对自然界的关系的观念，或者是关于他们之间的关系的观念，或者是关于他们自身的状况的观念"[1] 的时候，他们就已经在生产劳动中学会了观察和思考。当然，由于"古代各民族是在想象中、

---

　　[1]　马克思、恩格斯：《马克思恩格斯选集》第 1 卷，北京：人民出版社 1995 年版。

在神话中经历了自己的史前时期"[1]，所以我们也只能从这些神话与传说中去追溯那些"最初在意识的宗教形式中形成"[2]的哲学思维了。

这篇满怀深情的论文，让我的思维视野锁定了作为口承民俗的文化。随后，作于1987年春夏的《试论土家族文明史的开端》，原文因参加恩施州民族学会1987年年会而刊于《恩施民族研究专集》第二集，发表于1988年第4期《恩施党校学报》上，其中对《后汉书·南蛮西南夷列传》所引《世本》中的巴人起源的神话做了我的解读。该神话原文是："巴郡南郡蛮，本有五姓：巴氏、樊氏、瞫氏、相氏、郑氏，皆出于武落钟离山。其山有赤黑二穴，巴氏之子生于赤穴，四姓之子皆生于黑穴。未有君长，俱事鬼神，乃共掷剑于石穴，约能中者，奉以为君。巴氏子务相乃独中之，众皆叹。又令各乘土船，约能浮者，当以为君。余姓悉沉，惟务相独浮。因共立之，是为廪君。乃乘土船，从夷水至盐阳。盐水有神女，谓廪君曰：'此地广大，鱼盐所出，愿留共君。'廪君不许。盐神暮辄来取宿，旦即化为虫，与诸虫群飞，掩蔽日光，天地晦暝。积十余日，廪君伺其便，因射杀之，天乃开明。廪君于是君乎夷城，四姓皆臣之。廪君死，魂魄世为白虎。巴氏以虎饮人血，遂以人祠焉。"凭借我的哲学思维基础，对此土家先民巴人神话做出了我的解读结论：

> 抛开其特定的运用后，我们发现：第一，廪君与盐水女神的关系，正好可以看作是虙戏传说的分化，证明二者的渊源关系。第二，在廪君之前，已出现了贫富不均的现象。"巴氏之子生于赤穴，四姓之子皆生于黑穴"之说，即为明证。第三，氏族公社制度还未完全解体，因而还"未有君长，俱事鬼神"。第四，开始了夺权斗争，走到了氏族社会的尽头。所以，"共掷剑于石穴，约能中者，奉以为君"。第五，人为宗教的出现。其先崇拜的白虎是自然对象，现在已变成了人化对象。它既表明人的地位的提高，表明父权制的遗迹存在，也表明宗教的自觉化，成为阶级社会的重要表征。"廪君死、魂魄世为白虎"即是。第六，国家开始出现。"廪君于是君乎夷城，四姓皆臣之"，表明了国家政治统治的发生。第七，出现了神权垄断。原来的"虎"，显系五姓共有，反映原始社会的宗教平等。但现在的"虎"，是廪君之魂魄，

[1] 马克思、恩格斯：《马克思恩格斯选集》第1卷，北京：人民出版社1995年版，第7页。

[2] 马克思、恩格斯：《马克思恩格斯全集》第26卷，北京：人民出版社1974年版，第26页。

因而，巴氏决定了祭祀的方式与内容。这是伴随着夺取政权而来的夺取神权的斗争。第八，人祭现象的出现，"遂以人祠焉"的现象，是奴隶社会的突出性征。总之，廪君时代已是属于土家族的文明史时代……大体说来，在颛顼至尧时代，应当被认为是土家族文明社会的形成及发展时代。自此之后，逐渐加强与中原的联系，直到融合于中华民族的大家庭之中……总之，根据上面的论述，我们不仅发现土家先民是中华民族的重要源头之一，而且可以稽考土家族文明史的开端。因为我们依于土家先民与汉民族的历史共性，其中特别是洪荒时代的历史共性，看到土家先民与汉民族一样，洪荒时代都是作为文明社会的预兆的，治水斗争是文明时代的助产婆，反映了两个民族的共同的历史趋向。

人文科学研究的基础工作和基本方法是解读文本、理解对象、体验生命，并在此基础上形成了多种诠释学方法。该文对廪君神话的解读与论释，成了我的一种尝试。写于 1987 年发表于《鄂西大学学报》1988 年第 1 期上的《日常的、家常的、平常的哲学—— 恩施民间传说中的哲学问题》一文，其中特别肯定了恩施各族人民作为恩施的"第一个哲学家"的地位，并在总体上强调说：

> 世代居住在恩施地区的土家族、苗族等少数民族人民，在长期的历史发展中，以各种形式书写着自己民族的历史。在各种各样的历史材料中，民间传说始终是一个重要内容，因为"许多世纪以来，人民的创作反映了各个时代他们的世界观"[1]。而研究他们的这种世界观，了解他们的真正历史，揭示出其中所包含的"还不发达的民主主义和社会主义的文化成分"[2]，应当是我们的一项重要的任务。本文的目的，只想就其"世界观"中所隐含的哲学思想因素作一初步分析，以便了解他们在哲学精神方面的创造。

写于 1987 年发表于《鄂西大学学报》1988 年第 3 期上的《神的三界与人的三界—— 论恩施民间神话中的原始宗教意识》一文，先在总体上强调：宗教在任何时代都是一种颠倒的世界观，"是那些还没有获得自身或是已经再度丧失自身的人的

---

[1] [俄] 邦奇 - 布鲁耶维奇著，刘辽逸等译：《列宁论民间口头文学》，《苏联民间文学论集》，北京：作家出版社 1958 年版，第 6 页。

[2] 列宁：《列宁全集》20 卷，北京：人民出版社 1985 年版，第 8 页。

自我意识和自我感觉"[1]。因而在那些本身是颠倒了的世界和人们没有自我主宰力量或自我主宰力量较弱的时候，宗教意识的产生就有可能。也就是在这个意义说，现实的苦难就是宗教的光明。马克思主义经典作家对于宗教本质的这种最一般概说，无疑是我们分析和评价恩施民间神话中的宗教意识的强力武器。特别是在恩施仍处在社会主义初级阶段的低级层次上时，宗教所赖以存在的社会历史条件并未完全消除，作为古典社会的天国投影的古典宗教也仍然在继续起着"麻醉作用"。因此，必须把马克思主义的"思想闪电""真正射入"恩施这块"没有触动过（至少是没有完全触动过）的人民园地"；必须让人们认识到："对宗教的批判"，分析是"对其他一切批判"，分析的"前提"。[2] 但是，我们又不能仅仅把宗教归结为一种精神鸦片了事，它作为一种特定的文化形态，作为特定社会历史条件下的特定产物，必然对该社会起到应有的积极作用。此文的目的，就是通过恩施人对神的三界与人的三界的划分的分析，对恩施民间神话中的宗教意识进行一次尝试性探索。然后指出：

> 三界说是恩施人特有的宗教观念，它的产生除了那种通常的对"现实苦难的抗议"而外，更多的还是由于对自然、社会及人身诸多现象的渴望理解；除了"人间的力量采取超人间的力量的形式"而外，更多的还是人们的探索性追求，其中包括人们或对自然的追求。因此，三界说的总的价值取向不是安于现状，而是奋发向上；不是甘于堕落，而是激励向善；不是四分五裂，而是团结融合与共同奋斗。

写于 1988 年，原载于《鄂西大学学报》1989 年第 1 期的《研究恩施的民间文学评析恩施的文学现状和发展》一文，在总体上肯定：在恩施，不仅"清江秀绝三巴地"[3]，而且"天边秀色鄂西山"[4]。也就是在这风景如画、山水相依的地方，孕育了有"骎骎大国风"[5]的文学艺术，因而被称为"诗的家乡，歌的海洋"[6]。历史上，

[1] 马克思、恩格斯：《马克思恩格斯选集》第 1 卷，北京：人民出版社 1995 年版，第 1 页。
[2] 马克思、恩格斯：《马克思恩格斯选集》第 1 卷，北京：人民出版社 1995 年版，第 1 页。
[3] 明嘉靖版《巴东县志》载高维勉《清江》诗。
[4] 《巴东古今诗吟》辑胡庆魁《巴东恩施道上》诗。
[5] 李勖清同治版《来凤县志·风俗志》引旧志宋儒曰："论文学，则骎骎大国风。"清道光版王协梦修《施南府志》卷 10 亦如之。
[6] 《宣恩侗族概况》编写组：《宣恩侗族概况》，内部资料 1986 年版，第 87 页。

恩施的民间文学，无论是其内容及形式，还是其情感及艺术都已达到了相当的高度。研究恩施丰富、优美的民间文学，诸如神话、传说、故事、诗歌等，对于探索和评析恩施的文学现状和发展，不是没有意义的。然后以"山野女郎朱颜在"为题，肯定了其价值：

> "山野女郎朱颜在，鬓白男儿志未衰。"恩施民间文学所涉及的内容非常广泛，要考察恩施民间文学的"朱颜"，无疑需要进行多侧面、多角度、全方位的透视。如果我们把视野扩大的话，我们就会发现它除了那独具匠心的艺术特色之外，还表现在宗教、历史、政治、民风民俗等多方面价值。并且正是这种多向性，使它至今仍显示出"永久的魅力"。

同样写于 1988 年而发表于《恩施党校学报》1989 年第 1 期、《湖北少数民族》1990 年第 6 期的《发扬传统 克服惰力 铸造民族新文化》一文，认为从恩施民族文化的历史发展中，既可以发现让我们引为自豪的优秀传统，又可以发现使我们气馁的历史惰力。对于前者，我们可能由此产生乐观主义；对于后者，我们可能产生悲观主义。所有这两者，都会从不同的角度促使我们放弃主观努力。因此，我们必须发扬传统、克服惰力、铸造民族新文化，并且从"文化现象都是社会现象的反映，任何社会现象都是文化现象的表现"的角度，把铸造民族新文化与整个恩施社会现代化一致起来[1]。然后以"愿朱颜不改常依旧"为题分析说：

> 用关汉卿《一枝花套·不伏老》曲中"愿朱颜不改常依旧"一语来说明我们恩施的民族历史文化及我们的态度，想来是再好不过的了。一方面，"山野女郎朱颜在"，恩施的民族历史文化有许多优秀精神，至今仍对我们的社会主义现代化建设起着积极作用，"朱颜"常在；另一方面，"愿朱颜不改常依旧"，就要发扬那些优秀精神，愿它对社会主义现代化建设起更大的推动作用。

这一时期写下了不少的分析恩施民俗文化的论文，据后来的初步分析，即有"族源探索"方面的《巴、巴人、巴文化释名》《试论土家族文明史的开端》等；"土家族哲学揭秘"方面的《史前期土家先民哲学思维的萌芽》《浅谈土家先民的哲学

---

[1] 刘志琴：《社会史的复兴与史学变革》，《史学理论》1988 年第 3 期。

思想》《神的三界与人的三界 —— 论恩施民间神话中的原始宗教意识》《日常的、家常的、平常的哲学 —— 恩施民间传说中的哲学问题》《论"还坛神"无神 —— "还坛神"的神人关系问题试说》等；"土家族文学述评"方面的《研究恩施的民间文学 评析恩施的文学现状和发展》《文艺生产的规律与恩施文学的春天》；"土家族文化现象阐幽"方面的《试论恩施的文化变更与社会发展》《恩施文化和经济形态的过去与未来》《试论恩施经济发展的文化背景》《浅析鱼木寨的文化特征》《恩施民族地名文化简论》《艰苦奋斗精神的丰碑 —— 土家族〈民族迁徙歌〉试探》《摆手舞的起源及文化内涵初论》《土家族火葬的流变及思想内涵初析》《土家族古代音乐地位试说》《"还坛神"的社会功能初判》《恩施民间神考》《发扬传统 克服惰力 铸造民族新文化》《论土家族文化精神》；"土家族科学技术研究"系列、"土家族天文历法概说"系列等，这些论文都体现了我从恩斯特·卡西尔那里学到的研究方法与研究态度，我当时曾对之进行了分析。我认为，恩斯特·卡西尔在《人论》中曾提出历史研究有其内在的方法、有其内在的规律性，为此他强调："历史学家在探讨真理时像科学家一样受制于同样的形式规则。在他的思考和论证方式中，在他的归纳推理中，在他对原因的追查中，他都像一个物理学家或生物学家那样服从于同样的普遍思想法则。就人类精神的这些基本理论活动而言，我们不可能在不同的知识领域之间做出任何区别。"[1] 为此，他特别对历史研究提出了以下任务，而我即对之进行了分类记录，并以此指导我的民俗文化研究：

（1）历史学家的研究使命是使对象活起来："伟大历史学家们的才能正是在于：把所有单纯的事实都归溯到它们的生成（fieri），把所有的结果都归溯到过程，把所有静态的事物或制度都归溯到它们的创造性活力。政治历史学家们给我们提供的生活充满了激情与情感，充满了政党间的激烈斗争、不同民族之间的冲突和战争。"[2]

（2）历史学家的研究应有自己的个性渗入："历史学家并不只是给予我们一系列按一定的编年史次序排列的事件。对他来说，这些事件仅仅是外壳，他在这外壳之下寻找着一种人类的和文化的生活 —— 一种具有行动与激情、问题与答案、张力与缓解的生活。历史学家不可能为所有这一切而发明新的语言和新的逻辑。他不可

---

[1] [德] 恩斯特·卡西尔著，甘阳译：《人论》，上海：上海译文出版社 1985 年版，第 223 页。
[2] [德] 恩斯特·卡西尔著，甘阳译：《人论》，上海：上海译文出版社 1985 年版，第 235 页。

能不用一般的语词来思考或说话。但是他在他的概念和语词里注入了他自己的内在情感，从而给了它们一种新的含意和新的色彩——个人生活的色彩。"[1] 这也就是说："如果历史学家成功地忘却了他的个人生活，那他就会由此而达不到更高的客观性。相反，他就会使自己无权作为一切历史思想的工具。如果我熄灭了我自己的个人经验之光，就不可能观看也不可能判断其他人的经验。在艺术的领域里，如果没有丰富的个人经验就无法写出一部艺术史；而一个人如果不是一个系统的思想家就不可能给我们提供一部哲学史。在历史真理的客观性和历史学家的主观性之间的表面对立必须以不同的方式来解决。"[2]

（3）特别强调历史理论的重要性，坚持正确理论的指导："对激情的世界——政治的野心、宗教的狂热，以及经济和社会的斗争——一无所知的历史学家，只会给予我们非常枯燥抽象的历史事件。但是，如果他想要获取历史真理的话，他本人就不能逗留于这个世界。他必须赋予所有这些激情的材料以理论的形式；而这种形式，像艺术品的形式一样，绝不是激情的产物和结果。历史学确是一部关于激情的历史，但是如果历史学本身试图成为激情，那么它就不再是历史。历史学家本人一定不能表现出他所描述的那些感情、那些暴怒和疯狂的情绪来。他的同情是理智的和想象的，而不是情感的。我们在一个伟大历史学家著作的字里行间感受到的个人风格并不是情感的或修辞学的风格。一种修辞学的风格可以有许多优点，它可以感动和取悦读者，但却没有抓住主要之点：它不可能把我们引向对事物和事件的直观以及自由公正的评判。"[3]

（4）重视把握历史科学的因果性探求："我并不打算在这里讨论和批评这种历史决定论的体系。如果为了反对这种决定论而否认历史的因果性，那恰恰是错误的。因为因果性是一种适合于人类知识的全部领域的一般范畴，它并不局限于某一特殊的领域，并不局限于物质现象的世界。自由和因果性不应当被看成是不同的或对立的形而上学力量，它们只是不同的判断样式。甚至连康德这个最坚决捍卫自由和伦理唯心主义的人，也从不否认：我们的一切经验知识——关于人的知识以及关于物

---

[1] [德]恩斯特·卡西尔著，甘阳译：《人论》，上海：上海译文出版社1985年版，第237页。
[2] [德]恩斯特·卡西尔著，甘阳译：《人论》，上海：上海译文出版社1985年版，第237页。
[3] [德]恩斯特·卡西尔著，甘阳译：《人论》，上海：上海译文出版社1985年版，第241—242页。

理事物的知识 —— 都必须承认因果性原则。"[1]

（5）历史研究应具有特殊的方法："不可能把历史思想'化归为'科学思想的方法。即使我们可以知道所有的自然法则，即使我们能够把所有的统计学的、经济学的、社会学的规律应用到人身上，也仍然不能帮助我们'看到'人的这种特殊面貌和他的独特形式。在这里我们并不是活动于物理的宇宙中，而是活动于符号的宇宙中。为了理解和解释各种符号，我们就必须建立与探究原因的方法不同的其他各种方法。意义的范畴不应当被归结为存在的范畴。如果我们要寻找一个可以把历史知识包含在内的总题目的话，那我们可以把它称之为语义学的一个分支而非物理学的一个分支。语义学的规则，而非自然的法则，才是历史思想的一般原则。历史学是被包含在阐释学的领域而非自然科学的领域之中的。"[2]

（6）应善于事件与事实的区分："这就把我们带到了另一个争议更大的问题上来了。显而易见地，历史学不可能描述过去的全部事实。它所研究的仅仅是那些'值得纪念的'事实、'值得'回忆的事实。但是，在这些值得纪念的事实和所有其他的渐被忘却的事实之间的差别何在呢？李凯尔特曾经试图证明，为了区别历史的事实与非历史的事实，历史学家必须掌握一种形式价值体系，他必须用这种体系来作为他选择事实的标准。"[3]

（7）应着力赋予历史以性格？"一切历史事实都是有性格的事实，因为在历史中 —— 不管是在民族的历史还是个人的历史中—— 我们都绝不会只研究单纯的行为和行动。在这些行为中我们看到的是性格的表现。在我们的历史知识中 —— 它乃是一种语义学的知识 —— 我们不能运用在实际的或物理的知识中所用的那种标准。一件在物理上或实际应用上根本没有任何重要性可言的事情仍然可以有非常重要的语义学的意义。……丹纳想要把他的历史叙述建立在他所谓的'一切有意义的细小事实'之上。这些事实就它们的结果而言并不是有意义的，但是它们是'意味深长的'；它们乃是符号，借助于这些符号，历史学家得以阅读和解释个人的性格甚或整个时代的性格。"[4]

[1] [德]恩斯特·卡西尔著，甘阳译：《人论》，上海：上海译文出版社1985年版，第245页。
[2] [德]恩斯特·卡西尔著，甘阳译：《人论》，上海：上海译文出版社1985年版，第247—248页。
[3] [德]恩斯特·卡西尔著，甘阳译：《人论》，上海：上海译文出版社1985年版，第248页。
[4] [德]恩斯特·卡西尔著，甘阳译：《人论》，上海：上海译文出版社1985年版，第248—249页。

（8）应疑问统计学并谨慎运用："在十九世纪后半叶，许多历史学家都对统计学方法的引入寄予过高的希望。他们曾预言，正确地使用这个新的有力武器，历史思想的一个新纪元就会到来。如果有可能根据统计资料来描述历史的现象，这似乎确实是人类思想上的一次革命。在这种情况下，我们关于人的全部知识就突然以新的面貌出现了。我们将会达到一个伟大的目标 —— 一门关于人类本性的数学。最初提出这种观点的那些历史学家们深信，不仅对大的集体运动的研究，而且对道德和文明的研究，也在很大程度上依赖于统计学的方法。就像有一门社会学的或经济学的统计学一样，也有着一门道德的统计学。事实上人类生活没有哪一领域能免于严格的数的法则，这个法则扩展到人类活动的每一领域。"[1]……

（9）应铭记历史学的使命或意义："历史学则是以完全不同的方式从事研究的。它只有在人类世界中才能生存和呼吸。像语言或艺术一样，历史学从根本上讲就是拟人的，抹杀它显示人的特点的方面，也就毁灭了它独特的个性和本性。但是历史思想的这种拟人性并没有对它的客观真理构成任何限制或妨碍。历史学并不是关于外部事实或事件的知识，而是自我认识的一种形式。为了认识我自己，我不能力图超越我自己，这正像我不能跃过我的影子一样。我必须选择相反的道路。在历史中，人不断地返回他自身；他力图追忆并实现他过去的全部经验。但是这种历史的自我并不是一个单纯个人的自我。它是拟人的，但并不是以自我为中心的。用一种悖论的形式来表达的话，我们可以说，历史学在努力追求一种'客观的拟人性'。借着使我们认识到人类存在的多态性，它使我们摆脱了追求一种独特而单一的要素的偏见和妄想。历史知识的目的正是在于对自我，对我们认识着和感觉着的自我的这种丰富和扩大，而不是使之埋没。"[2]

可以这样说，这是我当时读书时以按语形式列出的历史研究的系统方法论要求，并以之指导我的研究，因而形成了我对民俗文化的一般分析思路，并力求在我自己总结的"全面看，正面看"的方法论精神指导下进行民俗文化研究，如在《发扬传统 克服惰力 铸造民族新文化》一文中，我们对恩施民族文化的优秀精神作了如下阐明：

[1] [德]恩斯特·卡西尔著，甘阳译：《人论》，上海：上海译文出版社1985年版，第250页。
[2] [德]恩斯特·卡西尔著，甘阳译：《人论》，上海：上海译文出版社1985年版，第242页。

恩施民族历史文化的优秀精神可以从以下几个方面去理解:

1. 以开放求发展的精神

以《史记》求之,早在黄帝时代,恩施似属"虎"方居住区,在黄帝"教虎、豹、熊、罴"之首,说明已与中原民族有文化交流。

考古研究证明,商、周社会时的恩施与中央王朝更有广泛的文化交流,因而在遗物中除具有民族和区域特色的陶器、石器、骨器和小件铜器而外,还有中原夏、商文化特色袋盉、大口尊等器。这是恩施各族以开放求发展、以消化吸收促独立创新的明证。

在战国前后期,社会的大动乱并未使文化交流中断,在恩施地区考古发现的巴楚文化重复叠出的特征可以作为证明。

唐宋时代,无论是建筑等方面,还是其他风俗习惯方面,都反映出文化新融合的特征。一方面,建筑上使用板瓦、筒瓦,交换中用朝廷货币。另一方面,葬俗上又保持火葬、岩葬等民族特色。再者,经济上的交流更为明显,牛耕的出现,瓜、果、桑、蚕的引种等,更是文化开放所结的硕果。

在土司制度时期,唐崖土司覃氏夫人游历峨眉,走出恩施,为文化开放新辟一途。容美土司田舜年敬请汉人名士顾彩,精研诗书辞章,著《白鹿堂诗集》等数十种,为文化开放又开一径。加上经济、社会的其他交流,使这一时期的对外开放盛况空前。

有同志把恩施的开放史划分为几个大的时期,如改土归流、抗日战争、中华人民共和国成立等,实不知恩施民族历史上早已有以开放求发展的传统,只不过过去未引起注意罢了。

2. 以团结求发展的精神

在整个恩施的民族历史文化中,都可以看出以团结求发展的可贵精神。如作为文化沉淀体的地名,有"八伙计",即今来凤县卯洞区的"八河溪",传说有八个人结伙住在此地,人们便称此地为八伙计,后传为八河溪。至于来凤与湖南龙山两县的"龙凤呈祥"的美好传说,则更是以团结求发展的明证。

在宗教文化方面,极有代表的三界说,把佛教、道教以及恩施民族民间宗教的诸神如观音、如来、玉皇、太上老君、王母娘娘、洞神、树神、白虎神等都统一起来，为着共同的目的而努力。如在民间故事《咸丰县城的来历》中所说的奕䜣，既因佛教的修养，又因道教的道人传旨而登帝位；在《飞来的板桥寺》中，佛教的法师，道教的道人等都曾经与飞虎怪作斗争以保护民众利益；至于"龙生凤养虎喂奶"和"龙生虎养凤遮荫"，古图腾形象则更可视为团结融合的典范形式。

在生产习俗文化方面，"四、五月耘草，数家共趋一家，多至三四十人，一家耘毕又趋一家"[1]，反映了生产活动中的团结、合作与互助精神。至于劳动过程中，"背上儿放阴凉地，男叫歌来女接歌"[2]，"以节劳逸"的场面，更反映出自由、融洽、活泼的民众情感。

在丧葬习俗文化中，"人死众人哀，不请自然来"的闹灵场面，不仅是活人对死人的哀悼，而且也是生前友好关系的再现。

总之，在恩施的民族历史文化中，无论你从哪个侧面考察，都可以发现其团结合作精神，以至于在恩施"过客不裹粮，投宿寻饭，无不应者"[3]。

3. 古朴的道德责任

人心向善，这是恩施人的最高的道德责任，它突出地反映在其宗教意识中。它以善为标准，把人作了上、中、下三界划分，并通过这三界划分而划出了神的等级。在神的三界等级中，作恶多端的都是妖怪，如"蛤蟆怪"、"大蟒怪"、"飞虎怪"等，它们欺师灭祖、抢劫民女、忘恩负义、乱杀无辜等，因而只能居于下界，为下等神。中界诸神都是善恶并存而善大于恶的，如龙、土地神、灶神等，都曾有大恩大德大善于民，但也有小过小非小恶于民。因此，它们上不及天神有大善，下不及诸怪有大恶，故被称为凡界神。至于说到上界神，之所以居于天上，那纯粹是有至善于人的。正是人们以善作为准绳，因而有"善游此地心无愧，恶过该门胆自寒"的土地庙前的对联作为警句。

---

[1] 清同治版《来凤县志》。

[2] 民国版《鹤峰州志·竹枝词》。

[3] 清同治版《来凤县志》。

人心向直，这是恩施人的又一道德责任。前面提到的丧葬文化、生产习俗文化等方面，都反映了这方面的内容。

当然，要分析恩施民族历史文化的"朱颜"，是远不止这些的。如果对那些于友情忠贞不渝、于牺牲视死如归、于追求抱负崇高、于己勤奋修为、于人宽而薄责等精神加以研究，并加以光大，以达到"朱颜不改常依旧"的目的，是会有益处的。

可以这样说，正是这种一直以来坚持的"全面看，正面看"方法论精神，使我始终能以鉴赏的眼光看待民俗文化，于是在华中农业大学教务处要求我开设一门民俗文化方面的课程时，我即决定以《民俗文化鉴赏》为题。从这个意义上说，发展是硬道理，但态度是决定因素。也正是基于这个认识，我们摘录上述文献以为前言，说明我们对优秀民俗文化的坚守。

CONTENTS 目　录

绪论　人啊！认识你自己

　　民俗是基于民众的存在性而形成的生生不息之文化现象，认识民俗自然得首先认识人。我们的民俗文化鉴赏，从本质上即是认识伟大的民众。而认识人，从本质上说即要认识人的本质，因为"人决不能越出他自己的真正本质"[1]。

　　当西方古代那些最初的先哲沉醉于探索自然并纷纷论著自然之时，一个智者学派的领军人物普罗塔哥拉却发出了惊世骇俗的声音——"人是万物的尺度"！然而好景不长，一个反复考察智者并自认自己无知的学者苏格拉底却对之泼了当头凉水——"人啊！认识你自己！"此后，苏格拉底的学生柏拉图相信了"哲学王"的使命，但却没有得到真正的结果，直到亚里士多德诉求的人数不多且立于海滨的城邦，"人"都是一个无法回避的话题，犬儒学派的悲情、斯多葛派的现实、中世纪的让位于神学、文艺复兴的巨人、启蒙时代的机械的人……直到康德的"四大批判"所确认的人、黑格尔的"绝对精神"之人、费尔巴哈的抽象的人、马克思的实践的人……所以，人的问题直到现在也仍然是一个大问题。

　　与此相应，在中国古代，从初始的"夏道遵命，事鬼敬神而远之，近人而忠焉；殷人尊神，率民以事神，先鬼而后礼；周人尊礼尚施，事鬼敬神而远之，近人而忠焉"[2]的人与命、神、礼的关系中，人即逐渐找到了自己的归宿，以至于周代统治者提出了"天视自我民视，天听自我民听"[3]的口号，到后来的荀子从"气生知义"的序列中找到

---

[1]　［德］费尔巴哈著，荣辰华译：《基督教的本质》，北京：商务书馆1997年版，第41页。

[2]　《礼记·表记》。

[3]　《尚书·泰誓》。

人的"故最为天下贵"[1]之根据，从而开启了中国哲人对人的深入思索。但现实的情形也始终伴随着对这一问题的纠结——我是谁？我如何？……一系列的"我……"之问题，其实也就是"人"的问题，于是，《民俗文化鉴赏》即从"人啊！认识你自己"开始。

一、"瞧，这个人"

尼采（1844—1900）是德国哲学家、诗人。他的诗歌语言优美，诗意浓郁；他的论战文章，思想深邃，文笔犀利。《瞧，这个人》[2]是最能代表尼采思想的作品之一，书中以其主要著作为线索对尼采自己的思想主张加以描述，并在书中严厉地抨击了道德、灵魂、精神、自由意志和上帝，反映出作者对"人"的关注。事实上，讨论"民俗文化"，我们就不得不面对"这个人"。下面我们即以人的生产为例加以说明，其中特别是"生产力"这个概念。

生产力，这个"神圣"的述语，马克思主义经典作家基于西方文化背景赋予了她的特殊功能——人们征服自然、利用自然、改造自然的能力，现在则表述为人们在物质生产活动中形成的解决社会同自然之间矛盾的实际能力，是人类改造自然使其适应社会需要的物质力量，是标志人类改造自然的实际程度和实际能力的范畴。很显然，这是一种功能性定义而不是本原性定义，虽然定义强调了生产力体现人与自然的关系而区别于生产关系体现人与人的关系，并强调生产力在人类社会发展过程中的最终决定地位。但是，我们如果更进一步地对生产力进行追问，则不难发现，作为生产力主体的"人"是什么？则自然而然地出现了新的问题——不同文化背景下的人、不同时代的人之生产力观问题。

对于"人"这种不同的认识，无论是中学、西学，还是古学、今学，都有深入的讨论，"人论"、"论人"、"人的问题"等书名层出不穷，"人的使命"、"人生"、"人格"、"人文"、"人才"、"人品"、"名人"等探讨更是机智而深刻，"神话人"、"理性人"、"感性人"、"非理性人"、"宗教人"、"符号人"、

---

[1]　荀子：《荀子·王制篇》说："水火有气而无生，草木有生而无知，禽兽有知而无义，人有气、有生、有知，亦且有义，故最为天下贵也。"

[2]　[德]尼采著，黄敬甫、李柳明译：《瞧，这个人（尼采自传）》，北京：团结出版社 2006 年版。

"数学人"、"生物人"、"植物人"、"文化人"等的界定也是汗牛充栋。因此，具有超前思维的思想家尼采只能用"瞧！这个人"来表示他的关注。

在西方，"人是万物的尺度"与"人啊，认识你自己"作为双簧，曾弹奏出无穷而美妙的乐章。希罗多德的《历史》崇尚"人类的功业"，自然哲学派的自然人论与文化哲学派的文化人论等，及至近现代的诸人论，无不层层展现西方文化视野下的人及其世界、能力，其中莎士比亚的剧作《哈姆雷特》中对人的肯定和颂扬最为出色：

> 人是一件多么了不起的杰作！
>
> 多么高贵的理性！
>
> 多么伟大的力量！
>
> 多么优美的仪表！
>
> 多么文雅的举动！
>
> 在行动上多么像一个天使！
>
> 在智慧上多么像一个天神！
>
> 宇宙的精华！
>
> 万物的灵长！

在中国，"人"虽然只有两笔 —— 一撇一捺，但有书法经验的人都会觉得这是最无法捕捉的两笔，它们的相互支撑关系确实其妙无穷[1]；看透人事的智者则用"万物之灵"来加以界标，因而也才有"人啊！人"的感思；文字学家则从不同的层面进行界定，如《说文解字》界定为"天地之性最贵者也"，《释名》界定为"仁也，生物也"，从而接近了人的生产力定义；《礼记·礼运》则强调："人者，天地之德、阴阳之交、鬼神之会、五行之秀气也"，又充分显示了人的自然属性及神圣价值；

---

[1] 笔者曾以"德"、"才"来说明这"人"字的一撇一捺，一捺即"德"，一撇即"才"，"德"、"才"必须配合才能成为一个完整而健全的人，但相比而言，"德"更根本、更关键。如果一个人只重"才"而不重"德"，甚至把"才"看得重于"德"，那就可能成为"入"或"y"或"乂"……而不成为人了；同样，如果只有"德"而没有才，或较欠缺"才"，或者"德"与"才"不结合而分开，那就成了"八"、"卜"等，也不成其为"人"了。所以，现在一般说"有德无才干不了事，有才无德干不好事，德才兼备能当大事"，正在于强调二者的有机结合。所以，作为一撇的"德"有压倒性意义，而作为一捺的"才"却具有支柱作用，这是我们应该加以注意的。

一些诙谐论者则戏言："人的两只眼睛，全是平行的，却不平等看人；人的两耳是分在两边的，却总好偏听一面之词；人的鼻端，总有两孔，却总是随着别人一鼻孔出气；人只有一舌，但总能说两面话。"……

循着这个思路，我们可以思考人们关于"生产力"观念的问题。普罗塔哥拉曾说"人是万物的尺度"，但问题也正出现于这个"人"上，是感性人？还是理性人？如果是感性人，则"跟着感觉走"，从而可能去寻找"感觉的快乐"；如果是理性人，则循着理性之光，去寻找"快乐的感觉"。即使是"理性人"，也仍然有道德理性、价值理性、工具理性、政治理性、法制理性……从而也有不同的尺度。同样，我们可以审视，如果马克思主义经典作家产生在东方的中国，他是否还会那样去界定"生产力"？从文化精神上说，他们可能有一些文化价值取向是根本无法超越的，因为"人们自己创造自己的历史，但是他们并不是随心所欲地创造，并不是在他们自己选定的条件下创造，而是在直接碰到的、既定的、从过去承继下来的条件下创造。一切已死的先辈们的传统，像梦魇一样纠缠着活人的头脑"[1]。据此可知，他们的定义极有可能是——一方面强调人与自然的和谐，突出人们和谐自然的能力，另一方面更关注人的内在潜力的挖掘。因为这两者恰好是中国文化的尺度，从而也就是中国人的尺度。如被称为中国文化元典的《易经》六十四卦的第一卦"乾"即强调了人对这种内在潜力的挖掘进程——

> 初九潜龙，勿用。
> 九二见龙再田，利见大人。
> 九三君子终日乾乾，夕惕若，厉无咎。
> 九四或跃在渊，无咎。
> 九五飞龙在天，利见大人。
> 上九亢龙有悔。
> 用九见群龙无首，吉。

至于和谐自然，古文字学家对"王"字的解释则直接宣示了这一目标——"一贯三者为王，三者，天地人也。"而汉字"畜"（天地结合）、"畚"（上天向人

---

[1]　马克思、恩格斯：《马克思恩格斯选集》第 1 卷，北京：人民出版社 1995 年版，第 585 页。

示以田园）等字则非常鲜明地表明了这种意向。

至此我们已然明白，中西方文化的生产力尺度会因人们的文化传统而有所不同。其实，古人今人也会有所不同，这并不像诗人笔下的明月蟾宫那样——"今人不见古时月，今月曾经照古人。古人今人若流水，共看明月皆如此。"这种古今差异，我们可以把它叫作"第一生产力"的转移。而事实上，这不同的第一生产力背后即有不同的民俗文化支撑。

事实上，探讨民俗，也正在于探讨人本身。

二、你是谁？我是谁？

通常我们说"人是社会关系的总和"时，我们总显得那样自然而然。但是，当我们要追问哪些人构成了我们的社会关系时，我们却未必说得清楚，这就是我们通常所说的"熟知非真知"，或者说"百姓日用而不知"，我们试用"社会有哪些人"来理解这一问题的复杂性。

（一）渔樵耕读

随着金庸的小说《射雕英雄传》《神雕侠侣》《天龙八部》等传世并被影视化传播，"渔樵耕读"获得了广泛的认知，虽然不同时期有不同说法，如"渔"或说为"点仓渔隐"、"泗水渔隐"，"读"有"朱子柳"说、"朱丹臣"说等，但渔即渔夫、樵即樵夫、耕即农夫、读即书生，却是共同的认知。

事实上，正是在日常中，我们即曾有许多关于社会的认知，比如，我们在一些古建筑中、在一些古典家具上，甚至在一些纸扇上……都会看到"渔樵耕读"这四个字，它们所指认的即是渔夫、樵夫、农夫与书生等，这是四个中国传统农耕社会比较重要的职业，代表了中国古代劳动人民的基本生活方式及社会关系的组合方式，虽然后来也用以指称官宦退隐之后生活，但是却不能否认这是对中国传统社会的基本认知。因而中国的传统民俗画中常有"渔樵耕读"的题材，不少传统建筑中常以"渔樵耕读"著于天井或相关构建上，很多古典家具也常以之为雕刻图案寓意。现在，当我们把这些年画、这些家具、这些建筑作为文化时，应不至于有人反对。而当考察此四字的出典时，我们知道有一种说法是："渔"是指东汉一生不仕的严子陵，隐居于浙江桐庐，垂钓终老；他本是汉光武帝刘秀很赏识的同学，在刘秀当了皇帝后曾多次请他做官，都被他拒绝。"樵"则是汉武帝时出身贫寒、靠卖柴为生但却酷爱读书的大臣朱买臣，尽管妻子不堪其穷而改嫁他人，但他仍然自强不息，熟读《春秋》《楚辞》，后由同乡推荐，当了汉武帝的中大夫、文学侍臣。"耕"所指的是舜在历山下教民众耕种的场景。"读"则是讲述战国时纵横家苏秦到秦国游说失败后为博取功名而发愤读书，每天读书到深夜，而每当要打瞌睡时就用铁锥子刺一下大腿来提神的埋头苦读的情景。这样，又把这四人狭义地指向了精英。可事实上，不仅这"渔樵耕读"是中国传统农耕社会极为基础的四业，而且也代表了农耕社会劳动人民的基本生活方式、生活态度。现在我们知道，有不少"渔樵耕读"的文化创造，已经成为我们的文化经典。

（二）士农工商

在中国的文化传统中，关于社会结构有两种分类特别值得深思：一个是产业分类上的"崇本抑末"或"重农抑商"，另一个是权人结构上的"士农工商"四民。前者本身有价值评价于其中，从而产生崇抑、轻重之社会待遇；后者则从先后顺序上体现了这四类人在社会生活中的轻重顺序，尽管他们都是社会缺一不可的。

按照学界的一般解释，"四民"只是传统中国古代对平民职业的基本分工，士指学者或知识分子、农指种地的农民、工指工人其中特别是手工业者[1]、商自然指的是商人。《管子·小匡》中有谓："士农工商四民者，国之石民也。"这里不仅提出了人们后来习惯的"士农工商"的次序，并严肃地强调他们都是国家的基础，并且特别强调要各安本业，各得其所。但问题在于，如果我们仔细区分，会发现这四者的排列顺序是有所区别的。据《春秋谷梁传·成公元年》记载，当时所列为"士、商、工、农"，一是顺序与上述《管子·小匡》有别而具特殊性，二是强调了职业的选择性，表明某些职业并非人人之所能为，对一些人来说，应有正业或本业，或者说应有自己适合的职业。可是在《荀子·王制》中我们又看到了"农士工商"的排列顺序，并且是从王制的高度，从只有"明分"才能"使群"的层面强调的顺序，并进而形

---

[1] 从李白的《秋浦歌》之十四"炉火照天地，红星乱紫烟。赧郎明月夜，歌曲动寒川。"可以看出，工既应包括国家或私营的较大的专业化的"工"，也应包括家内手工业之"工"，是一个总称。

成了一种价值顺序。不过应看到的是，无论是哪一种排列顺序，都有以民为本的意义，而且强调的是一般的大众。如管子以"士农工商四民"为"国之石"，从这"石"指建筑物的基础，"士农工商"都是国家的基础来看，这"四民"的地位自不待言。

（三）九老十八匠

"九老十八匠"作为传统中国民间对依靠手艺谋生的民间工匠的一个统称，其出发点是想谋求一个简明通俗的概括以便于记忆区分，在总体精神上体现的是中国文化传统中"易简而天下之理得矣"的诉求。在传统中国（现在的城市也还有所传承），民间有很多走乡（街）串户的手工艺人用自己的手艺服务民众，他们的手工技艺与民众的日常生活紧密相关，从着装打扮的金银首饰到饮食生活的锅碗瓢盆，涉及日常生活中的方方面面，他们不仅是中国民间的手工艺人，更是中国几千年文化的深沉积淀。

虽然都着眼于概括民间的能工巧匠，但却因各地的文化差异而有所区别。据学界研究，这一概括初起于湖北武汉的黄陂，据说是在明末清初之时，起因还在于汉口开埠、黄陂隶属汉阳府的推动。因为在清朝前期，黄陂隶属黄州府，至清朝雍正七年（1729年），湖广总督迈柱上奏朝廷，言黄陂距黄州水陆交通均不方便，管理难以周全，而改隶汉阳府管理更好，并得到了朝廷批准。其时，汉口早已开埠，明末清初即已成为全国四大名镇之一。无田少地的黄陂人到汉口谋生，早先在流动于乡间的各种手工匠人纷纷向城镇云集，走街串巷，开店设行，于是即有了"九老十八匠"名目的出现。但是，在这里用的则是"九佬十八匠"，而"佬"被解释为成年的男子，且含有轻视之意，故城里人称乡下人即为"乡巴佬"，而所指称的"九佬"包括阉猪、杀猪、骟牛、打墙、打榨、剃头、补锅、修脚、吹鼓手这九个行当。而通常所指则包括烧火佬（厨师）、剃头佬（理发师）、补锅佬、修脚佬（洗澡堂里修脚病的师傅）、阉猪佬（兽医）、铲磨佬（旧社会用来推粉的大小石磨齿用平了洗磨的师傅、农村中传有"铲磨老吃鸡蛋，把我的磨子铲稀烂"之说）、捯柴佬（旧社会专门带着斧子帮大户人家劈柴的师傅）、抢刀磨剪佬、裁缝佬（旧社会带着剪刀、尺子和针线走村串户帮人做衣服的师傅）。下面我们列出从网上收集到的各地说法的分异，以说明民俗文化上的区域差异。

表0-1　各地九老分异表

一般说	黄陂说	江西说	沔阳（今仙桃）说
烧火佬	杀猪	打铣	杀猪
剃头佬	剃头	剃头	剃头
补锅佬	补锅	补锅	补锅
修脚佬	修脚	剔脚	剔脚
阉猪佬	阉猪	结猪	阉猪
铲磨佬	骟牛	洗磨	打渔佬
挝柴佬	打墙	渡船	渡船佬
抢刀磨剪佬	打榨	杀猪	磨刀
裁缝佬	吹鼓手	打渔佬	吹鼓佬

　　其中黄陂的说法有四种与一般说法相同，不同者达五种；江西与黄陂同称为"九佬"，与一般说法有三种全同，有两种表述有异，有四种不同；沔阳（今仙桃）有五种与一般说法相同，有两种与黄陂相同，两种与江西相同。另有关于常德的，但所见不全。可见，随着各地生产生活方式的差异，"九老"的差别即有不同的表现，这就是区域文化的差异。

表0-2　各地十八匠的分异表

一般说	江西说	沔阳说	常德说
金银铜铁锡，木雕画弹篾，瓦垒鼓椅伞，漆皮织绒染，铸磨窑	金银铜铁锡，石木画雕弹，染皮酒瓦窑，榨篾摆	金银铜铁锡，木石雕画皮，瓦砌油瓷泥，弹花箍桶漆。	金银铜铁锡，岩木雕瓦漆，篾伞染解皮，剃头弹花晶。

（四）三百六十行

　　在中国的民间俗语中，"三百六十行，行行出状元"应算是知名度最高的、属民间常用的励志语，强调的是无论从事什么行业都能做出好的成绩，并成为这一行的专家、能人、达人……在这里，"三百六十行"并不是实指，而是运用了中国古代极有信仰意义的文化数符，与"三十六"、"七十二"等相类，用以指认各行各业的行当即各种社会工种。其中"行"是从街巷所设立的贩卖摊和商店的行列，于是街巷也可以称"行"，因为在同一条街上一般都会开设同类店铺而成为"同行"，如"茶行"、"冶铁行"、"织锦行"等，现在通常叫"××一条街"。虽然中国社会的分工约略在春秋战国时代已经基本形成，但关于概括性的"三十六行"的记载却自唐代始有，宋人周辉已在《清波杂志》中列有"三十六行"的说目：肉肆行、鲜鱼行、海味行、米行、酱料行、花果行、宫粉行、酒行、茶行、汤店行、药肆行、柴行、棺木行、丝绸行、成衣行、顾绣行、针线行、皮革行、扎作行、故旧行、忏作行、网古行、鼓乐行、杂耍行、彩与行、珠宝行，玉石行、文芳行、纸行、用具行、竹木行、铁器行、陶土行、花纱行、驿传行、巫行。后来，随着社会的发展，各行各业的分工越来越细，于是由"三十六行"扩大为"七十二行"，再又扩大到"三百六十行"。明代田汝成在《西湖游览志余》中即提到杭州就有"三百六十行"，说明明代已经出现了"三百六十行"的说法。清人徐珂在《清稗类钞》中说："三十六行者，种种职业也。就其分工而约计之，曰三十六行；倍之，则为七十二行；十之，则为三百六十行；皆就成数而言。"

（五）五服、九族

费孝通先生在《乡土中国》中曾提出过"差序格局"一词，旨在描述中国传统社会亲疏远近的人际格局，如同水面上泛开的涟晕一般，由自己延伸开去，一圈一圈，按离自己距离的远近来划分亲疏，强调中国传统文化中的亲疏之别和道德特殊主义。[1]这算是一种对中国人之"社会关系"之总和的解说。

事实上，民间编辑家谱，往往会列五服、九服之图以表明这种关系的远近，表明中国人际社会关系中的重要一面。所谓"五服"，一般的解释为：中国封建社会是由父系家族组成的社会，以父宗为重。其亲属范围包括自高祖以下的男系后裔及其配偶，即自高祖至玄孙的九个世代，通常称为本宗九族。在此范围内的亲属，包括直系亲属和旁系亲属，为有服亲属，死为服丧。亲者服重，疏者服轻，依次递减，

---

[1] http://www.baike.com/wiki/ 差序格局。

《礼记·丧服小记》所谓"上杀、下杀、旁杀"即此意。

像上述这类关于人的类型的划分，直接或间接地可以帮助我们认识"人是社会关系的总和"。其实，在中国文化中，除了"人是社会社会关系的总和"外，还有"人是与自然关系的总和"之思，如对于统治者层次特别是对最高统治者层次的划分，一个重要的标准就是与自然的关系，如《易纬》等书中说：

> 孔子曰：《易》有君人五号也：帝者，天称也；王者，美行也；天子者，爵号也；大君者，与上行异也；大人者，圣明德备也。变文以著名，题德以别操。王者，天下所归往……天子者，继天理物，改正一统，各得其宜，父天母地，以养万民，至尊之号也……大君者，君人之盛者也……大人者，圣人之在位者也。夫大人者，与天地合其德。[1]

按照这种说法，"帝"是天称、天号，其"德配天地，不私公位，称之曰帝"，《春秋纬》说："德明谥合天者称帝。"《尚书·尧典》疏则谓："帝者，天之一名，所以名帝。帝者，谛也，言天荡然无心，忘于物我，公平通远，举事审谛，故谓之帝也。五帝道同于此，亦能审谛，故举其名。"而"王"，按《春秋纬》的说法是"仁义合者称王"。至于"天子者，继天理物，改正一统，各得其宜，父天母地，以养万民，至尊之号也"。"大君者，君人之盛者也。"则并出于《易纬》郑玄注。《文言传》则说："夫大人者，与天地合其德，与日月合其明，与四时合其序，与鬼神合其吉凶，先天而天弗违，后天而奉天时。天且弗为，而况于人乎，而况于鬼神乎？"由此看来，在中国文化系统中，除强调"人是社会关系的总和"外，还强调了"人是自然关系的总和"，民间广泛崇拜的道家之"人法地，地法天，天法道，道法自然"即是其中的重要信仰。

由此看来，我们说"人是社会关系的总和"和"人是自然关系的总和"，在本质上说的是人是各种文化关系的总和。

除上述划分的社会关系类型值得思考而外，还有一些划分，比如，在中国历史上，《尚书·尧典》《管子·立政》等有"百工"，《礼记·曲礼》有"六工"，《周礼·天官》有"九职"，明代在北京地区将"十作"与"三十六行"并称，清代赵翼《陔余丛考·九

---

[1] 萧洪恩：《易纬今注今译》，武汉：武汉大学出版社 2016 年版，第 38 页。

儒十丐》则载"元制：一官、二吏、三僧、四道、五医、六工、七猎、八民、九儒、十丐"，这些划分对于民间的影响不是很大，我们不作关注。通过上述只是想说明：究竟应如何认识人？人究竟是哪些社会关系的总和呢？

三、人的自然生命与文化生命

人有自然生命与文化生命。民俗文化即是在百姓依赖于生态环境而产生的自然生命基础上的文化生命样态之一。一方面，从自然生态的角度说，依于一定生态而存在的人的生命是人的最基本、最显著的特征，是古往今来的人们所共同经验到的东西，是具有不同知识的人们在自己的当下生产生活中就可以把握到的存在。正如德国哲学家尼采所说："存在——除'生命'而外，我们没有别的关于存在的观念。"[1]但是，人的生命与其他的生命是不一样的，人的生命存在不同于其他有机体的生命存在，这就是人既有自然生命这一生物机体都具有的存在特征，又有人所特有的文化生命，这是人之所以不同于其他有机体的生命存在。应该说，人的这一生命特点是在人们世世代代经验的基础上被揭示的，中国古代哲学家荀子在《荀子·王制》中谈到人与无机物、植物、动物的进化序列时即说道："水火有气而无生，草木有生而无知，禽兽有知而无义，人有气有生有知亦且有义，故最为天下贵也。"在他看来，"水火"等无机物只是由物质性的元气构成的，而没有生命性；"草木"等植物在元气构成的基础上具有了生命性，但这种生命性没有感知能力；"禽兽"等动物在元气构成的基础上具有了生命性及其感知能力，但这种生命性及其感知能力没有"义"等文化规范作为指导；只有人在元气构成的基础上既具有了生命性及其感知能力，又具有了指导这种生命性及其感知能力的文化规范。"气"与"生"或"气"与"生"、"知"所构成的是自然生命，这是植物或动物这些生物机体所共同具有的；而"义"则是人的文化生命的产物，是唯有人才具有的。正是由于这种"义"，由于这种文化生命，才赋予了人的生命特殊性征，使人的生命不同于其他有机体的生命，形成了人的生命存在与其他有机体的生命存在相区别的类本质。也正是在这个意义上说，良好的生态有利于人文熏陶，因而中国人特别重视修身养性，如《大学》一

---

[1] [德]尼采著，张念东、凌素心译：《权力意志》，北京：商务印书馆1993年版，第235页。

书即是专讲修身的儒家经典，《抱朴子》则是专讲颐养的道家经典，此类书籍举不胜举。修身、颐养离不开生态环境，都需要选择良好的条件调整身心。比如作为口承民俗文化的中国南方少数民族的神话、史诗等文化形式，差不多都强调了这一方面，如各少数民族关于引起人类再造的原因之大洪水，就差不多是由原初人类的"思想"不好造成的，并使"思想好"成为人类再造或人类进步的尺度之一。

人的自然生命体现的是人与自然界的联系。但即使如此，人与动物仍然有着本质的不同。动物与自然界的联系，不论是适应自然界还是改变自然界，都是直接的，无中介作用的。例如，动物获得食物的途径相当直接，牛依靠长舌卷草吃、猫依靠其爪捉鼠、羊则习惯于啃草……牛、羊吃了草，猫捉了鼠吃，当然是对自然界的某种改变，但这种对自然界的改变是不需要中介就能够实现的，是这些动物直接作用于自然界的结果。人与自然界的联系则是间接的，是以文化世界为中介实现的。例如，人为了获得食物，从远古时代起就建立、发展了农业、渔业、畜牧业，至近代又有了食品工业，现在甚至利用人造卫星、航天飞机在不受地球重力影响的宇宙空间培育新的植物品种，以改良食物品质，而且还设立了食物质量与安全的监督管理系统，以保证食物有益于人的生命健康。人正是通过文化世界的发展，逐渐地扩大自己的生命活动范围，逐渐地把自然界转化为对象世界，把自在之物转化为为我之物。人的文化世界发展到今天，人与自然界的联系已由古代狭隘的区域性联系扩展为全球范围，乃至地球之外的自然界也通过航天活动而与人建立起了越来越密切的联系。

而在一般民众的生活中，民俗即成为人的文化生命形式之一。且人之生命的意义，不仅在于他的自然生命，而且更在于他的文化生命。因此，分析自然人性时，仍然应承认人的文化生命与人的自然生命相比更为重要。如果说人之外的生物有机体的自然生命在各类生物的各个个体之间颇为近似的话，那么人由于文化生命的影响而使得自然生命在人类的各个个体之间却呈现出了很大的差异性，不仅自然生命大体相似的人们，在人生舞台上扮演着各种不同的角色，演奏着丰富多彩的生活话剧，而且人之个体自然生命的终结，也会存在着巨大的差别，如同样是自然生命的终结，中国古代史学家司马迁却说"人固有一死，死有重于泰山，或轻于鸿毛"。因此，在人的生命存在中，人的文化生命起着主导的作用，并且正是人的文化生命规定了人的本质，决定了人的生命存在的意义与价值。

人的文化生命说明人是"社会的动物"，总是生存于一定社会关系中的。而这种社会联系和社会组织，是靠人的文化世界来建立、发展和完善的。离开了人的文化世界，没有语言，没有符号，没有意志，没有理想，没有传统，就不可能建立和发展这种社会联系和社会组织。随着文化世界的发展，人类社会也得到了发展。特别是自近现代以来，随着资本主义文化的兴起和发展，资本主义经济、政治关系得以建立、发展、完善，由此而出现的以西方近现代文化为标本的全球性现代化运动，把一切前近代的非西方民族的闭关自守的大门都冲开了，形成了统一的"世界历史"进程。而互联网在 20 世纪末的普及，进一步把世界各地的人们更加密切地联系起来。历史发展到今天，我们这个星球上的各种人群、各个民族、各个国家的联系已呈日益紧密、日趋复杂的趋势。在当今世界，在人类的社会联系和社会组织中，不仅表现为各阶层、各阶级、各利益集团的复杂关系，而且表现为各民族、各国家、各宗教集团的复杂关系。这种复杂性随着人类的全球性现代化进程而不断加强。现在完全可以说，不了解文化，就不可能深刻了解和把握当今世界的各种社会矛盾、社会问题，并找到解决这些矛盾和问题的途径。因此，与其说人是"社会的动物"，倒不如说人是"文化的动物"。

在中国文化传统中，特别是从生态角度说，仙风道骨的理想追求本身即最具有生态生命的意义。这一追求既表现在诉求自然生命的长期延续，又诉求文化生命的超越上。前者如为了追求长生久视而到名山大川采仙气、炼仙丹、服仙药，并延伸到民俗文化中。传闻黄帝到黄山炼丹，今黄山名胜有炼丹峰和丹井；又传闻黄帝在峨眉山访天真皇人，得秘法，这些都是发生在南方的人士及传说。战国时代北方的燕、齐术士下海求仙，到蓬莱、方丈、瀛洲寻找灵丹妙药，也十分典型。《庄子·逍遥游》说："藐姑射之山，有神人居焉，肌肤若冰雪，淖约若处子，不食五谷，吸风饮露，乘云气，御飞龙，而游乎四海之外。"似又增加了新的吸引力。这一倾向在晋代葛洪著的《抱朴子》中表现得特别明显。葛洪，丹阳句容（今属江苏）人，字稚川，自号抱朴子，是中国东晋时期有名的医生，是预防医学的倡导者，是东晋时期著名的道教领袖，内擅丹道，外习医术，研精道儒，学贯百家，思想渊深，著作弘富。他不仅对道教理论的发展卓有建树，而且学兼内外，于治术、医学、音乐、文学等方面亦多成就。主要著作《肘后方》是最早记载一些传染病如天花、恙虫病症候及诊治的书，其中"天行发斑疮"是全世界最早的有关天花的记载。《抱朴子》为其最主要著作，既是医书、道书，也是与生态相关的生态生命养生书，书中具体地描写了炼制金银丹药等多方面有关化学的知识，也介绍了许多物质性质和物质变化，例如"丹砂烧之成水银，积变又还成丹砂"，即指加热红色硫化汞（丹砂），分解出汞，而汞加硫磺又能生成黑色硫化汞，再变为红色硫化汞，描述了化学反应的可逆性；又如"以曾青涂铁，铁赤色如铜"，就描述了铁置换出铜的反应，等等。也正是许多道教的东西泛化为了中国民俗，成了中国人的文化生命形式之一。

四、人人都是文化人

约略在 18 世纪，一个开创了一个时代的法国人伏尔泰为一个女人写了一本书——《风俗论》，强调他的主要想法是尽可能地了解各民族的风俗和研究人类的精神，认为风俗习惯可以把杂乱无章的东西构成整幅连贯清晰的图画。事实上，无论这些风俗习惯如何不被人理解，但都有一种共性的东西让我们明确——那些由普通人创造的风俗习惯都是历史的基础，因为"首先要有铁匠、木匠、瓦匠、农夫，然后才会有利用闲暇进行思考的人。一切手工技艺的出现，无疑都要比形而上学早若干世纪"[1]。据此，我们有理由相信，我们应该从这些普通人的风俗习惯中去发现文化精神。

事实上，当我们现在来研究"民俗"时，我们其实要确认的一个基本认知是：人是一种有"民俗"的动物，是一种民俗的存在，这是我们对人的基本认知，因为不仅大家生活在民俗中，而且大家也在不断地创造民俗，如近来有不少的网络词汇如"屌丝"一类在网络上流行，即可能成为一种新的语言民俗，而这又与我们广大的网民有关……

有人说："人是一种没有长度，只有宽度的动物"，说人的自然生命是我们无法左右的，而文化生命却是可以由自己创造的。但是我们必须看到，人的自然生命的确是有限的，《老子》第 23 章讲："希言自然。故飘风不终朝，骤雨不终日，孰为此者？天地。天地尚不能久，而况于人乎？故从事于道者同于道，德者同于德，失者同于失。同于道者，道亦乐得之；同于德者，德亦乐得之；同于失者，失亦乐得之。信不足焉，有不信焉！"在经过例象论证后，得出了人的自然生命短暂而寻

---

[1]　[法]伏尔泰著，梁守锵译：《风俗论》上册，北京：商务印书馆 1996 年版，第 20 页。

求延长道德等文化生命的意义，这与《易传·文言传》"夫大人者，与天地合其德，与日月合其明，与四时合其序，与鬼神合其吉凶，先天而天弗违，后天而奉天时。天且弗为，而况于人乎，而况于鬼神乎"之意旨具有高度的契合性。我们认为，这一思想的深刻性正在于提示我们创造文化生命的主动性与基础性，而民俗在一定程度上规定了我们的宽度，因为人是环境的产物，特别是民俗环境的产物……

民俗并不是外在于我们的，它是我们的"此在"、"定在"，我们就生活在民俗中，就像我们老师刚进教室上课时用汉语说"同学们好！"同学们则用汉语回答"老师好！"即是语言的民俗一样，我们就是那样自然而然地在民俗之河里流淌着、在民俗的空间里耕耘着……

因此，我们并不只是把民俗作为一种对象去了解，而是要把民俗文化作为一种人的生命形式，去分享、去体验、去塑造、去欣赏……

为了理解民俗的广泛性及其价值，我们不妨从认识、寻找社会的人开始，从而找出谁才是文化人？

（一）"渔樵耕读"的文化意义

"渔樵耕读"，仅四者的排列顺序即是一个很有意思的文化问题。

渔父为什么能够居首？读书人又为什么被排在最后？如果仔细思考，学问即有不少。有人根据庄子和屈原都曾作过以《渔父》为题的文章，认为崇拜此者是道家文化，而道家思想是中国文化思想的最早源头之一，因而渔父的形象即成为道家形象的代表排了四者之首；相比而言，樵夫的形象是因为佛教流传到中国以后，中国禅宗的代表人物六祖慧能（638—713 年）出家以前就是以砍樵谋生，所以渔樵形象成为佛道的象征而被连用，宋代邵雍并以《渔樵问对》反映自己的哲学思考以消解古今兴亡等厚重话题，《三国演义》卷首词的下阙即言"白发渔樵江渚上，惯看秋月春风。一壶浊酒喜相逢。古今多少事，都付笑谈中"；至于农夫、读书人的形象都值得探寻，其中读书人在元代的地位还排在娼妓之下、乞丐之上，即有所谓"八娼、九儒、十丐"之说，故由此推知"渔樵耕读"之说应产生于元代之后[1]。

其实，一水一山、一体一智，正是中国传统农耕社会的基础条件。"渔"为水

---

[1]　http://www.cfucn.com/hmwh/d/20110615/7909_2.html。

上作业的代表、"柴"为陆上作业的代表，又各自代表了相应的文化情怀；"耕"为体力劳动、"读"为智力劳动，先民渴求二者的结合，谋求所谓"耕读传家"，自是寻常不过的境界诉求。不信你走到民间，到处都存在这四者的文化表现，尤其是后两者，因为耕田事稼穑而丰五谷，为养家糊口以立性命之基础；读书可以知书达理，为修身养性以立高德，"耕读传家"，做人与谋生结合，于是在许多古旧住宅的匾额上，极易见到"耕读传家"四字，可以说与"渔樵耕读"同样深得民心。

（二）"士农工商"的文化内涵

对于我们的认识来说，问题的重要性同样也在于，这种"士农工商"的排列顺序也反映了中国文化传统中的不同民风，即文化的区域性，如在长江流域，原有文化系统里实际上是农商并重的，《左传·宣公十二年》记晋随武子在谈论楚国征伐郑国的原因时发了这么一通议论，其中谈到楚国四民的排列次序为"士、商、农、工"，与《管子》《荀子》的排列顺序大异其趣。同样，《史记·越王勾践世家》中记载的"大商人因商获赦"的故事更是提供了一个长江流域重商文化的例证。范蠡（生卒年不详）曾在越国任大夫（约前496—前473年），辅佐卧薪尝胆的越王勾践灭吴复国，建立霸业，立下赫赫功劳，官拜上将军。但勾践是一个只能共患难不能共安乐的人，范蠡于是就收拾起轻宝珠玉，携带家眷奴仆乘扁舟浮于江湖，开始了职业商人生涯。其后他来到居"天下之中，诸侯四通，货物所交易"的商业中心陶（即定陶，在今山东定陶县西北）定居，自称朱公，人称陶朱公，"父子耕畜"，农牧商结合，全方位发展，又积累了大量财富。可以看出，在一个具有重商传统的流域文化中，接受抑商文化传统会是一个什么结果。然而，时至近现代，这种重商思想又得到了复兴，改革开放后的温州模式、苏南模式以及比之更早的华西村模式等，都可看成是这一思想的近现代回归。[1]

（三）"九老十八匠"的文化精神

尽管"九老十八匠"的说法不同，但都不能否认各自的文化内涵与文化精神，比如工匠之间有各自的规矩，匠人同席进餐也须按十八匠顺次排座次而不得僭越，

[1] 萧洪恩等：《国脉民天：长江流域的农耕文明》，武汉：长江出版社2013年版，第467页。

这是一种惯习；同样，在雇主家做工时，不仅不同的工程有不同的文化诉求与文化要求，而且就是同一工程进入到由不同匠人主持的不同阶段，需要这一特定的匠人为之服务时，也需要举行特定仪式，雇主还要给红包（行话称为"利市"），如裁缝的"开剪"、岩匠"踩桥"等，特别是像剃头匠给新郎倌理发或为婴儿剃胎毛，因为与"新"相关，故有相关仪式及相关赞词。在南方，木匠、泥瓦匠在建房过程中的仪式特别丰富多彩，仅土家族的建房仪式即多达 70 多个步骤，而所唱赞词的内容甚至可用汗牛充栋来形容[1]，如伐木歌、起屋歌、上梁歌、开梁口歌、新屋落成歌、上大门歌……

更为重要的是，不同地方有不同的"九老十八匠"指称，本身即有相当的文化意义，如湖北省沔阳（今仙桃）的九老十八匠实际上指的是二十二个行当："金银铜铁锡，木瓦窑石漆，雕画焗盖（音）篾丝染，茅弹镉箍皮。"在江西则有"有九佬十八匠，发财靠'三缸'"的说法，其"三缸"指的是染缸、酱缸、酒缸。而常德"九佬十八匠"之"金银铜铁锡，岩木雕瓦漆，篾伞染解皮，剃头弹花晶"，意义又有所不同。尽管有所区别，但却在长期流传中成为一种对能工巧匠的一个约定俗成的用语，并形成了高洪太铜锣、曹正兴菜刀、谈炎记水饺、狗不理包子等一类品牌。

更为重要的是，各行各业都有自己的特殊文化规范，如均要祭祀本行的师祖，据说还特别灵验。在我观察的一次"观花"仪式中，"祖师"不满意就不能完成仪式，因而各行工匠都有自己师祖的神庙及相应的祭祀日期，像金匠、银匠、铜匠的师祖为吕洞宾，祭祀时间是农历四月十四日，地点在吕祖庙；屠夫的祖师是张飞，故各地的张飞庙特别多，且因为杀猪的经常性，因而祭祀也十分随常；铁匠、锡匠的师祖是李老君，祭祀时间是农历二月十五日，地点在老君殿；岩匠、木匠、雕匠、瓦匠、解匠的师祖为鲁班，祭祀时间为腊月二十日，地点在鲁圣宫等。

至于各行各业的祖先到底是谁，似乎也有区别，有人总结了 30 多个行业的祖师，如：读书人的祖师爷是孔子，练武人的祖师爷是孔武子，农民的祖师爷是神农氏，商人的祖师爷是赵公明，铁匠的祖师爷是老子李耳（即所谓李老君），木匠的祖师爷是鲁班，书匠的祖师爷是吴道子，厨师的祖师爷是余牙，裁缝的祖师爷是轩辕氏，鞋匠的祖师爷是孙膑，豆腐匠的祖师爷是乐毅，茶叶庄主的祖师爷是陆羽，粮店经

---

[1]　萧洪恩：《土家族仪典文化哲学研究》的相关章节，北京：中央民族大学出版社 2002 年版。

营者的祖师爷是韩毒龙，屠夫的祖师爷是张飞，剪刀师的祖师爷是张小泉，理发师的祖师爷是罗祖，造纸匠的祖师爷是蔡伦，印刷的祖师爷是毕昇，造毛笔的祖师爷是蒙恬，制砚台的祖师爷是子路，医生的祖师爷是孙思邈，药铺主的祖师爷是韩康，饭馆老板的祖师爷是鲍叔牙，旅店店主的祖师爷是孟尝君，茶馆的祖师爷是肤全，造酒的祖师爷是杜康，纺织的祖师爷是黄道婆，澡堂的祖师爷是葛洪，当铺的祖师爷是马援，收废品的祖师爷是陶侃，唱戏的祖师爷是唐明皇，说书的祖师爷是周庄王，相声的祖师爷是东方朔，二人转的祖师爷是李梦龙，变戏法的祖师爷是济小塘，制乐器的祖师爷是孟昶[1]……总数达 36 条，虽未必为确论，却也可供参考。我们只是想据此说明，各行其实都有文化，都是文化。

比如，由于有"天干饿不死手艺人"之保障性，因而形成了"艺不轻传"的习惯，"门第师"或规定只能家传，不传外姓人，更严者则规定只传家有之男性而不传女性；拜师学艺要先求师认师证师；一日之师，终身之父，师徒如父子，对师傅的子女以兄妹相称，因而师亦进入神龛而列末位；出师亦有相关的文化习惯，并有相应的祭祀……至于相关的故事则更多，如《"九老十八匠"的来历》等。

（四）"三百六十行，行行出状元"故事的民俗意义

据传，"三百六十行，行行出状元"是源自一个民间故事，而民间故事自然是口头的民俗。通过《三百六十行，行行出状元》等故事，我们可以强调以下方面：

首先，只由三个"行当"表现出来，说明这是一种概括性表述。其实，在孟子时代，就已在《孟子·滕文公上》说"一人之身，而百工之所为备"，可见其时的社会分工已经很细，到现在，行业分工更不是"三百六十行"所能比拟的，如根据国民经济行业分类与代码（GB/4754—2011），国民经济行业分为 20 大类。A 农、林、牧、渔业；B 采矿业；C 制造业；D 电力、热力、燃气及水生产和供应业；E 建筑业；F 批发和零售业；G 交通运输、仓储和邮政业；H 住宿和餐饮业；I 信息传输、软件和信息技术服务业；J 金融业；K 房地产业；L 租赁和商务服务业；M 科学研究和技术服务业；N 水利、环境和公共设施管理业；O 居民服务、修理和其他服务业；P 教育；Q 卫生和社会工作；R 文化、体育和娱乐业；S 公共管理、社会保障和社会组织；

---

[1]　https://zhidao.baidu.com/question/373626010.html。

T 国际组织。其中每个大类又分若干小类，细数应在千种以上。因此，社会认知应及于所有的社会行业与社会大众。

其次，在传统中国的科举制度中，状元是科举时代的最高功名，一旦获得此荣耀，自然算是出人头地。但是，这只是状元的一种形式，在各行各业都有自己出人头地的状元，因为各行各业都有自己的特殊技能，都会有好的成就，问题是每个人是否认真地努力地去做，从而做出成就。

最后，既然"三百六十行，行行出状元"，那就应承认各行各业都有其存在的价值与意义，从而承认其相应创造的文化价值与意义。哪怕是一个农人，也一定会有其文化创造，如有一个相应的传说《谈谈店》即可见出。这个故事给人们传递的是一种真正的文化自信，从而也表明了大众的文化创造者地位。

（五）"五服、九族"的文化精义

同样，"五服、九族"也极具文化意义，因为它维系中国传统农耕社会的基础，并有明确的制度性规定。中国封建社会作为由父系家族组成的社会，以父宗为重，并形成一个以水为生、以农立国，以家规补充国法、以宗统维护君统、以族权强化王权、以神权巩固政权的权力维护体系（"父、尹、君"的权力构成层次体系），以传统农业为产业基础，以士、农、工、商为居民等级次序，以邑、里、村、社为社会基层组织，以乡绅贤达为社会基础，以家庭为基本单位的和谐且宁静的超稳定的社会结构系统。在这样的社会中，家庭是社会的细胞，家族是社会的基层控制单位（只要不触及国家政权，一概任由其便），因而亲属关系的清晰与维持即成了治国理政的基本方式，"五服"制度即是对此的一个明确界定，并向下延伸到了整个民间社会。其中：斩衰是五服中最重的丧服，用最粗的生麻布制作，断处外露不缉边，表示毫不修饰以尽哀痛，服期三年，具体地规定是诸侯为天子、臣为君、男子及未嫁女为父、承重孙（长房长孙）为祖父、妻妾为夫均服斩衰；齐衰是次于"斩衰"的丧服，用粗麻布制作，因断处缘边部分缝缉整齐而有别于斩衰的毛边，具体服制及穿着时间视与死者关系亲疏而定，服期分三年、一年、九月、五月、三月不等，其中服齐衰一年时用丧杖称"杖期"，不用丧杖称"不杖期"；大功亦称"大红"，是次于"齐衰"的丧服，用粗熟麻布制作，服期为九个月，清代规定凡为堂兄弟、未嫁堂姊妹、已嫁姑及姊妹，以及已嫁女为伯叔父、兄弟均服"大功"；小功亦称"上红"，是次于"大功"的丧服，用稍粗熟麻布制成，服期五月，清代规定凡为伯叔祖父母、常伯叔父母、未嫁祖姑及堂姑、已嫁堂姊妹、兄弟妻、再从兄弟、未嫁再从姊妹，又外亲为外祖父母、母舅、母姨等，均服小功；缌麻是次于"小功"的丧服，为"五服"中最轻的一种，用较细熟麻布制成，做功也较"小功"为细，清代规定凡男子为本宗之族曾祖父母、族祖父母、族父母、族兄弟，以及为外孙、外甥、婿、妻之父母、表兄、姨兄弟等，均服缌麻。此外，五服之外还有一种更轻的服丧方式，叫"袒免"，即一般朋友之间，如果亲自前去奔丧，在灵堂或殡葬时也要披麻；如果在他乡，那就"袒免"就可以了，"袒"是袒露左肩；"免"指不戴冠，用布带缚髻。由此可见，我们上列这"五服、九族"有极深厚的文化精义。要之，我们每个人都在特定的社会关系中，而这特定的社会关系都具有特定的民俗文化内涵。在一定程度上说，人的文化生命也正是通过这些社会关系而由民俗文化赋予内涵的。

事实上，当马克思、恩格斯在《德意志意识形态》中确立"现实的人"时，当恩格斯在《路德维希·费尔巴哈和德国古典哲学的终结》中探讨"关于现实的人及其历史发展的科学"[1]时，就既关注了那些从事种种现实的物质生产生活具有自然生命的主体，在这里他们受生产生活方式的种种制约、受社会存在制约，总的来说，即受社会物质生活条件制约。同时也关注了那些从事种种现实的精神生产生活的具有文化生命的主体，在这里他们是相对自由的"信天游"客，也正是在这个过程中，人们既创造了文化，同时也在被文化创造，其中的民俗文化即是其中的最现实的直接面对社会大众的文化现象。这样，"社会"与"人类"、"民俗"与"关系总和"等概念本身即已指明"社会本身，即处于社会关系中的人本身"[2]，因而也同时"是人类社会或社会的人类"[3]。上列诸种民众类型的划分即说明现实的人（具有自然生命与文化生命的创造性主体）和现实的社会（人们对象化了的客体）本来就是一个统一整体的两面，社会的产生与人类的出现是一致的，社会结构的建构运行及其发展是通过人们的活动而实现的。因此，社会与人有共同的本质，社会即是由人们在生产生活实践中形成的一切社会关系的总和，在这个过程中，人的主观能动性与社

[1] 马克思、恩格斯：《马克思恩格斯选集》第4卷，北京：人民出版社1995年版，第241页。

[2] 马克思、恩格斯：《马克思恩格斯全集》第46卷（下），北京：人民出版社1972年版，第226页。

[3] 马克思、恩格斯：《马克思恩格斯选集》第1卷，北京：人民出版社1995年版，第57页。

会发展的客观规律性是基本一致的，尽管符合了力的平行四边形法则，但那是无数个力的平行四边形法则——"历史是这样创造的：最终的结果总是从许多单个的意志的相互冲突中产生出来的，而其中每一个意志，又是由于许多特殊的生活条件，才成为它所成为的那样。这样就有无数互相交错的力量，有无数个力的平行四边形，而由此就产生出一个合力，即历史结果，而这个结果又可以看作一个作为整体的、不自觉地和不自主地起着作用的力量的产物。"[1] 事实也正是这样，也正是在这个过程中，在这无数个力的平行四边形的合力中，实现了人们既创造文化而同时又被文化创造的统一，其中民俗文化中的各种民俗事象，不仅本身受社会环境和历史条件的制约，而且同时也是社会环境和历史条件构成部分。作为民俗文化主体的大众，其活动不仅形成了这些社会环境和历史条件，并通过人的活动联系起来而形成相应的价值世界、意义世界；而且同时也使人自己在社会活动中赋予自然生命以文化生命的内涵。社会的发展就是在时间序列展开过程中积累的人类代代人相承的创造性活动及其成果，从而在创造文化时被文化创造。

---

[1]　马克思、恩格斯：《马克思\恩格斯选集》第 4 卷，北京：人民出版社 1995 年版，第 697 页。

第一章　民俗文化：老百姓的心灵天空

2014年5月4日，习近平在北京大学师生座谈会上的讲话中，特别强调："我们生而为中国人，最根本的是我们有中国人的独特精神世界，有百姓日用而不觉的价值观。我们提倡的社会主义核心价值观，就充分体现了对中华优秀传统文化的传承和升华。"然后他举了一个民俗的例子以阐明社会主义核心价值观的重要性："我为什么要对青年讲讲社会主义核心价值观这个问题？是因为青年的价值取向决定了未来整个社会的价值取向，而青年又处在价值观形成和确立的时期，抓好这一时期的价值观养成十分重要。这就像穿衣服扣扣子一样，如果第一粒扣子扣错了，剩余的扣子都会扣错。人生的扣子从一开始就要扣好。'凿井者，起于三寸之坎，以就万仞之深。'青年要从现在做起、从自己做起，使社会主义核心价值观成为自己的基本遵循，并身体力行大力将其推广到全社会去。"这里有两点是值得重视的：一是寻找"百姓日用而不觉的价值观"，自然可以从民俗中去找出，在民俗中不是没有，而是要去发现、去"觉悟"；二是各种民俗现象中都具有特定的文化内涵，我们要善于利用、充分利用，一个"扣扣子"，即可讲出核心价值观的问题，这个思路的确值得深思。事实上，无论是从存在性（事实）还是从价值性（价值）评价，民俗都是一种既具有人类共性而又特色鲜明，既有漫长历史传统而又有丰富现实内容，既有多样物质生活形态又有深刻思想内涵，既有惯例性规范又有果断性行为的特有文化现象。作为一种"民众"的日常风俗习惯，它在历史形态上与人类历史一样悠远，伴生着人类社会发生、发展的全过程；在空间形态上，它涵盖古今中外、文明野蛮、大众精英……一切有人类群体存在的地方，它的主体就是以群体为存在形式的人。

因此，民俗文化通过其文化内涵与文化价值规范着民众物质生活及精神生活，并在长期的历史发展中积淀为民众的心理习惯、思维方式和观念模式。本章即围绕着人来阐明民俗文化作为老百姓天空的存在样态。

一、民俗的鉴赏与分享

"鉴赏"即鉴定和欣赏。打开相关辞典，甚至在《百度百科》中，"鉴赏"一词的对象都很狭义，仅说是"对文物、艺术品等的鉴定和欣赏"，没有提到"民俗文化"。但其所指涉的对象又都可指认为某种民俗文化。我们之所以强调以鉴赏的目光，通过一些民俗文化的基本现象，发现日常生活之美，就在于民俗文化本身也的确有美值得我们去发现。"人是类的存在物，他懂得按照美的规律来塑造；既塑造自然，也塑造自己。劳动者虽然并不一定知道美学，但他们却实实在在是美的世界的创造者。无论现实世界多么丑恶，统治他们的人多么腐败堕落，劳动大众总会用自己'内在固有的尺度'去塑造自己，去规范社会。人们在各式各样的生活故事里，去实现自己的道德理想；在机智幽默的笑话中，展现庄严的人格精神；在精警无比的谚语中，求得对人生哲理的领悟与升华！劳动者，就是在这种无限追求的过程中，不断地促进自己的主观目的性与客观规律性的统一。"[1] 通过对民俗的考察我们发现，在民俗中发生的审美观念通过生活、生产实践，形成对象性以进入审美评价、审美判断与审美欣赏，我们强调的民俗文化鉴赏，不仅有对民俗文化对象的形式美如色彩与线条、运动与平衡、动律与构图、对称与节奏等等的鉴赏，而且也包括对民俗的内容美如实用与价值、结构与功能、礼俗规范与美善目标等的审评，因为民俗文化事实上在实践中培养了一代一代的新型民众，并通过他们的审美快乐和审美理想推动了社会的稳定发展。因此，民俗文化鉴赏需要特别地着眼于民俗事象中"人"及其"关系"，重视民俗事象所体现的民众的思想、情感、意志、智慧，借以在关注一般民众社会生活的基础上，充分尊重一般民众的文化逻辑与思想情感，并以情感与体验的心态去感通一般民众的民俗文化，并在资料呈现的基础上对民俗文化进行意义和价值的追问与探寻。因此，我们坚信民俗是"活"的、有血有肉、有思想

---

[1]　李惠芳：《民间文学的艺术美》，武汉：武汉大学出版社 1986 年版，第 3—4 页。

有情感的，关乎一般民众心灵的文化现象，是一种值得也应该鉴赏的审美对象。

（一）作为文献的民俗事象

我们如何才能通过民俗发现老百姓的心灵天空？与此相应的首要问题即是，民俗是文献吗？回答是肯定的。

就目前所见，"文献"一词出现在中国古书上是从孔子的《论语》开始的，《论语·八佾》中记载孔子说："夏礼吾能言之，杞不足征也；殷礼吾能言之，宋不足征也，文献不足故也。"朱熹对这"文献"的解释是："文，典籍也；献，贤也。"可以看出，"文献"既指历朝的文书档案又指当时贤者的学识，说明原来的研究是既要问书又要问人的，然而后人却不见人而只见书了，如宋元之际的著名学者马端临曾以"文献"名其著作而作《文献通考》，并强调说："凡叙事，则本之经史而参之以历代会要，以及百家传记之书，信而有证者从之，乖异传疑者不录，所谓文也；凡论事，则先取当时臣僚之奏疏，次及近代诸儒之评论，以至名流之燕谈，稗官之记录，凡一话一言可以订典故之得失，证史传之是非者，则采而录之，所谓献也。"这样，《文献通考》的"文献"即既包括书本记载，又包括人们的口传议论即通常所说的口承文献。如果按照这种尺度，那就不得不说民俗文化就是一种兼具人与典籍的特殊文献了。

事实上，"文献"的范畴在历史发展中虽然有不断扩大的趋势，但并未阻止文献扩大范围的界限，如人们在把近现代出土的龟甲、金石、竹简以及古代丝帛、绘画等列入文献的范畴时，已无法就其外延作一全面阐述，因而即如《辞海》那样作价值判断："文献""专指具有历史价值的图书文物资料，如历史文献。亦指与某一学科有关的重要图书资料"。问题在于，是只有"历史价值"吗？如：民俗也具有历史价值，它能成为文献吗？一方面民俗文化肯定有历史价值，如一套《汉族风俗史》所载；另一方面，民俗文化也具有现实的资料价值，如民俗虽然形成于历史，但却是生成着的沟通传统与现实的文化传统（不是传统文化而是文化传统）；虽然它有着多样的存在形式，但却都体现了物质与精神、事实与价值、理性与情感、思想与意志的混同性。因此，民俗又的确是具有研究价值的"客观"存在，比如端午节吃的粽子自然是物质的，但吃粽子又的确是一种精神事象，并具有价值意义；过春节吃年糕、打糍粑，自然是物质的，但却有民俗的理想的其中；贴春联、福字、门神……自然是纯粹文化意义上的，但却也需要有物质载体，并据此表现了民俗的思想与情感。一句话，民俗就是民众日常生活中的文化，既具有对社会的建构与维系价值以作为社会存在的基础，又具有一般的文化价值或狭义的文献价值以物化民众的日常活动、承载民众的思想情感与理想追求，并据此推动或阻碍社会的发展与历史的进步。所以，"民俗是沟通民众物质生活和精神生活、联系传统与现实、反映民间社区的和集体的人群意愿，并主要通过人作为载体进行世代习和传承的生生不息的文化现象"[1]。对此，著名历史学家白寿彝先生曾强调说："用历史学的眼光来看，各民族的风俗、习惯、信仰和民间文学都是社会的存在，也都是历史的一部分。按照中国历史学的传统来说，历史书里也常常记载不少民俗材料，在所谓'史部'的著作里，也有专门记载民俗的书。现在我们把民俗学跟历史学分开，是因为两者研究的主要对象不同，研究的方法和任务也有很大的区别……但这两者，也不能完全分离。研究历史，不能完全摆脱民俗的研究。研究民俗，也常常要采用历史的解释。"[2]根据白先生的说法，许多民俗文化现象即具有历史文献价值；同样，从社会文化的层面，通过民俗文化可以探索社会表层背后的文化精神与社会建构，民俗文化事象所具有的理论性、社会性、群众性、民族性、地区性、时代性、国际性、流动性等等特点都通过大量的民俗文化事象表现出来，并由此体现出社会建构的系统性、整体性、综合性、超越性、价值性，从而使民俗文化具有社会学、民族学、考古学、语言学、工艺学、宗教学、心理学、生物学、地质学、考古学、文献学、民间文学、语言学、方志学、文献学、训诂学、民艺学等多学科文献学价值。可以说，即使是现在的学科大分化时代，民俗文化也几乎涉及全部的传统学科。

（二）发现日常生活的桥梁

从人类大历史的层面看，人们对民俗的认知和理解，遵循着一定的认知与实践逻辑。通过人们的切近观察与体验，最初发现"十里不同风，百里不同俗"、"一方水土养一方人"、"一去二三里，各有一乡风"的民俗差异，并注意到无处不在、无所不包的民俗其实是最贴近、贴心、贴入普通民众生活和心灵并与他们相生相伴的文化现象，从而认识到尊重风俗文化的重要性，于是有了"入境观俗"、"采风

---

[1] 仲富兰：《中国民俗文化学导论》（修订本），上海：上海辞书出版社 2007 年版，第 40 页。
[2] 白寿彝：《民俗学与历史学》，载《民俗讲演集》，北京：书目文献出版社 1986 年版，第 137 页。

问俗"、"入乡随俗"的认知及生活逻辑；再到后来，在"观"、"问"、"随"的过程中发现，民俗和文学一样，也"是一块既生长有益植物，又生长毒草的土地"[1]，于是进入到了"辨风正俗"、"移风易俗"的社会建设与社会实践的建构逻辑阶段，从而使民俗文化在文明建设、国家治理、社会进步、历史发展中起推动作用，并通过"人化"、"化人"的生命模式而在普通民众中展现其无穷的文化价值和生命魅力，让民众有一种"甘其食，美其服，安其居，乐其俗"[2] 的美丽生活。

民俗文化的内容丰富多样。可以这样说，那些相沿成习、习以为常、大众遵循、长时因袭的文化现象，都是民俗，包括物质生活民俗、社会生活民俗、精神生活民俗、民俗人物等方面（这是学界的一般划分，但这种划分是值得分析的，比如多数情况下的物质生活都必然与精神生活分不开），甚至也包括特定区域、特定群体的民俗文化事象。因此，我们可据此发现的也就不只是民俗本身，而是民俗背后的自然与社会，是民俗背后的个人与大众，比如中国的建筑，据《中国建筑史》介绍：建筑的特征特别能体现自然环境和社会条件的影响与支配作用，而作为多民族国家的中国，因地域辽阔且从北到南、从东到西地发生了地质、地貌、气候、水文条件的巨大变化，加上各民族的历史背景、文化传统、生活习惯又各有不同，因而形成许多独具民族和地域特色并一直保留到近现代的建筑风格，较为突出的如南方气候炎热而潮湿的山区有架空的竹、木建筑 —— "干阑"，最典型的如土家族吊脚楼之类；北方游牧民族有便于迁徙的轻木骨架覆以毛毡的毡包式居室，如蒙古包一类；新疆维吾尔族居住的干旱少雨地区有土墙平顶或土坯拱顶的房屋，清真寺则用穹窿顶；黄河中上游利用黄土断崖挖出横穴作居室，称之为窑洞；东北与西南大森林中有利用原木垒成墙体的"井干"式建筑；而中国大部分地区则使用木构架承重的建筑，这种建筑广泛分布于汉、满、朝鲜、回、侗、白等民族的居住地区，是中国使用面最广、数量最多的一种建筑类型。数千年来，帝王的宫殿、坛庙、陵墓以及官署、佛寺、道观、祠庙等都普遍采用，也是中国古代建筑成就的主要代表。[3]

其实，不仅建筑如此，而且生产、生活民俗也无不如此，为此，笔者曾在《恩

[1] [法]伏尔泰著，梁守锵译：《风俗论》上册，北京：商务印书馆1996年版，第11页。

[2] 孙以楷：《老子注释三种》，合肥：安徽人民出版社2003年版，第269页。

[3] 潘谷西主编：《中国建筑史》（第六版），北京：中国建筑工业出版社2009年版，第1页。

施民俗》[1]"序"中说：民俗对于当地居民来说，既是平静生活得以维持的秩序与措施，也是一种灾难应对与预防的措施。[2]正是因为有民俗，不仅日常生活可以常态化，而且危机生活也可以常态化。正是由于这些民俗文化在改变着我们、塑造着我们、建构着我们。也正是从这个意义上讲，我们每一个人都不是一个自由人：我们一生下来说的话语、听的声音，我们一生下来吃喝的饮食，我们一生下来穿的衣服，我们一生下来走的路，我们一生下来所看到的一切东西……都对我们潜移默化地起着一种人文化成的作用。因此，民俗文化也就是一种模式，它就是我们的一种生存状态。我们甚至可以说——我们生活在民俗文化中。比如说我们有行业模式，我们搞行政有行政的一套模式，教书有教书的一套模式，当学生有当学生的一套模式，搞技术的有搞技术的一套模式，我们作为中国人有中国人的一套生活模式，作为中国恩施人有中国恩施人的一套生活模式。同样，也正是在这个意义上，我们说人面对着的民俗，并不是我们的对象，并不是我们的"外在"，它就是我们的"此在"，就是我们的"定在"，我们就生活在民俗中，就像语言的民俗一样[3]，我们是那样自然而然地在民俗之河里流淌着、在民俗的空间里耕耘着……我们是无法超越它们的，它就是我们的一种生命形式，不仅规范着我们的生产生活，而且也等待着我们去欣赏它、去领悟它、去体验它、去创造它、去完善它。因此，我们研究民俗、鉴赏民俗，说到底也是在鉴赏我们自己，鉴赏我们人类的过去，鉴赏我们人类的现在，因而同时也是在体验我们的文化生命。因为民俗文化早已进入了老百姓的心灵，是老百姓的心灵天空，承载的是老百姓的灵心、慧性、真情、实意。

事实上，通过民俗文化，我们一方面可以回顾和总结人类过往的生活经验，因为民俗事象本身即具有厚重的历史，比如民间谚语中有一则类似"云向东，一场空"

---

[1]　廖德根、冉红芳编著：《恩施民俗》，武汉：湖北人民出版社 2013 年版。

[2]　宗教人类学家如米沙·季捷夫（M.Titiev）认为仪式可分为岁时仪式和危机仪式两大类，岁时仪式是为解决社会群体周期性再现、与生产生活密切相关的重大事件而举行的仪式，在固定的时间内举行；危机仪式是为解决个人生活中的偶发性危机而举行的，没有固定的仪式时间。参见米沙·季捷夫：《研究巫术与宗教的一种方法》，史宗主编：《20 世纪西方宗教人类学文选》第五章，上海三联书店 1995 年版。

[3]　恩斯特·卡西尔在《人论》中指出："语言的一个最显著的特征：人类最基本的发音并不与物理事物相关，但也不是纯粹任意的记号……它们是人类情感的无意识表露，是感叹，是突进而出的呼叫。这种感叹说由一个自然科学家——希腊思想家中最伟大的科学家提出来，绝不是偶然的。德谟克利特第一个提出这个论点：人类言语起源于某些单纯情感性质的音节。"[德] 恩斯特·卡西尔著，甘阳译：《人论》，上海译文出版社 1985 年版，第 147 页。

的气象谚语，我们可以在《周易》中发现其文化的总结，并在对民俗文化的史料和史学研究中作人类社会生活的历史回顾，于是在总结中发现了"密云不雨，自我西郊"的论说；《论语》中有"德不孤，必有邻"的"里仁"警句，而在民间却有"远亲不如近邻"的俗谚，诸如此类，说明"历史是人类过去的知识"，"历史是由历史学家的主动性在人类两个画面——从前的人所生活过的过去和人类为了有利于人与以后的那些人而展开的回复过去的努力的现在——建立的关系、联结"[1]。这种历史观对我们的民俗文化研究也是适用的。对此，美国学者卡尔·贝克尔可以说对作为民众本能的民俗文化有一个更为通俗的说法：每个人的日常生活行为都以他对过去的认识以及这种认识对他的目前行为和将来的计划的应用为根据。他在黑暗中上床就寝时知道太阳一定会像往常一样重新升起，而他自己也将在光明中和它一同起身；他在贮煤箱中装满煤炭或者在油桶里注满油料，是因为他知道随着由来已久的季节推移，在炎夏之后一定会有严冬；他把钱存在银行里，是因为他知道自己要用时随时可以提取，如此等等，举不胜举。人们并没有必要去推究日常经验性的常识和为生活实践一再证明的那些明摆着的道理，对于许多常识也早已司空见惯，熟视无睹，可是，实际上我们所做的和我们计划的一切都是以我们的经验——我们亲身的经验或者我们对人类的经验或自然的观察为转移的。我们所说的"智慧"，就是"用过去经验解决当前问题的能力"[2]。在这个过程中，"人们自己创造自己的历史"[3]。但是，"最终的结果总是从许多单个的意志的相互冲突中产生出来的，而其中每一个意志，又是由于许多特殊的生活条件，才成为它所成为的那样。这样就有无数互相交错的力量，有无数个力的平行四边形，而由此就产生出一个合力，即历史结果，而这个结果又可以看作一个作为整体的、不自觉地和不自主地起着作用的力量的产物"[4]。而且，"一切问题，都由当事人自己解决，在大多数情况下，历来的习俗就把一切调整好了"[5]。

[1] 法国学者亨利-伊雷内·马鲁语，见田汝康、金重远选编：《现代西方史学流派文选》，上海：复旦大学出版社 1987 年版，第 71、76 页。

[2] 张文杰编译：《现代西方历史哲学译文集》，上海：复旦大学出版社 1987 年版，第 247 页。引自仲富兰：《中国民俗文化学导论》（修订本），上海：上海辞书出版社 2007 年版，第 72 页。

[3] 马克思、恩格斯：《马克思恩格斯选集》第 4 卷，北京：人民出版社 1995 年版，第 732 页。

[4] 马克思、恩格斯：《马克思恩格斯选集》第 4 卷，北京：人民出版社 1995 年版，第 697 页。

[5] 马克思、恩格斯：《马克思恩格斯选集》第 4 卷，北京：人民出版社 1995 年版，第 95 页。

　　事实上，我们进行民俗文化的研究与传承、鉴赏与评析，同时也是为了通过一些民俗文化的基本现象，发现日常生活。比如我们为什么要过节？为什么中国人习惯于会餐制？我们为什么要有某种信仰？其背后都有一些深刻的内涵值得我们去发现。我们不妨以"东北十大怪"为例来讲明这种生活的现实景象。

　　"东北十大怪"的具体表述虽然有细微差别，但在总体上具有一致性，我们采取的版本是：

　　　　烟囱安在山墙边，窗户纸糊在窗外；

　　　　四块瓦片头上盖，反穿皮袄毛朝外；

　　　　十八岁姑娘叼烟袋，大缸小缸腌酸菜；

　　　　草坯房子篱笆寨，下晌睡觉头朝外；

　　　　养活孩子吊起来，宁舍一顿饭不舍二人转。

　　"烟囱安在山墙边"是因为东北天冷取暖烧火坑，为充分利用热，把烟囱安在山墙边以延长烟火的走向，让柴或草的热度保留于炕内；"窗户纸糊在窗外"是因为在东北寒冷的气候环境下，糊在外边既以挡风御寒，又可以延长窗户的使用寿命，还有极深的力学原理，是东北人通过生产生活实践的经验想出的绝妙做法；"四块瓦片头上盖"说的是东北人的"毡帽头"上面分四块翻卷到头侧，两侧的是为放下来护住耳朵，前脸上可以当帽檐，遇大风可以护住脸前（脑门），后片放下来可以护住后脖颈，故被人们形象地称为"四块瓦毡帽"，因为挺实用，中华人民共和国成立前后农村一直有人戴；"反穿皮袄毛朝外"可以说是东北汉子的一大发明，既可省去做皮袄的布面，又可以缓冲风力对人体的冲击，真是既科学而又实用；"十八岁姑娘叼烟袋"既反映东北姑娘的豪爽性格与崇尚阳刚的风范，又可用烟以防止野兽及飞虫，甚至用烟袋中的尼古丁防蛇成了人们常用的自卫方法；"大缸小缸腌酸菜"是冬长夏短的东北在不能进行蔬菜保鲜情况下的应对策略——将大白菜腌制成酸菜容易储存，现在，"翠花酸菜"的品牌已经享誉全国；"草坯房子篱笆寨"是因为在东北有接近半年以上的寒冷天气，用土坯盖房子既冬暖夏凉又经济实惠，且一望即给人一种坚实和温暖的感觉；"下晌睡觉头朝外"，说的是为了防止野兽，即使是晚上睡觉，也要十二分小心，把头朝外以便听到门外动静；"养活孩子吊起来"，说的是源于东北满族的小儿睡悠车习俗，是为了适应狩猎生活而避趋山林中的毒蛇野兽办法：把不会走路的婴儿放在地上不安全，放在炕上又会因受热而"上火"生病，于是便想出"吊起来"的办法；"宁舍一顿饭不舍二人转"，说的是名扬海内外的"二人转"那独特的唱腔、逗人捧腹的台词、喜庆欢乐的舞姿为东北人民所喜爱。

不难看出，"东北十大怪"都是东北特定地理气候条件下的产物，精辟而又诙谐地概括了旧时东北和东北人的精神风貌，反映了东北人民适应环境、适应自然的智慧，并形象地反映了东北人虎气实在、自得其乐的文化性格与文化精神。

其实，各地都有自己的"十大怪"之类的习俗，只要我们去研究，应会从中发现其中的生产生活模式。

（三）提升生命境界的途径

民俗文化鉴赏的过程，除了是一个"发现"对象的过程而外，同时也是一个我们自己创造自己、鉴赏自己、提升自己生命境界的过程。这个过程是通过解读民俗文化现象，解理民俗文化创造主体的文化创造，并结合自己的生命体验审视民俗文化的过程，是对民俗文化的吸收、消化、运用，并发展而至自己的文化生命的过程，因而前提是解读民俗文化现象。

按照傅伟勋先生"创造的诠释学"的五个层次：实谓、意谓、蕴谓、当谓、创谓。对于民俗文化鉴赏来说，"实谓"即说明某种民俗文化现象说明了什么，"意谓"即说明某种民俗文化现象想要表达什么（即"他所说的意思到底是什么"）？"蕴谓"即说明"某种民俗文化现象可能要说什么"或者"某种民俗文化现象所说的可能蕴涵是什么？""当谓"说明某种民俗文化现象本来应当说了什么？或者"创造的诠释学者应当为某种民俗文化现象说出什么？""创谓"层次[1]即说明"某种民俗文化现象现在必须说出什么？"或者"为了解决某种民俗文化现象未能完成的思想课题，创造的诠释学者现在必须践行什么？"[2]对此，傅伟勋曾有具体详实的说明："第一层次基本上关涉到原典校勘、版本考证与比较等等基本课题，只有此层算是具有所谓'客观性'。它是创造的诠释学必须经过的起点，但非重点所在，更不可能是终

---

[1] 作者有时亦称为"必谓"，笔者通常解释为"我谓"，着眼于我们的当下理解，并力求发展的思想。

[2] 傅伟勋：《创造的诠释学及其运用——中国哲学方法论建构试论之一》，《从创造的诠释学到大乘佛学》，（中国台湾）东大图书公司印行 1990 年版，第 10 页。此上为笔者结合民俗文化鉴赏而做了理解、转换性阐明。

点。'实谓'层次所获致的任何崭新而证成（justified）的结论，立即多少影响上面四层的原有结论。在第二层次，通过语意澄清、脉络分析、前后文表面矛盾的逻辑解消、原思想家时代背景的考察等等工夫，尽量'客观忠实地'了解并诠释原典或原思想家的意思（meaning）或意向（intention）。第三层次则关涉种种思想史的理路线索、原思想家与后代继承者之间的前后思维联贯性的多面探讨、历史上已经存在的（较为重要的）种种原典诠释等等，通过此类研究方式，了解原典或原思想家学说（已成为一种伽达玛所说的'历史传统'）的种种可能的思想蕴涵，如此超克'意谓'层次上可能产生的诠释片面性或诠释者个人的主观臆断。在第四层次，诠释学者设法在原思想家教义的表面结构底下掘发深层结构，据此批判地考察在'意蕴'层次所找到的种种可能义蕴（meanings）或蕴涵（implications），从中发现最有诠释理据或强度的深层义蕴或根本义理出来，这就需要他自己的诠释洞见（hermeneutic insight），已非'意谓'层次的表层分析或平板而无深度的诠释可比。到了第五层次，创造的诠释学家不但为讲活原思想家的教义，还要批判地超克原思想家的教义局限性或内在难题，为后者解决后者所留下而未能完成的思想课题。"[1]

傅伟勋之所以特别强调"创造的诠释学"，是为了区别于"普通的诠释学"而重视"哲理创造性（philosophical creativity）"[2]，这种创造性是基于研究者自身的一种创造性解释，体现研究者自己独特的研究方法与研究境界，比如："在西方哲学史上第一流的哲学家在创造自己的思想的同时，亦在建构自己的特殊的方法论；不去建构自己独特的方法论，只想转变一般方法论为自己的特殊方法论，无形中对于自己的思想独创性打了折扣，也限制了自己的独特思路。"[3]据此，我们把民俗志的民俗描述过程看成是解决实谓、意谓、蕴谓的过程，而把鉴赏当成是当谓、创谓的过程。这一过程作为心理过程，它需要有我们对对象的感受；作为认识过程，它需要有我们对对象的理解；作为思维过程，它需要有我们对对象的评判；作为生命过程，它需要有我们对对象的体验。因此，民俗文化研究与传承本身可以上升为一

[1] 傅伟勋：《创造的诠释学及其运用——中国哲学方法论建构试论之一》，《从创造的诠释学到大乘佛学》，（中国台湾）东大图书公司印行1990年版，第11页。

[2] 傅伟勋：《创造的诠释学及其运用——中国哲学方法论建构试论之一》，《从创造的诠释学到大乘佛学》，（中国台湾）东大图书公司印行1990年版，第11页。

[3] 傅伟勋：《创造的诠释学及其运用——中国哲学方法论建构试论之一》，《从创造的诠释学到大乘佛学》，（中国台湾）东大图书公司印行1990年版，第7页。

种生命活动，是人的生命的升华。通过观察与思考"民俗"，我们会得到一种——丰富知识的充实快乐，体验文化的厚意深情，陶冶情操的心灵愉悦，凝炼生命的深度升化……因此，民俗文化研究与传承要求我们运用自己的"真情"、"灵心"、"慧性"、"意志"，去感受与体悟民俗的"弦外之音"、"言外之意"、"象外之境"；要透过民俗中那五彩纷呈的种种现象，去"领会"隐于其中之"真意"——文化的精神，透过"有形"去达于"无形"。其功夫正在于"此中有真意，看谁领会得来"。下面我们先以人们的生命长度问题为例来加以说明。

有人说："人是一种没有长度，只有宽度的动物。"或许正因为如此，人们才追求人生的长度。你看，在中国人的传统文化观念中，"福"自然是最重要的观念，而按照《尚书》"洪范九畴"[1]中对"五福"、"六极"的解释是："九、五福：一曰寿，二曰富，三曰康宁，四曰攸好德，五曰考终命。六极：一曰凶、短、折，二曰疾，三曰忧，四曰贫，五曰恶，六曰弱。"其中"五福"之一、五，"六极"之一，并属探讨人生之长度的问题。因此，我并不同意说"人生没有长度"这一点，我们不仅认为人有生命的长度，而且也有生命的高度、宽度、深度、力度，即笔者所说的"人生五度"。人人都有自然生命和文化生命。柯林伍德在驳难亚历山大"这个世界和其中的一切事物都是历史的"这一主张时，曾经对"历史的和非历史的人类行动之间的区别"加以划分，并有一段十分精彩的论述："只要人的行为是由可以称之为他的动物本性，他的冲动和嗜欲所决定的，它就是非历史的，这些活动的过程就是一种自然过程。因此，历史学家对于人们的吃和睡、恋爱，因而也就是满足他们的自然嗜欲的事实并不感兴趣；但是他感兴趣的是人们用自己的思想所创立的社会习惯，作为使这些嗜欲在其中的习俗和道德所认可的方式得到满足的一种结构。"[2]事实上，这里指的所谓非历史的，其实即是就人的自然生命而言的；而其历史性，说

---

[1] "八政"是古代先贤强调的治理国家而施政的八个方面，但有不同的说法。①《尚书·洪范》的八政是："三，八政：一曰食，二曰货，三曰祀，四曰司空，五曰司徒，六曰司寇，七曰宾，八曰师。"后世所称"八政"多指此而言。《汉书·王莽传》中："民以食为命，以货为资，是以八政以食为首。"晋陶潜《劝农》诗："远若周典，八政始食。"②《礼记·王制》："齐八政以防淫。"又："八政：饮食、衣服、事为、异别、度、量、数、制。"郑玄注："饮食为上，衣服次之；事为，谓百工技艺也；异别，五方用器不同也；度，丈尺也；量，斗斛也；数，百十也；制，布帛幅广狭也。"③《逸周书·常训解》："八政：夫妻、父子、兄弟、君臣。八政不逆，九德纯恪。"

[2] 转引自孔范今：《历史价值范畴里的符号选择》，《文史哲》1992年第2期。

的也就是人的文化生命。

我们所谓生命的长度，即是我们如何达到生命不朽的问题，也就是自然生命与文化生命的延续。我们每一个人都有我们的自然生命，从呱呱坠地到学习各种社会化技艺，从出生到死亡，即生老病死这样一个过程，短短的几十年，这就是我们所讲的自然生命的长度；我们也有所谓的学术生命或学问生命，或始于初中或始于高中而以博士毕业后告一段落，直到终止研究活动。但是，对于我们个人来说，我们活在这个世上，到底能活多长，这是自然生命、学术生命及至职业生命，这些我们基本上都没办法左右，也就是说，这种生命的长度是不能由我们自己主宰的，当人们在遭遇到一定的灾难过后就会更加明白这一点。但是，人们又无不时刻地在思索着另一个问题，即在我们人生之转瞬即逝的时间之流中如何追求人生的不朽或永恒，故美国现代哲学家詹姆士在《人之不朽》中肯定"不朽是人的伟大的精神需要之一"，尽管其所论指的是宗教性，但却也与中国文化传统中的"三不朽"有契合之处。

《左传·襄公二十四年》载：

> 二十四年（前549年）春，穆叔如晋。范宣子逆之，问焉，曰："古人有言曰：'死而不朽'，何谓也？"穆叔未对。宣子曰："昔匄之祖，自虞以上为陶唐氏，在夏为御龙氏，在商为豕韦氏，在周为唐杜氏，晋主夏盟为范氏，其是之谓乎？"穆叔曰："以豹所闻，此之谓世禄，非不朽也。鲁有先大夫曰臧文仲，既没，其言立，其是之谓乎！豹闻之，'太上有立德，其次有立功，其次有立言'，虽久不废，此之谓三不朽。若夫保姓受氏，以守宗祊，世不绝祀，无国无之，禄之大者，不可谓不朽。"

可以看出，早在春秋时期，鲁国的叔孙豹与晋国的范宣子即曾就何为"死而不朽"这一生命的"长度"问题展开讨论。在范宣子看来，其祖先从虞、夏、商、周以来都是贵族家世，自然是"不朽"。可叔孙豹则认为贵族家世只是"世禄"而不是"不朽"，真正的不朽是："太上有立德，其次有立功，其次有立言，虽久不废，此之谓三不朽。"叔孙豹认为："鲁有先大夫曰臧文仲，既没，其言立，其是之谓乎！"而《国语·晋语八》对此也曾肯定："鲁先大夫臧文仲，其身殁矣，其言立于后世，此之谓死而不朽。"可见此"三不朽"在一定程度上算是共识。对此，唐人孔颖达在《春秋左传正义》中对"三不朽"分别做了界定："立德谓创制垂法，博施济众"；"立功谓拯厄除难，功济于时";"立言谓言得其要,理足可传"。一般而言,"立德"系指道德操守而言,"立功"乃指事功功绩,而"立言"指的是把真知灼见形诸语言文字,著书立说,传于后世。

在当代文化视野下,"三不朽"也仍然有其理论与实践意义。一方面是自然生命的延续,这当然是重要的;另一方面是道德生命、事业生命等文化生命的延续,而这方面,中国传统文化有其重要意义。事实上,也正是在这一方面,我们能够左右自己,这就是我们的文化生命,也就是我们生命的长度。我们做些什么事儿,为人类做些什么贡献,为社会做些什么贡献,为家人做些什么贡献,为民族做些什么贡献,这个东西是能够被记住的,所以有些人的自然生命虽然很短,像岳飞,像方志敏,像刘胡兰……从古到今很多人的自然生命都很短,但是他们的文化生命却很长,他们的精神生命却很长,这就告诉我们要记住 —— 决定我们未来的是我们的文化生命,而文化生命是可以由自己创造的。我认为,这一思想的深刻性正在于提示我们创造文化生命的主动性与基础性,而民俗在一定程度上规定了我们的长度,因为人是环境的产物,特别是民俗环境的产物……正是在这个意义上,我们说民俗即是人的文化生命形式之一,民俗本身也是有生命的文化形式之一。为了理解民俗在提升生命质量,推动我们努力延长文化生命中的重要意义,我们不妨再以中国民间的"老人星"信仰来说明。

在中国民间,人们可能随时都会发现供奉着这样一个相貌奇特的神:高高脑门、长长脸瓜、苍髯鹤发、和蔼慈祥的老人。这个老人的那根弯弯曲曲的龙头拐杖不仅是用来拄路而且还高过了头顶,那只神奇的梅花鹿非常驯服地依慰在他的身旁;在老人的脚下,满地都布设有被中医称为健康圣物的灵芝,有如繁星灿烂;老人的头上有高高飞翔的红色蝙蝠,有如万福集至;另配有手执的蟠桃、依偎身旁的仙鹤、四周围绕的祥云,整个建构了一个暗喻吉祥如意、洪福齐天的人间理想境界。大家知道,这个神就是中国家喻户晓的"老寿星"。从段玉裁《说文解字注》解释"福"的字义来看:"福者,备也。备者,百顺之名也,无所不顺者谓之备。""老寿星"的设计即是一个"福"的整体寓意:事事完备周全、顺心如意,这也就是《尚书·洪范》所释之"五福":"一曰寿,二曰富,三曰康宁,四曰攸好德,五曰考终命。"这里涵盖了民众物质生活、精神生活、社会地位等生命状态的总体理想。从这个意义上说,以"老寿星"为名,其实就是"万福全"的象征 —— 万福集至,方可为寿矣。

被伟人毛泽东评述为"一篇读罢头飞雪"的人类历史,其实也还有人类自身的民俗文化的历史。如果是这样，那就不是"几行陈迹"而是一条微波荡漾的理想长河。你看，仅寿星被民间顶礼膜拜，在中国的河源即可上述至3000年前的周朝，因为《道典·礼四》即说："周制，秋分日享寿星于南郊。"即使按照《集说诠真》所谓"寿星之祠，始见于秦代"，也只说明此期已定形于祠庙化而不是指其起源时间，故《史记·封禅书》即说"于杜、亳有三社主之祠、寿星祠"，《后汉书·礼仪志》说"仲秋之月……祀老人星于国都南郊老人庙"，直到唐代，《事物纪原》卷二说"唐开元中，上封事者言……请八月社日配寿星于太社坛享之。当时遂敕特置寿星坛也"，可见祭祀、供奉老寿星不只是民间而且是官方的上下一体的信仰所在，其历史悠久，也不容置论；其官民共奉，也自为陈例。

老寿星崇拜自然反映了古人祈求长寿永生的意识，但据上述图像喻意，显然并不止此。表面看来，中国民间有福、禄、寿三星，各有分工，但其实却是充分合作。《西游记》中的寿星"手捧灵芝"，长头大耳短身躯；民间画像中的寿星为白须老翁，持杖，额部隆起，且常衬托以鹿、鹤、仙桃等，突出的是象征长寿。如果仅此而已，则中国历代统治者均郑重其事地将其列入国家祀典举行正式的祭祀活动，也就显得太过以人为本、为民祈福了。那又到底为何而起呢？

或认为这是汉族的民间信仰，但属道教追求长生的一种信仰，老百姓认为供奉这位仙神可以使人健康长寿。不过，《中国民间诸神》[1]提供的解释却是："寿星，古有二义：一指天空的某一区域，即十二次之一。其范围相当于二十八宿中东方角、亢二宿。一指属于两宫的南极老人星。"这样，寿星全被指向了天空，寿星祭祀也就起源于天象崇拜，不过重点是第二义，秦朝及以后立祠奉祀的寿星就是所谓"南极老人星"。何以会有此祭祀呢？看史籍如何说：《史记·天官书》说"老人见，治安；不见，兵起"，张守节《史记正义》注释"老人见"一条时说："老人一星，在弧南，一曰南极，为人主占寿命延长之应。见，国长命，故谓之寿昌，天下安宁；不见，人主忧也。"《史记·封禅书》的"寿星祠"《索隐》则谓："寿星，盖南极老人星也，见则天下理安，故祠之以祈福寿也。"宋人楼钥《玫瑰集》四《叶处士写照》诗有："更添松竹作寿星，我已甘心就枯槁。"元人方回《桐江续集》二十《戊戌生日》诗亦曰："客舍逢生日，邻家送寿星。"可见，老人星祭先是基

---

[1] 宗力等：《中国民间诸神》，河北人民出版社1987年版，第125页。

于国运的长寿康宁，后拓展为民间祈寿。据《汉书·礼仪志》说，同时敬奉天上的寿星和人间的长寿老人即始于汉代，那是汉明帝的一大创举。事情的经过是这样的：东汉明帝在位期间有一次亲自主持祭祀寿星仪式，只见他亲自奉献供品，宣读表达敬意的祭文。这次祭祀盛会的最大特色是其同时还安排了一次特殊的宴会，与会者是清一色的古稀老人。参会通知写得明白：普天之下，只要年满 70 岁的长寿老人，无论你是贵族还是平民，都有资格成为汉明帝的座上客。盛宴之后，皇帝还赠送酒肉、谷米和一柄做工精美的手杖。本来，尊老敬老应是人的应有之善良天性，汉明帝更赋予老年人以特权，并特别在宴会上颁发王杖以为标志。据说这王杖也被称为鸠杖，因为手杖的顶端是斑鸠鸟的雕像。皇帝赠送鸠杖给老年人，据说因为斑鸠是不噎之鸟，借此祝愿老年人饮食安康，健康长寿。另据 1981 年甘肃武威发现一批汉代竹简，上面记载了若干刑事案件，其中有几桩案件还涉及持王杖的特权老人。第一桩说的是汝南平民王姓男子殴打持杖老人，后来被判斩首弃尸于闹市；第二桩说的是一位汉朝基层小官，因一位持杖老人有触犯法律的嫌疑，擅自扣留老人，虽然没有殴打行为，结果也被处以极刑，斩首示众。从这两桩案件的判决结果来看，都一并显示出对持杖老人的有意偏袒。特权还不仅如此，在竹简上记载的汉代商业法令中还可见出商业特权——持杖老人具有无可比拟的优势：公元前 32 年汉成帝颁布的诏令中规定老年夫妻无儿女供养者可获准经营酒类生意，并且一律免税。有自愿照料孤寡老人的生意人也可获得免税待遇，特许免税开店卖酒。统观两汉典章制度文献，类似的诏令时有记述。这些现象说明，天人合一的思想在老人星这里体现明显。有专家考证，此老人星是全天第二的亮星，是一颗十分悦目的苍色之星，但一般不会轻易出现，尽管满天的星斗都随着地球的自转而每天都要在天上走过，但他老人家却难得一见，所以想见或求见就自然而然地具有了理想性。据李约瑟《中国科学技术史》引《旧唐书·天文志》的记载，唐开元十二年（724 年）唐王朝专门派出一支远征队到南海去考察老人星等神秘的天文学问题，结果发现"自海中南望老人星，殊高。老人星下，环星灿然，其明大者甚众，图所不载，莫辨其名。大率去南极 20°以上，其星皆见。乃古浑天家以为常没地中，伏而不见之所也。"这说明在地理纬度改变后，如"自海中南望老人星，殊高"，且完全像别的星一样出没。这是因为中原地理纬度与老人星的赤纬相距太远的缘故，由于地球运行的自转轴与地球公转轨道平面形成 66°73′的夹角，于是在其沿公转轨道作周运动时，产生了太阳直射于南北回归线之间的来回运动，形成一年内春夏秋冬的季节变换。

其实，老寿星崇拜的根源在于中国民俗文化中的忧患意识，其中包括对生命短暂、生存无常、人生与财产安全等多方面的担忧。这种意识，"自王公逮庶人，圣贤及下愚，凡有首目之类，含血之属，莫不有命。命当贫贱，虽富贵之，犹涉祸患矣；命当富贵，虽贫贱之，犹逢福善矣"[1]。所以具有普遍性，如《古诗十九首》中有："人生非金石，岂能长寿考"；"所遇无故物，焉得不速老"；"人生寄一世，奄忽若飘尘"；"人生忽如寄，寿无金石固"；"万岁更相送，圣贤莫能度"……人生的这类担心，使人们需要找到化解方法，于是从一出生就开始被刻意关注：给新生儿戴长命琐、项圈，穿百衲衣、虎头鞋、五毒兜肚，过年时长辈给晚辈小孩"压岁钱"……长辈希望晚辈岁岁平安、长命富贵；青壮年时期，民间婚姻讲究"八字"相合以期能白头偕老共结百年之好，民间生育重男轻女以期延续家族的生产，民间信仰以期灵魂"转生"而"护魂"、守灵；人满六十，子女为其祝寿，仪式隆重，宴请宾客，送"寿桃"、"寿面"以期老人寿比南山……人生的全程，都有如此这般的期许。以至在民俗文化艺术中，以求生命富贵与长寿的题材占据最大的内容，《淮南子·览冥训》所记的月亮神话："姮娥，羿妻。羿请不死之药于西王母，未及服食之，姮娥盗食之，得仙，奔入月中为月精也。"如此即可见一斑，对此，现代中国著名哲学家冯友兰先生说："人生如打牌，而不如下棋，于下棋时对方一时所有之可能举动我均可先知；但打牌时，则我手中将来何牌，大部分完全是不可测底。所以对下棋之输赢，无幸不幸。而对于打牌之输赢，则有幸不幸。善打牌者，其力所能作者，是将己来之牌，要为利用，但对于未来之牌，则只可靠牌运。"[2] 于是，面对未知，民俗中有了择吉、择时、占卜、算命等以期早知的风俗；产生了祭祀、禁忌等以媚神灵，寻求好运，寻求神灵来保佑其获好运，甚至对神灵下跪和求拜等用以借力助己福寿的风俗……

（四）充当文化主人的责任

既然民俗文化的鉴赏本身是一种生命活动，是一种完善生命的学问，是人的生命的升华，自然不是随意得来的，它需要一定的条件：

---

[1]　王充：《论衡·命禄》。

[2]　冯友兰：《三松堂全集》第 4 卷，河南人民出版社 1986 年版。

我们的知识基础：知识背景、生活积累、专业要求……

我们的情感活动：爱、恨、情、愁……

我们的理性导向：区别于功利、政治、经济等的道德、理想、审美……

我们的思维形式：感受、体验、联想、分析、判断……

这些，如果运用于观察与思考"民俗文化"，我们就会得到一种生命的升华。

黑格尔说："每个人都是一个整体，本身就是一个世界，每个人都是一个完满的有生气的人，而不是某种孤立的性格特征的寓言式的抽象品。"[1] 事实上，我们每个人都在用自己的灵心去感受、体验、升华这个世界，正是在这个过程中，我们的灵心不仅会时时感受和体验到自身生命的瞬间永恒从而感受到自己的崇高，而且也会在感受自己的同时体会自然、社会在与人的心灵感通时所形成崇高之美。也正是在这里，"只有心灵才是真实的，只有心灵才涵盖一切，所以一切美只有在涉及这较高境界而且由这较高境界产生出来时，才真正是美的"[2]。也正是在这里，或者说正是在这个意义上说，民俗文化的研究与传承，要求我们充当文化的主人，成为民俗文化活动中的主角。我们之所以强调大众文化观，就是要确认我们作为文化主人的身份，从而在民俗的各项活动过程中，让我们在思想上得到启迪和熏陶，在精神上受到感染和震撼，在意识上得到净化和升华……从而使人的心灵超拔到任何时空，与人类社会相和谐，与天地万物相沟通，与自然生命相融合。因此，在民俗文化中可以从心灵上达到一种"天人合一"、"社会和谐"的圣境，从而也使我们成为自己文化生命的主人。

充当文化主人，关键是需要拓展我们人生的宽度。事实上，人的生命，无论是自然生命还是文化生命，都有自己生命的宽度。在这里，生命的宽度有三重基本内涵，第一重是心态上的、修养上的，第二重是认识上的、方法上的，第三重是构成上的、结构上的。

心态上的、修养上的人的生命宽度，可以用北京潭柘寺的一副对联来说明：

大肚能容，容天下难容之事；

开口便笑，笑世间可笑之人。

---

[1] [德] 黑格尔著，朱光潜译：《美学》第 1 卷，商务印书馆 1996 年版，第 303 页。

[2] [德] 黑格尔著，朱光潜译：《美学》第 1 卷，商务印书馆 1996 年版，第 5 页。

这副对联意在强调人之生命的心态上的、修养上的宽度，特别是劝人要有宽广的胸襟。其中常举的例子即是东汉陈寔，据说有一年收成不好，大闹饥荒，有些自甘堕落者干起了偷鸡摸狗的勾当。不过当偷到陈寔家时却被陈寔发现了。可陈寔不是叫人抓强盗，而是吩咐仆人将儿孙们叫到客厅进行教育说："一个人活在世界上，只有短短几十年的光阴，如果不勉励自己，发愤图强，年纪大了以后就不堪设想了。有些人本性并不坏，只是从小养成了好吃懒做的习惯，长大就做出许多伤天害理的事来，这梁木上的君子，便是一个例子。"躲在梁上的小偷，听了他的话，吓了一跳，立刻从屋架上爬下来，跪在陈寔面前求饶。

认识上、方法上的生命宽度，可以从《庄子》书中的"心斋"思想得到体现：

> 颜回曰："吾无以进矣，敢问其方。"仲尼曰："斋，吾将语若！有心而为之，其易邪？易之者，暤天不宜。"颜回曰："回之家贫，唯不饮酒不茹荤者数月矣。如此，则可以为斋乎？"曰："是祭祀之斋，非心斋也。"回曰："敢问心斋。"仲尼曰："若一志，无听之以耳而听之以心，无听之以心而听之以气！听止于耳，心止于符。气也者，虚而待物者也，唯道集虚。虚者，心斋也。"[1]

这段话被学界译为：颜回说："我没有更好的办法了，冒昧地向老师求教方策。"孔子说："斋戒清心，我将告诉你！如果怀着积极用世之心去做，难道是容易的吗？如果这样做也很容易的话，苍天也会认为是不适宜的。"颜回说："我颜回家境贫穷，不饮酒浆、不吃荤食已经好几个月了，像这样，可以说是斋戒了吧？"孔子说："这是祭祀前的所谓斋戒，并不是'心斋'。"颜回说："我请教什么是'心斋'。"孔子说："你必须摒除杂念，专一心思，不用耳去听而用心去领悟，不用心去领悟而用凝寂虚无的意境去感应！耳的功用仅只在于聆听，心的功用仅只在于跟外界事物交合，凝寂虚无的心境才是虚弱柔顺而能应待宇宙万物的，只有大道才能汇集于凝寂虚无的心境。虚无空明的心境就叫作'心斋'。"

构成上的、结构上的生命宽度，是指我们有能力拓展方面的，就算是"知识肥胖"吧！它区别于我们自然体质上的"肥胖"，这可以用荀子的"虚壹而静"来加以说明：

---

[1] 庄子：《庄子·人间世》。

"人何以知道？曰：心。心何以知？曰：虚壹而静。心未尝不臧也，然而有所谓虚；心未尝不两也，然而有所谓一；心未尝不动也，然而有所谓静。人生而有知，知而有志，志也者，臧也；然而有所谓虚，不以所已臧害所将受，谓之虚。心生而有知，知而有异，异也者，同时兼知之；同时兼知之，两也；然而有所谓一，不以夫一害此一谓之壹。心，卧则梦，偷则自行，使之则谋，故心未尝不动也，然而有所谓静，不以梦剧乱知谓之静。未得道而求道者，谓之虚壹而静，作之，则将须道之，虚则入；将事道者之壹则尽，将思道者，静则察，知道察，知道行，体道者也。虚壹而静，谓之大清明。"[1]

《宋史·赵汝谈传》中说："外之得以空吾听、杂吾目、扰吾天君者，以吾未得虚壹而静之理也。"这就是说，由于那颗灵心主宰着我们的生理、心理、情绪反应，即《荀子·解蔽》中所谓"凡观物有疑，中心不定，则外物不清。吾虑不清，则未可定然否也"，因而我们应做到"虚壹而静"，不要被既有的知识、外在的环境及自己无定的精神影响新知识的接受、对新事物的判断，从而通过"须道"（必然的无所逃离的需要即必要性）、"事道"（从事并实践道之所诉即现实的实践性）、"思道"（思考反思道之精神、状态……）、"知道"（确切明了之境界）、"体道"（通过体验进入生命环境并成为自己的生命本身）的环节，达到一种"大清明"的境界。

我们对待民俗文化，作民俗文化研究、传承、鉴赏的主人，也应有荀子所强调的"虚壹而静"的自觉性、科学性。在这里，我们还可以"理解节日 —— 人生三日，过好每一天！"为例加以说明。

当代的一位儒学大家唐君毅先生在其所撰《中国之祠庙与节日及其教育意义》一书中把人生分为三类不同的时间段，即"人生三日"：

工作日：是人们为了生计，必须努力地去从事某项工作，这项工作必定是有着生活实用的目的和实用的价值；

休息日：是为了恢复体力和精力，以便再继续从事工作。别无任何目的与价值，这休息日是工作日中不可缺少的一环。

节日：既不是为了生计而从事的具有实用价值的工作，也不是为了恢

---

[1] 荀子：《荀子·解蔽》。

复体力和精力的休息，那么这节日中的一切活动又有什么意义呢？

......

此种活动或生活，大都是具有艺术性、宗教性、道德性，而有社会教育之意义的，因而都是纯精神性的。

......

由此"截断而似相脱节"，与"分离而似不相邻"，人之心灵即可沿之而由时间的世界超拔，通到任何时间，或超时间的"永恒"（Eternity）；或由空间的世界中超拔，而通到任何处所，或超空间的"遍在（Omnipresence）"。但这样讲去，诸位会觉得太玄妙，我亦不能多所解释，我只是姑妄言之，诸位亦姑妄听之，存留于心就是了。

我们知道，民俗文化的历史是特别悠久的，什么时候有人类，什么时候就有了民俗文化。在中国历史上，至少在我们目前所知的范围内，考古学告诉我们，原始人类至少在两百万年以上，因而民俗也就至少存在了两百万年。同时，民俗存在的范围很广，可以说有人群的地方就有民俗。学生作为一个人群有它的民俗，教师有教师的民俗，农、林、牧、副、渔、木、石、瓦、铁、锡……"九老十八匠"也都各有自己的民俗。"人生三日"是一种基于节日分析而得出的文化范畴。

通过民俗，我们可以发现民众的日常生产生活，并通过生产生活去发现民众的生命。在生产生活的发现中，我们不仅发现前辈的生产生活，还发现自己的生产生活。但我们更强调的是人们的生命体验，更关注的是人们的生命境界。比如说老百姓过年的时候，那样一种狂劲，那种狂，它是一种心灵的释放；老百姓唱歌的时候，他有他的一种境界，我们需要理解他。又比如说我们习惯用"迷信"啊等等，甚至用"落后"等来评价民俗，这种评判对吗？所以我们只能思考，在生命形式上需要我们去体验。老百姓一年下来过一个春节，或者说老百姓丰收以后祭拜一下祖宗，或者说老百姓在一定的时候，想一个全家团圆，这个人同此心，心同此理，如果没有某种生命体验，我们是难以正确说明的。正是在这里，在我们面对民俗时，需要我们具备的一些知识基础，比如说我们的知识背景，我们的生活积累，我们的专业要求，我们的情感活动——爱、恨、情、愁，我们的理性判断——政治理性、经济理性、道德理性、审美理性、文化理性……事实上，只有有了正确的态度，而不是动不动就给贴个什么标签？我们就能在民俗中获得自己的生命真实。比如说节日，我们现在社会有三日——我们每个人有工作日、休息日、节日，这个三日，对我们人生来讲，性质是完全不同的，工作日我们需要努力地工作，做一个人的本分，尽职尽责奉献于社会；休息日，它是为了工作而休息，是为了某种目的而休息的，功能就是为了恢复体力，为了我们继续工作、继续生活。但是，我们还有一日——节日，它既没有工作的压力，也不是为了恢复体力而去休息，那它是什么？唐君毅先生讲，节日具有艺术性，具有宗教性，它是一种纯粹精神上的东西，我们过节日，它是一种似截断而又相连，似分离而又相续。在节日里，我们可以超越时空，像吃粽子、划龙舟，我们心目中想到的是屈原，它可以让我们超越时间达到永恒，超越空间达到世界的遍在。当我们在过节的时候，如果我们想一下，我们该如何过好这三日？工作日是实现我们价值的机会，休息日是巩固我们生命的一种机会；一个体现我们生存的价值，一个体现我们精神的价值，我们的这样一个过好三日的过程，我们能否达到我们生命的永恒？

二、民俗与文化的含义

"民俗"历史悠久：可以说有人类以来就有民俗。

"民俗"影响广泛：可以说有人群之地就有民俗。

当代的文化研究已经说明，民俗是社会生活中的最为普遍的一种文化现象，它不仅在人们多样的物质生活传统中蕴藏着丰富的精神生活，而且在民俗大众的民间生活与文化中体现了文明民族、精英雅士的经典文化与高尚生活；民俗文化不仅是伴随人类社会产生，伴随人类社会发展而不断地发生变异的历史现象，而且还是与人类未来相传承的损益相因的人类伴生物，始终与人类共存亡；民俗文化不仅是不同人群在各自特定的工作、生活实践中形成的具有一定精神倾向的习惯、状态、类型、方式，而且会体现出人类的类特性，并表现出全人类的共通性倾向……

（一）"民俗"的含义

"民俗"一词在中国古已有之，有其深远的中文意境。如《礼记》从民间习俗层面使用"民俗"，其《缁衣》曰："故君民者，章好以示民俗，慎恶以御民之淫，则民不惑矣。"从"民间风尚"层面使用"民风"，其《王制》曰："岁二月东巡守……命大师陈诗，以观民风。"此外，《管子·正世》有"料事务，察民俗"之说，《荀子·强国》有"入境，观其风俗"之论，《汉书·董仲舒传》记载有"变民风，化民俗"之议，可见与"民俗"一词相类的"风俗"、"风气"、"民风"、"习俗"等用语在中国古代使用和流传的范围相当广泛，并已概括出了"民俗"的基本含义：民众创造，大众传习，教化自我，习以成俗。如《汉书·平帝纪》记载之元始四年(4年)"遣太仆王恽等八人置副，假节，分行天下，览观风俗"；《汉书·薛宣传》记载之谷永上书说"御史大夫内承本朝之风化，外佐丞相统理天下，任重职大，非庸材所能堪"；《三国志··魏书·高贵乡公纪》记载之甘露三年（258年）诏"夫养老兴教，三代所以树风化垂不朽也"；《荀子·儒效》记载之"习俗移志，安久移质"，后人注之"习以为俗，则移其志；安之既久，则移本质"等，可见把"习"与"俗"相连，形成"风俗"、"风化"、"习俗"等用语，体现了"民俗"的基本义涵，并显示出风俗教化的目标，故《说文解字》将"俗"解释为"习也"，强调"习而行之谓之俗"，《汉书·贾谊传》上书陈政事甚至说"习惯成自然"："择其所乐，必先有习，乃得为之。孔子曰：'少成若天性，习贯（惯）如自然。'"因此，后世用"民俗"一词来对译西语，表明在语源上，中国古代的"民俗"与近代民俗学研究中使用的 Folklore（民俗）一词在内涵上有所联系。

在西方，"民俗"（folklore）一词包括两个部分：一个是"民"（folk）；另一个是"俗"（lore），其基本意内涵就是"民众的知识"（the learning of the people），这里的关键在于"民"之所指的范围与"俗"之内涵的界定。

从概念表述上看，学界已注意到：作为一门学科的民俗学的源起应可追溯到英国 16 世纪的古老知识与百物研究，这种研究曾在 1572 年创立了一个相应的组织机构或研究协会，在出版的大量著作中，勃朗德的名著以《民间古老风习的观察》为题，可以看成是首先将民俗的研究范围指向"古老风习"之作。可是，直到 200 多年后的 1846 年才有英国学者威廉·汤姆斯向《雅典娜神庙》杂志写信建议用一个"挺不错的撒克逊语合成词 —— 民俗"来取代"民间古语"、"通俗文学"等术语，并第一次对民俗概念、性质、内容作了界定，以其内容包括礼仪、风俗习惯、仪典、迷信、歌谣、寓言等，算是开始了在英国有一个通译名称的时代。后来，英语 Folklore 的早期含义即指民众的知识和学问而与汤姆斯界定的内容有关。但是应强调的是，这个词的最终确定还是由于"国际民俗学会"的成立,从而使 Folklore 逐渐成为国际学术界的通用语。此前在盎格鲁—撒克逊族系的英美诸国叫 Folklore(民俗学),在拉丁语系的法、比、意、西、葡等国叫 Tradition Populaire(民间传统),在日耳曼族的德、奥等国叫 Volkskunde(民间学),在斯堪的纳维亚半岛的挪威、瑞典、丹麦等又分别叫 Folkemme、FolkmiFie、Folkemind 等,可见并不统一。此后在中国学术界,也长期未得到统一。

从"民"的范围上,仅从民俗学的发展过程来看,"民"即有一个由"民族"演变为"全民"的过程,具有"民族"、"社会群体"、"古人"、"农民"或"文盲"、任何个人、全民等的不同认知,并呈现出不断扩大的趋势。据一般民俗学的研究,具有创始意义的德国学者之格林兄弟(雅可布·格林 [Jacob Grimm] 和威廉·格林 [Wilhelm Grimm]),从 18 世纪末到 19 世纪初的德国实际出发,力求从德国的民间故事、神话、传说、童话等历史流传的民间口承文化中去发现并重建"德意志民族精神",于是在大量工作的基础上出版了《儿童和家庭故事集》(1812—1814 年)。很显然,在格林兄弟那里,"民"也就是"民族",而且是由一般"下层"民众代表的民族。事实上,格林兄弟的思想汇集到了德意志民族从路德、闵采尔到歌德、席勒、贝多芬,从莱布尼兹、康德、费希特、谢林到黑格尔、费尔巴哈,直到马克思、恩格斯的整个德国民族精神的觉醒与复兴、启蒙与重建的历史进程中,所以,恩格斯在论《德国民间故事书》时一开始即谈论其使命:"民间故事书的使命是使一个农民作完艰苦的日间劳动,在晚上拖着疲乏的身子回来的时候,得到快乐、振奋和慰藉,使他忘却自己的劳累,把他的硗瘠的田地变成馥郁的花园。民间故事书的使命是使一个手工业者的作坊和一个疲惫不堪的学徒的寒碜的楼顶小屋变成一个诗的世界和黄金的宫殿,而把他的矫健的情人形容成美丽的公主。但是民间故事书还有这样的使命:同《圣经》一样培养他的道德感,使他认清自己的力量、自己的权利、自己的自由,激起他的勇气,唤起他对祖国的爱。"[1] 恩格斯甚至还强调说:"为德国人民着想,难道不值得从这类书中选出最优秀的,经过精心修改再出版吗?当然,不是任何人都能完成这种改写工作的。据我所知,只有两个人在选择时具备足够的批判的敏锐洞察力和鉴别力并且在改写时善于运用古老的风格,这就是格林

---

[1] 马克思、恩格斯:《马克思恩格斯全集》第 2 卷,北京:人民出版社 2005 年版,第 84 页。

兄弟……"[1] 恩格斯还特别指出："我们可以正当地要求民间故事书内容应富有诗意、饶有谐趣和道德的纯洁，要求德国民间故事书具有健康的、正直的德意志精神。"[2] 并认为："在民间故事书里，占主导地位的应该是这种朝气蓬勃的精神，只要有这种精神，许多缺点都可以不去计较。"[3]

相比而言，英国人类学家爱德华·B·泰勒（Edward B. Tylor，1832—1917 年）虽然承认民俗是一种文化（他把习俗与知识、信仰、艺术、法律等诸现象统称为文化），但依据其社会进化的三阶段说（野蛮 [savagery]—半开化 [barbarism]—文明 [civilization]），各种"民俗"现象都是产生于野蛮或半开化时期，成为进化论视野下的古代传统文化的"残余物"（survivals），"民"也自然成了"古人"系列了。不过，作为社会学家的法国人迪尔凯姆（Emile Durkheim，1858—1917 年）却以更为广阔的视野把"民"解释为"社会群体"，并得到了一定的赞同。在这里，"民"成了一个可以包含"民族"在内的多样性群体。再到后来，"民俗"学之"民"成了"农民"或"文盲"的代称，但其初起却可以追溯到格林兄弟时期，那时德国的"上层"贵族几乎"完全"成了外来文化的奴隶，于是他们把重建德国民族精神的出路指向了"下层"的农民及文盲，这种对"上层"的认知是否正确且不去管它，但在民族危机严重时将民族重建的方向指向相对"下层"的大众却具有某种普遍性。所以，中国"五四"运动时期即具有这种倾向，著名作家沈从文的文化追求甚至即可归结为用这点创造的心去"启发这个民族的感情"[4]。不过，到了 20 世纪中后期，"民俗"学之"民"则是指称任何一个人了，当代美国著名民俗学家阿兰·邓迪斯（Alan Dundes，1934—2005 年）即认为"民"即是任何特定的"社会群体"（folkgroups），他们具有一个共同点和具有自己的传统，职业、语言、年龄、性别、宗教、民族等都可以是各特定群体的共同点。更进一步，"民俗"学之"民"也就成为了"全民"，自然是具有一定"群体性"的不同的全民，是全体民众或全体人类。

这样，我们强调："民俗"所说的"民"在总体上不是区别于"官"、"学"等的社会职业状态概念，而是区别于其他动物的"人"的社会存在状态。在这里，

[1] 马克思、恩格斯：《马克思恩格斯全集》第 2 卷，北京：人民出版社 2005 年版，第 91 页。

[2] 马克思、恩格斯：《马克思恩格斯全集》第 2 卷，北京：人民出版社 2005 年版，第 84 页。

[3] 马克思、恩格斯：《马克思恩格斯全集》第 2 卷，北京：人民出版社 2005 年版，第 92 页。

[4] 沈从文：《沈从文全集》第 16 集，太原：北岳文艺出版社 2002 年版，第 507 页。

"官"与"士、农、工、商"、"渔、樵、耕、读"、"九老十八匠"、"三百六十行"等，同样是一种职业状态；而"民"则是由诸如"五服、九族"之类由多种特征划分为不同群体的社会存在状态，也就是说，"民"是从总体上显示的人之类特性，即人类性。按照费尔巴哈的观点，人之存在的本性即是其类特性，故说："只有将自己的类、自己的本质性当作对象的那种生物，才具有最严格意义上的意识……科学是对类的意识。"[1]

同"民"的范围一样，"俗"的范围也值得厘清，如果把"俗"简单地界定为知识和学问，那就不足以与上述"民"的范围相适应，一方面从宽的层面看，可以指一切人的知识和学问；但另一方面从窄的层面看，却似乎排除了普通人的技艺及相关的思想、情感表达，所以有学者主张"俗"应该是以口头、物质、风俗或行为等非正式和非官方的形式创造和传播的文化现象，是一种约定俗成的东西，它不是什么人宣扬和倡导的内容，也不是人们自我标榜的东西，而是人们在日常生活中自觉和无意地遵循和维护的一种行为规范、道德伦理、认知方式和思维模式[2]。如果是这样，我们就在"俗"的意义上打通了所谓的人之等级特征，形成了所谓的人之"俗群"特征。于是，与上述"民"的演进相应，"俗"也演进了 —— 初义的民俗就是普通百姓的知识和学问；现义的民俗就是全民的知识和学问、技能等一切文化事象 —— 一切以"民"为主体的具有传习性的文化事象。

我们这里不妨以文学为例，当前文学研究或是以书面形式创作和流传的文学作品为研究对象而形成所谓的"文学研究"，或是以口头形式创作和流传的文学作品为研究对象而形成所谓的"民间文学"研究，或是以网络文学创作和流传的文学作品为研究对象而形成所谓的"网络文学"研究。这里面有三个层次的问题：

一是三者真的能分割开吗？从现有研究成果来看，有从民间走向"上层"的，如土家族民歌与竹枝词、打油诗从民间走向"上层"、民间作品直接成为上层的关注对象如葛鸦儿的《怀良人》[3] 及《阿凡提的故事》等，中国古代的"采风"本身即

---

[1] [德] 费尔巴哈著，荣辰华译：《基督教的本质》，北京：商务书馆 1997 年版，第 29 页。

[2] 王娟：《民俗学概论》，北京：北京大学出版社 2002 年版，第 11 页。

[3] 据百度：《怀良人》载于《全唐诗》卷 801，是一位劳动妇女的怨歌。一般认为此诗是女子葛鸦儿的作品，也有人说是朱滔军中一士人所作。此诗描绘了战争经年不息，大批丁壮前往战场，农业生产遭到严重破坏的社会现实，反映了兵荒马乱的社会现状给农村妇女带来的巨大痛苦。诗曰："蓬鬓荆钗世所稀，布裙犹是嫁时衣。胡麻好种无人种，正是归时不见归？"

可以证明；也有"上层"走向民间的，像中国儒、释、道三家思想的民间化，特别是像"二十四孝"、《三字经》等，例子可以随意举来；更何况还有无法说清是发源于民间还是所谓"上层"的，如被称为中国文化之源的《易经》，其中特别是"八卦"……这种情况说明，所谓民间与"上层"并不存在必然的鸿沟，民间的多种"劝学"作品与旧时官方的"采风"即明显证明相互之间沟通渠道的广泛性、普适性。同样，网络文学与民间文学、文人文学与民间文学、文人文学与网络文学之间的关系也具有上述复杂情形。

二是所谓"上层"是否也有"风俗"，即除了这些所谓的"上层"本身把自己还原为"民"而遵守民间之"俗"如王维的《九月九日忆山东兄弟》[1]等而外，其所形成的"诸子百家"（既可从整体的"俗"论，成为所谓的"百家"诸子之"风"；又可仅从文学的层面来论，体现所谓的诸子"文"风）、边塞诗与田园诗、京派与海派，及至诸子家学、两汉经学、魏晋玄学、宋明理学、清代朴学……诸如此类，是否也可算是一种"风"或"俗"，特别是边塞诗与田园诗作为中国传统农耕明的两个基本条件——内在稳定（田园）与边关安定（边塞），二者有明显的互含关系：田园呼唤边塞的安定，边塞为了田园的稳定，于是两种诗风即成了一个漫长的"诗俗"，所以，百度百科说："边塞诗是以边疆地区汉族军民生活和自然风光为题材的诗。一般认为，边塞诗初步发展于汉魏六朝时代，隋代开始兴盛，唐即进入发展的黄金时代。据统计，唐以前的边塞诗，现存不到二百首，而《全唐诗》中所收的边塞诗就达两千余首。其中有些宏伟的篇章不但是汉族文学的宝贵财富，而且极具历史意义。""中国古代的田园诗指歌咏田园生活的诗歌，多以农村景物和农民、牧人、渔夫等的劳动为题材。东晋大诗人陶渊明开创了田园诗体后，唐宋等诗歌中的田园诗便主要变成了隐居不仕的文人和从官场退居田园的仕宦者们所作的以田园生活为描写对象的诗歌。田园诗和边塞诗并称唐代开元、天宝年间两大词派，前者恬淡疏朴，后者雄浑豪迈。"由此可见，二者的长期延续，也应以"俗"目之。

三是所谓的"下层"是否"俗"中有"雅"，或者最简单地说，民间风俗中是否有最可宝贵的东西？从历史唯物主义的角度说，这并不是一个问题，因为历史唯

---

[1] 王维的《九月九日忆山东兄弟》诗曰："独在异乡为异客，每逢佳节倍思亲。遥知兄弟登高处，遍插茱萸少一人。"反映其对过重阳节的态度与参与意愿。

物主义强调"人民群众是历史的创造者"[1]，问题在于，我们的精英们在具体对待这些"民间"时，却总带着一种酸味。事实上，民俗作为"人生的第二自然"，通过节日、生产、生活、礼仪、交往、信仰、宗族、文娱、体育及至趣闻等方面，从物质生活、精神生活、社会生活等不同侧面，体现了民众的生活习惯、思维方式、价值取向、行为方式、语言表达等，如生产习俗"代代相传，成为了没有被时间消逝的永恒，见证着一个个民族自强不息的旅程……"[2]；"'习惯'是人的'第二自然'，它作为精神在人们特殊经验形式中自然存在……"[3]，"本能地对应着人民的心灵，是当然如此地自然而然"[4]，如果能研究者、体验者、传承者集于一身，当会对民俗文化的内容与形式、价值与意义有更为深刻的认知。

据此，我们可以对上面的分析，给出我们对民俗的一个基本认定：民俗是不同人群在各自特定的工作、生活实践中形成的具有一定精神倾向的习惯、状态、类型、方式……在总体类型学上可以进行不同的分类。也正是在这个意义上，我们应该强调："民俗"就是一种文化，是文化的一种类型学上的划分。

其实，"民俗"一词在中国早已出现，其早期的含义使用可比于近现代含义。如早在中国先秦，管子即说过"料事务，察民俗"；而且，在古代中国除了使用"民俗"而外，还使用了"风俗"作为并行的概念，基本上说明了我们现在所描述的意旨。于是我们强调："民俗"即存在于民间之"俗"，而所有人都首先是"民"，即使处于"官"位等不同的职业状态，也在最终意义上要还原为"民"。自然，作为"风俗"，这是一种处于较为稳定而具有流行状态的文化现象，因而区别于"时尚"。不过还应强调的是，"民俗学"的研究会关注那些非正式制度化的礼仪规制等而具有稳定性的长期流行的社会风尚。

在这里，我们再以"从修禊引出的文化事象"为例加以说明。

《论语·先进》篇中有一段精彩的"理想"或"言志"的讨论，其背后则隐含了一则生动的风俗故事：

[1] 强调"人民群众是历史的创造者"，通常是三条理由：人民群众是社会物质财富的创造者；人民群众是社会精神财富的创造者；人民群众是社会变革的决定力量。因此，历史活动是群众的事业，人民群众是历史的主体，是历史的创造者。

[2] 廖德根、冉红芳编著：《恩施民俗》，武汉：湖北人民出版社2013年版，第37页。

[3] 廖德根、冉红芳编著：《恩施民俗》，武汉：湖北人民出版社2013年版，第74页。

[4] 廖德根、冉红芳编著：《恩施民俗》，武汉：湖北人民出版社2013年版，第37页。

子路、曾皙、冉有、公西华侍坐。子曰："以吾一日长乎尔，毋吾以也。居则曰：'不吾知也。'如或知尔，则何以哉？"

子路率尔而对曰："千乘之国，摄乎大国之间，加之以师旅，因之以饥馑。由也为之，比及三年，可使有勇，且知方也。"

夫子哂之。

"求，尔何如？"

对曰："方六七十，如五六十，求也为之，比及三年，可使足民。如其礼乐，以俟君子。"

"赤，尔何如？"

对曰："非曰能之，愿学焉。宗庙之事，如会同，端章甫，愿为小相焉。"

"点，尔何如？"

鼓瑟希，铿尔，舍瑟而作，对曰："异乎三子者之撰。"

子曰："何伤乎？亦各言其志也！"曰："莫春者，春服既成，冠者五六人，童子六七人，浴乎沂，风乎舞雩，咏而归。"

夫子喟然叹曰："吾与点也。"

三子者出，曾皙后。曾皙曰："夫三子者之言何如？"

子曰："亦各言其志也已矣！"

曰："夫子何哂由也？"

曰："为国以礼，其言不让，是故哂之。"

"唯求则非邦也与？"

"安见方六七十，如五六十而非邦也者？"

"唯赤则非邦也与？"

"宗庙会同，非诸侯而何？赤也为之小，孰能为之大？"

这里的关键是"吾与点也"。我们的看法是：一方面，孔子同意曾点的做法有一种社会理想在其中，我们在《论语·公冶长》中看到另一则言志之语：当子路"愿闻子之志"时，孔子的回答是："老者安之，朋友信之，少者怀之。"这与曾点所述的人员结构是十分一致的。因此，"吾与点也"的背后有一种社会理想在其中，因而这种民俗活动所体现的社会理想，与《孔子家语》所载"子贡观腊"中所体现的治国理政之思一致，也与《道德经》所谓的"甘其食，美其服，安其居，乐其俗"的理想一致。另一方面，曾点所述也是在一种特殊风俗背景下体现的自然人性之美：暮春时节（阳春三月），春天的衣服已经穿着了。我和五六个成年人、六七个童仆，到沂河里游泳祈福，在舞雩台上乘凉，唱着歌回家。这里说的正好是古代汉族的"修禊"——一种古已有之的消灾祈福仪式，即每到季春的时节，一般在农历三月上旬的巳日（魏以后逐渐固定为三月三日），当此之时，无论是官吏还是一般的百姓都要到水边游嬉以沐浴除灾祈福，或由女巫导演。汉代应劭于《风俗通义》中还把"禊"列为祀典，其目的即"禊，洁也"。于自然时节来说，起因于春日万物生长，蠢然而动，容易引起各种春季疾病，因而要在水上洗濯以防病疗病。对此，《后汉书·礼仪志》载曰："是月上巳，官民皆洁于东流水上，曰洗濯祓除，去宿垢，为大洁。"刘昭则作注引《韩诗》说："郑国之俗，三月上巳溱洧两水之上，招魂续魄，秉兰草祓除不祥。"《荆楚岁时记》曰："三月三日，士民并出江渚池沼间，为流杯曲水之饮。"至于"禊"的其他说法[1]，也并不改变这一习俗的性质。其实，除春季的"修禊"而外，古代秋季也有"修禊"活动，如刘祯《鲁都赋》即有所载[2]，此一春秋二季之"修禊"，并属《周礼·春官》之所谓"女巫掌岁时，被除衅俗"。

更为影响广泛的例子应是"修禊"之俗转化为古代诗人、官员（及至皇帝）、民众之欢乐雅聚的经典范式，其中又以发生在晋、唐会稽郡山阴城（今浙江绍兴越城区）的兰亭修禊和长安曲江修禊之事最为著名。宋代诗人白玉蟾于《春词》七首中有"千红万紫竞繁华，莺燕多依富贵家。上巳兰亭修禊事，一年春色又杨花"之慨；范成大《破阵子·祓禊》词则更谓："漂泊天隅佳节，追随花下群贤。只欠山阴修禊帖，却比兰亭有管弦。唤起杜陵饥客恨，人在长安曲水边。"诗中所写即是产生《兰亭集序》的兰亭修禊事：那是353年的农历三月初三，时逢春季的修禊日，来自全国各地的军政高官40多人，应东道主会稽内史王羲之的盛情邀请，相聚于会稽郡山阴城的兰亭饮酒、写诗、观山、赏水，可谓盛况空前，魏、晋以来的显赫家族如王家、谢家、

---

[1]　如挚虞说汉章帝时平原徐肇三月初生三女至三日俱亡，所以举行被禊，因为有灾，洗濯消灾祈福。
[2]　刘祯《鲁都赋》："素秋二七，天汉指隅，人胥被禳，国子水嬉，用七月十四日，此秋禊也。"
按：《鲁都赋》已原书不存，于《艺文类聚》《初学记》《北堂书钞》《太平御览》等中有部分佚文。

袁家、羊家、郗家、庾家、桓家等差不多都到了 [1]。人们云集于山阴城，修禊于兰亭，曲水流觞，饮酒赋诗。诗作在汇聚成集后，会稽市长王羲之乘兴作序，是有"天下第一行书"的《兰亭集序》。此后，王勃亦有云门修禊佚事，更有所谓的"流觞曲水"之俗：指众人沿曲水列坐，把酒器羽觞放在曲水的上游，任其顺流而下，酒杯停在谁的面前，即饮酒赋诗。以至于历代雅士仿效兰亭修禊，并于园林中建流杯亭……

长安曲江修禊即源于隋炀帝在自己的御花园内建造的流杯亭。据传：隋炀帝曾令人制作了两个二尺高的木偶安置在一艘小舟上，一个捧钵一个捧杯，让其随波逐流，停到谁的面前谁便斟酒供饮，如此循环往复。此习到了唐代则发展成了曲江宴，故吴自牧于《梦粱录》中曾特别指明："曲水流觞故事，起于晋时。唐朝赐宴曲江，倾都禊饮踏青，亦此意也。"于此则指明了其中的源流关系。

或许正因为这个习俗的演进，从而也引出了对自然的改造。比如，曲江原来不过是长安东南的一个天然小池沼，因为隋文帝扩建皇城而划为城区，并被改造成御花园。可到了唐朝的开元年间（713—741年，为唐朝皇帝唐玄宗的年号，共计29年），再加开凿，还引来黄渠水入池，使其水面广达七里，池的周边也大规模地修造了殿堂楼阁亭榭，池边则遍植奇花异树，从而使曲江成为京师长安城中的著名景观，我们从白居易的忆友诗与元稹的诗梦，即可见其影响 [2]。曲江建好后，唐玄宗每逢上巳节令都要在曲江大摆御宴赏赐群臣，高峰时人数之众每以万计。到了唐神龙年间（神龙是周朝武则天和唐中宗李显的年号，时间为705—707年），更确立了在每年春花三月之时于曲江赐宴新科进士的机制，此制直到唐末，延续了两百余年，亦可谓源远流长。更为重要的是，这种形式的聚会实际上成了唐朝治国理政的一种机制：每当宴会之日，无论是王公大臣还是平民百姓，都可赶赴曲江一睹新进士的风采，这不仅成为一种激励社会人士上进的手段，而且也成为盛世唐朝开放、自信、开明的

[1] 后来刘禹锡有《乌衣巷》诗讲到其后来的衰落："朱雀桥边野草花，乌衣巷口夕阳斜。旧时王谢堂前燕，飞入寻常百姓家。"

[2] 唐宪宗元和四年（809年）三月，元稹因公去东川（现今重庆市境）之后，在长安的白居易、白行简兄弟及另一个朋友李建即李十一，同游曲江和慈恩寺，白居易写下了一首想念元稹的诗：《同李十一醉亿元九》——"花时同醉破春愁，醉折花枝当酒筹。忽忆故人天际去，计程今日到梁州。"凑巧的是，几天后白居易即接到元稹的来信，说他有一天晚上寄宿在梁州的驿站里，梦见和白居易他们一同游曲江及慈恩寺，醒后即做了一诗："梦君同绕曲江头，也向慈恩院里游。亭吏呼人排马去，忽惊身在古梁州。"从这里不难看出，曲江的影响及元稹、白居易之间的情谊是何等深厚。

体现，成为和谐民众、沟通皇帝与民众的重要途径。如果加上皇家御宴之外的贵族宴如樱桃宴、诗酒宴、赏花宴、社交宴等，事实上形成了每期的"百宴争香"、"群筵竞美"盛会，因而被史家统称为"曲江宴"。遗憾的是，"曲江宴"终于在唐末的军阀混战中销声匿迹了。但尽管如此，"曲水流觞"的影响却通过唐诗、宋词、元曲乃至明清的笔记、杂剧、小说得以表现和传承……于此可知，风俗之文化影响深矣、远矣。

（二）文化的含义

从语源学上看，西方各民族语文系统中"文化"一词的拉丁文 Cultura 原形为动词，有区别于自然并控驭自然的意义。合成词"文化"在中国的基本含义则是文治教化，或与天造地设的自然对举，或与无教化的"质朴"、"野蛮"对举，如刘向《说苑·指武篇》中有"凡武之兴，为不服也。文化不改，然后加诛"之说，南齐诗人王融在《三月三日曲水诗序》中写有"设神理以景俗，敷文化以柔远"之说，可见"文化"二字的连用古已有之。

在当代，我们对文化的理解应有新的尺度。那么，当代是一个什么时代呢？

如果要问现在的时代是一个什么时代，我们一定会说：全球性现代化时代。

我们这里提"全球性现代化"，首先是在对其性质的认定上，旨在抛弃分开提全球化、现代化的弊端而把二者看成是一个问题的两个方面即一体两面的关系。一方面强调，全球性或全球化主要是指其空间特性，即人类所至的任何角落或全球场域都无所逃离的普遍性、必然性；另一方面则强调其时间特性：现代化是一个时间范畴或时代命题，强调人类社会是一个不断向前推进而至"现代"的过程。就目前的表现来看，全球性现代化的理论内涵至少涉及以下六个方面的含义：①它是一个永恒性的过程，不会随着人的意志而中断，也没有终点，人类将永远处在"现代化"的路上。②它是一种在政治、经济、文化、生态、社会、生活方式、意识形态等任何领域掀起的不可避免的运动，它作为一种"席卷"的趋势而具有某种"运动"的特性，是一种具有强大推动力量的发展状态。③它是一种超越了当地史观、国家史观，而以世界史观来看待问题的思维方式，即思考和观察任何问题都必须站在全球性现代化的高度来思考问题，如习近平提出的"命运共同体"、"一带一路"等即如是。④它提供了一种个体、群体、民族、国家等不同层次的主体可以在世界范围内进行选择的发展标准，特别是在总体朝向上瞄准"世界先进"性，是在世界范围内追求"我比他强"的标准序列。⑤它全方位地影响着人的思想与行为，从而成为人们追求的一种永恒的目标，即强调我们"要实现现代化"。所以，在现今世界，无论是全球化还是现代化，都已具有了目标、价值、世界观的意义，对于个人则成了人生观、价值观与世界观。⑥全球性现代化运动本身即是一种世界性动力，即现代世界的发展，不只是认识上的"发展是硬道理"，而且是过程上的"发展是硬道理"。因为全球性现代化是自动力的，即全球性现代化本身就是一种动力，虽然在某些具体国度有所差别，但就全球而言，却始终是自动力的。因此，全球性现代化并不等同于西化，它是一种客观存在的历史进程，不以任何个人或组织的意志为转移，是人类社会发展的整体化趋势，而不是一种终极状态。在全球性现代化视野下，中国社会也已经不是孤立的传统的社会，多元文化的交融、多元文化观念的渗入已成为了一种必然趋势，没有了所谓的文化边界，因而也就没有了信仰的局限。站在全球性现代化的视域，每个人已经从原有现代化的接受者，转变成为现在集接受者与授予者为一身的个体，我们不仅仅可以接受影响，也可以通过各种现代化工具影响别人。这样，我们形成了本书所坚持的民俗文化观念 —— 大众文化观，借以突出主体文化的重要性。

大众文化观是针对传统精英文化观而提出来的。大众文化观与传统精英文化观的最大不同在于它凸显主体文化 —— 人的作用。传统的精英文化观把文化分为了广义与狭义两种。广义的文化是指人类在社会历史发展过程中所创造的物质财富和精神财富的总和，包括物质文化、制度文化以及心理文化三方面。狭义的文化指社会的意识形态以及与之相适应的制度和组织机构。在传统精英文化观下，普通人对文化的态度是文化在我之外，具体说来是"与我的创造无关"。这种文化观的突出弊端是容易让普通人失去文化自觉与文化责任，而我们来到这个世界上理应肩负起文化创造与文化传播的责任。与精英文化观相对应的大众文化观则更强调人本身，它强调把人自身内化为文化人，成为文化的创造者，从根本上说即我们每个人都是文化人。

大众文化观意义上的文化是整体上的文化，文化应该涵盖整个社会。因此，文化指人们对自然、社会及人自身万千事象的领悟、创造及其成果。具体来说，大众文化观意义上的文化构成要素包括三个层面：

（1）主体文化——人本身即是一种文化，人本身会受到社会文化的影响，人的物质性的身体与精神性的思想、品德等都是一种文化要素。人之主体作为一种文化，从根源上讲即人本身就是一种能够被对象化的存在，"在生活中，我们跟个体打交道，而在科学中，我们跟类打交道。但是，只有将自己的类、自己的本质性当作对象来对待的生物，才能够把别的事物或实体各按其本质特性作为对象"。"人本身既是'我'，又是'你'；他能够将自己假设成别人，这正是因他不仅把自己的个体性当作对象，而且也把自己的类、自己的本质当作对象"[1]。马克思更是强调指出："一方面为了使人之感觉变成人的感觉，而另一方面为了创造与人的本质和自然本质的全部丰富性相适应的人的感觉，无论从理论方面来说还是从实践方面来说，人的本质的对象化都是必要的。"[2] 正是由于人的这种对象化特性，人们也才把人这一文化主体本身作为一种文化加以认知。有如《论语·公冶长》等篇的识人用人本身即是一种以主体为文化的经典论说一样，如说"雍也仁而不佞"、"女，器也"之类。《道德经》第十五章算是一个以人之主体作为对象进行认知的范例："古之善为士者，微妙玄通，深不可识。夫唯不可识，故强为之容：豫兮若冬涉川，犹兮若畏四邻，俨兮其若客，涣兮其若冰之将释，敦兮其若朴，旷兮其若谷，混兮其若浊，澹兮其若海，飂兮若无止。"……像这类的例子，应该说古今中外，比比皆是。若以《道德经》此章比于《道德经》第八章以水为对象的认知，是否有相应之处？"上善若水。水善利万物而不争，处众人之所恶，故几于道。居善地，心善渊，与善仁，言善信，政善治，事善能，动善时。夫唯不争，故无尤。"自然，我们可以从不同的层面去认识人这一主体，比如中国的教育方针，从德、智、体的要求到德、智、体、美、劳的要求，即是对主体文化属性认识的不同分析框架；从知识、能力、素质的要求，到"理论武装、世界眼光、战略思维、党性修养、知识素养"的素质要求，同样形成了不同的分析框架；从自然生命方面的体质修养，到文化生命的思想、道德、品质、性格、智慧、意志……同样可以构成不同的分析框架；自然的人、社会的人、异化的人、作为"类"的人、社会的人……无数的对人的不同认知即形成了不同的分析视野；中国人与西方人，儒家、道家、佛学、伊斯兰教、基督教……无数的学术与宗教视野的分异之"人"，

[1] ［德］费尔巴哈著，荣辰华译：《基督教的本质》，北京：商务书馆1997年版，第29、30页。

[2] 马克思著，刘丕坤译：《1844年经济学—哲学手稿》，北京：人民出版社1979年版，第80页。

都表明人本身就是一种文化主体。

（2）行为文化 —— 即人的社会行为或活动，包括人认识和改造客观世界（含人自身）的各种物质生产和精神生产活动。之所以以人的行为作为一种文化，本身同样根源于人的活动本性。因为，我们仅把人看成是一种类存在还是不够的，还必须承认人是一种具有"感性的活动"的类存在，即具有现实实践活动的人，一种为了自己的生存而对自然界的有意识、有目的地进行能动性改造的人，一种为实现个体而建立社会关系的人，因而是一种作为社会历史产物的人。所以，马克思强调指出："一当人们自己开始生产他们所必需的生活资料的时候（这一步是由他们的肉体组织决定的），他们就开始把自己和动物区别开来"，"个人并不是他们自己或别人想象中的那种个人，而是现实中的个人，也就是说，这些个人是从事活动的，进行物质生产的，因而是在一定的物质的、不受他们任意支配的界限、前提和条件下能动地表现自己的⋯⋯意识在任何时候都只能是被意识到了的存在，而人的存在就是他们的实际生活过程"。[1] 从现实性上看，人类的这种现实活动，包括人们认识和改造包含人自身在内的客观世界的各种物质生产、类的生产、精神生产、环境生产等多方面活动，其中还包括人类的多方面的日常行为。其中在物质生产活动中可能形成按产业划分的不同之部门文化，精神生产活动则可形成按照领域划分的科学技术、文学艺术、哲学智慧、历史视野、宗教信仰等生产活动，类的生产则可能形成不同的生育文化、人生礼仪风俗等不同类型的文化，而环境生产则形成所谓的生态文化。人的行为的最基本形式自然是人类的劳动，因为"劳动本身，生命活动本身，生产生活本身对人来说不过成为满足他的一个需要，即维持肉体生存的需要的手段。而生产活动也就是类的生活。这是创造生命的生活。生命活动的性质包含着一个物种的全部特性，它的类的特性，而自由自觉的活动恰恰就是人的类的特性"[2]。"劳动对象是人的类生活的对象化，人不仅像在意识中所发生的那样在精神上把自己化分为二，而且在实践中，在现实中把自己化分为二，并且在他所创造的世界中直观自身。"[3] 所以，劳动"实际创造一个对象世界，改造无机的自然界，这是人作为有

---

[1] 马克思、恩格斯《马克思恩格斯全集》第 3 卷，北京：人民出版社 1995 年版，第 24—29 页。

[2] 马克思著，刘丕坤译：《1844 年经济学—哲学手稿》，北京：人民出版社 1979 年版，第 50 页。

[3] 马克思著，刘丕坤译：《1844 年经济学—哲学手稿》，北京：人民出版社 1979 年版，第 51 页。

意识的类的存在物……的自我确证……动物只是在直接的肉体需要的支配下生产，而人则甚至摆脱肉体的需要生产，并且只有在他摆脱了这种需要时才真正地进行生产……所以，人也按照美的规律来塑造物体"[1]。自然，除了劳动而外，人类还有其他方面的日常行为，这些行为与劳动，其实也都是文化。事实上，我们把社会活动或社会行为视为文化，比仅仅把社会活动或行为结果视为文化能更为全面、深刻地理解和把握文化，正像我们在《论语·公冶长》等篇中看到的经典行为认知一样：

子贡问曰："孔文子何以谓之'文'也？"子曰："敏而好学，不耻下问，是以谓之'文'也。"

子谓子产："有君子之道四焉：其行已也恭，其事上也敬，其养民也惠，其使民也义。"

子曰："晏平仲善与人交，久而敬之。"

子张问曰："令尹子文三仕为令尹，无喜色；三已之，无愠色。旧令尹之政，必以告新令尹。何如？"子曰："忠矣。"曰："仁矣乎？"曰："未知。焉得仁？""崔子弑齐君，陈文子有马十乘，弃而违。至于他邦，则曰：'犹吾大夫崔子也。'违之。之一邦，则又曰：'犹吾大夫崔子也。'违之。何如？"子曰："清矣。"曰："仁矣乎？"曰："未知。焉得仁？"

季文子三思而后行。子闻之，曰："再，斯可矣。"

子曰："宁武子，邦有道，则知；邦无道，则愚。其知可及也，其愚不可及也。"

我们应该认识到，传统的文化观把"文化"仅指向人们的创造成果，这自然不错。但是，即使我们承认人的行为结果是人的行为的体现，但行为与结果毕竟不是一回事，哲学的因果关系论，法学的实体正义与程序正义论，为了实现现代化而走不同的社会发展道路，为了获得财富和名誉而采取正当或不正当的手段，对待失败或挫折而有主观与客观的行为表现，圣人与普通人的不同的行为方式……我们只有承认行为的"文化"特性，才能对文化有更为深入、全面、准确的理解和把握。

（3）成果文化 —— 即我们领悟、创造的一切成果，包括物质成果与精神成果，

---

[1] 马克思著，刘丕坤译：《1844年经济学—哲学手稿》，北京：人民出版社1979年版，第50—51页。

也就是传统精英文化观所强调的物质成果与精神成果。其中的物质成果自然包括各种物质产品，精神成果则如以语言文字或其他符号记录下来的人的精神产品象规约、法律、风俗、习惯、科学技术、文学艺术、历史哲学、宗教信仰等，不过应该强调的是，这种划分只具有相对的分析方法上的意义，而不是文化的实在属性，因为在实际的文化现象中，很多东西是不能进行物质、精神的绝对区分的。

上述这种划分，"从过程的意义看，文化不仅仅是一种在人本身的自然和身外的自然的基础上不断创造的过程，而且是一种对人本身的自然和身外的自然不断加以改造、使人不断从动物状态提升出来的过程。在这个无限的过程中，作为基础的人本身的自然和身外自然也在不断地得到改造。从人类社会活动所创造的成果的意义上，文化是文，还不是文化。只有考虑到这些成果同时还意味着对人自身的改造，才是文化"[1]。为此，大众文化观视野下的文化可以从以下四个方面作进一步理解：①文化即人化——人是文化的创造者，人在一切对象上打下了自己的烙印，人类在生产生活过程中对自然、社会及自身万千事象进行着领悟与创造，"自然的人化"即是文化。或者在更广泛的意义上说，一切对象的"人化"即可称之为文化。②文化即化人——文化本身对人有指导和改造的作用，不同文化之间也存在着相互影响与交流，人与人之间也存在着相互影响。人的社会化历程实际上是特定的"文化化"的历程，是文化的扩散，是文化对人的塑造。③文化即模式——人所面对的环境就是一种模式，每个人自觉不自觉地生活在一种文化模式之中，"南米北面"就是一种典型的代表，其实质是饮食文化模式的不同。人们乐于适应一种文化模式，并在其中实现自我满足。现代社会思考的最重要的任务，莫过于思考文化的相对性[2]，其实质是文化模式的多样性。④文化"活动"是一种艺术——人们对文化的创造应当具有艺术性，这些艺术性的文化活动具有独特的创意或深厚的文化内涵，实际上这是对人们创造、传播文化提出的一种高要求。

因此，以大众文化观对待民俗文化，就是要避免"文化与我无关"现象的发生，要树立人人都是文化人的观念，积极地对待文化创造。要发掘与人主体本身有关的文化要素，比如把农民传统的生产行为当作行为文化进行观赏。要充分发挥人的创

---

[1] 张岱年、程宣山著，《中国文化与文化论争》，中国人民大学出版社 1990 年版，第 3 页。

[2] ［美］露丝·本尼迪克著，王炜译：《文化模式》，北京：社会科学文献出版社 2009 年版。

造性，形成有创意的文化产业，把文化活动当作一种艺术创造，创造有生命力的文化模式并传播这种文化模式。因此，从民俗鉴赏的角度看，文化通过以下过程体现为我们的生命活动：知识（所知）—素养（内化）—行为（外显）—效应（社会评价）。即通过学习获得知识，经过知识的内化而提高素养，以素养为基础进行各种活动并获得社会评价。

在这里，我们以瞿家湾的宗伯府为例来说明民间建筑的文化之美如何影响着读者，而读者又是如何内化的，从而体现为大众文化观，并进而成为我们的民俗文化观。其中的根本前提即是：宗伯府是民俗建筑，是民俗文化。

在瞿家湾，有两个表明自己身份的特殊的民俗建筑：松阳古郡与宗伯府，分别依据瞿氏的望郡与名人。

"松阳古郡"的由来，自然是先有松阳郡的由来。据史载：历史上的松阳县为东汉建安四年（199 年）设置，其治所即今浙江遂昌县东南的古市镇，唐贞元年间（贞元是唐德宗李适的年号，从 785 年正月到 805 年八月，共计 21 年）徙治今遂昌县东南的西屏镇，五代梁开平三年（909 年）吴越改名长松县，晋天福四年（939 年）又改为白龙县，北宋咸平二年（999 年）复名松阳县，1958 年撤销以并入遂昌县。从瞿氏以松阳为望郡来看，或即是宋以后的事。瞿氏因为历史上居住在松阳郡而成为该郡望族，因而从古代到现今的姓氏专著多称瞿氏的郡望在松阳郡。我们知道，望郡、望族体现的是中国古代以家族血脉为纽带的宗法制度信仰符码，一个地方的姓氏望族对整个家族的影响力及象征意义均相当大。既然松阳郡为瞿氏望郡，那么各地瞿氏多称是松阳堂瞿氏后裔也就不奇怪了。遗憾的是，瞿氏究竟是松阳多么显赫的望族，目前并未见出详细说明资料。我们还知道，郡望、堂号是紧密相关的两个谱学概念，瞿氏尽管在说到堂号时有"松阳堂"、"华鄂堂"、"八桂堂"、"述古堂"、"瞻远堂"等不同的说法，但在说到郡望时却差不多都说松阳郡或缙云郡，但史说此旧郡名兴于唐代而至宋初已废，在今浙江省西南部。然而，从古今各地瞿氏所修族谱一般都要在家谱前面加上"松阳堂"来看，瞿氏起始的瞿国、瞿上不为郡望堂号，而以松阳为之，与诸姓氏有相通之处。我们从瞿家湾立有"松阳古郡"的地标来看，当地瞿氏是深以为荣的。

"宗伯府"之由来，即因唐、宋以来，各朝廷的职官中有吏、户、礼、兵、工、刑六个部，其中在明朝出现了一个叫瞿景淳（字昆湖）的瞿氏先民，在明朝嘉靖年间（明世宗朱厚熜年号"嘉靖"，其时为1507—1566年）曾任礼部尚书，因位居第三而称其官职为"大宗伯"，因而在瞿氏宗祠上书写"宗伯府"三个大字，以示氏有名人名贤。

"宗伯府"是瞿家湾瞿氏家族的祠堂，据《瞿氏族谱》之记载，其初始建于清代的中叶（约1760年前后），后经多次重建、扩建而成现今之规模。从功能上讲，宗伯府是祭祀祖先的重要场所，是举行重要礼仪活动（如婚丧）、议事、社交（迎安宾客）的重要基地（空间）。因此，庄严、神圣的活动，要求"宗伯府"显得高大气派，从而成为瞿家湾形制最高的建筑。在实际的考察中，我们发现，就是在这样的一处古建筑中，却呈现了不同的文化层次，体现了深厚的民俗文化内涵：

第一层次，作为文化遗址的"宗伯府"建筑主体。

现存"宗伯府"坐落于瞿家湾老街西段南侧，坐南朝北，是瞿家湾最具代表性的天井式建筑；其平面构成为三进二天井，其中两天井一小一大依次递进，并具严谨的平面中轴对称布局，除给人以庄严肃穆而又神圣亲切之感而外，逐渐深入的构建还真切地传达了宗祠包容、规范的性质；"宗伯府"为穿斗抬梁式砖木结构，由牌楼、朝门、拜殿、两个天井及四个厢房组成，经专家实测，通面阔达16.2m，通进深达30m，建筑面积达500m²，落地柱多达108根（古之神数36与72之合）；由于三进二天井的进深较大，为便于采光，于是在建筑屋顶设置了多处亮瓦，以便通过亮瓦进行采光；同时，根据专家在初秋晴天时对"宗伯府"的正殿、拜殿、朝房、天井和室外的风速、温度、湿度进行测量，可知天井处与室外的风速较接近，但比其他室内空间的风速要大一些，说明天井的通风效果较好，充分体现了其设计的科学性；更由于房屋没有设置吊顶而使各处的温度不存在较大差异，但室外最为干燥、室内较为潮湿，且因天井空间作为屋顶排水的主要承接处而湿度最大，反映出建筑物因应自然的特性。

据《瞿氏族谱·祠堂志》的记载："我族祠宇之创造，约当乾隆中叶，祠只一重，可由朝门直达寝殿。道光年间（道光是清宣宗道光皇帝的年号，为1821—1850年）大水，有浮尸撞入院墙，族众目击心伤。经户道传忠公移建街头，将原祠改作拜殿，添修正殿并朝门为三重。"由此可见，"宗伯府"最初只为一重（一进），初始建造于清朝乾隆中叶（1760年前后），道光年间的扩建才成了现今形态。

据何展宏先生硕士论文（2005年）《湖北洪湖瞿家湾古镇研究》及相关资料的系统考察，结合我们的观察，"宗伯府"现存建筑主要有：①牌楼：牌楼立于祠堂的正立面，属于砖砌的仿木结构，呈六柱五间五楼的宏大格局，且朝门的前檐墙与朝门贴面而建立；其立面内外均有粉刷，但外立面为堆塑双狮、彩绘历史人物故事和花鸟等构图呈现；于五楼的屋面则覆以绿色小琉璃瓦，以吻兽鳌鱼吞脊而翼角飞檐起翘，整体上形成一个威严耸立的庄严体系，尽显瞿氏家族的荣耀、高贵、豪气、前宏。②朝门：通过牌楼，即入第一进之朝门。这是一种穿斗式梁架结构，六柱七檩，以柱头承托檩枋，各明间柱及柱上下之间并用穿枋连接，且柱枋之间装设有木质鼓皮——即房屋内的木质隔墙，因此厚度较小而敲起来"砰砰"作响如同打鼓，以之与左右两次房间隔开来。不过，朝门的前檐与牌楼是连接为一体的，其明间内凹而形成大门内凹的朝门，大门则为双扇实塌，门前立有抱鼓石一对，既有技术意义，又有文化内涵。③拜殿：拜殿为"宗伯府"的第二进，是祠堂中最早的一进建筑（建于1760年前后），其明间为五架梁的抬梁式屋架，次间和稍间则为七柱九檩的前后廊形穿斗式屋架，抬梁上的瓜柱立在梁上，梁上制作有浮雕且雕工精细、刀法流畅而形象逼真，梁上还放置有束腰圆似斗形的构件围护瓜柱的柱脚；其屋顶则在局部使用了亮瓦以调节室内光线，以其格局来看，并不能只作"四合"格局观之，而应以"上下四方"之"六合"格局观之成"六合天井"格局。④正殿：正殿为"宗伯府"的第三进，属抬梁与穿斗式相结合的梁架结构，在屋顶也局部使用亮瓦以采光，其明间为七柱九檩的抬梁式格局且前后设廊，抬梁架抬起且使用一扁形木块置于梁头，木块正面雕刻二龙戏珠（或称"二龙抢宝"）图案，而在前檐廊轩枋的正面则制作有浮雕人物故事及山水花鸟等文化图案。⑤厢房："宗伯府"共设有四个厢房，其中在拜殿前后的两稍间与朝门和正殿相连接而形成一个两院落的大四合院，拜殿和正殿相连接处的两个厢房呈二层阁楼式，面阔一间而深二间，前檐上下均设廊，廊柱与檐柱之间则用月梁连接；下层廊柱与阁楼的出檐部分施花牙子撑拱，正面四维各雕刻有"渔、樵、耕、读"一字及其他相关花纹图案，充分利用了中国文化传统中较为普遍的文化符号。

第二层次，湘鄂西省苏维埃政府等革命机关旧址。

走近瞿氏宗祠，在"宗伯府"牌楼牌匾的下方即竖有"湘鄂西省苏维埃政府"的牌匾，直接记录了中国第二次国内革命战争时期，1931年6月至1932年9月由贺龙等人率领的中国工农红军第六军在瞿家湾建立湘鄂西革命根据地的情况，其间通过借用当地民宅作为革命办公机构，成立并运行湘鄂西省苏维埃政府、联县政府、新六军军部（早期的洪湖独立团，后来发展为新六军）等于"宗伯府"的情况，从1983年秋到1984年秋，当地文化主管部门曾对该建筑进行了保护性维修，复原了拜殿、正殿及左右礼宾厢房楼，同时复原了当年革命机构的室内陈设，并在拜殿内布置瞿家湾革命历史遗迹陈列室。

第三层次，"宗伯府"的文化内质层。

除那些建筑符码而外，还可直接见出其中的文化设施体现的相关文化精神，具体表现在以下方面：①神龛设置。以龙在下而凤在上形成的嵌边神位本身传递了一种女性略优的男女平等神位——始祖文暹公、妣周傅杨一派先人之神位，其旁还单独列出周氏始祖妣，以至有人还质疑瞿氏而礼周姓，其实这应看成是当地的一种特殊文化现象，我们在其他姓氏的神龛上也看到此类情形，即如有萧姓即祭有其外祖父系祖先，这是一个值得深思的文化现象。②文字符号传递的文化精神，包括《浩气吟》八首、松阳宗规、松阳家训，以及录自民国三十六年（1947年）版《瞿氏族谱》卷首之《民生坑碑记》，其中瞿式耜的《浩气吟》最显本色。③"渔、樵、耕、读"诉求。④"宗伯府"右门上的"入则孝"，左门上的"出则悌"，出自《弟子规》，是说只有在家中孝敬父母，处理好兄弟间的关系，才能结交五湖四海的朋友。⑤"宗伯府"前厅地的一块石板，是族长用来处罚族人犯规的地方，显示出严格的家法治理。⑥梁匾上书写的"左长庚"、"右启明"分别代表白天黑夜，表示日月交替，不停运转；"昆湖源远"则寓意瞿氏家庭世代兴旺，源远流长。……应该说，关于"宗伯府"内的文化精神，都还可以更进一步发掘。

这里我们特别地介绍一下《浩气吟》。瞿式耜（1590—1650年）乃南明文渊阁大学士，属抗清志士，字伯略、起田，号稼轩。"宗伯府"得名之瞿景淳是其祖父，乃常熟五渠人，为明万历四十四年（1616年）进士，曾授江西永丰知县，政绩卓著；崇祯（1628—1644年在位）初年擢户部给事中，后被诬入狱，去职家居。清兵入关，于南明弘光元年（1645年）出任广西巡抚，立志抗清。隆武二年（1646年）拥立桂王于肇庆，建号永历，晋文渊阁大学士兼兵部尚书。自请留守桂林，多次击退清兵进攻，收复湖广大片失地。永历四年（1650年），清兵大举围攻桂林，城破后与总督张同敞被俘，坚贞不屈，数拒招降，以文天祥自比，赋《浩气吟》明志，同年十一月从容就义于桂林风洞山仙鹤岩。永历五年（1651年）被追赠粤国公，谥文忠。清乾隆四十一年（1776年）又追谥忠宣，著有《瞿忠宣公诗文集》等。其《浩气吟》有引言曰："庚寅十一月初五日，闻警诸将弃城而去，城亡与亡，余誓必死，别山张司马，自江东来城，与余同死，被刑不屈，累月幽囚，漫赋数章，以明厥志，别山从而和之。"

与上述建筑相类，可把"祥禄书院"建筑也纳入此处合观。祥禄书院建在宗祠旁，位于宗伯府西侧，但建造年代不明。现存的建筑是在20世纪80年代才修建的，至于20世纪80年代以前，祥禄书院是否存在，当地人也不清楚。《瞿氏族谱》《瞿家湾志》中也没有相关记载，因而这座传统建筑是复建还是新建已不得而知。书院之得名据说是瞿文暹和周氏婚后育有瞿胜祥、瞿胜禄两个儿子，二人应是瞿家湾真正的祖先，而祥禄书院就是以他们的名字来命名的，说明瞿氏对教育是特别重视的。现在，祥禄书院已被开辟为陈列馆，其陈列题为《湘鄂西革命根据地简史陈列》，是中共中央宣传部为加强爱国主义教育、提升瞿家湾陈列档次而拨专款实施的一项文化工程，陈列分为七个章节，运用详实的历史资料以及当年所留下的文物，描述了湘鄂西革命根据地的建立、发展和丧失的基本概况。如果把在前面的零碎参观与这里的系统陈列结合，就会得到自己理性的归纳、思想的深入、情感的升华，及至意志的坚定。

还有，当地政府于20世纪80年代还在瞿氏宗祠北面修建了一座仿清代官式建筑，其体量较巨大、外表更是金碧辉煌，显得与周围白墙玄瓦的古镇民居有些格格不入。因此，对于此建筑的审美评价，只能由参观者自己去体会了。

（三）民俗文化的含义

当我们讲"民俗文化"时，我们在这里特别强调的是——民俗本身即是一种文化。这里的关键首先是：是否承认民俗是一种文化；其次是：是否把民俗文化主体即作为社会主体的广大民众看成是文化人，承认他们创造和享有了社会的基础文化。为此，结合上面所述，我们把民俗作为一种文化来对待，因而称为"民俗文化"。

"民俗文化"这个概念的提出已经很早了。但一讨论到这一问题，就涉及对文化本身的认知问题。在这个问题上，否认者大有人在，承认者也不乏先例，如国学大师钱穆即曾强调"风俗为文化奠深基，苟非能形成为风俗，则文化理想仅如空中楼阁，终将烟消云散"[1]；中国现当代民俗学泰斗钟敬文先生早在20世纪80年代即

---

[1] 钱穆：《中国文化史导论》，转引自《历史研究》1988年第2期。

曾强调："文化是人类活动及其所得到的物质与精神成果的综合体。它具有多种层次，中国传统文化有三个干流。首先是上层社会文化，从阶级上说，即封建地主阶级所创造和享有的文化；其次，是中层社会文化，城市人民的文化，主要是商业市民所有的文化；最后，是低层社会的文化，即广大农民所创造和继承的文化。"[1] 尽管钟先生在概念使用上进行了高低层次的划分，但却可以看出他对"民俗"作为一种文化存在的肯定。这里，美国社会学家埃米尔·迪尔凯姆的论述似更能说明民俗的"文化"意义："很明显，所有的教育都是一种连续的努力，这种努力把一些观察、体会、行为的方式加之于儿童身上。对于这些，儿童是不能马上全部获得的。从生命的最初几小时起，我们就强迫儿童按照规定的时间吃、喝、睡觉；我们强使他清洁、安静和服从；后来我们又对他施加压力，让他学习别的一些适当的东西，如风俗和传统以及为工作所需的那些东西，等等。如果说，在岁月流逝的过程中，这种强制未被感觉到，这只是由于这种强制逐渐变成了习惯和内在的倾向，以至于没有再作强制的必要。"[2] 可以看出，我们应该肯定民俗是一种文化，从文化分类学上，可以直接称为"民俗文化"。

在历史上，从中国古代《诗经》分风、雅、颂来看，传统文化观的最重要的文化观念是将文化分为高低不同的层次，如古代学者分为"雅"与"俗"，"五四"运动时期的学者分为"贵族文学"与"平民文学"、著名民俗学家钟敬文分为"上层文化"和"下层文化"等，甚至也提出了文化有上、中、下三个层次说：上层文化从阶级上说，主要是封建地主阶级所创造和享用的文化；中层文化主要是市民文化；下层文化即广大农民及其他劳动人民所创造和传承的文化。"中下层文化就是民俗文化，它虽然属于民族文化的一部分，但却是重要的、不可忽视的部分。"[3] 不过，尽管钟先生有这三个层次的划分，却并不看轻所谓的"下层"文化，他不仅否定了那些认为"下层文化"粗俗、保守、僵化、愚昧等旧观念，而且特别强调在整个的文化构成中，下层文化并不比上层文化低俗，甚至具有上层文化根本不可替代的文化价值。因为"广大劳动人民自有他们的教养和文化，有的还是极高尚、珍贵的教

[1] 钟敬文：《话说民间文化》，北京：人民日报出版社 1990 年版，第 3 页。

[2] 引自仲富兰：《中国民俗文化学导论》（修订本），上海：上海辞书出版社 2007 年版，第 38 页。

[3] 钟敬文：《民俗文化学梗概与兴起》，北京：中华书局 1996 年版，第 15—16 页。

养和文化。而民间文学正是对他们这方面尽着庄严职责的教本"[1]。因此，钟先生有一系列作品如《中国的地方传说》《中国的天鹅处女型故事》《金华斗牛的习俗》《中国神话之文化史的价值》《口头文学——一宗重大的民族文化财产》《话说民间文化》等，都主要阐明的是"下层文化"的价值与意义。事实上，正是钟先生等前辈学者的努力，形成了一个呼之欲出的文化革命变革："民俗文化"应是从总体上评价人们生产与生活状态的文化概念，在一定程度上是按"人"的尺度而区别于"动物"尺度形成的一种关涉一切人的文化概念，甚至可以成为"文化"本身的代称，这也就是笔者所主张的"大众文化观"。

由于对民俗文化的认识不同，在历史上形成了不同的民俗文化学派。已故的中国著名民俗学家杨成志曾列举过"民俗三大学派"——人文学派、人类学派、精神分析学派。现在已形成并被介绍的学派则更多，具体如下：①以格林兄弟为代表的神话学派是欧洲民俗学的一个影响巨大的学派，该派运用语言学的历史比较研究方法，认为透过语言即可掌握神话，了解宗教，理解信仰，透视经济结构、法律、风俗习惯，把握物质文化形态及至国际国内的民俗文化关系的一些基本方面；认为一切民间文化都源出于神话，神话不仅具有无所不包的性质，而且是每一个民俗文化源头，正是由神话演化而出了民间故事、民间传说、民间叙述诗；认为民俗文化研究的根本目的在于认识和说明远古时代的民族生活和历史，并借此重建德国等民族精神。②语言学派是以英国语言学家麦克斯·缪勒为代表的民俗文化研究学派，并与格林兄弟的神话学派有一脉相承的关系。缪勒充分发挥其印欧比较语言学而成就其理论代表作——《比较神话学》，提出了著名的"神话是语言的疾病"之著名论点，认为因错误地解释词性、一词多义、一义多词、诗意隐喻等而发生语言疾病，并由此产生了神话，不过原始神话虽然是民俗文化的源头，但却在民俗中固有成分的基础上增加了新生成分、吸收了外来成分。③产生于19世纪中叶的人类学派民俗学，以达尔文进化论和当时茁壮兴起的社会人类学为哲学方法论基础，以E.泰勒为先驱，以安德鲁·朗为主要代表，认为一切原始的、独特的民俗习惯都可以被理解，体现了人们的健康理智及征服自然的心愿；在未开化民族神话与文明人祖先神话的比较中，可以发现人类文化及思维方式的进化轨迹；泰勒以"文化遗留"研究方法

---

[1] 钟敬文：《新的驿程》，北京：中国民间文艺出版社 1987 年版，第 1036 页。

研究民俗，认为其是"文化遗留"的一系列原始文化、仪式、习俗、信仰观念等等，与此相应，泰勒概括人类蒙昧时期世界观的特征为"万物有灵论"，并据此阐述了他的宗教起源论。④同样在 19 世纪中叶以后，随着医学、生物学的发展而产生了民俗学的心理学派，并在 19 世纪末、20 世纪初形成了弗洛伊德的精神分析学派，以此解释人类心理活动的潜意识层次，认为出自本能的性欲冲动是包括民俗文化在内的人类种种精神和实践活动的真正原因。C. 荣格更是由此创立了"集体无意识"学说。⑤民俗学的社会学派以社会学的实证研究方式研究民族民俗生活的历史发展过程，认为由个别成员组合而成的社会对每个成员的心理、思想和行为都具有强制作用力，因而人们并不是随心所欲地在生产生活，从而区别于心理学派，如 B. 马林诺夫斯基即主张民族民俗生活具有完整性与不可分割性，因而只能将其作为一个整体进行研究，即使是神话也是社会生活的有机组成部分，反映原始先民关注自然并企图运用巫术力量控制自然的愿望，是企图用宗教仪式强迫自然遵从人类自身意识的产物。⑥在 20 世纪末、21 世纪世纪初，在芬兰由语文学家兼民俗学家的科隆父子创立并兴起了历史地理学派，认为以民间文艺作品为主的民间文化有一个从素材简陋向繁复的演变过程，如果对不同地区相关民间文化异文的比较及对题材模式的迁徙流变状况进行探索，即可确定其形成时间和流布的地理范围，并进而追寻出这种题材模式的最初形态及其起源地。⑦ 20 世纪 50 年代中期开始，结构主义思潮从语言学领域兴起并很快笼罩了整个人文社会科学，从而形成了民俗学的结构主义学派，代表学者有法国人类学家 C. 列维—斯特劳斯、苏联学者普洛普等，认为任何事物内部均存在着由种种要素按照规律组合而成的结构体系，因而应立足于事物的整体对其构成要素关系进行剖析，从而构拟出事物的总体结构，探寻出事物的总法则，以便认识和把握事物的目的。从方法论层面来看，结构主义学派强调研究对象的内在性，就民俗论民俗，即使如神话、故事论亦如此，基本排除其与外部诸因素的联系。据此，仅关注研究对象共时性而置历时性分析于不顾。可以看出，不同的学派对民俗文化含义的认知是不同的。

我们根据大众文化观，可以对"民俗文化"作如下的几点说明：

首先，"民俗文化"是基于文化的创生主体而作的文化类型划分，可以称为"普民文化"，以相对于学者、作家、官场等不同文化创造主体所创造的各种文化形式，根据这些文化创造主体身份的专业性，可以借用孔子笔下的"器"而称之为"器民文化"[1]。"普民文化"与"器民文化"文化的关系，可以用《道德经》之"朴散则为器"[2]加以说明，"普民文化"是"朴"，"器民文化"是"器"，"器"亦可聚为"朴"。这种认知的基本价值观即基于大众文化观之人人都是文化人的观念。但是，因为文化本身的情境适应性而显示出不同标准视野下的高低层次。由于不同的人有不同的际遇，因而相对于特定的标准，形成了所谓的文化层次，比如用方言的标准与用普通话的标准、用农村的标准与用城市的标准……不同的标准可能形成特殊的文化权力不平等，于是形成了不同的文化"层次"。比如，在"文化大革命"中，有不少的城里人下放到农村，我们的农村老乡以无限的深情关照这些城里人，因为按照农村的标准来说，这些城里人"什么都不会"；然而，当改革开放以后，那些城里人回城了，那些农村人也进城了。然而让农村人感到奇怪的是，本来由于生产生活际遇不同而形成的特殊风俗，本来应当用他们原来对待城里人的态度来对待他们的城里人，却认为他们粗俗、保守、僵化、愚昧……这种矛盾，其实是长期以来形成的自我标准优越论所致，算是一种"自我标准"强权。对此，我在讲到中国方言时曾在黑板上一口气写了四条，以否定这类文化强权：①语言是一种世界观，而态度在语言中有最真切的表现，含语言的选择、语境的捕捉、语气的轻重、语序的组织、用词的斟酌，及至肢体语言的运用等等。②语言相对于阅读，更能体现出私人关系，所以在中国文化中，一方面是汉字或类汉字的广泛使用，有的人甚至还可以创造汉字或类汉字，以使自己的思想、情感传达给受众，使之具有公共性；另

---

[1]　《论语·为政》："子曰：'君子不器。'"《论语·八佾》："子曰：'管仲之器小哉。'"《论语·公冶长》："子贡问曰：'赐也何如？'子曰：'女，器也。'曰：'何器也？'曰：'瑚琏也。'"《论语·子路》："子曰：'君子易事而难说也：说之不以道，不说也；及其使人也，器之。小人难事而易说也；说之虽不以道，说也；及其使人也，求备焉。'"《论语·卫灵公》："子贡问'为仁'。子曰：'工欲善其事，必先利其器。居是邦也，事其大夫之贤者，友其士之仁者。'"此上诸"器"除《论语·卫灵公》所谓"必先利其器"可复指人及工具而外，其他诸条并指的是人才类型："君子不器"之"器"指一才一艺，"管仲之器小哉"之"器"指气量（说到底指思想视野），"女，器也"之"器"指器物，"器之"之"器"指管理中的因才施用……基本上都可以说明人的"专业性"或特定身份。

[2]　《道德经》第28章："朴散则为器，圣人用之，则为官长，故大制不割。"我们可借指"朴"之为"民"，而朴"民"之分化为种种专业性人才之"器"。应特别申明，这只是借指或借喻。事实上，据笔者理解，《道德经》此章在整体上说的正是咱老百姓的品质："知其雄，守其雌，为天下溪。为天下溪，常德不离，复归于婴儿。知其白，守其黑，为天下式。为天下式，常德不忒，复归于无极；知其荣，守其辱，为天下谷。为天下谷，常德乃足，复归于朴。朴散则为器，圣人用之，则为官长，故大制不割。"所以，老百姓就是"朴民"，各种专业人士、精英，也就是"器民"。

一方面，私人之间的言语，结合上面的诸因素，往往只有当事者之间才能了解，但那是一种真实的世界观。③"语言的偏差"往往是基于某种语言标准而做出的设定，如中国的普通话即是。在某种特定的标准条件下，在特定的范围内，各自的语言对当事者来说，也是标准的，如客家方言与古诗词的韵律关系等。这种标准的差异形成了语言歧视的基础，宜采取"泛标准化"的态度或采取多元主义，由当事人进行情境化的语言选择。语言的使用也是人权，含自己的人权与他人的人权。④在语言使用中，价值选择具有极为重要的意义，如"很O"、"必须O"、"应该O"、"必然O"、"禁止O"之类。价值语言的选择与使用是一种消除差异的策略，但不应使之成为文化多元化的障碍。

其次，"民俗文化"是基于我们每个人都要过"民"的生活而作的文化判断，这种文化是特定"民"的群体在特定的生产生活实践中形成的具有有一定稳定性、群体性、延续性的特殊文化现象，正如百度百科所说："民俗文化，是指民间民众的风俗生活文化的统称。也泛指一个国家、民族、地区中集居的民众所创造、共享、传承的风俗生活习惯。是在普通人民群众（相对于官方）的生产生活过程中所形成的一系列非物质的东西。"这里很明显的是：任何人，不管你的职业、身份如何，都要过"民"的生活，因而都有"俗"的生活。也就是说，"民俗文化"也就是人们在以"民"的身份进行"俗"的工作（农民的生产、职员的上班等）并在过"俗"的生产生活过程中创造和传承的特定的文化现象，按照邓迪斯的意思，无论是城里人还是乡下人，无论文盲还是文化人，无论汉族还是其他民族，无论你是学生、教师、军人、医生、犯人，还是工人、农民、公务员、农民工等，都会在国家、民族、家庭等特定的社会群体中产生属于他们的民俗。比如，现在一般人都有自己的姓名，而不管你有多少头衔。因而从这个意义上说，"民俗文化"即成为整个文化的一个部分。在我们的研究中，往往将官与民、俗与雅进行人为的等级区分，其实都有某种偏见。事实上，就像老寿星崇拜，《后汉书·礼仪志》即载："仲秋之月，年始七十者，授之以王杖，哺之糜粥。八十、九十、礼有加赐。王杖长九尺，端以鸠鸟为饰。鸠者，不噎之鸟也，欲老人不噎。是月也，祀老人星于国都南郊老人庙。"从对老人"哺糜"、"加赐"、"欲老人不噎"等看，说汉代以孝治天下，以忠孝节义为做人之本也可谓法有所彰；而且在帝王祭祀老人星时，同时举行养老、敬老宣传，天体祭祀与民俗遂结为一体，"王杖"、"鸠杖"在民间即与"长者"、"七十"等概念结合在一起演以成俗，成为表现固定含义的符号；表现在艺术上，无论是戏曲、绘画、雕塑等，凡是有寿星的地方，几乎都要添加一根弯弯曲曲、疙疙瘩瘩、其长过顶的拐杖，又说明其有所谓"精英化"，实举而言，官耶？民耶？俗耶？雅耶？其实是官民一体的。

我们这里以每个人的姓名为例进行阐明。为了讲清楚这个问题，我们先从"武则天"这个女皇帝说起。在中国文化背景下，武则天以女流称帝，的确并不顺利。为此，他采取了相应的文化措施，比如，她特地将东都洛阳改称为"神都"，借神自喻以自高；她自名为"曌"，取义于日月当空、天下清明之境；她别具匠心地避开历代帝王名号所用之神武圣文、慈惠孝敬之类，而直接称"则天皇帝"，虽然作为"女流"之阴不能直接就是"天子"（天之子，天为阳，不可以阴当之），但却可以"则天"（以天为法则），从而显示出自己对天的礼敬与遵从；她图绘天象于"明堂"并将其改称为"万象神宫"，且以铜铁铸"天枢"以像"北极"、起"天堂"、立"通天宫"等等，真的是一个以天为则的至诚帝王，这样的帝王，即使不算是"受命于天"的"天之子"（天子），也与"天"的允诺、默许大有关系。

如果说在姓名上趣闻多多的话，《镜花缘》第八十六回"念亲情孝女挥泪眼，谈本姓侍儿解人颐"中有一个为王姓八子取名的故事，完全可显示出中国姓名文化的特殊性：

> 玉儿道："就以我的姓上说罢：有一家姓王，弟兄八个，求人替起名字，并求替起绰号。所起名字，还要形象不离本姓。一日，有人替他起道：第一个，王字头上加一点，名唤王主，绰号叫作'硬出头的王大'；第二个，王字身旁加一点，名唤王玉，绰号叫作'偷酒壶的王二'；第三个，就叫王三，绰号叫作'没良心的王三'；第四个，名唤王丰，绰号叫作'扛铁枪的王四'；第五个，就叫王五，绰号叫作'硬拐弯的王五'；第六个，名唤王壬，绰号叫作'歪脑袋的王六'；第七个，名唤王毛，绰号叫作'拖尾巴的王七'；第八个，名唤王全，……"玉儿说到此处，忽向众人道："这个'全'字本归入部，并非人字，所以王全的绰号叫作'不成人的王八'。"

事实上，如果我们理解姓名，则会发现其中也是在诉求一种美的境界，由此也可见出民俗文化的一些特征。比如老百姓时常说："猪有名，狗有姓，毛厕无名叫粪坑。"言下之意，我们每个人都有自己的姓名，这是我们以"民"的身份过"俗"

的生活的特定表现，其他如吃、穿、住、行……都无不体现出"民"的"俗"生活。就"姓名"问题，至少有多种文化意义：①姓名有先天与后天的文化问题。一个人的姓，对单独的个体来说，就像家族的字派一样，是天生的，不是我们自己所能左右的；但所取之名却是后天的，是人们自己可以选择的。从这里可以看出，这里关涉着姓名学的产生与发展问题。②姓名本身具有连续性，承载着丰富的文化关系。就一般人而论，有小名、学名、大名、官名的连续性，成年后有与名相表里的字（表字）、号（自号、别号、绰号）等，同样有相应的连续性。至于特殊人物，则有什么官号、法号、道号、谥名、封名等，上述的武则天之名号即非常特殊。③姓名具有丰富的文化意义，有学者将其概括为"义、音、形、文、智、艺"六美。④姓名的欣赏是一门学问。如果你有雅趣，不妨直接进行姓名的审美，欣赏姓名，如彭友善、董千里、储安平、童报春、萧复兴、谈美志……有个著名的豫剧演员叫牛得草，原名叫牛俊国。李春芳老人给他起名时说："姓侯的有叫侯得山的，猴子得了山，可以攀登；姓鱼的，有叫鱼得水的，鱼儿得了水，可以自由自在地畅游；姓朱的，有叫朱得康的，猪得了糠，可以膘肥体壮。"他接着说："你姓牛，何不叫牛得草呢？牛儿得了草，负重劲行，辛勤耕作，韧力无穷。"随后，李老先生继续说："我还为你想了个字和号，字为'料足'，号为'饮水'。牛得草、牛料足、牛饮水。草、料、水，三者俱得。小牛，你的前途无量呀。"可见，"牛得草"这个名就很好地利用了"牛"姓的字面之义，而配以"得草"，使之组成一个很好的完整意思。属于这方面的佳名还有：马上飞、马识途、牛群、黄河水、江水流、江边翁、江中舟、丰收年、东方君、南宫客、西门子、曾为友、广而宽、国家旺、空中云、向前进、边疆兵、燕南飞、叶落根、白如冰、山中虎、林中花、万家灯、明天来、金不换……[1]

在中国的姓名文化中，还有不少的姓名奇俗，具体如："呼名落马"、"寄名"、"借名"、"偷名"、"撞名"、"甀甀报信，栲栳堕井"、"呼山水诸精之名"……这类关于名字的奇怪风俗，在江绍原著、陈泳超整理《民俗与迷信》[2]中有不少采录，足可一观。事实上，在中国传统文化中，姓名是非常神圣的，请看《白虎通保》"姓名"章：

[1] 慧缘：《慧缘姓名学》，南昌：百花洲文艺出版社1999年版，第7页。

[2] 江绍原著、陈泳超整理：《民俗与迷信》，北京出版社2003年版。

《礼服传》曰，子生三月则父名之于祖庙；于祖庙者，谓子之亲庙也，明当为宗庙主也。一说名之于燕寝：名者，幼小卑贱之称也，质略，故于燕寝。《礼内则》曰，子生，君沐浴朝服，夫人亦如之，立于阼阶西南，世妇抱子升自西阶，君名之；嫡子，执其右手，庶子，抚其首；君曰，"钦有帅"，夫人曰，"记有成"，告于四境。四境者，所以遏绝萌芽，禁备未然。故《曾子问》曰，世子生三月以名告于祖祢；《内则》记曰，以名告于山川社稷四境；天子太子，使士负子于南郊……

如此而言，我们对得起自己的姓名吗？如果真的是在祖庙当着祖宗神位起名，不是很神圣吗，再加上要以之告丁祖祢、山川、社稷、四境，甚至还要"五祀山川"，那我们是否都应思考对得起自己的名字呢？

（四）民俗文化与非物质文化遗产

非物质文化遗产和民俗文化并不是同一个概念，也不属于同一个范畴，但是彼此的内容和形式多有交叉和重合，民俗文化的不少表现形式都是非物质的或无形文化形式，所以非物质文化遗产的保护利用热潮就不可避免地激活了民俗学理论与实践的应用功能。[1] 作为专门以各民族民间文化传统为研究对象的民俗学，在理念、思路和方法上都做出了重要的贡献，为非物质文化遗产保护与利用活动的开展奠定了学理基础。[2]

正是以民俗学为主的相关社会科学领域的工作者的积极努力，才引起了一些国家政府部门以及 UNESCO 的重视和参与，最终使民间传统文化的保护从学者的焦虑变成了全民族的关怀，从学术界的活动变成了全社会的事务，从个别民族国家的行动变成了全世界的运动。[3] 我们应一如既往地吸收、借鉴民俗学的研究成果，加快非物质文化遗产基础理论的研究步伐。

对此，百度百科对此说：非物质文化遗产的界定，是近几年学术界颇有争议的问题。以往这个问题似乎并没有多少疑义，不是问题。因为在此之前，中国民俗学

---

[1] 乌丙安：《思路与出路：保护非物质文化遗产热潮中的中国民俗学》，《河南社会科学》2007年第2期。

[2] 安德明：《非物质文化遗产保护：民俗学的两难选择》，《河南社会科学》2008年第1期。

[3] 安德明：《非物质文化遗产保护：民俗学的两难选择》，《河南社会科学》2008年第1期。

界或民间文化界一直在使用"民俗"、"民俗文化"、"民间文化"、"民族民间文化"等概念。突然出现一个"非物质文化遗产"的学术名称，而且这一名词变得十分时髦，许多高等院校和研究机构纷纷改名，成立非物质文化遗产研究所、非物质文化遗产研究中心，有的提出要建立非物质文化遗产学学科等。其实在我看来，这是换汤不换药，贴时髦的标签。如同前些年，人类学热起来，许多学科紧跟形势，在学科前冠以人类学，如人类学社会学、人类学民族学、人类学民俗学等等。人们不禁要问，这些是什么学科呢？究竟是社会学、民族学，还是民俗学，有必要加人类学壮其门面吗？说到底我们从事这些学科研究的人有点心虚，缺乏自信，不敢承认民俗学或民间文化学是一门独立的学科。其实，非物质文化遗产就是指我们以往熟悉和研究的民间文化、民俗文化。"非物质文化遗产"和"民俗"、"民间文化"的概念是可以互相置换的。事实上，徒以新的名称装门面，于问题本身的解决不会有根本性的帮助，因而没有太多的必要。

三、文明与野蛮的争论

前面提到，由于对"民"的范围界定之不同，因而"民俗"的对象所指，即在学科上形成了文明与野蛮、俗与雅、大众与精英等多层次的争论，事实又当如何呢？我们在此作一具体分析。

（一）"民俗"究竟是何种层次的文化？

对"民俗文化"进行评价，有性质认定问题，有水平衡定问题，并形成了一系列的分异观点，诸如：

民俗是贱民古俗：英国学者威廉·汤姆斯在 1846 年 8 月于《雅典娜神庙》杂志上发表通讯首倡 Folklore 一词，可直译为"民俗的知识"或"民间的智慧"。但在此前，英国学者对古老的风俗习惯曾有"民间古俗"（Popular Antiquities）、"贱民古俗"（Antiquities Vulgares）等多种称谓，突出了其"古"与"贱"的层次特性。

民俗是历史遗留物：英国人威廉·汤姆斯 1846 年提出（民俗）是在普通人中流传的传统信仰、传说及风俗且包括"古老年代的风俗、习惯、仪典、迷信、歌谣、寓言"等等时，虽然只是划定了民俗的内容，但却认定其"古老年代"的时限。在此之前的赫罗德特斯、李维及普利尼的著作在论及古希腊和罗马民众的信仰和习俗时也指向了古代。16—18世纪的英国著作诸如1583年菲利浦·斯塔布斯的《陋习的解剖》、1621年罗伯特·伯顿的《令人伤感的分析》、1698年于法国初版的麦森《旅英回忆与观察》、1725年亨利·布朗的《古代遗俗，或普通民众的遗俗》、1771年约翰·布兰德的《民众遗俗的观察》、1754年威廉·勃雷斯的《历史和不朽的康瓦耳郡习俗之观察》、1826—1831年威廉·霍恩的《每日书》、1832年《年鉴》等及约翰·奥布雷在他的著作《杂录》及《异教及犹太教的遗存》、1851年皮特·罗伯特的《威尔士民众习俗》里，差不多在总体上都指向了民间习俗的"古老"。其古老的程度到底如何呢？英国民俗学家、民族学家、文化人类学鼻祖爱德华·B.泰勒在其名著《原始文化》中第一次使用"遗留物"一词而提出历史"遗留物说"：民俗用来指那些"被习惯势力带进不同于他们早先的社会环境"的见解、观念和习俗，是"从古老文化条件下产生的一种需要的证明和例子"。此后，劳伦斯·歌姆、安德鲁·兰格、夏洛特·班尼、弗雷泽等都深受其影响。爱德华·泰勒的观点是基于进化论提出的，他把人类文化的进化过程分为三个阶段：野蛮时期—半开化时期—文明时期。各种民俗现象都产生于野蛮时期和半开化时期，这是一种西方进化论视野下的民俗观。与此相应的则是"古传统说"。《大英百科全书》"民俗"条目说："民俗，是普通民众始终保存的，未受当代知识和宗教影响的，以片断的、变动的或较为稳固的形式继续存在至今的传统、信仰、迷信、生活方式、习惯及仪式的总称。"与此相应的还有民俗是"活化石"说：美国民俗学家玛丽亚·利兹在其编撰的《芬克和瓦格纳尔斯民俗、神话及传奇标准字典》中称民俗是文化早期阶段的残存，是"仍然混合在文盲和庄稼人生活中的古代宗教仪典的模糊的残留遗迹"，或"拒绝死亡的活化石"。很显然，这种认知同样指认了民俗的"低等级"特征。

民俗只是口头流传之物：美国俄亥俄州州立大学弗朗西斯·李·厄特利教授曾强调说："在很大程度上，以口头传承作为定义的原则。"他在用定量分析的方法对"民俗"一词的21条定义作了仔细分析后得出结论："肯定了民俗是口头性（语言的、非书面的）、传统（传承）、初级文化和文明社会的城乡亚文化。"另一位美国民俗学家威廉·R.巴斯科姆也说："一切民俗都是口头流传下来的，但一切口头流传下来的并不都是民俗。""在无文字的社会里（人类学家传统上对这类社会有很大兴趣），一切结构制度、传统、习俗、信仰、态度和手工艺都是以言辞教导和示范作用口传下来。当人类学家同意将民俗定义为口头传承时，他们没有注意到，正是口头传承这个特点，才把民俗与文化的其他事项区别开来。"这种观点还认为"民俗"特指限于俗民文学范围内的民间文艺及相关的习俗信仰，甚至认为它仅指口头流传的大众文学，包括散文叙事作品（神话、民间故事、传奇）、谜语及寓言，但不包括民间舞蹈、民间医药及民间信仰（迷信）等。显然，这个定义过于狭窄，与我们所强调的民俗文化范围有较大的区别。

民俗是野蛮人之俗：从民俗文化的具体指向来看，早先西方学者对"民俗"内容的划定侧重于精神传统特别是民间口头文学如神话、信仰、习惯、传说、故事、谜语、歌谣、谚语、戏剧、俚语等，认为其是流行于文化较低的民族或保留于文明民族中的无学问阶级里的东西。其中英国学者班尼女士的观点最具有代表性，对中国学界影响也最大。班尼女士在 1914 年出版的《民俗学概论》中定义"民俗学"时即说："民俗学是一个概括的名词，其内容包括传统的信仰（Beliefs）、习惯（Customs）、故事（Stories）、歌谣（Songs）、俚语（Saylngs）等流行于文化较低的民族或保留于文明民族中的无学问阶级里的东西。析言之，例如关于宇宙、生物、无生物、人性、人造物、灵界、巫术、符咒（Spells）、厌胜（Charms）、命运（Luck）、预兆（Omens）、疾病、死亡等事的原始信仰；又如关于婚姻、继承、童年、成年祝祭、战争、渔猎、畜牧等事的习惯与仪式，以及神话（Myths）、传说（1egends）、民谭（Folk—tales）、故事歌（Ballads）、歌谣、谚语（Proverbs）、谜语（Riddles）、儿歌（Nursery Rhymes）等。简言之，'民俗'包括民众的心理方面的事物，与工艺上的技术无关。"[1] 日本学者后藤兴善的《民俗学入门》也认为："在民俗学上，决不否定文献记录作为资料的价值，但要把文化较低的、落后的庶民的实际生活作为研究的第一位资料，要把采集这些资料作为民俗学的第一步活动。"[2] 很显然，这种定义，按现在的观点来说是大成问题的。

民俗是俗民的全部文化传统：美国民俗学家阿切尔·泰勒对民俗下的定义，事实是指明民俗包含着各种各样的传统，特别是指与较高阶层的文化相对照下的俗民的全部文化传统，包括原始民族及文明民族的指不出确实可信的发明人或造作人沿

---

[1]　方纪生：《民俗学概论》1934 年版，北京师范大学史学研究所资料室 1980 年重印本，第 2 页。

[2]　[日] 后藤兴善等著，王汝澜译：《民俗学入门》，北京：中国民间文艺出版社 1984 年版，第 14 页。

袭下来的各种传统："民俗不仅以口语，而且以行为和习惯在传统中世代相承。它包括民歌、民间故事、谜语、谚语及其他以语言来保存的东西；也包括像栅栏、绳结、十字形面包、复活节、彩蛋之类的传统工具或有形物质；或者是像特洛伊城那样的装饰，像蝎字形那样的传统象征物；还可以包括将盐撒在人们肩头，或在木头上敲击之类的传统仪式，或者是像老年人对眼皮跳之类事物的传统迷信。上述所有这些都统称之为民俗。"[1] 学界认为，阿切尔·泰勒的定义概括了 20 世纪中叶现代国际民俗学的趋势。

另外，德国、英国、美国、法国和日本等较早现代化的国家，一些民俗学家则强调说：民俗学关注对本国民族文化的综合研究，认为民俗学是通过对民众日常文化的研究来探索民族精神的学问，而把对不发达民族和外国民族文化的研究称为民族学。

所以，民俗文化的正面论说应强调民俗并不只是"流行于文化较低的民族或保留于文明民族中的无学问阶级里的东西"，或者说并不是"各种民俗现象都产生于野蛮时期和半开化时期"。更进一步说，民俗并不是"野蛮"之俗。事实上，民俗学作为一种新兴的学科在中国发端于 20 世纪初期，其活动构成新文化运动的重要部分，是作为新文化的一部分而出现的。这种运动的目的便是要用民众实际生活中的语言，来促进新文学的产生，进而取代以往"陈腐"的古典文学。民俗学的这种际遇也提供的是正面论说的证据。正如美国学者威廉·格拉汉·萨姆纳在他的著作《民俗》中所说："民俗时时都在产生。在驿站马车的时代有适应那种旅行的方式。现在的市区公共汽车产生了适应城市运输的民俗。"[2] 所以，从发生学的角度看民俗起源，与其说人类社会诞生了民俗，还不如说人类社会建构了民俗。从这个意义上说，民俗就是一般民众的伴生风俗。

（二）担责重建德国民族精神的德国民俗学

民俗学作为一种新兴学科发端于 19 世纪初期的德国。当时德国曾处在法国的统治之下，不仅空间被法国人占领，而且精神也被法国人占领。正是在这种情况下，

---

[1] 引自仲富兰：《中国民俗文化学导论》（修订本），上海：上海辞书出版社 2007 年版，第 37 页。

[2] ［美］威廉·格拉汉·萨姆纳：《民俗》，雅典出版社 1906 年版，第 22 页。按：本题所引相关民俗学定义文献，多引自仲富兰：《中国民俗文化学导论》（修订本），上海：上海辞书出版社 2007 年版。

一些德国学者，如格林兄弟等一批人，为了重建德国民族精神，把关注点指向民间，收集民间故事、民间传说等等民俗文化要素，即把目光投向下层社会普通人的生活，旨在唤醒民族意识和增强民族自尊心和自信心，以之增加民族感情，凝聚民族精神，并以此反抗先期进入现代的法国人从领土和精神文化方面对德国的双重入侵。所以，尽管在德国起步较晚，民俗学会的成立也较迟，但该学科从一开始即被赋予了振奋民族精神的使命，从而赋予了民俗学以更为丰富的内涵和更为崇高的文化使命。一方面是从民俗主体上，德语民俗学"Volkskunde"中的"Volk"指的是民族全体，即直接指向民族；二是在价值取向上指向了组织民族、发展民族精神，如德国民俗学的创立者里尔于1858年在《科学的民俗学》（德国于1871年统一，此时还未统一）中，即强调民俗学是研究、沟通德意志民族的学问。应该说，这种价值指向反映了不同国家民俗学的特殊使命。

何以如此呢？这就不得不说到民俗现象的稳定性特征。作为在社会生产生活发展中长期积淀的文化现象，本身即是一种经久流传而又相沿成习的传统。这种传统在一定的地域范围内，在一定的民族族群中，传承、规范、引领着民俗的心理，成为一种年年沿袭、代代相传、时时光顾自己的文化现象，以至于不能随意放弃而成为一种模式化的生产生活方式，这正如列维·斯特劳斯指出："我们是按照习惯去行动和思考的，至于哪怕是稍微偏离习俗所招致的过渡反映，与其说是出于有意识地维护人们了解其理由的习俗，倒不如说出自惰性。"[1] 事实上，这也证明了恩格斯在《家庭、私有制和国家的起源》中所说的情形：通过民俗，"一切问题，都由当事人自己解决，在大多数情况下，历来的习俗就把一切调整好了"[2]。社会风俗的这一作用，至今仍然非常明显，所以日本民俗学者大藤时彦说："遗存文化确实是不可思议的东西，虽然它容易被当做完全无足轻重、没有价值的旧风俗而忽视掉，但有的时候，却又往往使人意想不到地为其潜在的巨大力量所震惊。"[3] 自然，我们应

---

[1]　[法] 克洛德·列维－斯特劳斯著，张祖建译：《结构人类学》，北京：中国人民大学出版社2006年版，第23页。按：或许此应选择另一译法，或许更能体现这种稳定性："我们的行动和思想都依照习惯，稍稍偏离风俗就会遇到非常大的困难。其原因更多在于惯性，而不是出于维持某种明确效用的有意识考虑或者需要……"见 [法] 列维－斯持劳斯：《历史学和人类学—结构人类学序言》，《哲学译丛》1976年第8期。

[2]　马克思、恩格斯：《马克思恩格斯选集》第4卷，北京：人民出版社1995年版，第95页。

[3]　[日] 后藤兴善等著，王汝澜译：《民俗学入门》附录，北京：中国民间文艺出版社1984年版。

该以正确的态度来对待民俗文化，但却不能否认其的正面作用，这是值得重视的。

（三）民俗学在中国兴起并成为新文化运动的一部分

民俗学作为一种新兴的学科在中国发端于 20 世纪初期，其活动构成新文化运动的重要部分。这种运动的目的便是要用民众实际生活中的语言，来促进新文学的产生，进而取代以往陈腐的古典文学。对此，钟敬文先生曾经指出："重视口头文学，宣传通俗文艺，提倡白话和推行国语，以及收集整理一般民俗资料：这四种事实，要比单纯民间文艺学的范围远为宽泛。大体上它们都属于民俗学的范畴。它们并非彼此孤立，而是在'五四'运动和现代民俗学运动中，互生共存，成为一个有机的整体。同时，它们既是民俗学现象，也是文化学现象。从历史本身讲，它们的迭合，说明这两场运动的多重联系；从理论角度讲，它们表现了两个学科（民俗学与文化学）之间的交叉现象。"[1] 为此，他在纪念中山大学民俗学会创立 60 周年的讲演中更这样说道："中国民俗学是'五四'时期新文化运动的伴随物。在那轰动世界的爱国运动发生的前一年（这时新文化浪潮已经在学界涌现），北京大学文科几位具有新思想的教授，在坚定的民主主义者蔡元培校长的支持下，成立了歌谣征集处，开始向全国征集近世歌谣。"[2]

事实上，学术界把新文化运动时期北京大学 1918 年发起的歌谣征集活动作为中国民俗学运动的开端，丝毫不显得偶然。因为中国民俗学的兴起，正得益于一批思想开明的知识分子"走向民间"，把学术研究拓展到民间文艺领域，发掘并阐明"村歌俚谣在文艺上的位置"，至 1922 年北京大学创办《歌谣周刊》成为阵地、1923 年成立了"风俗调查会"作为组织机构，都是紧紧伴随新文化运动进程的，这不仅表明了近现代中国知识分子民主、科学意识的觉醒，而且也发现和发掘出了广阔的民间文化土壤。至 1927—1930 年间，大批学者南向汇集在广州中山大学，1927 年 11 月直接成立了中国第一个以"民俗学"命名的中山大学民俗学会，并出版了《民俗周刊》，其颂扬平民文化、鄙视封建主义旧文化的宗旨，本身就是新文化运动的重要内容。在这里，我们可由 1927 年中山大学把《民间文艺周刊》改为《民俗周刊》

---

[1] 钟敬文：《民俗文化学梗概与兴起》，北京：中华书局 1996 年版，第 5 页。

[2] 钟敬文：《六十年的回顾》，载《话说民间文化》，北京：人民日报出版社 1990 年版，第 125—126 页。

的改刊行为看出，该刊由钟敬文、容肇祖、刘万章等任主编。在发刊词中，有这样一些话：

> 我们秉着时代的使命高声喊几句口号：
>
> 我们要站在民众的立场上来认识民众，我们要探检各种民众的生活，民众的欲求，来认识整个的社会！
>
> 我们自己就是民众，应该各各体验自己的生活！
>
> 我们要把几千年埋没着的民众艺术、民众信仰、民众习惯一层一层地发掘出来！
>
> 我们要打破以圣贤为中心的历史，建设全民众的历史！

中国民俗学的诞生之所以会形成如此使命，正在于当时中华民族面对的思想文化背景：一个长期接受封建主义统治的国家在面对全球性现代化运动时产生了空前的民族危机，如何唤醒民众，形成民族的自觉，改造国民性，重塑国民精神，确立民主科学意识等有益于振兴中华的历史责任，在新文化运动前后即形成了"走向民间"以启发广大民众民族意识的觉醒，从而推动社会政治、文化变革的中国民俗学运动。这个运动不仅在后来蔡元培主持中央研究院工作期间汇集了不少学者，而且更进一步在广东、福州、杭州、漳州、安徽、上海、天津、香港等地，都开展起了民俗学活动。到了 20 世纪 30 年代以后，文学领域的民俗学化也有声有色，如中国著名作家沈从文更是着眼于民俗。他从现代都市文明与传统乡村文化的对立、从乡下人与城里人的对立中来评价中国传统文化。但是，沈从文更加关注的是乡村文明，阐扬的是乡村文明，以至于人们把他的作品所反映的世界叫"湘西世界"。其实，这个世界就是一个非常封闭的以传统农村民俗为承载基点的传统文化世界。他的一系列作品，都是推阐湘西这种传统文明的。但他最担心而且也"最明显的是，即农村社会所保有的那点正直素朴人情美，几乎快要消失无余，代替而来的却是近二十年实际社会培养成功的一种唯实唯利庸俗人生观"[1]。因此，从思路上讲，在此基础上，他以救世为标准，即有利于明确"国家社会问题何在，进步的实现必须作何努力"的[2]。所以，当 1979 年以北京七位老教授的倡议再行开始中国民俗学运动时，著名民俗学家

---

[1]　沈从文：《沈从文全集》第 10 卷，太原：北岳文艺出版社 2002 年版，第 3 页。

[2]　沈从文：《沈从文全集》第 10 卷，太原：北岳文艺出版社 2002 年版，第 4 页。

萧亭先生即指出："近代民俗学的兴起和发展，总是同各个历史时期的社会现实，同人民大众的群体意识密切关联。民俗之与国运民心，有如晴雨表，可知天候；又如布谷之鸟，惯作催耕之鸣。""它是一门由千家万户来共同确认取舍的学问，是同我们的时代走向相呼应的实践的科学。"[1]

通过上面的例子，我们能对"民俗"说些什么呢？其实，这也就是我们后面所要讨论的问题。例如，我们寻根，从"炎黄子孙"到"三祖堂"——诉求的即是一种大一统的和谐国家。因为在传统上，一般说中华民族是"炎黄子孙"，但现在至少已承认"三祖"，这与中华民族的特殊文化诉求相关。事实上，中华民族多源共祖，同姓的"五百年前是一家"；不同姓的"五千年前是一家"——至少在文化信仰上相信有统一的血缘基础。于是，有了共祖与祭祖这种强化统一的文化形式，有了颂祖与敬祖这类强化统一的精神象征，孙中山、毛泽东用黄帝纪元来表明我们的文化认同，而全球华人的寻根问祖活动，则彰显了中华文化的凝聚力、向心力……而这，也就是民俗文化之一例。

四、官与民沟通的桥梁

民俗文化作为与人类生存发展伴生的特殊文化现象，说明人类的生命不仅是自然生命，而且是文化生命。人类的文化生命表明，人类生存不仅具有实践上的直接现实性，而且还具有精神上的心理上的观念上的情感涵化性；人类的生成活动不只是物质上的事实取向，还有解释性的意义与价值取向，是具有主体性的人类之自由自觉的活动，并创造出了一个意义世界。民俗文化研究，不同的学科都可以从中去发现对象的"物质"事实、"精神"意义、"真、善、美"诉求。

（一）民俗文化"起于垒土"的基础作用

民俗文化（Folk-Cusloms）作为人类社会生生不息的永恒伴生物，本身即是社会民众的生产生活样态。就社会大众或民俗主体来说，它是民众的社会构成；从整个的全社会文化来说，它又是社会的基层——不是低层——因而是整个人类的基础

---

[1] 萧亭：《民俗文化在向我们招手》，《岭南民俗》1989年第2、3期合刊，第8页。

文化，它是俗，但并不是区别于"上层"文化、"精英"文化、"雅"文化的另类文化形态，而是整个文化实现的基石和基本方式。

民俗文化由于以普通民俗的整体性形式存在，我们可称之为"普民文化"（或称"朴民文化"），以之为基础形成不同的更为专业的社会分工，人们也相应地分成各种"器民"，而所谓的"精英"文化，就其存在的形式而言，即是在朴民分化或朴散而后形成的"器民文化"。在"器民文化"与"普民文化"的关系中，无论就存在形式还是就其发生的根基来说，"器民文化"都依赖于"普民文化"。一方面，"上层"文化、"精英"文化、"雅"文化以之为基础和创造的前提，因而是整个文化创造的滋养土壤。今天作为民族文化精华的博物馆内之青铜器、玉器和瓷器，原来就是民众的普通生产生活用具；又如作为儒家经典的《诗经》之十五国风，作为南方文化卓越成就的《九歌》《离骚》，建安文学和唐诗宋词，《三国演义》《水浒传》《西游记》《红楼梦》等文学名著，无一不浸润着民俗文化的营养。我们从《道德经》《伦语》等所谓的经典文献中即发现有其对民俗的吸纳，如仅在本书中即不断有所论及。另一方面，"上层"文化、"精英"文化、"雅"文化又同时借助民俗文化得以实现。儒家文化所形成的一套精神传统、道家文化在民间的广泛传播，及至儒教、佛教、伊斯兰教等的中国化、民间化，都无不是通过"民俗化"实现的。比如儒学离开民俗，如果只求高雅的话，那它在中国少数民族那里就只会有少量的信仰与传播。问题在于，当儒学从面向世俗的人之价值探讨而只求高雅时，即不可避免地远离俗民，魏晋玄学、隋唐佛学、宋明理学、清代朴学，都说明儒学的危机不可避免。可也正是在这样的时期，儒学却在民间，其中也包括中国少数民族的民间得到传播并延展。事实上，在中国这样一个以俗民（"普民"或"朴民"）为基础并具有绝对优势的国家，撇开民俗文化而高谈所谓"文化"，肯定是有问题的。所以，美国哥伦比亚大学汉学家威廉·D. 贝雷曾对此说："有许多的中国人，自称是信道教，佛教徒，甚至是基督徒，可是他们之中，很少有人不是同时还是具有儒家思想的。"[1]

民俗文化的这种作用，是通过其不断地培养民俗文化主体——大众实现的，这就是通常所说的民俗文化传统。我们没有使用"传统文化"一词，而是用的"文化

---

[1] ［美］威廉·D·贝雷：《中国传统之源》第1卷，哥伦比亚大学出版社1960年版，第150页。

传统"概念，用以说明民俗文化的传承作用。事实上，从字面来说，"传"并不直接指向过去，而是指向现在和未来，故刘熙《释名》说："传，传也，以传示后人也。"清人王先谦注疏说："汉儒最重师传。"同样，"统"则直接指明其历史延续性、延伸性、延展性，《汉书·贾山传》说"自以为过尧舜统"，颜师古注引如淳云："统，继也。"这样看来，无论是佛教衣钵相传的"法统"还是儒家圣贤相传的"道统"，与我们所强调的民俗文化传统一样，都强调的是文化精神世代相继的特性，这一点，在民俗中最明显的显示即是中国民间的神龛成为典型的儒学精神传承样式；而地理风水等则不离儒道二宗的文化精神。自然，在民俗文化对民众的培养过程中，尊老爱幼、勤俭节约等优良传统在起作用，算命、看相、阴阳、风水一类也会得到延续，至于各种节庆活动，更是一脉相承。也正是因为这类延续性，民俗文化成了整个社会文化的"起于垒土"的文化根基。也正是因为这种根基性，我们有理由说，历史就是流动着的现在。

（二）"国家元气，全在风俗"的关键地位

钱穆先生在说到民俗文化时曾有一深刻的说法："上层首当注意其学术，下层则当注意其风俗。学术为文化导先路，苟非有学术领导，则文化将无向往，非停滞不前，则迷惑失途。风俗为文化奠深基，苟非能形成为风俗，则文化理想仅如空中楼阁，终将烟消而云散。"[1] 可以看出，仅从文化本身来说，民俗文化事关国家的元气。这是因为，在一个国家，无论是江湖还是庙堂，也无论是官还是民，或说无论是"普民"还是"器民"等都关注民俗，并最终以一定的方式生产生活在民俗文化的海洋中。

在这里，我们不妨再从"民俗文化"是什么说起。民俗文化是什么？还在 1975 年，中国台湾有一学者即曾感叹："从它的驳杂性质上看，民俗学颇不容易建立成为一门单独的学问。"[2] 原因很简单，即因为不能确认"民俗文化"到底是何所指，比如 1978 年在英、美印行的英文本《大苏百科全书》中所列的条目表明在苏联是直接将"民间艺术"（FolkArts）等同于"民俗学"[3]，可以看成是"民间艺术说"；日本人认

---

[1] 钱穆：《中国文化史导论》，转引自《历史研究》1988 年第 2 期。

[2] 《云五社会科学辞典·人类学》，台北商务印书馆有限公司 1975 年版，第 89 页。

[3] 《大苏百科全书·民间艺术》第 17 卷，麦克米伦教育图书公司 1978 年版，第 57 页。

为民俗指的是古代传留下来的民间传说和习俗[1]，可以看成是"民间传说说"；有学者则强调民俗学的"研究对象是存在于一个国家或民族中在历史上形成的为人民所创造和享用的物质文化与精神文化中带有传承性的行为、意识及语言现象"[2]，可以看成是"全部历史说"；或者界定为"各种文化中民俗往往使这种行为模式中的某些因子发生变异，从而形成一种亚群体模式……统治者往往利用民俗对公民的行为进行制约。而不同阶级由于政治经济地位不同形成的行为模式，一旦相沿成习，本身就成了一种民俗，这种民俗又反过来制约阶级成员的行为，如此等等。总之，行为模式的原因虽然可以归纳为若干种，但都与民俗的影响和塑造分不开"[3]，则又成为"结构模式说"。自然，我们更倾向于更后一些的说法。因为民俗关涉着整个社会。从官与民的立场来评价民俗，官与民是一种管理与被管理的关系，而民俗即体现出为一种官与民联系的纽带；从民与官的立场来评价民俗，民与官是基础与上层建筑的关系，是水与舟的关系，是朴与器的关系，在实体、在文化精神层面，上官都离不开民基，行舟都离不开水运，器民都离不开朴民。

在中国历史上，历代统治者都特别重视"采风"、"采诗"，以了解民情。其中最具有代表性的是《诗经》中有"风"。据此，汉末风俗专家应劭强调："为政之要，辨风正俗最其上也。"汉文帝时的谏臣贾山在《至言》中也说："风行俗成，万世之基定。"更有学者如楼钥的《论风俗纪纲》说："国家元气，全在风俗；风俗之本，实系纪纲。"[4]其实，这种认知，中国古代文献已有特别说明，如《毛诗序》对"风"解释说："上以风化下，下以风刺上，主文而谲谏，言之者无罪，闻之者以戒，故曰风。"

为什么作如此论断呢？这就必须从中国文化本身来加以说明。在世界文化版图中，只有中国文化是一个具有悠久历史而又从未中断过的丰富文化传统，作为多元一体的中华各族人民在历史发展中形成了既具有民族特色又具有统一文化精神的生

[1] 日本民俗学研究所编：《民俗学辞典》，日本东京堂 1957 年版，第 582 页。

[2] 张紫晨：《中国民俗与民俗学》，杭州：浙江人民出版社 1985 年版，第 4 页。

[3] 周国茂：《民俗与行为模式》，1987 年贵阳全国中青年民俗学者学术讨论会论文资料。

[4] 楼钥（1137—1213 年），南宋大臣、文学家，字大防，又字启伯，号攻媿主人，明州鄞县（今属浙江）人。历官温州教授、乐清知县、翰林学士、吏部尚书兼翰林侍讲、资政殿学士、知太平州，卒谥宣献。乾道间，以书状官从舅父汪大猷使金，按日记叙途中所闻，成《北行日录》。楼钥：《论风俗纪纲》，此处引自王利器：《风俗通义校注·叙例》，北京：中华书局 1981 年版，第 1 页。

产生活方式和风俗习惯，因而形成了中国丰富的民俗文化资源。

中国民俗文化资源，一方面在古代典籍中被大量记载、定义、解释，如《周礼》即说："礼，履也。因人所践履，定其法式，大而婚冠丧祭，小而视听言动，皆有其节文也。""俗者，习也，上所化曰风，下所习曰俗。"司马迁《史记》说："孝公用商鞅之法，移风易俗。"[1] 班固《汉书》说："凡民函五常之性，而其刚柔缓急，音声不同，系水土之风气，故谓之风；好恶取舍，动静亡常，随君上之情欲，故谓之俗。"[2] 其他如史籍《礼记·曲礼上》中所载："入竟（境）而问禁，入国而问俗，入门而问讳。"[3] "故春秋者，礼义之大宗也。夫礼禁未然之前，法施已然之后；法之所为用者易见，而礼之所为禁者难知。"[4] "百里不同风，千里不同俗，户异政，人殊服。"[5] 这种历史关注，直到近现代还是一种优良传承。

（三）"为政之要，辨风正俗最其上"的固本价值

在《论语·子路》中有一个关于民俗与从政的关系之例，说的是读了《诗经》之后应能从政，否则就失却了意义。要知道，《诗经》最初有不少即属民俗文化之诗，或即言为"民歌"，故孔子说："诵诗三百，授之以政，不达；使于四方，不能专对；虽多，亦奚以为？"这个说法的反面论说即是强调民俗文化对于从政具有重要作用。

在中国历史上，管子强调通过"察民俗"以"料事务"，表现出民俗在官与民之间的媒介关系。到秦汉时代，这一关系表现已十分明显。这种作用是由民俗独特的内涵与地位决定的。根据历史发展规律，可以发现，民俗的状况如何直接制约着社会的风气状况与社会的发展进程；经过时间淘汰与实践改造的优秀民俗不仅是民族文化中地域特征最具象、民族个性最强烈、大众情感最直白、民众理想最鲜明、社会基础最厚实的东西，而且本身即是国家的政治统治、社会管理、文化认同的重要环节和基础力量。在一定程度上说，社会道德、国家法律，及至相应的政策措施，都是根源于一定生产方式而经过民俗中介过滤而形成发展的管理规范，甚至直至如

---

[1] 司马迁：《史记·李斯列传》，北京：中华书局 1982 年版，第 2542 页。

[2] 班固：《汉书·地理志》，北京：中华书局 1962 年版，第 1640 页。

[3] 《礼记·曲礼上》，上海：世界书局 1936 年版，第 14 页。

[4] 司马迁：《史记·太史公自序》，北京：中华书局 1982 年版，第 3298 页。

[5] 班固：《汉书·王吉传》，北京：中华书局 1962 年版，第 3063 页。

今，习俗习惯也仍然是民俗的法约表现，是包括国家法律在内的整个社会规范的基础和必要补充。所以，注意合理利用民俗文化，事实上有利于国家的政治统治和社会管理。因此，早在数千年前，周代统治者即强调了国家统治与民俗的内在关系，如《礼记·缁衣》即要求说："故君民者，章好以示民俗，慎恶以御民之淫。"这就是说，聪明的统治者——君王在领导人民过程中，要通过民俗实行教化，但必须提倡优良民俗（"章好"）以作楷模，化成风气辅助政治。同时又必须坚决防止与反对无节制的恶劣民俗民风（"慎恶"），借以抵御陋习对政治、管理造成的干扰。可以看出，《周礼》所正确地阐明的"礼俗以驭其民"的道理，正说明了民俗在国家政治统治与社会管理、社会控制与文化引导中的规范作用。于是，汉人董仲舒强调要"变民风，化民俗"。以说明管理国家、治国化民等都必须知晓和利用民俗。因而历代也不乏同类言论，如郑晓《论风俗》即言："夫世之所谓风俗者，施于朝廷，通于天下，贯于人心，关于气运，不可一旦而无焉者。"[1] 这些说法的一个共同思想即是：国家的社会管理，可能通过理解民俗作为一把钥匙。

也正是基于民俗在治国理政中的重要性，于是中国历代管理者基本上都会有重视风俗的管理传统，在一些经籍中也都有论释，有如中国第一部诗歌总集、儒家六经之一的《诗经》之"风"即来自民歌，一些学者更是以"搜集文献，叙述风土"和终生"咨询故老，采风问俗"[2] 为职事，周秦以来即长期实行的"天子五年一巡狩……命太师陈诗，以观民风"[3] 之政，《汉书》上有"古有采诗之官，王者所以观风俗，知得失，自考正也"[4] 之法。"孟春之月，群居者将散，行人振木铎徇于路，以采诗，献之大师，比其音律，以闻于天子。"[5] 这些论述与做法形成了中国历史上观风辨俗、治国理政的优良传统。人们不仅通过民风民俗了解政治之得失、知晓德行之薄厚、

[1] 郑晓（1499—1566年），字窒甫，海盐武原镇人，生于明孝宗弘治十二年（1499年），卒于世宗嘉靖四十五年（1566年），年68岁。隆庆初，赠太子少保，谥端简。著作有《禹贡图说》《吾学编》《端简文集》等，其孙郑敬仲始搜集为《郑端简公文集》12卷，与《吾学编》《徵吾录》《古言》《今言》《郑端简公奏议》《史论》《策学》《禹贡图说》《四书讲意》等并行于世。郑晓：《论风俗》，此处引自王利器：《风俗通义校注·叙例》，北京：中华书局1981年版，第1页。

[2] 杨宏海：《黄遵宪与民俗学》，《中国文化研究集刊》第2辑，上海：复旦大学出版社1985年版，第196页。

[3] 《十三经注疏·礼记·王制》，北京：中华书局1980年版，第1327页。

[4] 班固：《汉书·艺文志》，北京：中华书局1962年版，第1708页。

[5] 班固：《汉书·食货志》，北京：中华书局1962年版，第1123页。

判断秩序之良否；而且借以加深理解社会、了解民众意愿、减弱矛盾对抗、协调社会关系、维护政治稳定。这正如黄遵宪先生所说："是故，先王治国化民，亦嗼其所习而已矣。""古先哲王知其然也。故于习之善者导之，其可者因之，有弊者严禁以防之，败坏者设法以救之，秉国钧者其念之哉。"[1]

　　观俗阅世，依俗治民，在中国历史上既有成功的先例，也有失败的教训。以元朝和清朝这两个少数民族入主中原统治的朝代为例，由于元代虽然在中国少数民族地区实行土司制度照顾了各少数民族的风俗习惯，在一定程度上缓和了民族矛盾，但却不注重研究汉族的民俗文化，更不要说关注整个汉族的民族文化了，再加上严格的民族等级制度，因而民族矛盾始终没有缓和而仅仅维系了80多年（一般说为99年）的王朝统治。相比而言，清政府继承了历史上那些有作为统治者的重视民俗的优良传统，往往能深入民间了解民俗、体察民情，甚至与民同乐，民间对康熙、乾隆微服私访的各种传说即从侧面说明了这个问题，于是才有了自觉采取有效的民俗对策以缓和民族矛盾的措施，从而使清朝维持了将近三百年的政治统治，以至于成了近代的"革命"对象。要知道，满族入关统治中原掌握全国政权时，人口不过30多万。也就是这30多万人统治了全国3亿人口，这不是奇迹又是什么呢？的确是奇迹。不过，更奇迹的则是清朝统治者的文化措施（自然背后有军事镇压的力量）："特别注意推行满汉民俗一体化政策，使满汉两族表面上犹如同一特殊风俗的民族。他们一面强制汉人服从满族特有的习俗，如蓄辫，穿窄袖衣等。另一方面，也迫使满族人在生活习惯上，人生礼仪中大量采用汉俗。如以汉族封建文化的精华 —— 孔孟之道作为统治社会的理论基础，放弃在狩猎生产基础上发展起来的简单崇尚壮者、强悍的社会特色与轻视伦理亲情的民俗观念，成功地利用了汉民族在农耕生产基础上形成的孝俗与伦理文化特点，同时又积极顺应了汉民族的正统观念的民俗心理，巧妙地借用恢复大明江山的旗号，从而较为顺利地完成了政权的交将。在婚俗问题上，清政府也逐步采取了从汉俗的政策，废除了满族习俗中的'收继法'，彻底删除了满族文献中关于此种婚俗的有关内容，使两族婚俗同化为一。另外，清政府还在广大农村中，设法利用流行的乡规民约，摸索出一套成功的农村组织形式，使民俗成

[1] 黄遵宪：《日本国志·礼俗志》，引自《中国文化研究集刊》第2辑，上海：复旦大学出版社1985年版，第197页。

为政治的有力工具。"[1] 由此也可以看出，风俗文化在国家治理中的重要作用了。所以孔老夫子即有所谓的"安上治乱莫善于礼，移风易俗莫善于乐"等等肯定风俗文化巨大作用的论述。

（四）"范希文两字关情"的和谐诉求

我们这里用"两字关情"，实际上是说可以通过民俗的发现诉求一种和谐的君民关系。请看湖南岳阳楼上的有一副妙联：

一楼何奇：杜少陵五言绝唱，范希文两字关情，滕子京百废俱兴，吕纯阳三过必醉。诗耶？儒耶？吏耶？仙耶？前不见古人，使我怆然涕下；诸君试看：洞庭湖南极潇湘，扬子江北通巫峡，巴陵山西来爽气，岳州城东道岩疆。渚者，流者，峙者，镇者，此中有真意，问谁领会得来？

其中"范希文两字关情"，实质上反映的正是中国民俗所诉求的和谐的君民关系，而民俗恰好是一种沟通官民关系的桥梁。故范仲淹说："处江湖之远，则忧君；居庙堂之高，则忧其民"。黄中坚[2]《论风俗》则曰："天下之事，有视之无关于轻重，而实为安危存亡所寄者，风俗是也。"

何以如此呢？这与中国传统的"家国同构"、"天人合一"、"伦理秩序"等关联着，这一点，我们从作为"凝固的音乐"之建筑中即可看出。有学者曾说，"今日能看到的中国古代的城市、宫廷、民宅的建筑图画和遗物，从周至明清，在设计思想上有一个长期延续下来的基本法式，即将主要建筑物安排在一条笔直的中轴线上，左右取得均衡对称，加上高低起伏变化。这种建筑艺术，呈现出雄伟、肃穆、开阔的气势，宫廷建筑尤其如此；明清遗留下来的北京旧城、故宫、民宅是典型的样式。"[3] 那么，这些典型的事样是如何体现中国人的和谐理性、凝固的音乐及相应

---

[1] 陈江风：《古俗遗风》，上海：上海文艺出版社 1998 年版，第 44—45 页。

[2] 黄中坚，修公之子，字震孙，号蓄斋，为诸生，有名。生于 1649 年，殁于 1719 年，后移居郡城，屡举宾兴不售，遂弃举子业，肆力于古文。家虽中落，犹举父时。里人所贷千余金，悉还其券，卒年 71。著有《蓄斋集》16 卷，子会谨。黄中坚：《论风俗》，此处引自王利器：《风俗通义校注·叙例》，北京：中华书局 1981 年版，第 1 页。

[3] 葛路：《魏晋南北朝的艺术美》，《美学讲演集》，北京：北京师范大学出版社 1981 年版，第 205 页。

的思想、情感、意志，及至社会意识形态的呢？

在总的基准上，存在着一条"定天保依天室"、"象天设都"的感通天地的人伦中轴线，这条中轴线既是天的，也是地的，同时也是人的。据说隋朝那位出生于长安（今陕西西安）的汉化鲜卑人建筑学家、工部尚书宇文恺在建仁寿宫、通广通渠、营建大兴城期间即依中国古礼形成了系统的中轴对称思想，《隋书·宇文恺列传》说大兴城（今西安城）的营建"凡所规画，皆出于恺"，结合其原有建议按古制建筑明堂，"下为方堂，堂有五室，上为圆观，观有四门"，并曾用木料制作了模型，而所奏《明堂议表》更曰："臣闻在天成象，房心为布政之宫；在地成形，丙午居正阳之位。观云告月，顺生杀之序；五室九宫，统人神之际。金口木舌，发令兆民；玉瓒黄琮，式严宗祀。何尝不矜庄宸宁，尽妙思于规摹；凝睟冕旒，致子来于矩矱。"于是一个宫城、皇城与外郭城构成了一个层次递进、中轴对称的整体，据载："唐长安城是当时世界上最宏大壮丽的都市，全城几乎为方形，以坐落在城北的宫城为中心主体，宫城，皇城，郭城，渐次展开。一条宽达 150 米纵贯南北中央的朱雀门街为中轴线，将都城划分两边：街东街西各有 55 坊。坊里的数目、位置的排列，面积的大小，形制，都左右对应。格局犹如棋盘，白居易为此生动地描绘为：'千百家似围棋局 十二街如种菜畦。'长安城这种布局可以说是中国封建王朝权利高度集中的体现。"[1]

大兴城（今西安城）的传统在明清的北京城市建筑中得到体现：故宫严格按照中轴对称原则，由南向北，从永定门开始而经前门、天安门、午门，构成各层次逐渐伸展，并存在着相应的空间与形体变化，最终在太和殿形成高潮。中轴线两侧的建筑则保持了严格的对称、均衡。据称有人曾专门对故宫建筑群作过测算：从紫禁城的两角作出相交的对角线，这两条对角线与中轴线的交点恰恰位于故宫的中心——太和殿。这正是依照上天格局安排都城布局（即所谓"定天保，依天室"）的"天人合一"的典型个案：整个当时的北京都城即是一个按照周天二十八宿——紫微宫——帝星诸层次天体模式的人工再造，其中二十八宿分四区围绕"三垣"，其中又以"紫微宫"为中心，更围绕帝星周围。与这种天上的结构模式相对应，居于"地上"

---

[1] http://baike.baidu.com/link?url=rS4EGUVYekrnLmCMgqSTl7AgQmeiCjgoYqWXo2toOQSzah1_YkZnNud Bl8au_sxfbOnazE1wJTJA0X2jnBcB22y53QgzxBAQCmoqaiOHIjVyxg3Ys_olh04t—vNLSd98。

而依于"地中"的国都北京，自然也就成了全国拱卫的中心，作为都城的紫禁城又是北京的中心，太和殿则是紫禁城的中心，在太和殿登极理政的皇帝自然是中心之中心。这样，一个完整的天体运行模式在皇朝政治的都城得到了深刻的体现。或许正因于此，我们才能够理解古人所特别强调的"居中"的意义："中也者，天下之大本也。"[1]"王者来绍上帝，王自服于土中（土地的中央）。"[2] 于是，《吕氏春秋》中记载要"择国之中而立宫"，《白虎通义》强调"王者必居土中"，《六经•天文编》则直说自周代始即"求地之中，以建王而阜安万民"……

不过，问题还不仅如此，在"家国同构"的中国传统社会，民居也有同样的格局，其中北京民居 —— 明清时代建造的四合院可作代表：四合院的平面方形的四周都是房屋，以房屋的外墙围合，外墙上设有一扇窗户，只在东南一隅设有一门以供人出进，符合北方地区"紫气东来"之意，也在整体上形成了"天圆地方"的相对封闭的居住空间，构成了所谓的"四合"（其实在深层的哲学观念上应是"六合"）者。四合院内有严格的"中轴线"观念，主体建筑 —— 家长居住的长房建筑位于四合院平面的南北向"中轴线"上，有如故宫中的太和殿一样，就是一个"中宫"，其空间尺度最大、用材选择最精，造价自然最高，地位也最为显赫。相类的八卦方位展开的平面空间展布：中轴线的南北两极，南边一排是座南面北而被称为"倒座"，因为其不符合"坐北朝南"的尊贵之位，故仅供男佣居住，且兼堆放杂物；相对的北边那一排房屋，因为居于中心之后而被称为"后房"，专供女佣居住，且兼堆放杂物。中轴线两侧的东边、西边为两排厢房，呈对称势态，供一家中的晚辈居住，且在东西厢房的后房之间有抄手廊连接，或许中国人时常骂人"不是东西"，也与这种居住格局有关；供家长居住的长房在后房之南，且在长房与后房之间还隔着一个后院，长房的前方是整个四合院的天井以沟通天人，天井之南的正中位有一个垂花门，出垂花门是供男佣们活动的小跨院。显然，这种四合院的空间秩序就是一个大家庭的伦理秩序，长幼有序、男女有别、内外有等，尊卑分明，形成了一部用建筑材料写就的上下四方六合、天地人意境合一的政治伦理教科书，并微缩了整个北京紫荆城的格局。在这种格局中，官与民之间还不应"两字关情"吗？

---

[1] 《十三经注疏》，中华书局影印本，第 1625 页。

[2] 班固：《白虎通义•京师》。

我们还可以"君舟民水"之喻看民俗、看"两字关情"，《荀子·哀公》篇曰：

鲁哀公问于孔子曰："寡人生于深宫之中，长于妇人之手，寡人未尝知哀也，未尝知忧也，未尝知劳也，未尝知惧也，未尝知危也。"

孔子曰："君之所问，圣君之问也。丘，小人也，何足以知之？"

（鲁哀公）曰："非吾子无所闻之也。"

孔子曰："君入庙门而右，登自阼阶，仰视榱栋，俯见几筵，其器存，其人亡，君以此思哀，则哀将焉而不至矣？君昧爽而栉冠，平明而听朝，一物不应，乱之端也，君以此思忧，则忧将焉而不至矣？君平明而听朝，日昃而退，诸侯之子孙必有在君之末庭者，君以思劳，则劳将焉而不至矣？君出鲁之四门，以望鲁四郊，亡国之虚则必有数盖焉，君以此思惧，则惧将焉而不至矣？且丘闻之，君者，舟也；庶人者，水也．水则载舟，水则覆舟，君以此思危，则危将焉而不至矣？"

据载，李世民有一次与魏徵讨论治国的道理，问魏徵说：隋朝灭亡的原因是什么？魏徵回答说：失去民心。李世民又问：人民和皇帝应当是什么关系？魏徵说：皇帝就像一只漂亮的大船，人民就是汪洋大水，大船只有在水中才能乘风前进；但是，水能载舟，同时也能将船弄翻。太上皇（李渊）举义旗推翻隋朝统治就说明了这一点。所以，作为君王要时刻记住水能载舟，亦能覆舟。所以，凡是施行仁德之政、顺民心、不断修德于天下的贤君，都使国家昌盛兴隆，风调雨顺，百姓安居乐业；反之，逆民心，而最终走向毁灭。

在这里，可以推荐一本李庆善的书：《中国人新论——从民谚看民心》[1]，同时还推荐鲁文所编《百姓话题——当代顺口溜》[2]。对此，我们的思考和总的结论是：民众是我们的动力源泉——

一要相信民众的水平与能力；

二要相信民众的素质与境界；

三要相信民众的情感与意志；

---

[1] 李庆善：《中国人新论——从民谚看民心》，北京：中国社会科学出版社 1996 年版。

[2] 鲁文编：《百姓话题——当代顺口溜》，北京：中国档案出版社 1998 年版。

学后思考：哭倒长城骂倒秦？

民俗事象分析：孟姜女哭长城故事 —— 哭倒长城骂倒秦（口头民俗）

孟姜女之名：取名的风俗，究竟是"姜家的长公主"？还是孟、姜二家的共同抚养成果？

故事的累层：不同时代的回声 —— 由战死的杞梁，演变成修长城的范喜良，本身即是故事的变异与历史的累层。孟姜女的丈夫的名字有些出入，一称范杞梁、万喜良、范喜良、万杞梁、杞良、范杞良、范希郎、范喜郎。

江湖与庙堂：不同文化层次的论说 —— 从官方到民间，从汉族到少数民族。

功过是非论：政权合法性的标准 —— 是反专制度？还是破坏国家的军事设施？各自评说！

第二章 民俗的特征：生命形式与文化活性

民俗有多种多样的特征，学界从不同的角度有不同的认知，如王娟先生在《民俗学概论》[1] 中提到了传统性、民俗事项都有异文、民俗事项具有强烈的地方性三个特点；钟敬文先生主编的《民俗学概论》[2] 中讲到民俗的集体性、传承性和扩布性、稳定性与变异性、类型性、规范性和服务性等基本特征；乌丙安先生的《中国民俗学》[3] 则讲了民俗在内部属性上之民族的区别、阶级的差异、全人类的共通性三个特征，外部特征则包括时间上的历史性特征、空间上的地方性特征、活动过程中的传承性和变异性特征；仲富兰先生则在《中国民俗文化学导论（修订本）》[4] 中讲到了民俗文化的社会普同、信息共有、模式整合、乡缘风土、贯通古今五大特征，并具体分析了中国民俗文化的四大基本特征；韩养民、韩小晶的《中国风俗文化导论》则阐明了民俗的社会性、地域性、时代性、稳定性等特征 [5]；另有学者从民俗文化的角度分析民俗的特征，其中即提到民俗文化是文化资本，应加快从文化遗产到文化资本的转化 [6]。由于民俗文化的种类繁多，需要从个体中概括出它们的共性。张世均、甘爱冬总结出中国少数民族民俗文化的特点是项目多、品位高、基础广、保护与传承

[1] 王娟：《民俗学概论》，北京：北京大学出版社 2002 年版，第 18—21 页。
[2] 钟敬文：《民俗学概论》，上海：上海文艺出版社 1998 年版，第 11—26 页。
[3] 乌丙安：《中国民俗学》，沈阳：辽宁大学出版社 1987 年版，第 28、33 页。
[4] 仲富兰：《中国民俗文化学导论》（修订本），上海：上海辞书 2007 年版。
[5] 韩养民、韩小晶：《中国风俗文化导论》，西安：陕西人民出版社 2002 年版，第 12—19 页。
[6] 黄胜进：《从"文化遗产"到"文化资本"—— 非物质文化遗产的内涵及其价值考察》，《青海民族研究》2006 年第 9 期。

方式独特 [1] 等。而且，即使是同种类的民俗文化也会呈现出不同的特点，在某些方面也各有侧重之处，应予以重视。我们这里从人的生命层面来探讨民俗的特征。我们认为，如果联系人的生命，民俗的特征可用两句话讲：民俗是人的文化生命形式之一；民俗是有生命的文化形式之一。这也就是"人啊，认识你自己"问题所要解决的重要问题之一。比如，我们可以从自己所最熟悉的古人身上发现民俗文化对人的生命之影响，从身边的生产生活中观察现实中的人也同样会发现这种影响。

一、民俗与百姓的生命样态

前面讲到，人有自然生命与文化生命。民俗即是老百姓依赖于生态环境而产生的自然生命基础上的文化生命样态之一。一方面，从自然生命的角度说，依于一定自然环境而存在的人之生命是人的最基本、最显著的特征。但是，人的生命与其他的生命是不一样的，人的生命存在不同于其他有机体的生命存在，这就是人既有自然生命这一生物机体都具有的存在特征，又有人所特有的文化生命，这是人之所以不同于其他有机体的生命存在。而在一般民众的生活中，民俗即成为人的文化生命形式之一。

（一）民俗文化的范围

民俗文化的范围是与不同学者对民俗事项的分类相联系的。由于各自的生活实践、学习经历等的不同，自然各自有不同分类，因而形成了不同的分类系统。下面我们介绍几种不同的分类，以广异闻：

英国民俗学家博尔尼（C. S. Burne）在《民俗学手册》[2] 中规定的范围是：①信仰与行为：其中包括大地与天空、植物界、动物界、人类、人工制品、灵魂与冥世、超人的神灵、预兆和占卜、巫术、疾病和民间医术。②习俗：包括社会制度和政治制度、人生礼仪、职业和工艺、历法、斋戒和节庆、游艺、体育和娱乐。③故事、歌谣、俗语：包括故事，歌曲和民谣，谚语和谜语，有韵的俗语和俚语。可以明确指出的是，

---

[1] 张世均、甘爱冬：《我国少数民族非物质文化遗产的类型与特点》，《重庆交通大学学报》（社科版）2007 年第 6 期。

[2] ［英］查·索·博尔尼著，程德祺等译：《民俗学手册》，上海：上海文艺出版社 1995 年版。

该书是 20 世纪初的作品，当时对民俗范围的认知肯定与现在有所不同，因而有现在所已知的不少民俗事象都未列入；而且还可指出的是，这种划分在逻辑上也有不严谨的地方，如信仰与行为中的一些内容即与某些方面的习俗内容互相含摄。

王娟先生的《民俗学概论》介绍了美国著名民俗学家理查德·多尔森在《民俗学与大众生活》中的范围界定，并分为四大类：①口头民俗：叙事民俗、民歌与民间诗歌、谚语和谜语等等。②物质民俗：饮食、服饰、建筑及各种民间手工制作的家具、用具等等。③民间社会风俗：人生礼仪（生老病死、婚丧嫁娶）、民间信仰、宗教、节日庆典、游戏及其他娱乐活动等等。④民间表演艺术：民间戏剧、仪式性的舞蹈、音乐等等 [1]。王娟先生认为，其中的第四类可以并入风俗类。

王娟先生进而根据学术界一种较为普遍的分类方法把各种民俗事项分为三大类 [2]：一是口头民俗：口头民俗指的是以口头语言的形式传播的民俗事项，其中又可分为三种：①叙事民俗：以散文叙事体的形式传播的民俗事项，主要包括神话、传说和民间故事。②俗语民俗：指的是以口头短语，或者是一句或几句话，或者是一些描述性的词汇的形式传播的民俗事项，主要包括谚语、俗语词、谜语、绕口令、咒语、誓言、驳词、祝辞、打招呼用语等等。③音韵民俗：指的是以有节奏、有韵律或有音乐伴奏的语言形式流传的民俗事项，包括民歌、民谣、故事歌、口头史诗、游戏歌谣、民间音乐等等。二是风俗民俗：是以传统的风俗和习惯的形式传播的民俗事项，主要包括民间节日、民间信仰、游戏、具有某种意义的手势或姿势、民间医药、仪式活动、民间舞蹈、民间戏剧、迷信等等。三是物质民俗：是指以有形的可以看得到的物质的形式传播的民俗事项，主要包括民间建筑、民间美术（剪纸、年画、民间刺绣、玩具、香袋、风筝、神马、泥塑、纸扎、纸马等）、民间服饰、民间饮食等等。

不过，我们应特别强调的是，现在研究的中国民俗主要是中国传统民俗，因而有几点必须特别强调：首先，中国传统民俗主要体现为农耕文明背景下的民俗，因而有一定的范围限制，但现在已有了不少新的民俗。其次，民俗的范围在不同的学者那里有不同的划分，如有学者即划分为四个方面：①经济的民俗：它是以民间传

---

[1] R.M.Dorson, Folklore and Folklife, Chicago and London： The University of Chicago Press, 1972, p.2.

[2] 王娟：《民俗学概论》，北京：北京大学出版社 2002 年版，第 32 页。

统的经济生产习俗、交易习俗及消费生活习俗为主要内容的。②社会的民俗：它是以家族、亲族、乡里村镇的传承关系、习俗惯制为主要内容的；其中社会往来、组织、生活仪礼等习俗都是重点；近来都市社会民俗也被扩展为对象。③信仰的民俗：它是以传统的迷信与俗信的诸事象为主要内容的。④游艺的民俗：是以民间传统文化娱乐活动（其中也包括口头文艺活动）的习俗为主要内容，也包括竞技等事象在内。

　　这里，我们有必要介绍仲富兰先生的划分。在《中国民俗文化学导论》（修订本）中，仲先生将民俗文化分为五个部类，即民生、民事、民气、民艺、民智，其中民生既指民众的生计尤其是下层平民百姓的生存状况，又指人的本性；民事包括民众力役之事即从事物质生产方面的劳作、按节气发生的农事即农业生产、与国家政治有关的政事及其他民间诸事如包括岁时节气、庙会、赶集、交易、社会诸事等；民气指的是民众精神，特别是人民对关系国家、民族安危存亡的重大局势所表现出的意志；民艺指的是民众传承不息的精神活动之艺术结晶，尤其指老百姓的艺术创造和文娱游艺活动；民智是民众的智慧、灵气、创造和所有有关民生、民事、民气、民艺知识体系之外的民间知识之集大成。仲先生强调说："总而言之，我用'民生、民事、民气、民艺、民智'来作为民俗文化的五大部类，一是想体现民俗文化学的分类首先是以'人'即民众为本位，民众是推动历史前进的伟大力量；二是以'民'作为一个网络，构成民俗文化学的一个主体，形成民间知识的一个网络；三是这样的分类也更具有中国特色，与我们民族历史上的传统血脉相连接。我们要关心民生、重视民事、振奋民气、发展民艺、开启民智，推动民俗文化研究，推进中华民族的繁荣与富强。"据此，仲先生具体划分为五大部类20个门类：①民生：衣食住行、人生仪礼、风土民性、地方惯制。②民事：家族会社、行业集团、社会交往、岁时节气。③民气：俗信迷信、禁忌崇拜、时尚流行、民族精神。④民艺：民间文艺、娱乐游艺、手工技艺、民众杂艺。⑤民智：乡镇民风、山林智慧、江湖灵气、都市文明。仲先生还就上述分类做了理论阐明，极有特色且富有深度。[1]

　　在这里，我们根据大众文化观做如下的分析。前面提到，大众文化的本质认定是每一个人都是文化人，因而人自然是一种文化主体。在这里，我们的认知即在于：①民俗文化主体——以"民"的身份进行民俗活动的具有自由的意志、行动的目标

――――――――――
　　[1]　仲富兰：《中国民俗文化学导论》（修订本），上海：上海辞书出版社2007年版，第210—211页。

并具有行为能力与责任能力的个人，因而能够因其具体活动形成一定的具有民俗文化标志的群体。在这里，主体可以是个人（个人本身往往成为一种文化模式的象征）、家庭（如家训、家学、家风、家范）、民族等不同层次、不同类型划分的人的实体构成样式，其中地域性的族群划分具有重要意义。②民俗文化客体或对象，在范围上指向主体之外的一切存在，并包括其他主体在内。但实在意义上的客体则仅指与主体发生关系的对象性存在。因此，客体只能是相对于特定主体而存在的对象，如果与特定主体没有发生关系，那么，这些对象即使存在，也只能是"存在的无"。之所以说其是客体，旨在于强调这些现象存在于特定的关系中，往往不由任何具体的主体左右而具有"群向性"（常常是群体的意愿），甚至就是一种集体无意识。③民俗文化的价值诉求或目标取向，这既指民俗之精神层面的价值，也包括民俗之技术层面的价值。事实上，民俗作为一种符号，应同时兼具物质（各种载体）和精神需求两大方面，是一种集合体。而且从价值层面看，一切民俗都是人的存在物，是为人而产生的存在物，其总目标就是维护人类的生存和发展，是人类区别于其他动物的维护生存与发展的重要方式之一。④民俗文化行为，按照大众文化观，人的行为是一种重要的文化现象，是文化的样式之一。因此，在民俗文化中，主体的民俗行为，包括选择行为（选择何种民俗及相应的实行程度）、实施（自己实施或指导他人的实施、专业实施或非专业实施）、坚持（民俗行为的一贯性）、反馈（如"还愿"行为）等，特别是专门的民俗人物之民俗行为，则更具有文化的直接意义。⑤民俗文化环境，这包括有利于民俗文化现象生存的环境条件如旗袍的生存条件，也包括诸多的限制条件，这一情形，其实可以直接指认为民俗文化的适应性特征，包括地域适应（"十里不同风，百里各异俗"）、主体适应（民俗有专门针对特定对象的，如"杨公忌"）、时间适应（如民间特别讲究"择时"）、行业适应（如"九佬十八匠"各有其俗）等，特别是禁忌类民俗具有这种适应选择性。⑥民俗文化规范及要求，这是民俗文化对选择与实施过程的具体操作性要求，具体表现也多种多样的，如特殊的物态（"方圆"、长短、花色等）、特殊的程序（如汉族婚俗中的"六礼"、丧俗中的"五服"等）、特殊的针对性事象（如逢大年礼等），这些规定极具神秘性，在一定程度上也是民俗文化自身影响力的彰显。基于以上的分析，我们将民俗文化做如下的分类：主体民俗、行为民俗、"成果"民俗。

（1）主体民俗即是以地域性、群体性为存在样态的民俗文化形式，也就是专指民俗文化主体本身，老百姓时常说"一方水土养一方人"，"一看就知道是什么人"……这里的"人"即强调了其民俗性、个体存在性。一方面，人是特定风土环境的产物，因风土的滋养而孕育出了不同的民性，并相应地传承发展着不同的地方惯习与风习文化。这就是《尚书·君陈》所谓"惟民生厚，因物有迁"，按照后人作传注解时所言，即"言人自然之性敦厚"，也就是说，强调民俗文化主体即人本身是一种民俗文化样态并直指人的"自然"本性。另一方面，与人的本性相关，在生产生活实践中表现为民俗文化主体相应的民众精神状态，其中特别是在民俗文化主体遭遇生产生活的重大挫折时，在事关族群、国家、民族安危存亡时，在面对自然、社会及个体自身的重大转折时所表现出来的道德、思想、情感、智慧、意志状态，这些由传统滋养、历史积淀、习俗淘铸的主体民俗文化性格即构成了所谓"民气"、"民情"、"民魂"、"民神"。自然，这些都会通过各种其他民俗文化现象表现出来。

（2）民俗行为。民俗行为有非常广泛的外延，比如"九佬十八匠"等民众的一般劳动行为，从事农业生产的农耕行为[1]，与国家政治有关的政事行为[2]，岁时节气、庙会、赶集、交易诸"习俗"行为[3]，口头文艺"讲"、"唱"、民间游乐的"表演"、少年儿童的"游戏"、各种类型的"竞技"及至"信仰民俗"中的禁忌、崇拜（自然崇拜、物象崇拜、祖灵崇拜、生殖崇拜）等等，都无不是民俗行为，我们可据此进行民俗行为研究。在这众多的民俗行为中，应特别关注仪式文化，比如节日仪式、哭嫁仪式、丧葬仪式等，这部分应从其实在的仪式中去理解和研究。我们在中国古代文献中，会随时发现关于行为作为文化的例子，如在《论语·乡党》中有一个从反面说明行为的故事："色斯举矣，翔而后集。曰：'山梁雌雉，时哉时哉！'子路共之，三嗅而作。"说明连禽鸟也知人的行为之然否。在《论语·子路》中则有一个正面阐明："其身正，不令而行；其身不正，虽令不从。"由此看来，我们实在是应把行为作为一种文化进行认知。

（3）民俗"成果"。这是从"成果"层面去解读民俗文化，但仍然可以从不同

---

[1] 如《孟子·滕文公上》说："滕文公问为国，孟子曰：'民事不可缓也'。"世界书局1936年版，第35页。

[2] 如《国语·鲁语》说："天子及诸侯，合民事于外朝，合神事于内朝。"上海古籍出版社1992年版，第16页。

[3] 如《礼记·月令》谓仲秋之月："是月也，易关事，来商旅，纳货贿，以便民事。"世界书局1936年版，第94页。

的层面进行具体分析。根据目前中国民俗学的发展实际，这方面的成果已具备的是：一是已经搜集整理出来学术上的、书本上的、庄严而堂皇的民俗文化资料与著作；二是尚待搜集整理的民间口承文化形式；三是物态文化，即通常以实物形态存在的，比如居住的房舍、埋人的墓葬、生产工具的变化……可以说，一切可以发现人化或民俗化的对象都是民俗文化的成果。例如生活中关于"眼跳"的预占、对于色彩的讲究、对于口彩的喜好等等都是不同的民俗文化成果形式，并从不同侧面反映了特定民俗主体在特定时代的民族精神。又如，从农耕文明的视野来看商人的地位，即可通过"打头风"这一成果形式体现："池中濯足水，门外打头风。"打头风：行船时所遇到的逆风，即顶头风。《琅环记》载：商人尤某之妻石氏，思夫成疾，死前曰："我欲变为逆风，阻止天下商人远行。"中国商人的地位由此可见一般，如白居易《琵琶行》中所述，但请注意，这恰好是中国文化"安土重迁"的观念形式。

（二）天地之大德曰生

中国民俗最核心的文化精神可以用"天地之大德曰生"、"天人合一"等来概括，这里讲"天地之大德曰生"：生育、生存、生成，自然、人类、万物，举凡一切皆有生的问题。可以这样讲，"天地之大德曰生"即是中国文化的"文化基因"。这里有两方面的含义：一方面是，在中国文化，从而也包括中国民俗文化，虽然"文化"是在人类区别生物遗传性和人工习得性的过程中逐渐发展的，但有些文化因素却自一形成就成了具有某种遗传性特征，而中国民俗文化中的"求生"就具有这样的特征，不仅于自然生命的求生本能，而且有文化生命的求生本性。另一方面，以各种方式，甚至是幻想的方式求生，其中包括特别运用种种民俗方式求生，又的确反映了人类区别于其他动物的高级特征，并且这种高级性的组合成就正是社会不同于生物机体的特征。因此，这样的人类特征，不仅成就了人类文化研究的初始佳话，也成就了对各民族文化基因的深刻探索。事实上，也正是文化问题的提出破解了人的自然生命与文化生命的关系。在这里，我们可以开出一串长长的文化学者的名单：摩尔根、韦斯特马克等学者对婚姻和家庭史进行了研究，以解决文化之基础和发生的问题；马林诺夫斯基、拉德克利夫、布朗、波亚士、克鲁伯等学者，以实地文化资料为基础，试图对文化的内在结构提出解释；涂尔干、莫斯、列维·布留尔等法国学者则提出一系列更具体的文化命题。"当代一些文化人类学家承袭这一传统，也不断提出各自的文化理论出来，如本尼迪克特提出的来自尼采的'阿波罗'型和'狄奥尼斯'型文化分类；玛·米德则提出'前喻文化'、'互喻文化'、'后喻文化'的类型学概念；怀特则以'象征符号'为中心建立他的文化理论。迄今为止在西方世界比较得到公认的文化定义也是由文化人类学家克鲁伯和克鲁柯亨提出的：'文化包括各种外显的或内隐的行为模式，它们借符号之使用而被学到或被传授，而且构成人类群体的出色成就，包括体现于人工制品中的成就；文化的基本核心包括传统观念，尤其是价值观念；文化体系虽可被认为是人类活动之产物，但也可被视为限制人类作进一步活动之因素。'"[1] 应该说，文化研究的成果差不多都指向了民俗文化。

我们知道，中国的民俗文化有明显的区域性特征，最简单的划分是南北文化的差异，这就是在中国辽阔的国土上形成了以秦岭与淮河为界划分出的南方和北方，并产生了相应的民俗文化，物产上南稻作北麦黍、语言上的南繁杂北整齐、哲学上的南道家北儒家、宗教上的南顿悟北渐进……人们还注意到："南方涌现出大批民间歌手，所谓'饭养身，歌养心'，人们在娱乐生活中唱山歌、唱情歌是常有的事；而在北方，唱歌的状况远不如南方为盛，相反，却涌现出数不清的民间故事能手，当代颇具声名的说书名家也出现在北方。从表面上看，这只是民间游艺娱乐习俗上的差异，其实质则是北方的自然生态环境使然。北方大部分地区冬季长达半年之久，农闲时间长，人们有充裕的时间从事多种民俗文化活动，以补充单调贫乏的生活。由于气候寒冷，许多活动多在庭院和居室之中举行，如踢毽、玩牌、唱蹦蹦戏、演唱二人转、两小戏、皮影戏、木偶戏、民间小戏以及说书、讲故事等等，其中说书、讲故事是北方民间最为普遍的文化娱乐活动。在冬季的长夜里，北方的民众不分男女老少都喜欢围坐在火盆旁听书听故事，北方人喜欢听长篇说书及情节曲折生动、起承转合完整的长故事，就是直到今天，我们在北方农村仍然能明显感受到这一民俗文化活动的影响。"[2] 这种文化差别，唐代孔颖达即曾说，"南方谓荆扬之南，其地多阳，阳气疏散，人情宽缓和柔"；"北方沙漠之地，其地多阴，阴气坚急，故人性刚猛，恒好斗争"。[3] 宋代庄绰也说："大抵人性类其土风。西北多山，故其人

[1] 仲富兰：《中国民俗文化学导论》（修订本），上海：上海辞书出版社 2007 年版，第 52 页。
[2] 仲富兰：《中国民俗文化学导论》（修订本），上海：上海辞书出版社 2007 年版，第 55 页。
[3] 孔颖达：《〈礼记·中庸〉疏》，上海：上海古籍出版社 1992 年版，第 1626 页。

重厚朴鲁；荆扬多水，故其人亦明慧文巧，而患在轻浅。"[1] 近代人况周颐有"南人得江山之秀，北人以冰霜为清"的见解。从这个层面说区域性本来就是民俗文化的重要表征之一。但是，差异明显的中国民俗文化却有一种共同的求生精神，这从对各种宗教信仰的众多神灵都混同式接受即最能体现。你看，在中国老百姓中，各种有关神、鬼、图腾、灵物、前兆、占卜、禁忌、祭祀仪式等，其所涉有道教的太上老君、玉皇大帝、关帝圣君、四海龙王、城隍、土地，佛教的如来、观音，民间俗神的财神、门神、子孙娘娘、马神、虫王等等，都一并可以用来为自己服务，而且是以适用的心态来对待，正所谓一切为了"生"。民间的祈年、祈福、祈子等具有生存意识、避害趋利的价值诉求自然容易理解，各种拜神、求神、媚神、娱神、赛神的仪式出于祈福、祈平安的目的也十分自然，人们赠长者的寿面、寿桃以祝福老人"福如东海，寿比南山"，赠赴考书生以糕棕祝其"金榜高中"，赠新婚夫妇以枣、栗、桂圆、花生以祝福"早生贵子"，"送灯"以祝福"添丁"，送"袋"以"传代"……无不以"求生"为职事、诉求。

这里可以特别地介绍一下土家族的摆手舞以说明"天地之大德曰生"的民俗文化本旨。恩斯特·卡西尔在《人论》中即曾指出："语言的一个最显著的特征：人类最基本的发音并不与物理事物相关，但也不是纯粹无意的记号……它们是人类情感的无意识表露，是感叹，是突进而出地呼叫。这种感叹说由一个自然科学家——希腊思想家中最伟大的科学家提出来，绝不是偶然。德漠克利特第一个提出这个论点：人类言语起源于某些单纯情感性质的音节。"[2] 由此观点为线索，我们思考摆手舞的构成要素，其"天地之大德曰生"的文化意蕴就异常明显：

一是"天"。摆手舞之大摆手为"麦则"，属"天"系列：同根词为"天（麦）"、雷（麦翁）"、"云（麦浪翁）"、"雨（麦则）"、"闪电（麦异那别）"等，母题都是天，它忠实地记录了初民的思想观念：天是早期人类观念的兴趣点，通过由音、义结合的语言反映和感叹其神妙，即天打雷，兴云布雨，万物由之而生，后世有"雨露滋润禾苗壮"之说，盖亦取为古义。人们围绕普舍树跳舞，亦犹如祈天降雨一般，以求人类生长繁衍，故用"麦则"称之，即比类于天。

---

[1] 庄绰：《鸡肋编》，北京：中华书局 1983 年版，第 11 页。

[2] ［德］恩斯特·卡西尔著，甘阳译：《人论》，上海：上海译文出版社 1985 年版，第 147 页。

　　二是"树"。摆手舞需普舍树，为大生树也，因普为大、舍即生故。按："树"的母题也是生，故在土家语里，说明人类生长繁衍的"炊烟"字，不与"火"同母题而与"树"同母题，为"客卡"，俱以"柴"为根，如"卡（柴）"、"卡蒙（树）"、"卡科（山林）"等，由汉字"柴"考之，均同于"束"、"薪"等字，为焚柴以祭于天。土家族跳摆手舞，需要有树，有的地方不用树而用火，其意都是向上天祈福，以求种族繁衍，盖树之弥高弥壮、炊烟之越浓越稠，亦说明人越多。树与炊烟同母题，可从火葬的古朴仪式中求得深解：人死焚尸，火烟上天，于是人又复归于天，这也就是为什么人们的摆手舞与"麦则"、"卡蒙"、"客卡"直接相关的根源。

　　三是"土"。摆手舞，轻读为普舍，重读为"巴子"，此正是土家语对土家族的自称。以此求之，摆手舞又得称土家舞或自家舞。俗以土家族自称为"毕兹卡"。此"毕兹"，专家学者亦多论说为"伏羲"、"巴子"、"濮子"、"毕节"、"柏子"、"北佳"、"奉节"等的音变。学者亦论"毕兹"为打猎义。但从摆手舞的源起看，"毕兹"恰为"土"、"卡"恰为"树"。土家人谓人的起源依靠于树，故说"毕兹卡"亦当为"土家树"，亦为"普舍树"。土家族神话说土家族十八大姓依于十八种树，小摆手称"舍巴日"，也不难看出二者的音变关系。[1] 因此，我们有理由直接指认：土家、毕孳，本来就是对"土"的指认，对十八种树的指认，故土家人又得称"十八夷"，而土家族摆手舞正是对这些要素的记录，反映了土家族人渴望种族繁衍的情感。

　　四是"鬼"。土家语呼"鬼"为"阿者"，大摆手、土王庙、鬼等词都与祖先有关，都有共同的词素，这也可以看出土家族摆手舞与祖先崇拜的关系。值得提出的是，扬雄《方言》记载"巴濮之人，自称'阿赐'"。后世多以此否认其与古"巴濮之人"的渊源关系。其实，"阿赐"应是土家语"我们"之意，是人称代词，未必就等于否定了"毕兹卡"之称，若解开这一结点，就能更好地说明摆手舞与祖先崇拜的关系。

　　不难看出，从"天"，到"树"，到"土"，到"鬼"，都有一个共同的文化因素，这就是"天地之大德曰生"。如果我们从现今人们对生死的看法去反观古人的生死观，就不难理解摆手舞的文化意蕴了。

　　"天地之大德曰生"的表现，我们还可再以"春"的含义来理解春生的真谛——

---

　　[1]　鄂西土家族苗族自治州民族事务委员会等编：《鄂西民间故事集·祖先》，北京：中国民间文艺出版社 1989 年版。

以人为中心的季节认知（季节的民俗）。对此，汉代班固所撰的《白虎通》中写道："嫁娶必以春者，春，天地交通，万物始生，阴阳交接之时也。"这段记载反映了传统婚俗的一个关键词，即"春"字。段玉裁《说文解字注》解释说："'暜（古春字），推也。'《尚书大传》曰：'暜，出也，万物之出也。从日艸屯。'日艸屯者，得时艸生也，屯字象艸之初生。""暜，推也"的意思是说：暜，就是有一股无形的、巨大的力量在推动着。请看，我们中国的一个文字，蕴涵着多么深刻的道理！这"春"本身，就是新生命之神力的象征：人，顺天地四时之大势，顺应这"春"的生发之良机，乘自身生命之萌动，赞天地之化育，实现人类自身生命之繁衍。

我们再举一个关于生殖崇拜的例子以说明"天地之大德曰生"："生"的信念同样体现在生殖崇拜上——以"我"为中心的"五服"、"九服"，以"仁"为尺度的人际关系书写、二人关系……尽管表现形式有所区别，但在总体都与"生"有关系。要求为自己、家庭、社会承担"生"的责任。生命第一——在正常状态下，生殖崇拜的价值取向即如此。生殖崇拜可以说是中国民间传统造型艺术中的一个永恒的主题。中国民众从远古时代就意识到了"阴阳"相合万物生的道理。因此，在民间美术中，阴阳组合作为生命繁殖的基本源头的图形随处可见，俯拾皆是。一般来说，鱼、鸟、蝴蝶、鸡、蛇、狮子、猴多指示阳性，而蛙、莲、兔、桃、花、石榴、葫芦、瓜、绣球多指示阴性。民间图形往往是把指示阴性和指示阳性的象征物进行两两组合，如"鱼穿（钻）莲"、"鸟站莲"、"蝴蝶生子"、"榴开百子"、"瓜瓞（蝶）连绵"、"猴吃桃"、"蝴蝶采石榴"、"蝴蝶扑金瓜"、"狮子滚绣球"、"梅花小鸟"等等，通过这种些组合暗示创造生命的基本道理。

再例如关于信仰的真谛——以人为中心的信仰（信仰的民俗），实际上也显示出"天地之大德曰生"的文化信念。关于中国的儒、佛、道三教，学界的共识是：中国民间信仰三教合流，也是一种强烈的生命意向。儒教主要关心的是生命存在的道德意义和价值，讲求仁、义、理、智、信，但不能解答客观世界的苦难和幸福的根源及依据，不能透彻阐明作恶和行善的必然结果。道教正视了社会消极的一面，但亦未能做出合理解释，只是引导人们注重生命存在本身的意义，探索完善和延长个体生活的方法。儒教和道教，一个重视社会，一个重视个体，但着眼点都是现世。佛教主张生存就是痛苦，而今生的苦难又是前世造孽所致，善有善报，恶有恶报。因此，为了来世不再遭受任何苦难，今世我们就必须广行善事，广结善缘，灭各种欲望。

佛教发扬了重视生命未来意义的方面，通过因果报应和轮回等观念，一方面解释了生活中消极性一面，另一方面指出了争取一个美好的来世的途径，适足成为对儒、道二教的补充。

（三）生命在民俗中延伸

人的生命是在习俗中得到延展的。对此，《荀子·儒效》曾说："习俗移志，安久移质。"后人的解释即强调说："习以为俗，则移其志；安之既久，则移本质。"可见"习俗"或"习惯风俗"对人的生命的影响有多大。故《汉书·贾谊传》在上书陈说政事时即专此而论："择其所乐，必先有习，乃得为之。孔子曰：'少成若天性，习贯（惯）如自然。'"所以，《说文解字》将"俗"直接地解释为"习也"，即所谓"习而行之谓之俗"，说明长期的习惯必然会形成一定的性格，这也就是俗语所说的"习惯成自然"。

当我们说生命是在习俗中得到延展的时候，从根本上是从人是一种文化存在而言的，即强调人们总是处于一定的文化环境中，其中特别是处于民族文化与民俗文化环境中，从而形成各个个体在总体上构成的族群特征，此即是说，"个人生活史的主轴是对社会所遗留下来的传统模式和准则的顺应。每一个人，从他诞生的那刻起，他所面临的那些风俗便塑造了他的经验和行为。到了孩子能说话的时候，他已成了他所从属的那种文化的小小造物了。待等孩子长大成人，能参与各种活动时，该社会的习惯就成了他的习惯，该社会的信仰就成了他的信仰，该社会的禁忌就成了他的禁忌"[1]。这种情况使单个的个人成为文化化的个体，从而使"个体便习成了种种行为特性，这些特性使他在一些方面同某些人相类似，而有别于其他人"[2]。这种情形使人不仅具有了区域性，而且具有了历史性、民族性……比如，在西方，特别是在西欧，人们的自我认识、自我体验总是围绕我本身即个人本位进行，因而强调每个人的相对独立性及自我意识的个体性，从而肯定个人的自我价值。相比较而言，印度人形成的则是一种通过神性证悟以达到"无我"的自我认识与自我体验模式，从而确认了个人在自然生命层面不仅是世俗的，而且是暂时的和相对的，因而

---

[1]　[美]鲁思·本尼迪克特著，王炜等译：《文化模式》，杭州：浙江人民出版社1987年版，第2页。

[2]　[美]J. R. 坎托著，王亚南等译：《文化心理学》，昆明：云南人民出版社1991年版，第249页。

没有什么生命的长度问题，私念、财产等"小我"都不具备终极状态。然而，在中国，根据儒家文化建构起来的重"大我"而轻"小我"、重整体而轻局部的自我认识和自我体验方式，总是把个人放在与他人的"二人"（诸如家族、等级）关系的不可分割的系统中，从而使个人的价值得到体现并实现。而且问题也正在于，中国儒家文化培育的这种文化模式在中国各民族的民俗中都有明确的体现。

民俗在生命中延伸，特别表现为民俗反映着人们"安身"与"安心"的生命真实。民俗的总体精神是"安身"或"安心"的统一。民俗的一个直接目的，就是为了我们安身立命，为了我们生存下去，这一点非常明显。我们的生产民俗是这样，我们的生活民俗也是这样。但是同样重要的是我们还要安心，要做到问心无愧。比如说，好多老百姓他明显知道，我去求那个神，不一定到位，但是我求了，我心里做了，我问心无愧。我们曾听说过一个恩施传说，叫《干鱼庙》：一个赶考的考生，走到一个山路上，看见老百姓安了一个套山鸡的套，并套上了山鸡。然而这个考生把山鸡放了，他感觉到的是民俗文化强调的珍惜生命。但是，他马上又回过头来一想，老百姓套了山鸡，说明老百姓有生活需要啊，我把它们放了，老百姓吃什么？于是这个考生又把自己身上带的干粮——干鱼，扔了几条在那个套上。当我们的老百姓来了一看，本来是套山鸡、套野鸡等一类的，现在却套了几条干鱼，就说这肯定是有神在帮助，然后就集资修了一座庙——干鱼庙。后来这个考生衣锦还乡路过这里，一看就知道原因了，写下了《干鱼庙》诗在墙上："去时锦鸡套，来时干鱼庙。哪有仙和神，只是人作造。"（这个故事的异文，我们将在后面第三章说明）这反映出人们对信仰的不同态度。我们从这里面即可以看到当时人们的一种"安身"和"安心"的诉求。这种诉求是一种生理上的、心灵上的、精神上的集群，即"安身"和"安心"的统一。

那么，人的生命是如何在具体的民俗中延伸的呢？我们已在前面提到，民俗有多种多样的特征，学界从不同的角度有不同的认知，如果从人的生命层面来论说民俗的特征，则可以强调——民俗是人的文化生命形式之一，民俗是有生命的文化形式之一。

一方面，生命在民俗中延伸。比如我们说人生如竹，是说从人的孕育、诞生、成年、结婚直到死亡，各个环节都有自己的民俗，一生都生活在民俗礼仪中，即使如《论语·为政》之所谓"吾十有五而志于学，三十而立，四十而不惑，五十而知天命，六十而耳顺，七十而从心所欲，不逾矩"亦如此；我们说生产如河，是说农耕、射猎、畜牧、运输、制造、商贸……也都有自己的民俗，比如象耕，河南省的简称"豫"，即人手牵大象从事劳动，"为"的古体也同。唐代樊绰在《云南志》中说："象，开南以南多有之，或捉得，人家多养之，以代耕田也。"[1] 对于象耕，学者们尚有不同的理解，但是唐以后傣族先民已用牛耕，并有金属犁，这则是多数学者的共识。但即使如此，也反映了生产民俗的历史积淀；而且我们还应看到，在延续我们生命的民俗中有繁杂的细节规定，甚至具有"细节决定成败"的民俗认知。我们说生活如歌，是说饮食、服饰、居住、交通，信仰、禁忌、游艺、语言，家族、村落、职业、节庆，我们都时时处处生产生活在风俗中。因此，民俗是人的文化生命形式之一。比如《中国·恩施民俗》的整体建构，基本上为我们介绍了恩施人的生命在民俗中延伸，展示出土家人对规则的坚守与生命的豁达。

另一方面，民俗的文化生命离不开我们的生产生活，是生产生活赋予了民俗以文化的活性。我们说民俗是有生命的文化形式之一，根据在于民俗一与人们的生产生活相脱离，就会失去活性，就会消失。比如象棋，据《看天下》所载近藤大介之文，象棋中即有中日民俗文化的差异，从而反映出各民族思维方式的差异：①将帅的活动范围不同。在中国象棋中，作为核心的"将"和"帅"的移动范围很小。这与中国古代战争的情况极为相似——皇帝或王高居皇城之内，军队在城外作战。而在日本象棋中，"王将"可以在棋盘上任意驰骋。这应该源自古代日本战争中将领带领士卒拼杀的真实场面。②各角色的移动规则不同。中国象棋中的"马"可以"日"字形移动，"车"和"炮"移动范围很大，而且各有两个，所以很容易完成"将军"。而从"将"或"帅"的角度看，由于不知道杀机什么时候、从什么地方突然袭来。所以不能有一丝一毫的大意，这种状态与作为大陆国家的中国应该有几分相似之处。而在日本象棋中，担任布局主角任务的是"步兵"（相当于中国象棋中的"兵"或"卒"）——在"步兵"一步一步缓慢移动过程中，"王将"巩固着己方的阵地。而双方真正发生交火平均是在第 30 手左右的时候。这与四面环海的很稳定、岛国的国民性称得上是十分吻合的。③对待战败者的态度不同。日本象棋最大的改良当属"打

---

[1]　见《云南志校释》，北京：中国社会科学出版社 1985 年版，第 283 页。又：有的学者认为。所谓"象耕"乃是讹传，非有其事；而多数学者则认为确有其事，只是"象耕"非用象犁苗，而是用象蹈田而已。

入"——吃掉对方的棋子之后，可以花一手将这枚棋子放回棋盘成为己方棋子。这种改良的原因主要有以下三点：其一，在日本实际的战争中，对战俘编入己方队伍重新投入战场的做法十分普遍。其二，日本自古以来就有死者可以复活"能乐"的观念。其三，日本原本是一个贫困的岛国，所以节俭的意识校强。④棋子的形状不同。中国象棋的棋子呈圆形，让人联想到饭桌。而日本象棋的棋子是方形（准确地说是 5 边形）；中国象棋最令人吃惊的是，棋子上刻的字可以不必方向一致地对准棋手。如果在日本出现这种情况，对方会气愤地拒绝下棋。根据前文可以看出，中国象棋和日本象棋的差别非常明显，中国的象棋里面的将或帅双方，它的活动范围是非常有限的。为什么，它就是老大，坐镇指挥，但是日本不一样，日本的象棋恰好是将或帅的活动范围空间非常广大；中国地大物博，将帅生活的地方四面八方都可能随时面对着危险，所以它必须有像车啊、炮啊这些随时可以来护卫他们的，要将对方也容易、要保护己方也容易的，有利于长途奔驰的那种机动作战能力，而日本的象棋却不是这样；中国象棋的棋子是圆的，日本象棋的棋子是方的——这种思维方式恰好也是中国的大陆性和日本的海岛式的地理位置在象棋中的反应。换句话说，各自的生产生活成就了各自的风俗文化。

再一方面，民俗通过教育民众获得生命内涵。别林斯基曾说："任何一个民族都有两种哲学：一种是学术性的，书本上的，庄严而堂皇的；另一种是日常的、家常的、平常的。这两种哲学往往或多或少地相互关联着，谁要描绘社会，那就要熟悉这两种哲学，而研究后者尤为重要。"[1] 高尔基也说："人民不仅是创造一切物质价值的力量，人民也是精神价值的唯一的永不枯竭的源泉。无论是就时间、就美或创造天才来说，他们总是第一个哲学家和诗人。"[2] 因为民俗文化是有境界的。这种境界既有思想境界，又有情感、意志的境界。比如说我们现在好多地方都在修家谱，修家谱作为一个文化形式，本身就是一种民俗形式，一种维护民族团结的形式，维护家族团结的形式。但是，哪些人能上家谱，这是非常讲究的，比如有些地方，每一年正月初七，人日开会，讨论家谱的事，如果那些犯过错误的人（特别是犯了罪的人），是入不了家谱的，这本身就成为一种约束。通过在对民众的教育中，民俗

---

[1] 引自谢盖尔叶夫斯基《普希金的童话诗》，新文艺出版社 1954 年版，第 5 页。

[2] [俄] 高尔基：《个性的毁灭》，《论文学续集》，人民文学出版社 1979 年版，第 54 页。

本身也获得了一种生命内涵。比如，在中国婚俗中的"六礼"即是以"白头偕老"为主旨的生命诉求。汉族的婚俗主要有纳采、问名、纳吉、纳征、请期、亲迎六项内容，称为"六礼"。总之，民俗是人的文化生命形式之一。

（四）由民俗规定的思维方式

人们习惯于从精英与经典中去研究各民族的思维方式，虽然不能说有什么错误，但至少是不完全的。有一个《论大象》的故事，足以说明一个民族的思维方式还深深地"潜伏在这个民族文化整体系统的深层结构之中，以极强的渗透力与辐射功能影响着文化整体系统的各个层面，决定着民俗文化整体系统的结构面貌与运动趋向。当一个民族的传统文化受到该民族社会形态巨大变革的冲击或遭遇到外来文化的碰撞时，其思维方式都毫无例外地会受到程度不同的震动，引起或轻或重或缓或速的形态变更。因此，任何民族的思维方式都存在着遗传与变异的双重挑战"[1]。其中的民俗文化即是其深层结构之基础。

作为体现民俗文化主体的有意识有目的的生命活动，民众的思维方式是其关键、骨干。作为人们思考问题的根本方法，在世界各民族文化中形成了不同的类型，一般分为线性思维方式与非线性思维方式两大类型，其中形式逻辑是线性思维方式，对称逻辑属于非线性思维方式。相比而言，中国民俗文化的思维方式与整个中华民族的思维方式是一样的，在总体上属于非线性的对称逻辑的思维方式，最典型的首先是世界观以"对称"为原则，古代的中国人一向有"天朝上国"的自信，自称"中华"、"中国"即是以华夏文明为中心对称而散及四方，即所谓"是以声名，洋溢乎中国，施及蛮貊"，形成"中国者，天下之中也"的世界观，因而在与那些蛮夷交往中，总会有一种不在乎的自大感。生产生活中的对称则在中国古代文学与民俗中无处不在，建筑中除北京故宫那种高度对称、凝重而富丽的建筑风格之外，其他城市建设、民居建筑的"四合院"、"六合院"等即为典型。在节日中，二月二的龙抬头节、三月初三的上巳节、五月初五的端阳节、七月初七的七夕节、九月初九的重阳节等等这些以对称为标识的成双成对为吉日习惯，即有明显的对称性。

作为人们看待事物的角度、方式和方法，思维方式对人们的言语行动具有决定

---

[1] 仲富兰：《中国民俗文化学导论》（修订本），上海：上海辞书出版社 2007 年版，第 133 页。

性作用。不同国籍、文化背景的人看待事物的角度、方式不同，便是思维方式的不同。那则广泛的《论大象》故事有两种说法，都说明思维方式的潜在现实的作用。一则故事说，以大象为论题命人作文，德国人写的是《论大象的思维》，法国人写的是《论大象的情爱》，俄国人写的是《论俄罗斯的大象 —— 世界上最伟大的大象》，中国人的题目是《论大象的伦理》，英国人的题目是《论大象的解剖》，波兰人的题目是《论大象与国家主权》，意大利人的题目则是吟咏《象啊！象》……另一则《救火》的故事则说，一幢各族杂居的大楼失火，犹太人首先背出钱袋，法国人立即抢救情人，中国人则奋不顾身地寻觅老母，德国人抢出哲学书，英国人搬出实验仪器……这两则故事都还可以无限延伸，从而反映了德意志民族的重哲理思辨，法兰西民族的重视情爱，犹太民族的注重金钱，俄国人的大俄罗斯民族的自豪感，中国人的注重伦理和积极务实的生活态度……这就是思维方式的深刻作用。

所以，从民俗文化的角度说，那些在社会发展过程中长久、稳定、普遍地起作用的思维习惯、思维方法、认识路径、审美取向、处事态度与处事风格等即是民俗的传统思维方式。尽管在认识上可以将其进行高低不同层次的划分，但却都是民族文化的基因要素。正如人们已经看到的那样：中国民俗文化系统与整个中华文化的整体系统一样都带有直观直觉的朴素的整体观念；中国历史以来家国同构的农业一宗法社会，不仅未能给实证科学和数学语言等线性思维方式提供生长发育的必要土壤，而且形成了"伦理型"的中国民俗文化，其思维方式即于对立面中求统一、分析中求综合、分散（分裂）中求集中（大一统）……从而形成了以"和合"为根本取向的思想方式。实践上的内圣外王，政权、族权、文权、神权一体，形成大一统思维方式；认识上的天与人、理与气、心与物、体与用、文与质等诸要素相互和合，形成"天人合一"、"知行合一"、"情景合一"的大合一思维方式，并且直接贯通到民俗文化中，"道未始有天人之别，但在天则为天道，在人则为人道"，"广大高明不离于日用"，"君子之学也，入乎耳，着乎心，布乎四体，形乎动静，端而言，蠕而动，一可以为法则……君子之学也，以美其身"[1]。这样的思维方式，与日常生产生活中的道德塑造，成了中国民俗文化的主题。因此，"在一般民众中，和谐与统一也是根深蒂固之愿望。不论是自我修养还是涉及世事，和谐二字乃是他

---

[1] 荀子：《荀子·劝学》，上海：上海古籍出版社 1986 年版，第 288 页。

们一切思维之关键。在美德施行上，他们重视肉体与灵魂的和谐，所谓'静以养身，俭以养德'，就是这种人生哲学的体现。在家庭里，他们重视夫妻兄弟之和谐。在村庄里，在邻里之间，也重视一种和谐之精神。举一个最为明显的例子，就中国的语言来说，尽管中国有许许多多大小不同的方言，却只有一种统一的文字，两千多年以来，仅有细微的衍变。一直到最近，中国人都继承了一种共同的文化遗产。这个特点显然与中国民俗文化中的主体——广大民众朴素的直观思维方式有着密切的联系"[1]。

显然，"和合"思维方式是中华民族的思维方式之一，同时也是中华民俗的思维方式之一，例如从食俗看中国文化的诉求即是"和谐"，这就是区别于分食制的会餐制。不过应强调的是，民俗文化始终是一种基础的文化，它可以表现为物质载体如建筑、民居、生产工具、生活用品，也可以表现语言、文字等思想外化的物质符号，还可表现为性格、习惯、民族心理、思维方式、价值观念等抽象形式，还能表现为各种知识信息的积累、贮存，但无论何种表现，它都是作为一种生活模式、行为方式、生产生活态度及至文化认同、地域认同、民族认同、国家认同而存在的。自然也应看到，民俗文化本身具有动态性、历史性、广泛性等，需要对各民族民俗所体现的思维方式加以认真研究。

二、生产生活与民俗文化活性

这里即讲民俗是有生命的文化形式之一。在讲到民俗的特征时，人们通常都会讲民俗的稳定性与传承性、扩布性与变异性等特征，可是问题在于：民俗一与人们的生产生活相脱离，就会失去活性，就会消失。因此，民俗的根本特性应是其民众生产生活的实践性现实性，甚至是直接的现实性。因此，韩国推行"人类活的珍宝制度"以原态传承民俗文化遗产。我觉得中国应借鉴韩国的立法模式和"人类活的珍宝制度"构建自己民俗文化遗产传承人的保护制度。[2]

---

[1] 仲富兰：《中国民俗文化学导论》（修订本），上海：上海辞书出版社 2007 年版，第 134 页。

[2] 李晓秋、齐爱民：《商业开发和非物质文化遗产的"异化"与"反异化"——以韩国"人类活的珍宝制度"设计为视角》，《电子知识产权》2007 年第 7 期。

（一）民俗文化有着生命活性

事实上，正是由于民众生产生活实践的丰富性形成了民俗文化的多样性、多元性，并因各自的精神需求而形成了异常深刻的文化内涵；五彩纷呈的社会生活、千姿百态的人间事象、多元一体的民族关系、地域风情特色鲜明而又复杂多样的生产生活方式，直接形成了民俗文化内容的极大广泛性：物质形态的民俗文化和精神形态的民俗文化、历史形态的民俗文化和现实形态的民俗文化、生产方式的民俗文化和生活方式的民俗文化……只要你拿出一个分类标准，你就会有自己的多样性判断。也正是因为民俗文化这种内容的丰富性与内涵的深刻性，使民俗文化成为历史学、科技史学、政治经济学、民间文学、考古学、语言学、历史学、社会学、宗教学、民族学、心理学……的必要素材，神话、传说、故事、笑话、谣谚等在人民群众中流传的口头文学作品，居住、饮食、服饰、物质产品、生产工具、生活用具等人民群众实践创造并使用流传的物态符号，在对自然环境与社会环境、生产环境与生活环境、大环境与小环境及至国际环境与国内环境等的领悟创造过程中形成的精神素质、艺术创造、技艺技术等，都无不是根源于民众生产生活实践的直接的文化生命体，从而构成了民俗文化的生命活性，承载着民俗文化主体的文化生命本真。因为民俗文化体现着民俗文化主体创造历史的社会关系和联系，形成了包含各类科学知识、生产技术、生活经验的现实生产力及各领域的社会关系，其中特别是经济领域的生产关系，因此，只有用生命的全部丰富性才能理解民俗文化的总体内涵，只有承认民俗文化本身的生命活性才能理解民俗文化主体的生命程式，从而也才能理解民俗文化的价值。

事实上，也只有承认民俗文化的生命活性，才能把民俗看成是一种生生不息的变化发展着的动态文化现象，摒弃那种把民俗认定为静止而僵滞的"古老文化遗留物"的错误观点——英国学者夏洛特·班尼女士在《民俗学概论》中所言："民俗包括民众心理方面的事物，与工艺上的技术无关。例如民俗学家所注意的不是犁的形状，而是用犁耕田的仪式；不是渔具的制造，而是渔夫捞鱼时所遵守的禁忌，不是桥梁屋宇的建筑术，而是建筑时所行的祭献等事。"——而是强调："班尼女士的那种范围比较狭隘的观点，在我们过去学界中占着相当位置。一提到民俗学的对象，大家就只想到传统、故事、歌谣、婚丧仪礼、年节风俗及宗教迷信等。其实，这种看待民俗学的范围以及它所包括的项目的见解是比较陈旧的……今日世界关于民俗学的范围和内容项目的看法差不多已发展到包括整个社会生活的各个方面了。"[1] 于是，钟敬文强调中国民俗学的研究"不能固守英国民俗学早期的旧框框"，要研究"现代社会中的活世态"，"拿一般民众的'生活相'作为直接研究的资料"[2] 和对象。他在《话说民间文化》的"自序"中动情地说："我曾经为一个教育刊物编辑了'民间风俗文化'专号，计划进行一系列的民间文化丛书。我甚至拟用这个名词去代替'民俗'一词，而把民俗学称为'民间文化学'。现在考虑起来，当时那想法是合适的。几十年来，世界学界民俗学的范围在不断扩大，以至于将使它包括民间文化全部事象在内了。"[3]"民俗学作为一种科学，它是'现在'的学问，而不是'历史的'学问。这两者的不同，正像'生物学'与'古生物学'的不同一样。民俗学的记述和研究，是以国家民族社会生活中活生生的现象为对象的。"[4]

我们这里以巴蔓子的传说故事为例来说明。在以重庆为中心的巴渝大地从古至今即流传着巴国大将军巴蔓子的可歌可泣的英雄故事：巴国随着统治区域的扩大及利益的丰富性，不仅统治集团内部矛盾重生，而且统治者与被统治者的矛盾也日益尖锐，终于爆发了声势浩大的巴国内乱。巴国大将军巴蔓子为了平息叛乱而向东边的楚国求援，楚国的条件是割让三座城市给楚国，楚军才入巴平乱，巴蔓子还以自己的头颅做担保。在楚军的帮助下，巴国的内乱很快就平息了。于是楚国派使臣来索取三城。巴蔓子说："楚国帮助我们平息内乱，使国家免受大的灾难，我们感谢楚王。但是土地是国家的根本，一座城池也不能让给他人，你就把我的头颅拿去献给楚王，作为酬谢吧！"说罢，拔剑自刎，以头授楚。楚使捧着巴蔓子的头颅回报楚王，楚王深受感动，叹息不已，他说："我若能得到巴蔓子这样的忠臣就好了！三座城池怎么能与巴将军相比呢！"于是以"上卿"这样最高的礼仪安葬了巴蔓子的头。

这个故事的生命活性，正是通过巴蔓子的精神生命传承于巴人后裔特别是土家

---

[1]　钟敬文：《民俗学入门·序》，载《话说民间文化》，北京：人民日报出版社 1990 年版，第 6 页。
[2]　钟敬文：《民俗学入门·序》，载《话说民间文化》，北京：人民日报出版社 1990 年版，第 9 页。
[3]　钟敬文：《话说民间文化·自序》，北京：人民日报出版社 1990 年版，第 2—3 页。
[4]　钟敬文：《民俗学入门·序》，载《话说民间文化》，北京：人民日报出版社 1990 年版，第 8 页。

族人民心中的。比如，巴蔓子身首异处，但葬地却有多说，说明了民俗传承的差异性：明代《明一统志》说"楚葬其头于荆山之阳（今湖北省宜都县境），巴葬其身于清江县西北都亭（今湖北省利川市境内）"。而《方舆胜览》则肯定说："施州有巴蔓子庙（今湖北省恩施州，古施州或设今宣恩县）。"曹学佺《蜀中名胜记》又说："忠州（今重庆忠县）治西北一里有蔓子冢。"且《忠州志》记载："巴王庙在忠州一里，神即蔓子将军也。"另外，重庆市区有巴蔓子墓即"将军坟"，其地在今渝中区七星岗民生路旁高28层的渝海大厦底楼下。在重庆建市以后，为修建马路而拆除城墙，且将巴蔓子墓的一段低谷填高，使巴蔓子墓被置于马路的保坎之下了。中华人民共和国成立以后，随着公路改造升级和渝海大厦的修建，巴蔓子墓已被永远地压在了下面。

不过，由一个英雄变而为神，却是基于民众信仰而成为民俗的。忠县之名得名于巴蔓子忠于巴国；且因巴蔓子刎颈之日是三月三日，故忠县百姓于每年的这一天都要"扎礼集乐"抬着巴将军夫妇的偶像绕城一周，以示纪念。位于重庆的巴蔓子墓也仍然存在：在一石卷拱洞内，外有铁栅栏围护，洞顶上有人车通行。墓呈六边形状，全部石封。墓门正中立石碑一块，高约 1.5 米，宽约 1 米。墓碑正中篆书"东周巴将军蔓子之墓"九个大字，又上款隶书"中华民国十二年二月吉旦"，左下款隶书"荣县但懋辛题"。但懋辛（1886—1965 年）在辛亥革命时，任熊克武部师长，后任川军第二军军长，中华人民共和国成立后，曾任西南军政委员会司法部部长。说明现在看到的巴蔓子墓在中华民国十一年（1922 年）进行了较大的维修，其时墓园规模很大且四周有围墙，里面还刻着许多诗文对联，笔者即是从一本对联书上所录的乡贤赵朗云所撰对联去寻访巴蔓子墓的：

> 霸业久销沉，楚子何曾留寸土；
> 荒坟犹耸峙，将军依旧镇三巴。

民俗文化中的东西，并不一定需要"真"，而只是坚持"人道是"的原则，故近来有专家考证说重庆的巴蔓子墓中并无其真身，但民众却以此纪念着巴蔓子。同时传承着巴人质直好义、能歌善舞的传统。

同类的例子还可举出造船抢或偷龙头之风俗，从而体现出民俗与生产生活的关系。这里要问的是：你敢不敢、愿不愿、会不会、做不做？因为这反映了你与民俗文化的关系。

（二）民俗为着"安身"与"安心"

中国民俗文化的总体精神是为中国人的"安身"与"安心"而设。当自己把"身"安放在一个特定时空的同时，也会同时把自己的"心"（思想、情感、意志等）寄托在那里，小则"独善其身"，中则"齐其家"、达其邻，大则"兼善天下"。

在中国文化中，虽然"心态"一词是近代才被广泛使用的，但中国人"用心"却有比于西方"用脑"更为久远的传统。孟子的"四端"之心伴随着人类的"良知"，陆九渊、王阳明之"发明本心"之学被称为"心学"，目的都在于确立真正的人性，并以此知事理、识美丑、辨善恶。西方虽然"无所用心"，但却善用人脑，柏拉图、亚里士多德师徒的"回忆说"、"白板说"虽然是"脑"的问题，但也有其"用心"；此后的宗教改革、文艺复兴、启蒙运动、德国哲学，及至美国的独立精神，伴随着路德、加尔文、格劳秀斯……培根、康德、谢林、费希特、黑格尔……海德格尔、库恩和皮亚杰的思想，也都有其"用心"，其间形成的"人文科学"、"精神科学"、"符号哲学"等概念及思想，更是直接地有所"用心"。相比而言，马克思主义的能动性、主体性、实践性等思想阐释，更是"用心良苦"。

相比而言，民俗文化的直接现实性是谋"安身"，并同时"安心"。所谓"安身"，是说明民俗文化的前提性功能为了满足自身生产生活的需要，并在坚持取用实用价值方面与人的生命原则和生命价值相联系，建房是为直接的安身，饮食是为了存身，服饰是为了护身，安全是为了全身、医俗是为了健身……一切民俗都有此类"安身"的功能，问题在于人们去把握。"安身"的目的自然是应"天长地久"，故《老子》第七章说："天长地久。天地所以能长且久者，以其不自生，故能长生。是以圣人后其身而身先；外其身而身存。非以其无私邪？故能成其私。"《老子》第八章说："上善若水。水善利万物而不争，处众人之所恶，故几于道。居善地，心善渊，与善仁，言善信，政善治，事善能，动善时。夫唯不争，故无尤。"但是，除了"安身"而外，亦复有"安心"，信仰与仪式是为了"放心"，歌谣是为了"养心"，歌舞是为了"娱心"，行善去恶是为了"良心"，尊老是为了"孝心"，护幼是为了"爱心"……一切都在安置和维护着那颗"沉思的心"。在中国文化系统中，"心"是一种能思、能知、能感、能应的存在，人的一切情感和意志、思维和智慧都可归之于心的活动，"故心的自觉与认识往往是以抒发和描述心的功能为起点。可能再进而阐述心在认知真理，践履人的潜能的重要性，最后可能更进而以心为本体的表露，或以对心的修持为揭示和体现最高的真实之道。就心能实现人的潜能而言，心乃与性相提并论成为'尽心知性论'的主题；就心能认知真理之能力而言，心乃与道并举，成为'心知道论'的张本。先秦哲学对心的理论可分别为此二者，各以孟子与荀子为代表"[1]。相比而言，中国民俗文化中的"心"，虽然有着文化上的共性，却更多的在于"人心"的力量，通过自己的"心意"与对象"交心"，从而在"心连着心"后集合成一个更大的"心力"去创造美好的生产生活。中国革命的胜利，如果说有一个最大的法宝值得思考的话，那就是用农民最爱的土地以安农民之"身"（土地改革），从而换取农民支持革命之"心"。因为"中国人的'身'是必须由'心'去照顾的。能照顾人'身'者，就可以'得人心'。因此，在中国人的文化行为里，屈服人的最佳办法就是'攻心为上'，而其捷径则为'身'。换而言之，中国人的'良知'是可以用'人情'去颠覆的东西。孟子说'仁者无敌'，的确是摸到了'心的文化'之基本逻辑"[2]。

"安身"与"安心"的统一，最直接而统一地体现在民俗工艺文化的整体价值观中。其中"安身"以实用原则与人的生命价值和生命原则直接相联系，"安心"则与审美、情感、意志等文化生命之真善美诉求原则相联系，共同构成了人的自然生命与文化生命整体。对此，有学者总结说：民俗工艺和民间美术一样，是忠实于这一基本原则的。劳动者把生命维系过程与造物直接沟通，并作为联系生产生活的主要方式。它的生产从而遍及生活的每一个角落，从日常生活用品、劳动工具，到养生送终、四时八节的节令风物应有尽有。如衣饰器用方面，中国 50 多个不同民族的服装、服饰，不同个性的挑花、绣花、补花；不同风格的蓝印花布、彩印花布、蜡染、织锦；各种童帽童鞋、绣花小帽；少数民族的银首饰。日用品方面，如各地的陶瓷器、青花鱼盘、砂器、粗瓷碗、陶壶；木制竹制家具，各种材料的编织物，筐、篮、篓、笠、席、垫等。作为节令风物的，从正月初一到当年除夕，年画、春联、斗方、门笺；泥塑、泥玩；各种灯彩，彩粽艾人，五色丝缕；瑞饼果模，重阳旗；民间灶王纸马。用于抒情纪念表达心意的绣球、刺绣荷包、香包；绣花鞋垫、少数民族的织花背带等等；

---

[1] 成中英：《论中西哲学精神》，上海：东方出版中心 1991 年版，第 162 页。

[2] 孙隆基：《中国文化的深层结构》，南宁：广西师范大学出版社 2011 年版，第 29 页。

为儿童制作的各类玩具，布鸡布象布老虎布娃娃，各类泥木玩具，面塑、陶塑、纸玩具、编织玩具，各类哨子；为人生礼仪的，喜字剪纸花、喜联、喜饰、喜帖，各种诞生、婚嫁用品，送终用具；还有各类文体用品，如戏剧假面、木偶、皮影、龙船、风筝；各种环境点缀品，木版年画、灶头画、农民回、窗花；各种劳动工具，木工具、铁工具、扁担、舟船装饰、铃铛造型等等，举不胜举，丰富多彩，它们是生活的使者，是人们表达传达感情的媒介。在某种意义上说，它们又是民俗文化的种种象征物。也正是在这里，该作者接着强调说：历史告诉我们，美在民间。如果说宫廷工艺追求的是一种华贵雍容之美，文人士大夫工艺表现的是闲适淡雅之美，那么民俗工艺和民间造物便是一种自然流露的纯真质朴之美。古人说："礼为情貌者也，文为质饰者也……物不足以饰之。夫物主待饰而后行者，其质不美也。"[1] 事物的本质是美的，它自然不需修"饰"。为人们称道的民俗工艺的美正是这样一种无须修饰，无须借助材料的高贵增益的本质美，一种自然展示给人的纯洁之美，质朴之美。[2] 在此，我们可以选录一个农民的口述来说明：

> 庄稼人只知道：人勤地不懒，精耕细作，用心对待那"地"；及时施肥除草，地就好像有灵性一样，你对它好，它就对你有回报，就能让庄稼长得好。雨水，是人没法办的，但只要诚心诚意地祈求老天和龙王，就是雨水不足，也尽了心了，问心无愧，心气也就平和。人过日子，过的就是个心气嘛。那撒灰画仓、画囤、撒"青龙"不见得真是求龙王，那实在就是过日子的一股子心气……
>
> 这人哪，活就活的个"心气"，心气高，诚心待人待物，就是歉收，也问心无愧，没什么可抱怨可后悔的。心气不高，不但干活特别显累，看什么，干什么都不顺心，就是收成了，也打不起精神，没心气，吃饭都不香。[3]

为了进行形象说明，我们这里不妨以中国鱼文化为例加以说明。鱼文化在整个中国文化传统中不仅历史悠久、源远流长，而且已经数千年积淀为民众日常生产生活的内外表征。一方面，作为图腾崇拜对象，如仰韶文化中的人面鱼纹等，已说明

---

[1] 韩非子：《韩非子·解老》，上海：上海古籍出版社 1986 年版，第 1136—1137 页。

[2] 仲富兰：《中国民俗文化学导论》（修订本），上海：上海辞书出版社 2007 年版，第 362 页。

[3] http://blog.sina.com.cn/s/blog_5eea052b0100i2u1.html。

在氏族社会时期，鱼的确被某些部落认做图腾崇拜物。另一方面，在汉语系统中，不仅鱼在音韵上与"余"、"玉"、"裕"、"予"等语音相通而具有了吉祥的文化喻义，连年有"余"、金"玉"满堂、生活宽"裕"、吉庆有"余"、鱼书互问……加上鱼的群集性生活、强大的繁殖力、至死都不闭眼等，都具有特定的文化意义，因而成了特定的器物造型，甚至在祭祀仪式与日常交往中成为不可或缺的祭品和礼物，从而产生了丰富的"鱼戏"节日和"鱼趣"活动——观鱼、唤鱼、钓鱼、养鱼和斗鱼……再一方面，鱼元素还成了构成中国古人神话思维模式的重要一环，如古人认为天上也是一个有水的世界：星空为河，鱼、星同为水中之物，虽然天上地下各不同，但却异质同构类相通。所以，"星精兽体"之鱼与"日精兽体"之太阳、"月精兽体"之蛙具有对应关系，从而使鱼具有巨大的神性，成为古人实现天人合一的工具之一：沟通天上地下、联系生死寿夭，在道教那里，鱼甚至还成为不少仙人的坐骑，于是有"鲤鱼跃龙门"等诸多民俗传说，使它又成为富贵、升迁的工具、象征。

在当代，文化旅游的要素，说到底即是当地民俗文化的分享，你看，旅游活动包括食、住、行、游、购、娱、说七个大的方面，可以说每一个方面几乎都是与民俗文化联系在一起的。

（三）民俗通过教育民众获得生命内涵

民俗文化以"安身"与"安心"相统一为职事，事实上只是一种分析思想。因为在民俗文化中，"万事只在人心"，因而"民俗"就是"民心"，既是民俗文化主体在生产生活中进行社会认识和社会实践的心智状态，直接联系着主观与客观的关系，是主客体关系的现实承载，具有深厚的社会性；又是民俗文化主体在特定主观条件与主体的精神环境状态下的主体意识，是个体从事认识和实践的内在心智状态，具有独特的个体性。这样，整体性与局部性、个体性与群体性、客观性与主观性、实践性与思想性、历史性与现实性……民俗文化就这样构成了一个混沌的文化整体、整全、整合。笔者早在20世纪80年代即曾写下了一组关于民俗文化"心态"的文章，如《论"还坛神"无神——"还坛神"的神人关系问题试说》《神的三界与人的三界——论恩施民间神话中的原始宗教意识》《日常的、家常的、平常的哲学——恩施民间传说中的哲学问题》《研究恩施的民间文学 评析恩施的文学现状和发展》《文艺生产的规律与恩施文学的春天》《试论恩施州的文化变更与社会发展——兼对恩施州民众心态的文化透视》《恩施文化和经济形态的过去与未来》《试论恩施经济发展的文化背景》《恩施民族地名文化简论》《摆手舞的起源及文化内涵初论》《土家族火葬的流变及思想内涵初析》《"还坛神"的社会功能初判》《发扬传统 克服惰力 铸造民族新文化》……其中即特别强调了生产生活实践教育中，民俗文化如何得以传承。

在这里，我们不妨推荐人们关于民俗文化"安身"与"安心"意义的经典论说，其中有恩格斯的"德国民间故事书"论、列宁的"民间哲学"论，以下录几例以明之。

别林斯基论日常的、家常的、平常的哲学，认为哲学在存在形式上可分为两部分，可以分为两类，即：

> 任何一个民族都有两种哲学：一种是学术性的，书本上的，庄严而堂皇的；另一种是日常的、家常的、平常的。这两种哲学往往或多或少地相互关联着，谁要描绘社会，那就要熟悉这两种哲学，而研究后者尤为重要。[1]

高尔基肯定人民的文化创造：

> 人民不仅是创造一切物质价值的力量，人民也是精神价值的唯一的永不枯竭的源泉。无论是就时间、就美或创造天才来说，他们总是第一个哲学家和诗人。[2]

列宁强调应研究劳动人民的口头文化：

> 这是令人惊讶的事情，我们的学者，所有讲师和教授们，就会研究那些哲学小册子，研究那些突然想过哲学瘾的冒牌知识分子写的毫无意义的文章。其实这（指他谈到的无名作者的手抄作品）才是真正的人民创作，可是他们却忽略它，没有人知道它，谁对他也不发生兴趣、也不写文章评述它。不久前我翻阅了一下考鲁包夫斯基的俄国哲学图书目录。那里应有尽有！俄国哲学家的著作的书单子一指厚！洋洋大观！可是富有人民哲学思想的作品书目却一点也没有。要知道，这比起我们许许多多的资产阶级知识分子出生的哲学家所谓的"哲学的"胡说八道要有趣得多。难道马克

---

[1] 引自谢盖尔叶夫斯基《普希金的童话诗》，上海：新文艺出版社 1954 年版，第 5 页。

[2] [俄] 高尔基：《个性的毁灭》，《论文学续集》，北京：人民文学出版社 1979 年版，第 54 页。

思主义哲学家之中竟找不到一个愿意研究这一切和对这一切写出有系统论文的人吗？这件事情必须做。因为许多世纪以来，人民的创作反映了各个时代他们的世界观。[1]

最典型的是申请入谱这一民俗文化在教育人中获得生命。

《申报入家谱》，这一般是一年的正月初七"人日"进行的工作，特别是那些犯过错误的人，要入谱是很难的，这反映出一种价值取向。清代撰修的《冉氏家谱》卷首《家规》中即对此点表现得特别明显，除通篇阐明的儒家价值观以外，还贬斥"僧道"，言"若夫舍正业不务，而为僧道、为优伶、为隶卒，与为贼窝盗者，告于族长祠首，谱削其名，鸣鼓而攻之，可也"[2]。

这里，我们以《母亲的谚语》[3]为例加以说明。

1995年农历9月23日，母亲不幸谢世，万分悲痛。想起母亲的教诲，最直接的莫过于当年春上她要回老家时的一句近于谶语的谚语——"麻雀有窝，老鼠有洞，我要回我那个家"，直到她去世以后，我再回过头来回想她平时所说的谚语及相应的情景，真可以说我就是成长在母亲的谚语中的。

革命导师列宁曾说"谚语是研究我们时代的人民的心理的非常必需的重要材料"，那自然是革命化的语言；而我却要说，父母的谚语，在春天是布谷鸟清脆的催种之声，在夏天是衔泥之燕凝重的警示之声，在秋天是秋蝉冲破寂静夜空的奋进之声，在冬天则是夜鸦啼雪的催春之声，这些声音总是伴随着我成长的每时每刻，成为我最贴心的教材和最神明的音乐。

还在我幼小的年龄，还在那"文化大革命"（其实是"文化大破坏"）的1975年，我的父亲就因"逃亡地主"之冤而病故了，家庭生活的重担从此就全都压在了母亲身上，虽然我与大姐尽力而为，但总难免母亲的超负

---

[1]　[俄]邦奇-布鲁耶维奇著，刘辽逸等译：《列宁论民间口头文学》，《苏联民间文学论集》，北京：作家出版社1958年版，第6页。

[2]　四川省黔江地区民族事务委员会编《川东南少数民族史料辑》，成都：四川民族出版社1995年版，第265页。

[3]　按此文被 http://fanwen.wenku1.com/article/11568265.html（母亲节谚语[范文十篇]fw.wenku1.com）列为范文十篇。

荷劳作。为了我们四姊妹，母亲历经了千辛万苦，常年起早贪黑地忙碌，特别是当时还处于大集体时代，高峰时仅为集体养耕牛即达五头，一年中通过割草等途径为集体积牛粪即达三万余斤……。在家庭劳动中，在"养猪为过年，养鸡为换油盐钱"的时代，猪、鸡等，都是挣钱的途径，采过枸皮、摘过金银花、挖过刺黄连……当时一切能用以换钱的山野菜、中草药，及至各式林木，都在母亲的手上变成现金，用以补贴家用。

尽管是那样的家境，但却从来不忘记子女的学业，"种田要养猪，养子要读书"、"养儿不读书，只当喂个猪"、"田不种荒一季，人不学愚一生"……这些在各种场合运用的关于学习的谚语，经常从她口中传出，于是我们四姊妹都得以读书，大姐是由于"文化大革命"的特殊背景而没有完成学业，而我则由于改革开放而读了大学，甚至也成了文人！

母亲常年劳作，特别是在农忙时节，经常会在大集体收工后再翻山越岭采摘山野货，以便在赶集之时变卖。在这种情况下，特别是到了傍晚，我总会带着两个妹妹倚着她所在方向的房头焦急地盼着她回家，有饥饿的哀声、有恐惧的哭声，同时也有邻居的叹息声……"太阳了落土，娃儿要父母！"每当这种情况下，母亲总是先安慰我们，然后是一些早已听过的谚语："高飞远走，贵在开头"、"工夫要拼，时间要争"、"白天背太阳，晚上背月亮"、"空想一丰年，不值一文钱"……这些谚语即使在今天也仍然鼓励着我的工作！

"亲戚亲戚，走才亲走才戚。"我母亲对走亲戚特别重视，哪怕是那样的困难，她也要坚持走动。但她却从来反对我们接受别人的东西，哪怕是亲戚的东西。她甚至认为这是志气问题，经常用"鸟贵有翼，人贵有志"一类谚语来教导我们："力大养一人，志大养千口"、"心雄志大，百事不怕"……特别是"人贵早立志，树贵早成林"、"人贵有志，竹贵有节"等，更是对我的人生教育起到了领航作用，它使我总想着"宁可人穷，不可志穷"的真理！

母亲的谚语教育真是太丰富了，像她经常挂在嘴边"勤是摇钱树，俭是聚宝盆"、"穷要穷得干净，饿要饿得新鲜"、"人在世上练，刀在石上磨"、"有志不在年少，无志空长百岁"、"有志争气，无志争吃"、"在家不理人，出外没人理"、"长短是个棍，高矮是个一"、"人活一口气，树活一层皮"、"修一千年的道，一瓜锤就打了"、"男班家的路边，女班家的铺边"等等诸多谚语，至今我还滚瓜烂熟，铭刻于心，难以忘却！

老实说，母亲的谚语教育对我影响最大的是人生观教育，"学好千日不足，学坏一日有余"、"理字没多重，万人抬不动"、"朋友千个少，冤家一个多"、"腿跑不过雨，嘴硬不过理"等谚语，提醒我正确社交；"养儿不如我，要家当做什么？养儿比我强，又要家当做什么"、"天底下常无直路可走，山高头不一定常年有雾"等提醒自立自强；"人有两件宝，双手和大脑；双手能做工，大脑会思考"、"三岁牯牛十八汉，不挑八斗挑一担"、"是个汉子，挑起这个担子"等提醒我发挥自己的能力来立身于社会，"腰缠万贯，不如薄技在身"和"一分耕耘，一分收获"提醒我真正本领的重要，"念书不用功，等于白搭工"提醒我认真学习，甚至像"娘家的饭香，婆家的饭长"和"妻贤夫祸少，子孝父心宽"等女教谚语也对我起到了对岳父岳母行孝的教育作用……

而今，母亲已驾鹤西去，再想聆听她那如歌的谚语已成梦幻，但是，其昔日的如诗之教，却会始终如溪水在我心中汩汩流淌，直至所终。

进山不怕虎伤人，下海不怕龙卷身。

盆中难得苍松劲，笼里安能出雄鹰。

笨鸟先飞早进林，功夫迟不负有心。

吃得三年寒暑苦，功到一朝自然成。

这就是母亲的谚语之教。

三、环境与多元文化空间

民俗文化是人与环境的共同产物，认识理解民俗文化必须同多元文化空间相联系。所以，俄罗斯心理学家鲁宾斯坦认为，个人"没有任何一种东西是与外界无关，仅仅从内部单纯地发展起来的；也没有任何一种东西是没有各种内部条件，仅仅从外界就投入发展过程的”[1]。比如生活在严寒地区的人喜尚毛皮，爱穿长袍；居住在热带地区的人们则喜尚薄纱，爱穿短裙。居住在山林地区的人们，喜食鸟兽之肉；居住在江河湖海地区的人们则喜食鱼虾。居住在山林地区的人们多是崇拜山神、树神、禽兽之神；居住在江河湖海地区的人们则多是信奉河神、龙王、妈祖等等，这就是指多元民俗文化空间的问题。

（一）“百里不同风，千里不同俗”的自然地理空间

民俗文化的自然地理空间，指的是民俗文化的地方性特征或者叫地理特征、乡土特征，强调的是民俗文化只有在特定的地域环境中才能形成并得到彰显。比如中国饮食民俗的“南甜、北咸，东辣、西酸”，中国饮食的八大菜系或“帮菜”，即因特定的地理环境而在选料、切配、烹饪等技艺方面经长期演变而自成体系，成为具有鲜明地方风味特色并为社会所公认的饮食菜肴流派。这种差别早在春秋战国时期已表现明显，至唐、宋时即形成了南食、北食的各自体系；南宋时期已形成了北甜、南咸的基本格局；至清朝初期，川菜、鲁菜、粤菜、苏菜已成为当时最有影响的地方菜而被称作“四大菜系”；到了清朝末年，更增加浙菜、闽菜、湘菜、徽菜四大新地方菜系共同构成了中国传统饮食的“八大菜系”。此外，还有潮州菜、东北菜、本帮菜、赣菜、鄂菜、京菜、津菜、冀菜、豫菜、客家菜、清真菜等菜系。在具体饮食品牌中，东来顺涮羊肉、狗不理包子、老边家饺子、老那家坛肉、李连贵大饼熏肉、沟帮子熏鸡、海城馅饼、茅台名酒、汾阳汾酒……及至各地在挑、抬、顶、背、扛、抱、提、挎、搭、拉、推等方式上形成的区域性的民俗文化，从而显示出民俗文化的地域性特征。除了地方性外，民俗文化的民族性也可作为具体的文化空间分析范畴。“例如中国南方和北方在民俗文化上就有着迥然不同的特点，北方文化不仅仅是黄河文化，而且是始终渗透了北方少数民族的文化；而南方则由吴越、巴蜀、荆楚、闽、粤、桂等构成了南方文化，并且同样渗透着南方少数民族的文化特点。即使在同一大区内，各地民俗也都有极显著的差别。同在北方，草原牧民住帐篷，黄土高原农民住窑洞。无论是饮食、居住、服饰、交通、节日、人生礼仪，还是信仰、语言、口头文学，都存在差别，所以各地学者在研究民俗文化时，提出了‘民俗文化圈’

---

[1]　李孝忠：《能力心理学》，西安：陕西人民教育出版社 1986 年版，第 57 页。

的理论。"[1] 也就是说，民俗是特定文化空间中的存在物，因而形成了多元的民俗文化空间，这就是所谓的"百里不同风，千里不同俗，户异政，人殊服"[2]。对此，爱国学人、思想家、外交家黄遵宪即曾说："天下万国之人、之心、之理，即已无不同，而稽其节文乃南辕北辙，乖隔歧异，不可合并，至于如此，盖各因其所以习以为之故也。礼也者，非从天降，非从地出，因人情而为之者也。人情者何，习惯是也。川岳分区，风气间阻，此因其所习，彼亦因其所习，日增月益，各行其道，习惯之久，至于一成不可易，而礼与俗，皆出于其中……风俗之端，始于至微，搏之而无物，察之而无形，听之而无声，然而一二人倡之，千百人和之，人与人相继，人与人相续，又踔而行之；及其至成，虽其极陋甚弊者，举国之人，习以为然。上智所不能察，大力所不能挽，严刑峻法所不能变。夫事有是有非，有美有恶，旁观者或一览而知之。而彼国称之为礼，沿之为俗，乃至举国之人，辗转沉锢于其中，而莫能少越，则习之囿人也大矣。"[3]

在中国近现代民族危机的催发下，中西方的民俗文化差异被广泛重视，不少学者对此加以揭示，如在西方接受过严格教育的严复于 1895 年底就在《论世变之亟》中指出：

> 中国最重三纲，而西人首明平等；中国亲亲，而西人尚贤；中国以孝治天下，而西人以公治天下；中国尊主，而西人隆民；中国贵一道而同风，而西人喜党居而世处；中国多忌讳，而西人重讥评。其于财用也，中国重节流，而西人重开源；中国追淳朴，而西人求欢虞。其接物也，中国美兼屈，而西人多发舒；中国尚节文，而西人乐简易。其于学也，中国夸多，而西人尊新知。其于祸灾也，中国委天数，而西人恃人力。[4]

梁启超在戊戌变法失败后流亡日本，他以饱含理性激情的笔触在《地理与文明关系》中说：

---

[1] 仲富兰：《中国民俗文化学导论》（修订本），上海：上海辞书出版社 2007 年版，第 42—43 页。

[2] 班固：《汉书·王吉传》，北京：中华书局 1962 年版，第 3063 页。

[3] 黄遵宪：《日本国志·礼俗志》，引自《中国文化研究集刊》第 2 辑，上海：复旦大学出版社 1985 年版，第 193 页。

[4] 石峻：《中国近代思想史参考资料简编》，北京：生活·读书·新知三联书店 1957 年版，第 473 页。

故亚洲东西南北各自成一小天地，而文明之竞争不起焉……盖由各地孤立，故生反对保守之恶风，抱惟我独尊之妄见。以地理不便，故无交通，无交通故无竞争，无竞争故无进步。亚洲所以弱于欧洲，其太原在是。

进入 1919 年以后，胡适肯定"五四"前后新文化思潮的"评判的态度"并"重新估定一切价值"[1]，以为据此可"改造国民性"、"再造文明"，并特指中国风俗文化：

对于习俗相传下来的制度风俗，要问："这种制度现在还有存在的价值吗？"……对于社会上糊涂公认的行为与信仰，都要问："大家公认的，就不会错了吗？人家这样做，我也该这样做吗？难道没有别样做法比这个更好、更有理、更有益的吗？"[2]

也正是在这一时期，中国民俗文化获得了较深入的研究，陈独秀认为东西方风俗文化的差异是西方民族的社会风尚"以战争为本位"，"以个人为本位"，"以法制为本位"；东方民族则相反，"以安息为本位"，"以家庭为本位"，"以感情为本位"，两者"若南北之不相并，水火之不相容"[3]。杜亚泉曾以伧父的笔名在《东方》发表文章，断言西方风俗文化发轫于地中海之滨，这里"交通顺利，宜于商业，贸迁远服，操奇计赢，竞争自烈"[4]，而中国文化发源于黄河沿岸，"土地肥沃，宜于农业，人各自给，安于里井，竞争较少"[5]。后来还有瞿秋白、孙本文、罗家伦、张亮采、费孝通等均有比较研究。中华人民共和国成立以后，港台学者则为此发生过激烈的争论与交锋：李敖的"全盘西化论"，柏杨的"酱缸文化论"，胡秋原的"超越前进论"，陈立夫的"文化复兴论"……应该说，从更大的自然地理空间论民俗文化，实际上已成为民俗文化研究的重要责任、使命。

下面我们可以从各地的"怪"来分析中国民俗文化的地域性。

---

[1] 胡适：《"新思潮"的意义》，见《新青年》第 7 卷第 1 号，1919 年 12 月。

[2] 胡适：《"新思潮"的意义》，见《新青年》第 7 卷第 1 号，1919 年 12 月。

[3] 陈独秀：《东西民族根本思想之差异》，《独秀文存》卷 1，合肥：安徽人民出版社 1987 年版，第 27 页。

[4] 伧父：《静的文明与动的文明》，《东方》第 13 卷第 7 号。

[5] 伧父：《静的文明与动的文明》，《东方》第 13 卷第 7 号。

表 2-1　陕西十大怪与环境的关系

民俗	环境
面条像腰带	麦区以面食为主
烙饼赛锅盖	反映粗犷豪放的性格
碗盆难分开	反映简朴的饮食习惯
泡馍大碗卖	受游牧民族饮食影响
板凳不坐蹲起来	餐间扎堆聊天
帕帕头上戴	代替帽子，一帕多用
姑娘不对外	乡里观念重
房子半边盖	节省木料
皇上两行埋	九代古都
唱戏大声吼起来	如黄河奔腾，如华山雄伟

表 2-2　云南十八怪与地理环境的关系

民俗	地理环境
1. 袖珍小马有能耐	小马适应艰险山道和山区环境
2. 火车没有汽车快	火车爬坡性能不如汽车，线路延展长
3. 石头长到云天外	热带岩溶，鬼斧神工，虎啸龙吟
4. 山洞能跟仙境赛	洞内怪石嵌空，玲珑斑斓
5. 鲜花四季开不败	低纬度高原气候，长年鲜花怒放
6. 常年都出好瓜菜	瓜菜作物四季生长
7. 茅草畅销海内外	山中多珍奇国宝级特产
8. 四季服装同穿戴	不同年龄穿不同季节服装，多姿多态、季节差异小
9. 蚱蜢能作下酒菜	蚂蚱肥美，炸后焦黄酥脆
10. 好烟见抽不见卖	好土栽好烟，畅销省外，省内很难买到
11. 三个蚊子炒盘菜	林深草密，气候温和，蚊子个大
12. 竹筒能做水烟袋	充分利用毛竹资源
13. 摘下帽子当锅盖	草编锅盖状如帽，能给食物添清香

续表

民俗	地理环境
14. 鸡蛋用草串起来	保护易碎商品的巧妙办法
15. 过桥米线人人爱	稻米加工的风味食品
16. 米饭饼子烧饵块	可以方便携带的米制食品
17. 种田能手多老太	妇女勤劳，担负农耕重活
18. 娃娃出门男人带	男人多料理家务，照看孩子

（二）"改正朔、异服色、移风易俗"的历史地理空间

民俗文化的历史地理空间，说到底就是民俗文化的历史变化。这种变化可以是个案的，如改正朔，异服色等；也可以是整体上的，即所谓移风易俗情形。

民俗作为一种文化现象，一是只能发生在特定时代，从而由此出发呈现出历史性；一是即使不同时代有一些具有共同形式或精神意涵的民俗现象，在其总体上也会呈现出时代特征，比如理发，现在有各种各样的新的发型，但一些传统发型也还有些影响，虽然有的已时过境迁了。如明代男性行全蓄发且簪发为髻置于头顶的发式，清代男性则行前顶剃光而后脑梳单辫的发式，辛亥革命后的男性则呈分发、背发、平头、剃光等发式；传统中国一般商人、乡绅的男装为长衫、马褂、圆顶瓜皮小帽，但现在却只能在戏文中见着了；中国汉族妇女有长时期的缠足习俗，即使在辛亥革命后也仍很流行，但现在显然已成为了历史；传统民俗日常仪礼中的叩头跪拜、打千请安、作揖拱手等礼节随着新时代的变迁而演绎成鞠躬、握手等新礼节；传统婚俗的问名、订盟、纳采、纳币、请期、迎娶六礼，及至"父母之命，媒妁之言"等，现已为自由恋爱等新式婚俗取代……其他如语言、生产工具、通讯方式等的变化，那更是"长迁而不返其初"了。这种现象说明，民俗文化作为人类历史的伴生现象，的确是一个历史范畴，一个发展范畴，这里不妨以清明节为例加以说明。

从自然规律的层面看，清明是中国传统历法中特有的 24 节气之一，体现的时间节律是此时"万物生长此时，皆清洁而明净，故谓之清明"[1]。《淮南子·天文训》

---

[1] 《岁时百问》。

记载说："春分后十五日，斗指乙，则清明风至。"按照传统农业定季节的需要，此期间气温升高、雨量增多，即古诗所谓"清明时节雨纷纷"，民谚所谓"清明要明"则从反面加以说明。因此，这时正是春耕春种的大好时节，民谚有"清明前后，点瓜种豆"、"清明青半山"、"清明时节一场雨，好似秀才中了举"、"过了清明节，田里忙不彻"等等说法，可见这个节气与农业生产的密切关系。但是，现在的清明节却是历史生成的，有着禁火、扫墓、踏青、荡秋千、蹴鞠、打马球、插柳等一系列风俗活动的富有特色的传统民俗节日。

从文化精神的层面看，寒食禁火与祭祖扫墓是清明节的两个基本因素，这是清明成为节日的必要条件。寒食禁火即寒食节或说是清明节的前一天，或说是清明节的前两天，据梁人宗懔的《荆楚岁时记》记载，则有一个固定的推算方法："去冬节一百五日，即有疾风甚雨，谓之寒食。禁火之日，造饧大麦粥。"其起因在于当时据晋地民间纪念晋国介子推的时间。春秋时期，介子推曾辅助重耳而与之在外流亡达 19 年。他们在一次迷路于山中而又粮绝无援时，为了维持饿得头晕眼花的重耳之生命，介子推硬是偷偷地从自己大腿上割下一块肉，用火烤熟后为重耳充饥。这样持续的流亡终于有了报答，于是重耳得以在 19 年后回国即位，这就是历史上有名的晋文公。或许是太过志得而意满，重耳竟然在封赏功臣之时独独忘记掉了介子推。于是介子推隐于山中而不肯复出。晋文公为了逼介子推出山接受封赏，下令采取放火烧山的危险方法，致令介子推抱树死于火海之中。介子推的铮铮忠骨、高风亮节、以死明志，让晋文公百感交集、深受感动，并下令每至介子推死难之日禁止生火煮食，此即只吃冷饭之禁火之一说。不过，若依《左传》《史记》等史籍，其中并无介子推被焚的记载。时至汉朝末年，蔡邕于《琴操》中将禁火之俗与介子推蒙难纠结在一起，虽然还没有把禁火时间放在清明节前一二日的寒食节而只说"五月五日不得举火"。而《后汉书·周举传》则记载周举任并州刺史时，太原郡民间有在介子推死亡之月"龙忌火禁"之俗，认为神灵于此期不乐举火，以至于民众每年冬天都有一月的寒食。由于一个月之期伤民太甚，周举到位后规定只作吊书并亲到介子推庙祭奠，言"盛冬去火，残损民命，非贤者之意"，于是废除了寒食月之忌俗。不过，由此也可知此俗时在冬天而非清明前。这正像现今土家族民间在春节期间有几天不吃热食一样，时间较有差异。不过，从曹操《明罚令》有禁令看，此俗的确存在，因其"闻太原、上党、西河、雁门冬至后百五日皆绝火寒食云为子推"，故有禁绝大令："令到人不得寒食。犯者，家长半岁刑，主吏百日刑，令长夺一月俸。"陆翙撰《邺中记》中亦云："俗冬至后百五日，为介子推断火冷食三日，作干粥，今糗是也。"由此可见，在魏晋之时，寒食节的确被定在了清明前一二日。约略到了晋朝，因"晋"朝与"晋"国同属"晋"字而深信介子推的传说，寒食节遂禁火相沿成俗。不过应强调的是，禁火风俗在周代介子推之前已存在，刘向《新序》所论"寒食踊蹴鞠"也未提介子推，以至在魏晋之时即有反对之声，形成"倡寒食"与"禁寒食"之争，更有孝文帝于延兴四年（474 年）二月下诏禁断寒食[1]，并在太和二十年（496 年）二月再又下诏除介山之邑可寒食外，其余各地一律禁止。不过到了唐代，寒食、清明两个节日就合二为一了。据《癸辛杂识》记载，清明节时，太学也要放假三日，武学一日，晋地寒食禁火尤为严格，升平时要禁火七日，丧乱之世也要禁三日。甚至还有俗信说：相传火禁不严，则有风雹之灾。因而村社的长辈每到此节，均会用鸡毛翎到各家灶灰中去扫撩，如果毛羽稍有黑色，还要罚香纸钱；在禁火期间，人们只能将食物曝于太阳下晒热食之，甚至有的还将食器埋于羊马圈中去保暖，足见禁火之严。所以李崇嗣《寒食》诗云："普天皆灭焰，匝地尽藏烟，不知何处火，来说客心燃。"

其实，除清明节而外，其他的吃、穿、住、行、玩、购、说等的变化，也都有其传说故事，值得研究。如历史上关于富态美与苗条美的变化即很说明问题，历史上有以富态为美的时代，比如说唐朝盛行的女人的丰腴美，就是看起来生活得不错，体态有点微胖但很有福感的那种美。但多数条件下讲的是苗条美。又比如有诗曰：

> 君到姑苏见，人家尽枕河。故宫闲地少，水港小桥多。

这是诗人杜荀鹤在《送人游吴》中对苏州之美的描写。凡是到过或听说过苏州的人，一般应会想起杜荀鹤的这首诗。唐朝的苏州人，将自己的平常日子，过得像唐诗一样风雅。这首描写苏州的唐诗，就像是种植在苏州黄天荡的莲藕，既新鲜水灵又干干净净，古人把唐朝写活了，也把苏州写活了，唐朝的苏州，在水里活到了今天。

苏州是世界上唯一历经沧桑仍坐落在原址上的古城。在 2500 多年前，听说伍子

---

[1]　魏收：《魏书·高祖本纪》，北京：中华书局 1974 年版，第 140 页。

胥在建造苏州城的时候，哪里是水路，哪里是陆路，大体已规划好了，造就了苏州城"街河相邻、水陆并行"的双棋盘格局，使苏州成了河网密布、水木青幽的水乡泽国。七里山塘街、平江路、十全街、南浩街、枫桥等古街，小桥流水随处可见。河流成了吴文化的载体，自西流到东，自古流到今，饱含着多少鸣咽和欢扬，也承载着多少历史的记忆。

（三）"一去二三里，各有一乡风"的文化地理空间

现在，中国人文地理学习惯上将中国文化区划分两个主要层次：第一层次按五行五方的理念，以省、自治区和直辖市作骨架对中国文化区进行划分，将少数文化特征相似的两个或者三个行政单位组成同一个一级文化区，从而形成华北文化区、东北文化区、华东文化区、华中文化区、华南文化区、西北文化区、西南文化区、港澳文化区、台湾文化区九个一级文化区。事实上，由于一级文化区地域范围比较大且内部差异相当明显，故又可划分为多个二级文化区，其中长江流域的华东文化区有吴越、上海、八闽三个二级文化区，华中文化区有安徽、两湖和江西三个二级文化区，华南文化区的八桂二级文化区，西南文化区有巴蜀、黔贵、滇云和西藏四个二级文化区，总共达到 11 个二级文化区。

就中国民俗文化而论，学界分中国为七大民俗文化圈：东北风俗文化圈、游牧风俗文化圈、黄河流域风俗文化圈、长江流域风俗文化圈、青藏风俗文化圈、云贵风俗文化圈、闽台风俗文化圈。[1] 这些民俗文化圈的划分表明的都是民俗文化与人的关系。

民俗文化与人类的关系，按照我们的理解，有了人类社会就有了民俗文化，对于人及人类社会来说，民俗文化与人类不仅是与生俱来的伴生关系，而且也是与时俱进的文化发展关系。这里，我们不妨从毛泽东的《贺新郎·读史》（1964 年春）说起。

人猿相揖别，只几个石头磨过，小儿时节。

铜铁炉中翻火焰，为问何时猜得？不过几千寒热。

人世难逢开口笑，上疆场彼此弯弓月。流遍了，郊原血。

---

[1]　韩养民、韩小晶：《中国风俗文化导论》，西安：陕西人民出版社 2002 年版。

一篇读罢头飞雪，但记得斑斑点点，几行陈迹。

五帝三皇神圣事，骗了无涯过客。

有多少风流人物。盗跖庄蹻流誉后，更陈王奋起挥黄钺。

歌未竟，东方白。[1]

如果我们一开始就强调人是一种民俗的存在以回答"人究竟是什么"的问题的话，那毛泽东的这首词实际上做了一个生动的民俗说明：人类揖别动物界是从制作和使用石器工具开始的（"人猿相揖别"），这是人类童年（小儿）时节的事情，但却占据了人类较为漫长的历史；但是，也正是看似简单的与猿"作揖告别"，却是生产民俗的惊心动魄的巨变——是否会制造和使用生产工具，正是人与其他动物分别的根本标志所在。在这里，一种生产民俗的突破，促成了从猿到人的飞跃。尽管这个时代在诗人眼中不过是磨了几个石头，但却"磨"出了过往历史的漫长而遥远，那种"小儿时节"的童趣似也引起了个体对自己童年的回忆，这是一种充满大气而又不失亲切的历史咏叹。正是由于这值得永远定格的光辉一"磨"，人类即因为有了民俗这一文化形式而与其他动物分别开来，并且是人类的主动告别。事实上，从人类历史发展来看，也正是这种告别开启了人类的壮丽旅程。如果说人类在奋斗中是一种会不断有意识地进行告别的动物的话，那这一次告别则应是人类最为壮观的告别。这种告别在西南少数民族的神话、史诗中，是通过能力比拼来实现的，这里则是以生产工具的发展来加以说明的。当人类走过漫长的"蒙昧时代"并经过石器时代而进入铜器、铁器时代时，以"铜铁炉中翻火焰"之句形象地浓缩了整个奴隶社会与封建社会，"火焰"中的铜铁之光说明了生产工具民俗在人类历史发展中的重要象征意义，不过因为各民族的历史状况不同，不过几千年罢了。在人类的历史长河中，只"不过"弹指间的事。但若是要把整个人类之此前历史讲清楚，那人类从起源于古猿开始，到与古猿告别，其间不断创造和使用工具、形成语言、建立房舍、形成制度、组织社会等，日益丰富的民俗文化现象的产生发展与自然生命之躯体的直立、手足的形成与分工、大脑的发达、思维的进步等人类特性相伴而生，比如，"手不仅是劳动的器官，它还是劳动的产物"[2]。而劳动又使人和人之间"已经到了彼此

---

[1] 徐涛：《毛泽东诗词全编》，武汉：湖北教育出版社 1993 年版，第 273 页。

[2] 马克思、恩格斯：《马克思恩格斯选集》第 4 卷，北京：人民出版社 1995 年版，第 375 页。

间有些什么非说不可的地步了"[1]，于是产生了语言……人类的民俗现象也就是在这一过程中与人类相伴而生的。

紧接着，一句"人世难逢开口笑"导出了一种特别的民俗文化现象，而这又恰好可以作为分析人类社会的斗争史。唐代杜牧《九日齐山登高》曾有"尘世难逢开口笑，菊花须插满头归"之语，语出《庄子·盗跖》篇中："人上寿百岁，中寿八十，下寿六十，除病瘦死伤忧患，其中开口而笑者，一月之中，不过四五日而已。"这里由民俗化而为政治、由个体化而为历史、由短暂人生之欢少悲多化而为漫长的人类社会变迁，体现出作者于《丢掉幻想，准备斗争》中所言："阶级斗争，一些阶级胜利了，一些阶级消灭了，这就是历史，这就是几千年的文明史。"[2]的确，这种化用实际上也点明了人类自己的新责任，即如何防止"流遍了，郊原血"之残酷。

事实上，人类的历史发展过程就是一个由不断变迁的民俗文化塑造的过程。人类由低级向高级发展的历史进程，正由于有了民俗文化的塑造而区别于其他动物的水平发展格局（其他动物在人的帮助下或有某种进步），"从刀耕火种到电子时代，从茹毛饮血到高楼大厦，从出没山林到遨游太空，从采集渔猎到生命复制，人类的任何进步和发展都无不与民俗有关，体现了人类物质和精神民俗的质的飞跃和变化。这一切都证明，民俗是人类永恒的伴生物"[3]。不过，这个过程实在是太过漫长，以至于诗人也只好用一句"一篇读罢头飞雪"来加以艺术性地浓缩自己一生的读史情形了，一种把自己生命的短暂与人类历史的漫长相衬，在感叹自己人生易老、青春易逝时，却多了些历史深刻、思想深沉，不是吗？人们所争究竟为何？"但记得斑斑点点，几行陈迹。"不过，在说明"五帝三皇神圣事，骗了无涯过客"后，却在追问"有多少风流人物"时肯定了起于民间的"盗跖庄蹻流誉后，更陈王奋起挥黄钺"，来了一次历史观的大转换、文化观的大调整、人生态度的大清晰——正统史书上所赞誉的风流人物都是伪风流人物，真正的风流人物是那些被所谓历史斥骂的人物，如盗跖、庄蹻、陈胜……这些民间英雄才是创造历史的真正动力。因此，这首《贺新郎·读史》仅用115个字即写出了气象恢宏的几百万年的人类历史，并留下了人

---

[1] 马克思、恩格斯：《马克思格斯选集》第4卷，北京：人民出版社1995年版，第576页。

[2] 毛泽东：《毛泽东选集》第4卷，北京：人民出版社1991年版，第1487页。

[3] 仲富兰：《中国民俗文化学导论》（修订本），上海：上海辞书出版社2007年版，第37页。

类更进一步思考的空间，因为"歌未竟，东方白"。

读了毛泽东的这首《贺新郎·读史》，我们更有理由坚持民俗文化与人类的历史的伴生性，它不是人类生活中的一种可有可无的事象，而是丰富的人类生活本身；它不是"过去时代的"、"落后的"、"知识贫乏阶层的"特有物，而是人类整个群体的必要事象，比如傣族从内地引入十二生肖，把干支中的"猪"改为"象"；根据傣族地区的气候特点，形成一套阴阳合历，又分一年为三季：冷季、热季、雨季，等等，从而形成了与傣族人民伴生的民俗文化。独龙族的天文历法反映了他们对特定生存环境的深切体验。他们根据自然的变迁，从当年大雪封山至次年大雪封山时称为一年，称为"极友"。又把一年划分为十二个时间多少不等的节月：一月称"阿猛"，意为过雪月，在这一月里，大家休息，个别户种旱洋芋；二月称"阿薄"，意为出草月，山草开始生长，是大量种洋芋的时候；三月称"奢久"，意为播种月，开始播种小米、芋头、棉花等作物；四月称"昌木蒋"，意为开花月，桃花开，鹤集中鸣叫，播种完毕；五月称"阿石"，意为烧火山月，大量烧火山，停止下种；六月称"布昂"，意为饥饿月，存粮吃光，荒月，大量采集野粮；七月称"阿茸"，意为山草开花月，薅草，采野粮；八月称"阿长木"，意为霜降月，山草被冻死，开始收庄稼；九月称"单罗"，意为收获月，收获小米、苞谷、稗子、荞子；十月称"总木甲"，意为降雪月，收获完毕，储粮，山巅降雪；十一月称"勒梗"，意为水落月，河水降落，找冬柴，砍苦荞，准备过冬；十二月称"得则砍"，意为过年月，又叫"罗奢什腊"，妇女砍活麻、织麻布、跳牛舞……

不同的文化地理空间，还可以"闹新房"为例进行形象的说明：广东人不叫"闹新房"而叫"戏新郎"，且时间是在新郎初谒丈人之时而不是在"洞房花烛夜"之时，其俗是新娘归家之后新郎即前来谒见岳父岳母，在享受岳父母家的盛宴之时，却不得不面对新娘的女伴以及姑表姐妹的多方戏谑，或借故侮罚新娘而以此取乐。可是在安徽，当新郎押花轿抵达女方家迎新娘时，女方家却以闭门坚拒、多方推阻以令新郎难以忍耐为乐事；而当新郎好不容易进门之后则又故意刁难，让他在遍拜姻亲戚属中疲于奔命，并以之为快；到坐席之际更有许多女眷躲在屏风后面偷看新郎动静以品头论足。而在湖北黄陂、新州等地，当新郎进门之时，女方家中燃放大量的烟花爆竹，逼着新郎从烟硝中走过，每过一个门槛，必须下跪叩拜，及至拜见岳父岳母时，所跪的红毡下面还得放上一些碎石磁片……真是大千世界，无奇不有。

不同民族民俗文化的这种地理差异，在中西民俗的比较中则差异则更大，如中国的诗词与西文的诗词，以元朝马致远名作《天净沙·秋思》为例：

> 枯藤、老树、昏鸦，
>
> 小桥、流水、人家，
>
> 古道、西风、瘦马，
>
> 夕阳西下、断肠人在天涯。

这首词富于诗情画意，是千古佳作。前三句有九个重叠的名词，直译成英文是看不懂的，加进介词、冠词、助动词，又缺少了中国诗词的味道。

从民俗文化地理空间的角度说，民俗旅游村建设即是活态的民俗文化保护。故薛群慧认为民俗旅游村是活态文化保护与开发的有效载体 [1]，李应军分析了民俗旅游资源的经济特征并对民俗旅游未来的可持续发展提出了建议 [2]，乌丙安认为民俗文化空间是中国非物质文化遗产保护的重中之重 [3]，张永汀提出在具体开发民俗旅游文化资源的过程中应坚持特色性原则和以人为本的原则 [4]……民俗学者强调在以往工作的基础上进行现在的非物质文化遗产保护，可以防止资源浪费和重复劳动；他们还引入了"文化主权"的观念，号召像保卫国家主权一样保卫国家的民俗文化主权 [5]。

如果说有一首歌能揭示一个民族的精神、情感，把民俗的地域性显示出来的话，那我们首推《山路十八湾》。这是一首老歌，是词作者佟文西 1990 年创作的"土家风情声乐组曲" 12 首歌词中的一首，发表在当年湖北省音协编印的《长虹》词刊上，原名为《土家的路与歌》。时隔 10 年之后，《山路十八弯》由王原平、尹建平、李琼等谱曲、包装、演唱，终于"出人头地"，成为"惊世绝唱"。请看其歌词所反映的土家人的生产生活：

> 大山的子孙爱太阳 / 太阳那个爱着山里的人
>
> 这里的山路十八弯 / 这里的水路九连环

---

[1] 薛群慧：《民俗旅游村：活态文化保护与开发的一种载体》，《思想战线》2007 年第 3 期。

[2] 李应军：《湖南民俗旅游经济及其特征分析》，《湖南商学院学报》2007 年第 1 期。

[3] 乌丙安：《民俗文化空间：中国非物质文化遗产保护的重中之重》，《民间文化论坛》2007 年第 1 期。

[4] 张永汀：《试论民俗文化在人文旅游中的开发》，《商场现代化》2006 年第 16 期。

[5] 张成福、梁平：《民俗学与非物质文化遗产保护》，《重庆文理学院学报》（社会科学版）2007 年第 4 期。

这里的山歌排对排 / 这里的山歌串对串

十八弯 / 弯出了土家人的金银寨

九连环 / 连出了土家人的珠宝滩

没有这十八弯 / 就没有美如水的山妹子

没有这九连环 / 就没有壮如山的放排汉

十八弯　九连环 / 十八弯　九连环

弯弯环环　环环弯弯 / 都绕着土家人的水和山

这里的山路十八弯 / 这里的水路九连环

这里的山歌排对排 / 这里的山歌串对串

排对排 / 排出了土家人的苦和甜

串对串 / 串出了土家人的悲与欢

没有这排对排 / 就不能质朴朴地表情谊

没有这串对串 / 就不能缠绵绵地表爱恋

排对排　串对串 / 排对排　串对串

排排串串　串串排排 / 都连着土家人的梦和盼

第三章　民俗的类型：生存基础与生成诉求

民俗文化具有自己的生存基础与生成诉求。但是，这是通过丰富多样的民俗文化的形式表现出来的。为了准确理解民俗文化，这就涉及民俗文化的类型与分类问题。目前，对民俗文化的分类形成了不同的标准与方式，如有的从人类把握世界的方式上分为认知民俗、审美民俗、价值民俗，有的从内容上分为物质民俗、制度民俗、精神民俗，有的从性质上分为世界民俗、民族民俗、本土民俗，有的从空间上分为中国民俗、印度民俗、日本民俗、欧洲民俗，有的从学科结构上分为理论民俗、应用民俗、历史民俗、社会民俗、文艺民俗，有的从时间上分为古代民俗、近代民俗、现代民俗、当代民俗等等，这些都是就民俗的一般而进行的分类；仅就中国民俗文化而言，也有多种划分，如按地域划分为齐鲁民俗、中原民俗、荆楚民俗、吴越民俗、巴蜀民俗、关东民俗等。所以，民俗的类型同样可以做不同的划分，据《民俗学概论》划分为口头、风俗、物质三大类型，我们不在这里做具体表述，我们只通过此类分类强调的是：一般民众即是民俗的主体与文化的主人！一切民俗都有民众的情感寄托与理想诉求！

一、民俗主体与文化主人

"物漏在上，知之在下。"民俗的主体是民众，民众即是民俗文化的主人。作为主体，他们是民俗的创造者与传承者；作为主人，他们是民俗文化的享受者与欣赏者。因此，确认民俗文化主体的关键即在认识那个"民"字上。从存在形式上讲，它是民间的而非官方的，是"普民"而非"器民"；从"责任"主体上讲，它是群众的而非个人的，它是大众的而非个体的。在这里，我们并不主张把"民俗文化"以其"俗"的性质而与所谓官方的、社会上层的"精英文化"相对应，即使硬是要为了分析方便而做上述分类，也只具有方法论意义而不应涉及这"两种"文化的存在性、价值性、水平性方面的精粗好坏高矮俗雅，民俗文化是处于社会中下层广大平民百姓创造和使用的文化，但是它作为集合的、集约的、群体的人群意愿和生活习惯，按照群众史观，无论是就"众人拾柴火焰高"、"众人划桨撑大船"等说法，还是就人民群众的实际创造性来说，都不宜有"看不起"的另类眼光，而应是《道德经》第 58 章所谓"是以圣人方而不割，廉而不害，直而不肆，光而不曜"。从社会地位而论，民俗文化的创造者、享用者和遵从者自然主要是中下层民众，但这是他们生产生活方式决定的"社会地位"，而不应看成是他们作为文化创造者的"文化地位"、"智慧地位"。大小官员的"入乡随俗"、"与民同乐"也不能仅看成是一种文化施舍，而是一种文化接受或文化互动。而事实上，我们会看到，恰好是民间文化的精英化使精英文化成为可能，那些精英同时也是民众的身份二重性，使他们能够在民众中发现智慧。民间的衣食住行、婚丧嫁娶的诸多事象，本身可能即来自民间，如宋代高承的《事物纪原》把历史上许多文明的滥觞归结于黄帝的发明，但即使如此，其最终的传承使用也仍然要回到"民"上——通过民众运用到民间，就像关于中国的凿井术，从《周易》中有"井卦"而论，历史肯定很早，但司马迁却写道："于是为发卒万余人穿渠，自徵引洛水至商颜山下。岸善崩，乃凿井……并渠之生自此始。"[1]所以，我们这里特别强调民俗文化之"民"之"俗"，只是分析方法问题，而不是高低水平的衡定问题，这正像种田、盖房、狩猎、烧瓷、捕鱼等等，都是劳动人民长期生产生活实践中的文化创造一样。因此，我们在民俗文化研究中不仅不能忘记人——那些民俗文化主体，而且要承认民众的民俗文化创造主体的地位。正如梁启超 1902 年于《新民之议》中所说："凡一国之能立于世界，必有其国民独具之特质，上自道德法律，下至风俗习惯、文学美术，皆有一种独立之精神，祖父传之，子孙继之，然后群乃结、国乃成，斯实民族主义之根柢源泉也。"革命先驱李大钊 1916 年在《新青年》上宣示自己的民族梦想时更是强调："冲决历史之桎梏，涤荡历史之积秽，

---

[1] 司马迁：《史记·河渠书》，北京：中华书局 1982 年版，第 1412 页。

新造民族之生命，挽回民族之青春。"应该说，这些都是在承认民众的民俗文化之创造主体地位。

（一）在生产生活中形成民俗

所有民俗都形成于人们的生产、生活中。民众是民俗的创造者与传承者。我们这样判断民俗文化，一个重要的原因在于民俗作为一种文化样态，总是与特定地域、特定历史时期社会生产生活方式相联系，因而具有自己形成、传承、发展并起作用的原因、条件，并与人类自身的发展相伴而成。从这个意义上说，生产生活发展史与民俗文化发展史有相互置换的关系。例如在古代，居于中亚一带地理环境中的匈奴人、突厥人、蒙古人为适应大漠大陆型环境而形成了荒漠—草原游牧经济，培养了英勇善战的骑战精神，从而在十几个世纪中影响东亚和欧洲文明；斯拉夫人在东欧的草原—森林大陆型环境中发展了半农半牧经济，成为汇集欧亚文明的中介过渡形态；中国的汉民族在河谷型的地理环境中发展了黄河流域文化与长江流域的不同农耕文化……世界文化版图中的这些不同文明，都相应地有着自己的民俗文化传统相伴而成。

事实上，在中国既有游牧经济的历史，也有农耕文明的传统，更有混合型经济的类型，于是在中国历史上形成了三大系的生产生活方式，并形成了各自的民俗文化传统。但是，如果从总体上看，从对中国文化传统影响的广度和深度看，农耕民俗文化传统又是最具影响力的。这与中国是一个具有悠久农业文明的伟大国度相联系，因而中国民俗文化就在总体上孕生于农业文明的伟大传统中。

如果说传说伏羲氏已"伏牛乘马"而相应地形成了畜牧民俗传统、炎帝神农氏"斫木为耜，揉木为耒"而相应地形成了农耕民俗传统的话，那么，从红山文化中游牧文化叠压在农耕文化之上的情形来看，则对两种民俗文化的比较开辟了一条新路。但无论是哪种经济类型，似都与岁时变化有天然的联系，这正像尼罗河的周期性洪水刺激了古埃及的几何测量技术一样，中国农业文明的需要则产生了中国式天文学，从而形成了中华民族古老的岁时习俗文化，并形成了形形色色的"月令"、"岁时记"等专门经典，就像"二月初二龙抬头"节后即结束过春节而开始春耕备耕的汉族年节一样，这种现象在中国少数民族文化中同样存在，如哈尼族有"捉蚂蚱节"，目的是在那个时候发动全村的人到田里捉蚂蚱，并举行一定的仪式，用咒语对蚂蚱等昆虫进行恐吓；傣族有"关门节"，虽然其中有深厚的南传佛教文化色彩，但却始终离不开生产方面的内容，其"关门"即是强化大家关注农业生产——就是在每年农历六月中旬至九月中旬这三个月的时间内，因为农事繁忙，要求人们不外出走亲访友，青年人不办婚事，以便集中精力搞好农业生产；白族的"栽秧会"是以抢节令栽好秧为主要内容的，在热闹中体现了生产需要；独龙族在年节"卡雀畦"中要剽牛祭天，目的是希望来年风调雨顺，五谷丰收；基诺族在年节结束的当晚，由各族家长将姜埋在寨边路口，第二天天一亮，各家族长吹响牛角号，全寨人即开始一年一度的砍地活动；佤族年节称"崩南尼"，过节时要由村寨主人和有威望的长者在一起占卜鸡卦，以测来年的生产情况……这些节日，如果结合一些在生产生活中形成的谚语，则在生产生活中形成民俗就自然而然地具有了确定性，如工匠的谚语即很多："样样有高手，行行出状元。""三条大路走中间，七十二行心莫偏。""七十二行开头难。""七十二行艺，胜过刨地皮。""买田置地，不如拿钱学艺。""有艺无艺，莫丢地皮。""百艺好藏身。""走一方，靠一方，做一行，习一行。""士农工商，各熟一行。""人不亲，行当亲。""人贵有一技之长。""艺多不胀肚，早晚有用处。""有艺走遍天下，无艺寸步难跨。""天干饿不死手艺人。""家有万贯，不如薄艺在身。""会做手艺，身去口去。"……其他的作为"物态"的民俗，信仰、祭祀民俗等，都可从中找到生产生活的内在根基。就像文字，如纳西族象形文字（东巴文）的"天"、"地"、"中央"即明显与生产生活相关联着。

总之，各地有什么样的民俗，与各地民众的生产生活最为相关，并反映在他们的思想意识中。这些都值得思考。例如，关于"辜月"即可思考。"冬至这天，是太阳南移到距离我们最远的一天，同时也是太阳开始回归的一天，标志着冬尽春回。这一天，正是冬春交接转化之日，也是年与年的交接转化之时。古人称冬至所处的这个月、也就是现在农历十一月为'辜月'。'辜'与故旧的'故'，是同一个意思。冬至日，阳气复生。是正欲革'故'而更'新'之时，所以你身心感到不适、不对劲儿。这'辜月'，正是阴气盛到极致、极端；阳气开始复生、复兴的'时候'对人的影响，人的身心状况是直接受着'时候'的制约、限制和影响的。"又如关于干鱼庙的传说[1]（这个故事的异文，我们已在前面第二章说明），也可作如是观。

　　话说古时候读书人，到时候要进京赶考（类似现在的考大学吧），那时没有现代的交通方式，更没有汽车、火车啦，路也是能走畜力车的就算是大道了；前往京城赶考主要是靠步行，带上干粮（路上吃的）昼行夜宿，据说需走几个月才能到达京城。

　　这一天有一叫张生的赶考人，正行走在前往京城的路上，走着走着在离前方村庄不远的时候，发现路旁有人下的山鸡套，套住了一只非常美丽的山鸡，张生看着这只美丽的山鸡很可爱，觉得应该救下它，不然下套的人来了它就没命了，于是他就将山鸡从套子上取下来放生了。之后又一想：自己将人家套的山鸡放掉也对不住下套子的人，怎样办呢？于是想了一个办法，将自己带的准备路上吃的干鱼拿出一部分放在套子上，作为给下套人的补偿，张生这样安排好后，继续向着京城方向走去了。

　　就在张生走远了之后，下套的人来查看是否有山鸡套住，结果来到套子跟前一看，没套着山鸡却套着一堆干鱼，奇怪了，下套人百思不得其解。如是赶紧跑回村子喊人来看，村人一听山鸡套套着鱼了，都跑来观看，确确实实看见套着的鱼了。于是就纷纷议论起来，这到底是怎么回事，结果怎么也没有议论明白为什么套着鱼了，最后还是有聪明者做出了结论，说这一定是山神显灵，看我们很穷套不到山鸡给送来干鱼的，于是村民一致决定在下山鸡套的地方，修一山神庙以祭祀神灵，并题名"干鱼庙"且刻碑志铭，从此香火不断。

　　三年后，这位张生考完试回家又路过此地，见有一庙，扁上题"干鱼庙"三字，再看碑志铭记修庙原因，哈哈大笑，遂取出笔墨在庙门题联一副：

当年山鸡套，如今干鱼庙。

世上无鬼神，全是凡人造。

写完对联，张生朝着前方家乡的方向，迈开脚步继续走下去了。

---

[1]　http://bbs.cnhubei.com/thread—2438134—1—1.html，具体还可参见第二章的相关内容，但版本不同。

（二）在人文化成中享受民俗

在民间，经常看到老百姓聚在一起讲故事、唱歌、跳舞，不仅形成了众多的故事村、民歌村、谜语村等，而且还形成了不少的民间艺术大师，这些都表明：民众是民俗文化的主体与主人，是民俗文化的享受者与欣赏者。事实上，这也就规定了我们总是在民俗文化的照映下生产生活的，而这也正反映出民俗文化的适用理性，这正如有学者所说："民俗文化是一种实用文化……民俗信仰的主要目的，在于使民俗事项有利于人，为人们的生产和生活起作用。因此，可以说民俗活动乃是一种有所为的活动。由于这种有所为的实用性目的存在，才使民俗事象的约定俗成和世代传承有了积极的思想基础。"[1] 我们看到，民俗文化虽然门类繁多、表现各异，但就其基本点或根本目的上讲，也正在于"实用"，这种实用即表现在与人的生产生活发生密切联系即为人所用。比如，一些明显具有科技知识的正常的民俗活动像崇信医药的民俗、产育禁忌的民俗，一些具有明显礼俗意义的民俗像处理死丧大事时的某些禁忌、追求婚嫁的喜庆吉祥的民俗，一些直接起着娱乐身心健康、避免疾病的民俗像各种娱乐活动、智力活动，一些明显有利于推动人类自身生产而有益于种族繁衍的民俗如保胎、孕期禁忌民俗等，一些直接用于各种生产若包括物质生产与环境生产的民俗如指导生产的季节谚语等民俗都能在客观上产生积极的效果，让人们在生产生活中有一种文化上的享受。自然，有些民俗活动采用了俗信的形式，甚至达到了迷信的程度。

在人文化成中享受民俗，表现最突出的是那些直接以活跃文化生活、增强人民体质、增加生活情趣和乐观精神为主题的民俗活动，如各地区、各民族、各族群在不同的各岁时节令所进行的多种民俗文化形式，像赛龙舟、荡秋千、赛马、斗牛、跳月、走街、走百病、踏青、登高、咬春、歌墟、除旧扫房、迎春喜祝、民间花会、游艺表演、乞巧等，都能够超脱活动本身而让民俗活动的参与者产生一种美的享受，达到追求健康、调剂生活、增强情趣、娱乐身心的目的。

民俗文化中还有一类属于直接的文化艺术类民俗活动，不仅可以提高民众的知

---

[1]　张紫晨：《民俗学讲演集》，北京：书目文献出版社 1986 年版，第 261 页。

识素养，如猜谜语，其中特别是字谜等知识性猜谜活动可以直接进行语言知识教育，民歌民谣民舞民曲及民间诗歌足以进行民间艺术培育，讲英雄故事唱家乡美丽等可进行热爱家乡、热爱祖国、热爱文化的思想教育。特别是在传统社会，这些民俗文化主体差不多都不能直接进入学校接受教育，基本上就是在各种民俗文化活动中学经验、求智慧，在有一定的基础后又亦感悟亦传承，如果有机会参加迎神赛社、看社戏、听大鼓书、演出民间戏曲、承传口头文学等，则实现了民俗文化的创造者、传承者、享受者的统一。特别是一些在外创业者，民俗文化还成了他们的根，甚至直接决定了他们在外创业的成败，如历史上所说的楚人锺仪因于晋而奏楚音，越人庄舄做楚官咏越曲，晋人张翰官洛阳而恋家乡莼羹鲈脍食俗以生南归之志，项羽垓下听四面楚歌而兵败……这些都是民俗文化的力量。

至于那些有助于改善人际关系以助团结、促和睦、调感情的民俗文化活动，如除夕、春节、中秋节、红白喜事、走娘家、会亲友、贺生子、祝满月……这类活动自身也在和谐人际关系等方面之外，给人以多种享受，即使是那些生产生活活动中的帮工帮种，诸如一家盖房、全村出动，一邻有事、八方帮忙的习俗，自然也都有让人享受之处，最典型的如石工号子、川江号子、薅草锣鼓等，唱来、听来，都是一种美的享受。下面我们即以《慢节奏传递之美》为例来说明这种美。

走在瞿家湾的老街上，其错落的街、巷有如鱼骨状分布，从而提供了古镇居民的联结和交流的空间。沿河一字排开的建筑群落，生活、居住、交通及至生产、交流，家用手工业、商业及至文化艺术活动……一应的生产生活所应具备的功能，都由其承载着，体现了街道的多样性功能，由此形成了慢节奏的居民生活之美，从而使人们在悠闲中审视着人间万象，体验着丰富的民间生活的乐趣，一种自然、自由、随心而舒适的生活状态……就这样延续了数百年。

首先，瞿家湾的商业与居住形成了一种压缩性的紧密关系，使人口的增加与商业的发展之间形成了一种紧密的互动关系，从而形成了一种商、居并存的建筑格局而极少只作单纯居住的"单体"建筑，它们或为纵向的上宅下店（楼上住人而楼下开店）格局，或为横向的前店后宅（前面临街的房屋开店而后面的住人），这样，不仅各家各户的商、居联系紧密，没有那种远距离奔波的紧张感，从而使人的工作与生活之间的联系显得从容、悠闲，加上街道两侧分别形成了槽房、渔行、粮铺、杂货铺、餐馆、药铺及至小型加工厂等的集群分布，压缩了邻里之间的迁移距离，从而把比较发达的商品经济与比较紧密的居住关系联系起来，把发展生产与密切生活结合起来，提供了整个瞿家湾居民慢节奏生活的社会结构基础。在这个基础中，房屋之间的紧密联系、房屋与街道之间亲密结合，形成了诺伯格•舒尔茨于《场所精神》中所指认的特殊情感："街道并未与房子分离，而是与房子结合在一起；同时，当你在外部时却令你有一种置身内部的感受。"这种感受，即使现在已成了革命纪念馆的瞿家湾老街，那些为了彰显当年特色而"保留"的极少数的老字号店铺也仍然伴随着随风摇曳的老字号招牌在默默地传递着当年的故事。

其次，瞿家湾老街的那条"街"，无论是主街宽度（宽 3—5m）还是支巷的宽度（宽 1.2—2m），都会随着人口的增加而放慢节奏。一方面，作为内外的交通通道（特别是内部交通），不仅是往来商户之货物由此出入于内荆河码头的通道，而且也是人流、物流分散于街区各处的通道，人流与物流混存、线性与点状相集，有如现代大城市的堵车一般，人们就那样长期地、慢慢地在那里蠕动着……还好的是，那时的步行或手推车本来就是慢节奏，从而形成了另一种意义上的人生互动 —— 慢交通与高交往，甚至一些人生的具有重要意义的价值符码都发生在这种慢节奏中 —— 于停留中的亲切交谈、于等待中的仔细欣赏、于触碰中的加深理解……这一切与现在的高速度、快节奏都是完全相反的，李白"朝辞白帝彩云间"的过程尚只能用听觉感知世界，现在的高速就更是超越了视觉神经系统辨析信息的极限，相比之下，瞿家湾那样的街、那样的节奏，就更显出安静祥和、逸致闲情的宝贵了……现在，我们有了速度，却再难有闲情了！这不能不说是全球性现代化之罪！

再次，有学者把人造物叫"人然"，而把自然生存的东西叫"自然"，据此标准，我宁愿相信瞿家湾的建筑就是一种"自然"，因为在那里，人与自然的距离太近了，你看：前商后住的房屋格局与近河背河的河街格局，如在晚上肯定会有"江亲月近人"的感觉，而在白天则会有"闻歌始觉有人来"的隐秘感；整个自然景观有如秦观的《行香子》所述："树绕村庄，水满坡塘。倚东风、豪兴徜徉。小园几许，收尽春光。有桃花红，李花白，菜花黄。远远围墙，隐隐茅堂。扬青旗、流水桥傍。偶然乘兴，步过东冈。正莺儿啼，燕儿舞，蝶儿忙。"更为自然的是，主街道仅宽 3—5m，临街两侧的房屋仅一二层高，建筑之山墙也仅高 4—6m，这种高宽之比大约在 1 ∶ 0.7 之域，人们能以 30°—45° 的竖向角度观察街道两边的建筑，既可细部观察，又有一种小尺度的亲切气氛，自然而然、情绪怡然、理性心然，加上就近的店铺，无疑会形成一种归属感、安全感。如果再加上那些参差曲折的街道天际线——那些房屋山墙垛头上的造型朴素轻灵、意趣深远的秋叶卷草、回头屏虎、凤凰灵芝等摒头装饰，那些一跌、二跌、三跌之有致变化的跌宕起伏之山墙轮廓线，配合着略微弯曲的街道空间与富于变化的屋檐，则整个街道就是一个天作之城。在这里，人们只能是慢慢走，欣赏吧！

最后，白天与黑夜的自然转换强化了人们的循环观念与慢节奏。在"宗伯府"的梁匾上书写着"左长庚"、"右启明"，借以分别代表白天黑夜的循环，也借喻日月交替的永恒性，契合了中国文化中日月横向结合为"明"而纵向结合为"易"的循环变化观。而在瞿家湾的建筑格局中，其街道与临街店面在空间上形成了内外、日夜相互渗透的循环空间，给人以一种自然循环的节奏感——早、晚开关店门，不仅是白天黑夜的分界限，而且是内外、公私的分界限，这种由店面、住宅，通过店门的开阖形成的时空转化，不仅使日夜、内外、公私的转换变得十分贴切自然，而且使居民的休息、聊天、洗衣、弄菜、赶集、社交……同样自然；不仅当事者显得自然，而且旁观者（如楼上的或其他的看客）也显得自然。整个社会就这样的在"日出而作，日入而息，凿井而饮，耕田而食"的循环中得以永恒的重复。

人们在当时生活在瞿家湾，还会有什么不满足的呢？自然，阅读或吟咏像《敕勒歌》这样的民歌，那当然也会有同样的文化之美的享受：

> 敕勒川，阴山下。天似穹庐，笼盖四野。
> 天苍苍，野茫茫，风吹草低见牛羊。

（三）大家都是文化人

文化是人的文化，人是文化的人。所以，我们将民俗与文化统一起来，称为民俗文化，本身即说明民俗文化主体都是文化人，因为民俗是文化的样式之一。而"一个完善的人，必定具备思维能力、意志力和心力。思维能力是认识之光，意志力是品性之能量，心力是爱。理性、爱、意志力，这就是完善性，这就是最高的力，这就是作为人的人底绝对本质，就是人生存的目的。人之所以生存，就是为了认识，为了爱，为了愿望"[1]。据此，我们看到民俗的本质也正在这里。

当我们说到中国文化时，我们首先想到的是体现在中国人身上的那些之所以被称为中国人的由各种民俗决定的中国人的生活方式。这里所谓的生活方式包括能够体现出某种文化特点的物质层面的和精神层面的所有内容，如中国人的饮食、节日、服饰、建筑、艺术，中国人的生活习惯，宗教信仰、思维方式、价值观念和世界观等。正是这种种的因素把我们造就成了一个文化意义上的中国人。其次，中国文化还表现在中国人的独特的表达方式，例如中国人是怎样借助于其特有的语言、文字、行为、艺术和物质形式而体现出自己的文化特点的。这就是中国民俗塑造的中国文化人。

我们这里强调大家都是文化人，具有多重的文化意义。

一方面是强调民俗文化为整个文化的一个重要组成部分，不是作为一种相对于精英文化或雅文化而言的低等级文化，而是一种基于民俗文化主体的生产生活需要而形成的伴生文化。从那些所谓精英文化或雅文化需要以之为基础而言，民俗文化是一种基础，虽然在文化史上存在着一种"公认"的雅与俗、下里巴人与阳春白雪等所谓文化分流，但其实只是文化的表现形式而不是高低水平上的区分；而从所谓的精英文化或雅文化最终要形成所谓社会影响而必须民俗化为民俗文化主体所能接受的形式而论，民俗文化主体不仅是文化的创造者、使用者、享受者，还是一切文化形式的直接实践者、实现者，中国的儒家、道家、佛教的民间化，伊斯兰教的中国化、民间化等，都可以作为证据。从这一点看，说人人都是文化人，说到底即成了一个对人类本性的再认识问题，这里不只是一种文化上的分类，而且还是对文化创造者的认知本身，是文化的创造性根源问题。

另一方面，这也是贯彻我们的大众文化观。大众文化观的基本出发点即强调人人都是文化人，都有文化责任。自然，文化作为人类智慧的结晶，自然离不开与人类自身的天然联系；人类的社会关系在本质上是以社会生产生活条件为基础的文化关系，无论你身居何职、财富何多、身价何贵，你都逃不出文化关系，辜鸿铭先生的辫子、胡适先生对包办婚姻的坚守如此，我们的吃穿住行玩购赏更是如此。所以，我们必须抛弃崇尚高雅文化、轻视民俗文化的旧传统，否认那种认为雅文化可以在文化殿堂里正襟危坐而俗文化却难觅一席之地的偏见，更不认为俗文学是"不登大

[1] [德]费尔巴哈著，荣辰华译：《基督教的本质》，北京：商务书馆1997年版，第34页。

雅之堂，不为学士大夫所重视，而流行于民间，成为大众所嗜好，所喜悦"的文化。事实上，有学者已经阐明：汉代大赋由讲究铺陈堆砌，走向了空洞繁琐；向以汉魏风骨显世的五言古诗，因循过于求雅的路子和宫廷贵族的提倡，最终也演变成了争胜技巧的齐梁靡风。哲学史上儒学由早期开始的关于哲学、伦理、政治、教育诸方面的重大课题，即关于人的价值的探讨，演变为魏晋时期的玄学，然后到唐代的佛学，宋代的理学，明代的心学，就儒学自身而言，不可避免地走向衰微，这个过程也正是儒学衰落的过程。造成这些文化悲剧的根源，除了其他相当复杂的社会历史因素之外，过于追求超世脱俗的崇雅观念，远离民俗文化，也是重要的原因。历代先贤研究学问的重点是"我注六经，六经注我"，所根据的材料仅仅是中国历史上的所谓正统典籍。换句话说，所研究的仅仅是雅文化，或上层文化，而把中国广大民众所创造的民俗文化（即下层文化）自觉或不自觉地弃之不顾。在传统中国这样一个农业人口占绝对优势的国家，撇开民俗文化而高谈所谓"雅文化"，是不得要领的。其实，任何雅文化都是由俗文化演变而来的。翻开中国文学史，这种例子可谓俯拾即是。《诗经》在西周时代只属于采风所得的民俗文化作品，经过编订和提倡，战国时就成了诸侯卿相和士大夫阶层断事明志、臧否人物的根据。到了汉代，儒学独尊，《诗经》更成为庄严神圣的经典，导致了大批文人学士去训诂章句、皓首穷经，真是雅得不能再雅了。其他如西汉时期以"街陌谣讴"的乐府民歌上升到魏晋以后的五言诗体；本属"胡夷里巷"的唐代民歌演化成五代两宋的词；唐传奇、宋话本发展成为明清小说等，都是由俗文化而登堂入室的。可见，民俗文化（包括民间文艺）是一泓川流不息的活水，它以后浪推前浪的方式，不断地催生、更新，也不断地为雅文化增添新的内容。[1]

"大家都是文化人"的观念，我们可从现实生活中得到多样的民俗实例。笔者曾知一个有趣的墙壁题诗（顺口溜）以劝孝的故事，可以说这种以诗的形式来劝进孝敬老人的行为本身即是很高雅的文化创造。故事的情形是这样的：

改革开放以来，随着农村经济的发展与整个社会的观念变化，一些传统的具有人类普适意义的道德习惯逐渐被抛弃，并引起了一些不好的社会后果，在某村即发生了一例不孝敬老人之事。

---

[1]　仲富兰：《中国民俗文化学导论》（修订本），上海：上海辞书出版社 2007 年版，第 12 页。

事情的经过是：某家两个儿子都聪明能干，借改革开放促进发展之机发了财，将原有的破旧茅草房（旧时民间所称的"白屋"）换成了砖混结构的楼房，两兄弟也都各自搬进了自家的楼房。可是，他们却不允许年迈的老母亲同样也搬进去，由此引起了周边群众的指责、批评，但效果并不理想。于是，有村民想了一个办法，买了一小瓶油漆（化学漆）在两兄弟新房的墙壁上写下了一首打油诗，其实只是一首顺口溜：

> 房屋有几处，老人无房住。
>
> 我村有此人，是谁最清楚。

这是一种极高明的道德劝进智慧：①在方式的选择上，恰当地运用了公开与隐秘相结合的方式，把劝进者置于整个"社会"中，人们可以不问是谁写的，只须知道有人写了即可，从而证明这是一种"社会"行为，都会以"有人写"了那样一首诗即可，因而效果也是"社会"的。这是回避了直接指责的冲突方式，也回避了层层反映的组织方式，更是排除了法律方式，而是直接选择了"社会舆论"的方式。②在对象的针对性上，直接写在这不孝敬老人的事主房子的墙壁上，把有意与无意巧妙地结合，说有意吧，在农村，在墙壁上乱写乱画并不少见，因而属"无意"行为；说无意吧，为什么这件事又那么巧，就专门写在了事主家的房子上，看是又是一种明显的"有意"为之，从而把事主置于非常难堪的地位，结果是只能用行为证明："那说的不是我们！"③通过购买一定的工具来处理这件事，一方面说明事主不孝敬老人的行为的确做得有点过分，引起了社会的公愤，因而出现了"大路不平有人踩"的自发反对行为。另一方面也显示了写诗人的维持良好社会道德风尚的决心，实际上是一种社会道德力量的宣示 —— 一种愿意为之付出代价的道德力量、道德意志。④社会的道德信念、道德意愿、道德意志等，在"危机"应对时才会以自觉而明确的形式表现出来，形成了一强大的社会力量，因此，在民俗社会，这种民俗的道德力量，有其得以实现的内在机制。

我们还可另以民间建筑为例说明我们人人都是文化的。这里以大理白族的"三坊一照壁"建筑为典型加以说明，因为那已经成为文化经典。

"三坊一照壁，四合五天井"是白族民居建筑中最基本、最常见的形式。其建筑形式也影响到了周边地区的建筑格局，如丽江等地也多见这样的建筑形式。所谓

"三坊一照壁"，即指正房较高，两侧配房略低，再加一照壁，看上去主次分明，布局协调。在结构上，一般正房一坊较高，方向朝南，面对照壁。主要供老人居住；东西厢略低，由下辈居住；天井供生活之用，多用砖石铺成，常以花草美化。如有临街的房屋，居民将它作为铺面。先锋街20号杨宅，是城镇中三坊一照壁较好的一例，三坊每坊皆三间二层，正房一坊朝南，面对照壁，主要供老人居住；东、西厢房二坊由下辈居住。正房三间的两侧，各有"漏角屋"两间，也是二层，但进深与高度皆比正房稍小，前面形成一个小天井或"一线天"以利采光、通风及排雨水。通常，一边的漏角屋楼上楼下作卧室或书房，也有作杂物储藏室的；另一漏角屋常作厨房，高为二层但不设楼层，以便排烟。漏角屋的入口一般在厢房厦子的端墙上，设门控制。

（四）乡村文化精英

由于中国传统社会的特殊性，研究民俗必须提到乡村文化精英的作用。秦晖把中国古代国家和乡村社会的模式概括为："国权不下县，县下惟宗族，宗族皆自治，自治靠伦理，伦理造乡绅。"[1] 认为伦理作为道德规范领域一种长期稳定存在的价值观念，是历史的积淀和文化的反映。基于此，古代乡村社区的自治主要是依靠文化力量，乡绅的权威来自他作为文化精英所拥有的较普通人更多的文化资源。因此，张鸣认为，"传统乡绅在乡村中的作用，一般是通过软性和间接的渠道实现的，他们的权力属于文化权威，来源于农村共同认可的文化氛围和资源"[2]。事实上，乡村文化的力量，主要又是根据民俗文化的约束力量而获得的。

同时，乡绅不仅通过乡村文化精英的身份实现对乡村社会政治生活的引导和社区秩序的控制，而且还在文化传承方面发挥着重要的作用。刘博认为："农村士绅通过科举拥有的士绅身份，是保持其在农村中的精英地位的基础，他们借此获得社会的尊重，并成为农村社会与文化活动的主导者和组织者。"[3] 何兰萍等人也发现："以乡绅为代表的乡村精英与乡村文化知识的传承和再生产之间有着重要的关联，在维

---

[1] 秦晖：《传统十论——本土社会的制度文化与其变革》，上海：复旦大学出版社2003年版，第3页。

[2] 张鸣：《乡村社会权力和文化结构的变迁》，南宁：广西人民出版社2001年版，第2页。

[3] 刘博：《精英历史变迁与乡村文化断裂——对乡村精英身份地位的历史考察与现实思考》，《青年研究》2008年第4期。

护乡村秩序以及礼仪规范化方面发挥着举足轻重的作用。"[1] 正是乡绅自觉的文化保护和传承意识，巩固了中国传统文化传承的根基，保持了中国文化在继承中发展的特点，这也是仅仅依靠口传心授的非物质文化遗产能传承几百上千年的原因所在。

事实上，中国的乡村精英作用是与民俗文化直接相联系的，正是因为有相应的民俗作为根据，乡村精英的作用才得以实现。比如在有些地方，当村民在遇到纠纷或难堪的问题时即"吃茶"——请本族中最有威望、最具权威的长者来评判，并以此评判结果为最终裁定，茶钱由输方负责支付——这是一种与现代法制精神有一致性的特殊的解决问题方式，但这是一种由乡村精英实施的略带"人治"特征而实际上是德治或礼治的处理方式。更为奇特的是，在上海等一些地方，这种方式的处理和评判者还有一个特殊的称谓——老娘舅。从这个称谓来看，显然又不只是"德高望重"那么简单。直到如今，据说上海人还常常将在复杂事情中请来判断是非的仲裁者（或判定者）称为"老娘舅"，以至于在俚语中将人民警察、交通警察也称为"老娘舅"[2]。自然，民俗文化本身具有相当的调合力量，但以"老娘舅"来称谓确更具民俗文化的意义："舅舅"作为一种特定的角色身份，通常是指称母亲或妻子的兄或弟，而"舅"所具有的如此之大的权威，以至于在家庭事务中占有特殊的地位和特殊的权威，则根源于原始社会的母系氏族公社时期。当时普遍的婚姻形态即实行"从妻居"婚姻原则的群婚家庭。在这种家庭中，虽然很清楚谁是孩子的母亲，但却难以确定谁是某一孩子的父亲。因为在"从妻居"的婚俗中，丈夫随妻子居住或晚上男方到女方家居住，白天又回到自己的氏族，双方维持的仅仅是性的关系，并没有共同的经济基础，而双方都只与自己的母系氏族保持着财产关系。在这样一种松散脆弱的婚姻关系之下，双方随时都可以离异，造成的后果是"知母不知父"，生父与子女的关系非常冷漠，子女由母亲和舅舅供养，父亲没有抚养子女的义务。子女和父亲互不了解，成年男子没有"儿子"这个概念，孩子只承认是自己母亲的儿女。与此形成鲜明对照的是，舅父以及以舅父为代表的母系亲属却对外甥的抚养、成长、进入社会和婚姻等负有特殊的责任，因而形成了一种特别密切的舅甥关系。

---

[1] 何兰萍、殷红春、杨勇：《乡村精英与乡村文化建设》，《天津大学学报》（社会科学版）2009 年第 6 期。

[2] 仲富兰：《中国民俗文化学导论》（修订本），上海：上海辞书出版社 2007 年版，第 170 页。

这种习俗一直延续到近现代不少地方的"娘亲舅大"的习俗中。当时的情形是：外甥可以继承舅舅的财产和继承舅父的职位，外甥依靠舅父的抚养和教育。据学界研究，中国民间神话传说中的"葫芦崇拜"故事，说"人出自葫芦"、"人从葫芦中出来"，实际上就是说的人从女性的肚子里出来，因为葫芦的大腹，正好象征着女性怀孕的形态，它的空间和容纳性使人们想象到女性的子宫和身体。所以"葫芦崇拜"，其实也就是女性崇拜的反映，以葫芦为女性象征并加以崇拜，也是"知母不知父"的母系氏族社会人们对女性地位的承认和尊敬的写照。在这种观念的支配下，以"舅父权"为代表的母方家族在外甥的心目中也就具备了崇高的地位和权威了。[1]

自然，乡村精英并不仅限于"老娘舅"，但也不可否认的是，乡村精英作用在民俗文化的形成与实施过程中的确具有重要作用。我们这里再以《从"四合院"到"六合院"——地方性知识的运用》为例来说明人人都是文化人的观念在民俗文化中的深刻体现与形象展现，并以此说明乡村精英的民俗文化作用。

瞿家湾的建筑在空间布局上有一种大体相同的格局，有中国传统建筑中重视家庭、家族文化的基本精神，因而建筑多以院落（或天井）为核心布置并沿纵轴方向展开，形成整体上的狭长格局（这种格局直到现在还有影响，你在洪湖市新堤的街上随处可见其相似结构）。学界依据建筑空间布局中室外空间尺度的不同，已将瞿家湾的建筑分为院落式、天井式和天斗式建筑。从室外空间而论，院落式建筑的室外空间尺度最大、天井式次之、天斗式建筑"无"室外空间，其天斗空间属半室内的性质。

瞿家湾的院落式建筑区别于北方的四合院，一般是由基地的三面围墙及一面建筑围合，应属普通家庭既考虑街道总体特色又考虑自身经济实力所作的变通处理，借用现在的用语，相对于天井式和天斗式建筑而言，应属经济适用型院落。直到现在，这种建筑格局在普通家庭的建筑中还较普遍使用。在瞿家湾，其院落平面只有一进，尺度多大于6m×7m，既有前院后宅的"街—院—宅"格局，又有前宅后院的"街—宅—院"格局。相比较而言，前院后宅式建筑的院落是街宅之间的过渡空间，具有一定的公共性；前宅后院式建筑的院墙封闭，且对外只开一门而极具私密性，显得更为封闭、安全、稳定。但不管何种格局，院落中均可种植农作物或树木花草，于所设通达路径周围多了些景观情趣，是集自然气候与人文精神于一体的中国式园

---

[1] 仲富兰：《中国民俗文化学导论》（修订本），上海：上海辞书出版社2007年版，第170页。

艺景观格局。

瞿家湾的天井式建筑进深较大，基本上是明清以来普遍盛行的北方四合院建筑的南方化。之所以需要布置天井，是由于左右有毗邻的房屋都不便开窗，但又必须采光，于是有了天井式建筑格局。整个建筑的各种房屋都紧紧围绕天井布置，使天井成为一种必备的采光、通风设施，而且十分契合道家的"凿户牖以为室，当其无，有室之用"（《道德经》第11章）之理论。一般天井平面的尺度据家庭情况而有所区别，大的约为4.5 m ×5m、小的约为2 m ×3m；从天井与各建筑房屋的关系看，天井与明堂、厅堂连接处以敞口形式建造，使内外空间无明显界限，从而体现出一定的开放性；天井四周的房屋建筑相互联属，通过屋面搭接且四面瓦顶朝内而具有一定的封闭性、内向性，与整个中国庭院建筑的基本精神一致；同时，这种格局既有利于雨天时屋顶承接的雨水向内流入天井（故民间又称此为"四合水天井"），又有利于太阳出没时把阳光通过天井照射入各屋内。因此，其房屋的坡面设置既要充分考虑当地的雨量，又要考虑阳光射线的角度，因而极具科学性，包含着相当丰富的流体力学与光学知识；再者，从风水学上看，水是财富的象征，流入天井属"四水归堂"，取财不外流的基本喻意，再经由天井内的排水沟和地下暗道排流至屋外，属暗水回环的内排水方式，有"四水合抱"的风水意义；除此风水意义而外，此种排水方式对公共空间的影响极小，又极具科学性、适用性、闲适性。前述的宗伯府是瞿家湾现存天井式建筑中最具代表性的建筑，并且是平面式的三进二天井（一大一小），多井的幽深感给人以庄严、肃穆、神圣之感，恰当地承载了宗祠建筑的特殊文化精神，对宗族信仰的培育有极大的影响。

瞿家湾现存的天斗式建筑以瞿声宝宅和春义行最具代表性，其共性是两栋建筑的天斗都位于房屋的第一进与第二进之间，通过天斗把公共性质的店铺与私密性较强的正屋联结起来，形成各建筑之间之"明—暗—明—暗"的空间关系，学界认为由街道进入屋内经过天斗空间时，光线的增强可以给人以"即将进入屋主的私人空间"的心理暗示，体现出一定的文化意义。春义行的格局，我们将另行以专文讨论。

瞿声宝宅位于老街北侧西段，建于1922年，前商后住，坐北朝南。现存的建筑为穿斗式梁架砖木结构，共有三进屋架，局部为二层高构，通进深为24.4m，通面阔为11.3m，占地面积为274m²，建筑面积达400m²。第一进为向街铺面，呈敞口门面，进深为九柱十檩共五间（含挑檐之上的檐檩），檐下阁楼堂面的堂面门为二合双扇，铺面左右各装有柜台半装活动铺板，堂面则装有六合大板门，板门左右设有抱鼓石一对（已有部分毁损），前檐柱上装有云纹龙撑拱四根，文化诉求较强；第二进是厢房，建筑的局部有二层，进深为五柱五檩，其中厢房即围绕中间的天斗空间布置，二层厢房装有二合二川格扇门，格扇门外通悬臂转角走楼，楼周设有车齿护栏。在第一、二进间墙开有一门但无门扇，门前后地面上各铺有一方形青石，据称青石用途有三：一是预报天气，如说雨欲来时青石面会出现细小水珠，干旱时也有相应的反应；二是劈柴，青石硬度比用于铺地的小青砖大得多，居民经常在其上劈柴；三是用以体罚家庭中的违规子女。第三进是正屋，进深为九柱九檩，在檐下的照面开有小窗，走楼下正屋左右房前紧靠厢房各装有五抹头满天星格门各一扇，正屋装有退堂鼓皮及二合进门，左右房间前后装有四合门板，正屋紧靠亮瓦天井，室内采光效果较好。1931 年 6 月—1932 年 9 月第二次国内革命时期，中共湘鄂西省委机关即驻于此瞿声宝宅。1997 年，当地文化主管部门曾对该建筑进行过抢救性维修，复原了当年省委机关的室内陈设。

值得注意的是，天斗式建筑广泛地出现于江汉平原广大地区，学界认为这是一种适合当地气候的建筑构件，外形类似"斗状"屋顶，屋顶的部分布瓦被玻璃制的透明亮瓦取代，亮瓦多为玻璃制作，形状与普通瓦片相似，常见尺寸为18cm×36cm。天斗可解决大进深建筑的采光、通风问题，相比天井而言，天斗还具有对雨、雪等恶劣气候条件的抵御能力。在瞿家湾，当地人将普通天井称"落雨天井"，将顶带天斗的天井称"亮瓦天井"，朴素的语言中体现了天斗空间与天井的差异之处。[1]

为什么在南方会出现"天井式"和"天斗式"建筑？这是一个值得深思的问题。一般来说，建筑有横向、纵向之分，横向建筑是平面而平行的，它在给人们提供生活栖息之地时，似乎也在既给予人们以自由的承诺，又让人产生惧怕，以至于在人们到家时即在一种"终于到家了"的感觉中松懈下来，甚至产生一种"死了都不怕"的错觉或产生相应的神秘感。因此，横向建筑不仅仅意味着无边无际的宽大舒适，而且也在充满无限机遇的同时暗示了屈服，把睡眠、休息与死亡、崩溃串联起来。相对而言，纵向建筑是直立的，代表了一种非常引人注目的进攻性，那种直奔天庭的野心通过那个竖着的轴心把天和地强行地连接起来。相比而言，中国的传统建筑

---

[1] 请参见何展宏先生硕士论文《湖北洪湖瞿家湾古镇研究》（2005）的相关论说。

形式一般是采用横向形式，相依自然而与大地紧紧相连，根据八卦所指示的各类自然物都紧紧地依偎在建筑周围，表现出中国人从容而稳健、闲暇而平和、淳朴而自然、自信而保守……的基本性格，显示出一种"天地与我并生，万物与我为一"[1]的旷达感，是中国传统世界观和信仰习俗的深刻体现。从瞿家湾宗伯府建筑梁匾上书写的"左长庚"、"右启明"分别代表白天黑夜，表示日月交替不停运转的直观可以寻出，中国传统文化背景下的横向建筑其实已具有调和人与自然、黑暗与光明、生与死的两极互通的特点，与中国传统的生命观、灵魂观、循环宇宙观都达到了高度的契合。在这里，建筑线条柔和而亲切，建筑形式素朴而自然，加上基本上用纯天然的木材作为主要的建筑材料，从而在人与自然的对立中实现了天人合一，并成功地把自然的东西转化为文化的东西，借以不断地体现和培育着中国人的温和、务实的性格。相反，在西方文化传统下，其建筑多采取纵向形式，除其上达天庭的浓郁的宗教色彩而外，也突出地通过纵向建筑高度把人们的目光引向天空、伸向宇宙，不仅引诱了人们探索宇宙神秘和无际灵魂的雄心，这一点，我们从《科学的灵魂》中可以看到许多有趣的故事[2]；而且更为重要的是，纵向建筑过分地夸大了天与地、黑暗与光明、生与死、自由与必然、主观与客观……的两极对立，在追求和张扬个性时显得坦率而夸张、自豪而骄傲、刚猛而冒险、好奇而进攻的外向果敢性格，加上西方传统建筑喜欢选择线条刚硬的石材作为建筑材料，在追求永恒不灭、无生无死境界的同时也培养出了自高自大、不顾他人的利己主义，当今美国式霸权逻辑（即他的安全才是安全，别人的都不对；他同意的就是标准，别人的都不行。自然，美国人的这种心态，实质上也是一种"弃民"心态，因为其开国之人是典型的"弃民"——无论是被流放的还是自己逃离祖国而去的，都是"弃民"，一种典型的利己主义式"弃民"；其后来的移民，自然有部分被迫的移民，但仍然有主要是抛弃自己祖国而去到美国的"弃民"，也仍然是一种利己主义的"弃民"）可以说是其现实体现。

中国传统的合院式建筑——四合院是典型的横向建筑，其格局为一个院子四面建有房屋，从四面将庭院合围在中间，故有"四合院"之名。考古研究表明，四合

---

[1] 《庄子·齐物论》。

[2] [美]兰西·佩尔斯（Nancy Pearcey）、查理士·撒士顿（Charles Thaxton）合著，潘柏滔译：《科学的灵魂》（500年科学与信仰、哲学的互动史），南昌：江西人民出版社2006年版。《科学的灵魂》被誉为"20年来关于科学与信仰方面最好的一本书"。

院至少有 3 000 多年的历史，在中国各地也具有多种不同的类型，其中以北京四合院为典型。根据各地综合，四合院实际上是三合院前面由加门房的屋舍来封闭。根据其形制，若呈"口"字形的则为一进院落，"日"字形的为二进院落，"目"字形的称为三进院落。瞿家湾的"宗伯府"即为"目"字形。一般而言，大宅院中，第一进为门屋，第二进是厅堂，第三进或后进为私室或闺房，是妇女或眷属的活动空间，一般人不得随意进入。按照一般的解说，四合院，特别是北方传统民居中的四合院就充分体现了中国传统的哲学思想。所谓的四合，就是四象、四方、四时和五行观念的集中体现。四合院还注重中轴线和对称性，体现了八卦方位的含义。它按照"后天八卦方位"来立说：大门一般开在东南角，有些规格稍低的四合院门则开在西北角，东南是巽卦方位、西北是乾卦方位，寓意吉祥，还有紫气东来的寓意（东南角巽地，巽为风、为入，寓意财源滚滚而入），又欲健行天下（西北，乾为天，"天行健，君子以自强不息"）；跨进大门见到的是影壁，用以遮挡街道行人的视线……通过影壁而进入前院，其南侧坐南朝北的房间被称为"倒座"（指建在最南边的房屋，北向，一般堆杂物或作为男性仆役的居所，用"倒座"称之，显然有"不顺"的价值评价在其中），即后天八卦的"离"位；西厢，建在正房的右面，西为兑，兑卦象为少女，西厢为年轻女性居所，若读过《西厢记》，你就知道那是写少女的（中国传统文化中"千金"由男儿身变为女儿身，应与女儿居西厢有相因关系，尽管目前还没有做专门考证，但从五行说，西方为金；从人来说，西方为少女，二者结合，于是在元明以后逐渐规范化为以"千金"指女儿，就像西方为秋为金而称为"金秋"那样自然）。东厢，建在正房左面，东为震，卦象为长男用事，东厢房安排男孩入住。其前院和正院间有二门且装饰华丽，因有两个垂花柱而被称为垂花门，只有过垂花门才能进入四合院的中间庭院，其内种花植木，或摆设花盆鱼缸，实际上是全家室外活动的中心。在四合院中，坐北向南的正房用料和装修最讲究，正房间数是奇数，中间的明间开门，宽度较大，这是四合院的核心，体现传统北方建筑中"坐北朝南"为尊的文化精神，即孔子《论语·为政》所谓"为政以德，譬如北辰，居其所而众星拱之"之意。之所以叫正房，既以居中为贵，故为家长所居。正房的门窗向南取向明（离）之意。后屋，为堆放杂物及女性女仆居所，也是炊事之所，因为厨房是生火的地方，故安排在居北方的坎位，而坎位属水，取水克火之意；又因主房、灶间、大门三大要素在方位上象征相生，主房居正北坎位，属水，宅门置于东南方，属木的異位，表示水木相生 [1]……如下图。不过应注意的是，广东、福建等地客家人的围龙屋、土楼，云南的"一颗印"式住宅，台湾、四川和长江中下游地区的许多住宅都为宫室式住宅，与四合院有不少共性特征。

可以看出，北方的四合院，从大门的开设到内部的设置，都有一个基于太过远离北回归线 [2] 的因素，考虑到采光因素，因而把大门定在东南位置或西北位置；同时，北方农业文明的重要资源是太阳与水，而太阳来自南方，北方又极需要水，因而南北二位即成关键位置，我们从八卦以南方为离为日为火、北方为水为月即可见出这种定位的现实依据；与此相应，由八卦推演的六十四卦，前面的诸卦中，除乾坤二卦而外，三至八卦都与坎卦即水相关，即向人们传递的重要信息是向南要阳光向北要水源（或许与神话传说中的夸父"北饮大泽"相关），反映了黄河中下游流域农耕文明"以水为生、以农立国、家国同构"的社会特征；六十四卦的最后两卦，即是由此两卦反复构成，也同样隐喻了二者的重要性。可以说，对于中国北方来说，南北才是文化的轴线，因而其建筑的宇宙观是平面的、四合的。

相比而言，在南方，一方面由于是较为破碎的山地居多，一方面是离北回归线不是很远，南北向的这种必要性并不明显，甚至形成了自己的独特的方位界定，出现了苗族九卦、普米族"八卦图"、彝族八卦、纳西族"青蛙八卦"，及至水族的所谓"连山易"体系，反映了南方山地地形地貌的复杂性。人们在这种环境下，仰观于天（向上）、俯察于地（向下），然后寻找太阳的起落（南方多有寻找太阳、喊太阳的神话、史诗及传说故事）和水的流向（如横断山区河流的北南流向对观念的影响），于是形成了南方特有的八卦体系——先天八卦体系：以天地为纵轴（视野开阔与大地富涵，不能只看"簸箕大的天"，天乾为南、地坤为北）、坎离为横轴（月坎为西、日离为东，太阳的东升西落、江河的滚滚东流），这就是《说卦传》的所谓"天地定位"、"水火不相射"的真谛，至于"山泽通气"之东南与西北，恰属东南亚季风气候的雨势特征（山艮为西北、泽兑为东南，雨从东南来）；"雷风相薄"之东北与西南，也恰与南方山地之东北的风雷之向吻合（雷震为东北、风

---

[1] 居阅时、瞿明安：《中国象征文化》，北京：上海人民出版社 2001 年版，第 498 页。

[2] 北回归线（Tropic of Cancer），是太阳在北半球能够直射到的离赤道最远的位置，是一条纬线。也就是地球绕太阳公转所绕成平面与地球赤道面所成的最大角度，也是黄赤交角的角度。1976 年第 16 届国际天文学联合会上，决定将 2000 年的回归线位置定为 23°26′21.488″N。

巽为西南），因此，先天八卦适应了南方山地的地理气候特征。

正是这种自然地理特征与八卦方位的特殊指向，加上南方的多雨天气，使南方民间建筑的最高范型是六合院而不是四合院。

六合院是典型的南方宇宙观。在《墨子·经上》有言："久，弥异时也，合古今旦暮；宇，弥异所也，蒙东西南北。宇徙有处南北，在旦又在暮。"反映了中国古人对时间空间的重视，后来由"宙"代替了"久"，形成了所谓的宇宙观。《文子·自然》曰："往古来今谓之宙，四方上下谓之宇。"而在《庄子·齐物论》中即有了宇宙的连用："旁日月，挟宇宙，为其吻合。"这里最直接的是上、下、四方的六合空间观，在《庄子·齐物论》中有"六合之外，圣人存而不论；六合之内，圣人论而不议；春秋经世先王之志，圣人议而不辩"之说（或理解"圣人"为孔子，故变成了孔子"存而不论"了），成玄英疏即以"六合：天地四方"指称，而这正是南方民间建筑的基本空间观。

首先应肯定的是，天斗空间的建筑肯定不是北方东西南北四方四合的"四合院"格局，而是增加了"天斗空间"（从目前学界所见，"天斗式建筑"并不是一种普遍的习称，因而在百度上条目不多），加上下面的"天井"即成了"天地四方"或"上下四方"的六方之合，因而成为"六合院"，即除强调东西南北四方四合而外，还特别强调上（天）下（地）二合，合为六合，形成六合格局。如果"天井"再向下延伸（地下），形成如湖北利川大水井李氏宗祠的建筑格局，再配以此种房屋结构上的"天斗"（天上），即形成南方传统的天上地下人居中的三层或三界宇宙，因而在房屋设计上即成了"六合院"。在讨论春义行时，我们曾强调：瞿家湾的民宅天斗空间都为两层通高，平面尺度大的约为 4.5m×5m，小的约为 2m×3m。这个空间因为有了天斗的遮蔽，具有抵御雨雪等恶劣天气的功能（适应南方多风雨天气），同时又具有普通天井的采光、通风功能，从而大大增加了居民在这个空间停留的机会。瞿家湾现存的天斗式建筑中天斗空间的地面与周围地面并无高差，这说明居民是把这个区域与其他室内空间同等视之。从建筑设计来看，天斗与周围屋顶相交处设置有内檐沟，内檐沟下接有雨水管，下雨时雨水顺坡滑落至内檐沟，再由雨水管引导至墙角处排出。据此，我们有理由相信，基于北方的"四合院"格局，应强调南方民间建筑的"六合院"格局范型，至于那种无"天斗"而有"天井"的建筑，即使"天井"未向下延伸，也可算成是"准六合院"建筑，或可称为"五合院"，这就是我们对江汉平原"天斗式建筑"的文化认知。

二、生存需要的民俗投影

在现代的学术研究中，"生态"已成为相当热门的词汇。作为一个标识生物所依存的状态及其在这种状态下的生物本身的生活状态，"生态"至少有四层内涵：一是自然的山川形势之态，其所指即它们能为生物提供什么样的自然环境，在这一层面，生物会发生对自然的选择性关系，有去有留、有遗传有变异、有兴有废，形成一种生物的环境选择性，在一定程度上说，生物进化论即以此为据。二是反映生物对环境的评价，这在一定程度上反映了生物的环境认知，如汉语中原体的生、态二字即能提供这种史影：甲骨文的生字像地上长出草木，与此相关的评价则如牲、產、产、甦、姓、臂、犾诸字，并体现出一种环境及相应评价意义；至于态字则其意更深一层，即"态，意也"，反映出生物对对象的主观评价与认知，如通常说的恣态、诈态、变态、淖态……并可见一斑。由此而进入第三层次，即现在通常指生物的生活状态，或者说指生物在一定的自然环境下生存和发展的状态，也指生物的生理特性和生活习性。简单地说，生态就是指一切生物的生存状态，以及它们之间和它与环境之间环环相扣的关系。以此为基础，生态进入第四层次的内涵：人们特定的价值诉求，在这一层面，生态超越其产生时期研究生物个体的视角，使生态一词涉及的范围越来越广，特别是常用生态来定义许多美好的事物，如健康的、美的、和谐的等事物均可冠以生态修饰。相对而言，中国文化传统中的生态一词即如此意，一是指所显露的美好的姿态；二是意指生动的意态；三是指人们所知与评价的生物的生理特性和生活习性。[1] 当我们从民俗文化来认识其与人的关系时，我们即可指认民俗文化即是人们在特定环境中适应环境以满足生存发展需要的文化生态。

（一）人在与环境的互动中形成与发展

在不同的生态环境条件下，人们会形成不同的民俗，其基础则是人们的生存环境，包括地理环境。人们往往会说"人是环境的产物"，并指认这一点首先表现在自然环境对人的生理等方面的影响与决定上。但仔细思考起来，这一点并不正确，

---

[1]　萧洪恩等：《长江流域的生态世界：天人之镜·引论》，长江出版社 2014 年版。

因为一个基本问题是，在地球的同样进程中，为什么好多种类的物种灭绝了，其中还包括恐龙一类巨型动物，而人类却在不断地进化发展着。生成现代人的腊玛古猿、南方古猿、自立人、智人进化序列表明，人类起源于新生代，新生代又分为第三纪和第四纪。第三纪分为古新世、始新世、渐新世、中新世、上新世；第四纪分为更新世和全新世。第三纪是哺乳动物发达的时代，在第三纪的始新世开始出现最早的灵长类。到了渐新世，从原始的灵长类中又先后出现了猴类和猿类，最早的人类是从古猿演化而来的。有证据表明，猿类是从猴类分化而出的，其时约在第三纪的渐新世。现在知道最早的应是阿喀琉斯基猴，最早的古猿是原上猿，其后是埃及古猿，继之则是森林古猿。森林古猿应是人类的远祖，其体质特征界于猿类与人类之间，且肢骨尚未特化，既可向现代猿类，也可向现代人类的方向发展，因而它们被认可为现代的大猿（黑猩猩和大猩猩）和人类的共同祖先。森林古猿后来分化为巨猿、西瓦古猿和腊玛古猿等，其中一支后代成了现代类人猿，另一支则朝着人类的方向，形成腊玛古猿一类的动物。人们较为普遍地认为腊玛古猿的体质形态和人类比较接近，可能是最早从猿到人过渡期间的生物。腊玛古猿已逐渐适应于开阔地面上的生活，并逐渐演变成原始类型的南方古猿那样的一类动物。腊玛古猿生活在距今约 1 400 万年到 800 万年之间，南方古猿的原始类型则已经习惯于地面生活，能直立行走，能利用天然的工具，但还不能自己制造石器工具。从原始类型的南方古猿进一步演变成进步类型的南方古猿，就已经是早期猿人了，它们能制造非常原始的石器工具。在这一过程中，它们的手和脚有了进一步分工而出现人的手和脚；它们的头部也已逐渐发展成为人的样子。有研究表明，到目前为止所发现的人类化石，就是能制造工具进行劳动的人类，基本上可以归纳成为两个或三个物种：一是南方古猿中的某些进步类型，他们能制造工具，进行劳动，脑子也比较发达，他们的生活年代从距今大约 300 万年或更早些开始。这种人类可以叫早期猿人，他们也可能跟直立人属于同一个物种。二是晚期猿人，或称为直立人。中国和国外所发现的各种晚期猿人都是直立人这个物种的不同族或不同亚种。直立人大约生活于距今 250 万至 20 万年期，目前在非洲、欧洲和亚洲都有发现，他们已能制造使用工具、用火，甚至狩猎。中国的巫山人、建始人、元谋人、周口店北京猿人、蓝田人都属于直立人。至于晚期直立人，则在中国发现有湖北郧县人、南京人等。三是智人，即聪明人，所有的现代人也都属于这一个物种，因而不管哪一种族的人跟随便哪一种族的人结婚，都会产生正常的后代。中国所发现的马坝人、长阳人、丁村人、河套人、柳江人、资阳人、山顶洞人等以及国外所发现的尼安德特人、克罗马努人等都属于这一个物种。

从考古人类学上看，灵长类动物的生长需要十分苛刻的气候条件：温暖湿润、植物丰富、天然食物多。能够进化至人类，肯定是在与环境的互动中实现的。如有学者认为古巴国地域能成为人类文明的起源地，一个重要的原因即是这种"人"与环境的互动：巴域在北纬30度线左右，完全具备这些条件。其次，巴域产盐多，盐可以为大脑发育提供14种微量元素。再次，大西南盐带附近也是古代中国最早产生农业的地方。此外，古代巴域四周都是沼泽（如湖广盆地、汉中盆地等），随着季节轮换，人们开始搭窝棚定居，发展到筑吊脚楼等，文明就这样产生了。[1] 所以，我们强调"人"在与环境的互动中生存与发展。

在中国民俗文化中，人与环境的关系，我们仅从中国人体质上的南北差异即可见出：人在适应环境的过程中形成了体质上的适应性转化，最简单的表现是北方的蒙古眼与南方的大鼻孔、西北的勾勾鼻等。

人类学研究表明，铲形门牙、青斑、内眦褶眼是汉民族的三个典型标志，其中内眦褶眼又称蒙古眼，即眼的内角处上眼睑微向下伸而像小小的皮褶，遮掩泪阜。德国地理学家李特尔认为蒙古眼是适应干旱多风气候的产物，可以阻挡风沙，保护眼球。人们对中国南北方的汉民族有如下比较：在汉民族中，北方人肤色较浅，头型较宽，下颌较宽，多丹凤眼，眼裂开度较窄，鼻梁较直，嘴唇较薄，比较接近蒙古人种。南方人容貌特征是三大：眼大、鼻大、唇厚，比较接近马来人种。没有风沙，眼睛可以睁得大大的；眼裂开度较大，多浓眉大眼；鼻子较宽，鼻梁软骨上翘较多，鼻宽孔大，可以多吸入冷空气调节体温。广东人平均鼻宽40毫米，黑龙江人平均鼻宽37.5毫米。嘴唇厚也有利于体热扩散。南方人唇厚10毫米以上的超过10%。此外，黑龙江人基本上没有波状头发，广东人5.4%有波状头发。

"人"在与环境的互动中生存与发展，还表现在环境与人的文化的关系上，早在汉代，应劭作《风俗通义》即强调"风者，天气有寒暖，地形有险易，水泉有美恶，草木有刚柔也；俗者，含血之类，像之而生。故言语歌讴异声，鼓舞动作殊形，

---

[1] 萧洪恩等：《长江流域的农耕文明：国脉民天》，长江出版社2014年版。

或直或邪，或善或淫也"[1]。《尔雅·释地》也有说明："大平之人仁，丹穴之人智，大蒙之人信，空桐之人武。"这里，我们以秦汉时期长江流域的两大区域的民俗即楚越与巴蜀的比较就可看出。《史记·货殖列传》则说楚越之俗"剽轻，易发怒，地薄，寡于积聚……其民清刻矜己诺"和"巧说少信"。从环境方面看，巴蜀地区在地理位置上曾被划入关中，其地相当于今四川盆地，四周为大巴山、邛崃山、岷山和云贵高原等众多山川所围，与外界的联系只有《史记·货殖列传》所载先秦时修筑的沟通关中的千里栈道。巴蜀气候温暖湿润，降水充沛，战国时水利工程都江堰的修筑，更使广袤的巴蜀地区成为旱涝保收的"天府之国"。《史记·货殖列传》说"巴蜀亦沃野，地饶"，有"卮、姜、丹沙、石、铜、铁、竹、木之器"，还有"蜀、汉、江陵千树橘"。《汉书·地理志》说"巴、蜀、广汉本南夷，秦并以为郡，土地肥美，有江水沃野，山林竹木疏食果实之饶。民食稻鱼，亡凶年忧，俗不愁苦，而轻易淫佚，柔弱褊阨。景、武间，文翁为蜀守，教民读书法令，未能笃信道德，反以好文刺讥，贵慕权势。及司马相如游宦京师诸侯，以文辞显于世。乡党慕循其迹。后有王褒、严遵、扬雄之徒，文章冠天下。繇文翁倡其教，相如为之师，故孔子曰：'有教亡类'"。可以看出，在《汉书·地理志》看来，优越的生态条件使巴蜀"民食稻鱼，亡凶年忧"。所以"俗不愁苦，而轻易淫佚，柔弱褊阨"。即使是西汉景、武帝时蜀郡太守文翁"教民读书法令"，其民也"未能笃信道德，反以好文刺讥，贵慕权势"。但是，巴蜀民风对汉朝影响很大，如《华阳国志·巴志》曾说"周武王伐纣，实得巴蜀之师，著乎《尚书》。巴师勇锐，歌舞以凌殷人，前徒倒戈，故世称之曰：'武王伐纣，前歌后舞'也"。刘邦定三秦时就曾征发巴、蜀民众充军，并录巴人歌舞为《巴渝舞》。楚越之地西至川东，与巴蜀为邻，东到大海，为秦汉时的南疆，拥有秦汉帝国的半壁江山。《史记·货殖列传》说这一地区"其俗剽轻，易发怒，地薄，寡于积聚"；"通鱼盐之货，其民多贾……清刻，矜己诺"；"好辞，巧说少信"；《史记·淮南衡山列传》则说"荆楚剽勇轻悍，好作乱"；《史记·封禅书》则说"越人信鬼，而其祠皆见鬼，数有效"；《汉书·地理志》则说得更为详细："楚有江汉川泽山林之饶；江南地广，或火耕水耨。民食鱼稻，以渔猎山伐为业，果蓏蠃蛤，食物常足。故呰窳媮生，而亡积聚，饮食还给，不忧冻饿，亦亡千金之家。信巫鬼，重淫祀"；"吴、

---

[1] 王利器：《风俗通义校注》，北京，中华书局1981年版，第8页。

粤之君皆好勇，故其民至今好用剑，轻死易发"；"自合浦徐闻南入海……民皆服布如单被，穿中央为贯头"；《后汉书·第五伦列传》也说"会稽俗多淫祀，好卜筮。民常以牛祭神，百姓财产以之困匮"，等等。楚越民俗的形成得益于这一地区的生态环境。从自然地理的角度说，楚越之地属亚热带季风气候，降水充沛，气温较高，《史记·货殖列传》说"江南卑湿，丈夫早夭，多竹木"；"江南出枏、梓、姜、桂、金、锡、连、丹沙、犀、瑇瑁、珠玑、齿革"、"东有海盐之饶，章山之铜，三江、五湖之利"和皮革、鲍、木、果、布等等，可以说是"东有云梦之饶"。根据马克思在《资本论》中所关注的关于自然资源"在非常富饶、非常有利时，使人无所用心、骄傲自满、放荡不羁"，而那些自然资源匮乏的地区，"则迫使人要小心谨慎，有丰富的知识、技巧熟练和有政治才能"[1]。"过于富饶的自然'使人离不开自然的手，就像小孩子离不开引带一样'，它不能使人自身的发展成为一种自然必然性。"[2] 这似乎正说明了生态条件对楚越之地"信巫鬼，重淫祀"风俗盛行的影响。同时也印证了应劭所谓楚越"风俗朝夕取给媮蠕生而已，无长久之虑也"。《史记·货殖列传》也说"江淮以南有水族，民多食物，朝夕取给以偷生而已。不为积聚，乃多贫也"。另外，楚越之人凭借着"楚有江汉川泽山林之饶，而江南地广"的良好生态条件，居民无论是从事"火耕水耨"的农业生产，还是"以渔猎山伐为业"，都可"食鱼稻"，"不忧冻饿"，"无饥馑之患"。还有，《荀子·乐论》说"楚越之风好勇，故其俗轻死"……也就是说，楚越之人好勇、轻死，具有侠义之气，季氏兄弟可为其代表。《史记·季布列传》说"季布者，楚人也。为气任侠，有名于楚"。"季布弟季心，气盖关中，遇人恭谨，为任侠，方数千里，士皆争为之死。"《汉书·季布传》则引谚语说"得黄金百，不如得季布诺"，可见楚越之诺有多大的分量。在衣食住行方面，楚越之俗也可找到生态因素的烙印。《东观汉记》载："茨充为桂阳太守，民情懒惰多无履，足多剖裂，茨教作履。"这种风俗并非"民情懒惰"的结果，而是特定的生态条件下的产物。在食俗方面，南方为稻米产区，居民以稻米为主食，山区则"以渔猎山伐为业"，食用"果疏蠃蛤"。因江南有淫祀之风，故《风俗通义》说"会稽俗多淫祀，好卜筮。民一以牛祭，巫祝赋敛受谢。民畏其口，惧被祟，不敢拒逆。是以财尽于

---

[1] 马克思：《资本论》第 1 卷，人民出版社 2004 年版，第 587 页注 [4] 引文。

[2] 马克思：《资本论》第 1 卷，人民出版社 2004 年版，第 587 页。

鬼神，产匮于祭。或贫家不能以时祀，至竟言不敢食牛害。或发病且死，先为牛鸣，其畏惧如此"。还有，《东观汉记》记载，钟离意迁堂邑令，"市无屋，意出俸钱，率人作屋。人赍茅竹，或持林木，争起趋作，浃日而成"。

上述对比显然足以说明"人"在与环境的互动中具有不同的生存与发展状况。更为简明的例子即如我们通常所说的春生、夏长、秋收、冬藏等四季 24 节气，即明显地反映出民俗文化的区域性。与此相应的则如傣族的历法，不是把一年分为四个季节，而只是分为三个季节，即：热季（腊鲁焕）、雨季（腊鲁纷）、冷季（腊鲁脑）。这就是西双版纳地区季节特点在历法上的反映。这里，可以"女娲补天"神话来说明民俗文化的区域性。

《列子·汤问》：

> 天地亦物也。物有不足，故昔者女娲氏炼五色石以补其阙；断鳌之足以立四极。其后共工氏与颛顼争为帝，怒而触不周之山，折天柱，绝地维，故天倾西北，日月辰星就焉；地不满东南，故百川水潦归焉。

《淮南子·天文训》：

> 昔者共工与颛顼争为帝，怒而触不周之山，天柱折，地维绝。天倾西北，故日月星辰移焉；地不满西南，故水潦尘埃归焉。

《论衡·谈天篇》：

> 共工与颛顼争为天子不胜，怒而触不周之山，使天柱折，地维绝。女娲炼五色石以补苍天，断鳌足以立四极。天不足西北，故日月星辰移焉，地不足东南故百川注焉。

很显然，从"故天倾西北，日月辰星就焉；地不满东南，故百川水潦归焉"可见，这个神话的特点区域应是黄河、长江中下游文化的产物。这在中国的云贵高原，特别是在横断山区，就不会有这种方位感。

更具有代表性的或许应用闻名中外的十月历来说明而更有意义。

1984 年 7 月 23 日的《云南日报》刊登了一条重要的消息，报道了一个意义深远的发现：

> 我国彝族著名民族学家、云南社会科学院楚雄彝族文化研究所所长刘

尧汉，中国科学院自然科学史研究所助理研究员陈久金和南京大学天文系彝族副教授卢央，在一次深入凉山地区考察中，从一些年已古稀的彝族老人口里，偶然发现了彝族十月太阳历的线索。他们记录搜集了上百万字的资料，查阅和研究了大量的彝汉历史文献，掌握了大量人证物证，确证川、滇、黔彝族地区从古代直到现在，确实存在和运用过十月太阳历。

此后，在《光明日报》《文汇报》等国内许多报刊上都可看到这一消息，而笔者之所以下决心进行民族文化研究，也正是从这里开始的。表面看来，这只是一个单纯的天文历法问题，一个历数时日、计算时间、安排农业生产的问题，然而仅如此吗？我们根据刘尧汉先生之《中国文明源头新探》的介绍先述其内容，然后再加以说明这一"历法"的民俗文化意义：

十月历把一年分为五个时季三十个节气，每季两个月合72天，每月三个节气合36天，一年十个月360天，所余几日为过年日。其独特性表现为：有独特的纪年纪月体系而区别于后世的12个月体系，只有10个月，不仅全年的月份数不同，而且每月的天数亦不相同，每月天数的计算也不和月亮的盈亏圆缺发生任何联系，并且无大小月之分——每月一律36天，十个月360天，平年剩余5天、闰年剩余6天为过年日；有独特的纪日方法，它不是采用天干地支相配合的60甲子，而是单用12地支循环纪日，每月三个地支周，一年十个月共30个地支周，从而形成20个节气，与现行历法24节气很不相同；有独特的季节安排，即一年按土、铜、水、木、火序排为五季，每季有一母一公两个月，形成一月土公、二月土母，三月铜公、四月铜母，五月水公、六月水母，七月木公、八月木母，九月火公、十月火母的公母相连的格局，这是一种典型的阴阳五行格局；有独特的历史参考系，这就是以北斗星的周而复始与日影的周期回归为参考物，反映了它和华夏诸历法体系的相同点及共同的文化渊源，具体是以观测太阳运动定冬夏，以北斗斗柄的指向定寒暑，当太阳运动到最南点（日南至）为冬至，最北点（日北至）为夏至，当冬季黄昏北斗斗柄正下指为大寒，夏季傍晚斗柄正上指为大暑。民间流传的周公测影以定冬至、夏至，中原古历以北斗柄的指向定月份的传统，说明这种历法体系应产生于古代中原地区。所以，可以回答《管子》书中两次提到过的 30 个节气、每节 12 天的历法。[1]而《诗经·豳风·七月》只吟至十月而"改岁"(新的一年开始),并强调"一之日、二之日"等"过年日"的结论。而且更具有民俗意义的是,《易传·系辞》所言"天一、地二,天三、地四,天五、地六,天七、地八,天九、地十。天数五,地数五"的含义,中国神秘数字"三十六"及其倍数"七十二"的关系、来历等都可由之得到解释。[2]由此不难看出民俗文化与环境的深刻联系。

(二)民俗文化反映着生存需要

民俗在一定程度上直接反映出了人们的生存需要,是为了解决需要而形成的。我们这里不妨以春祭的民俗为例加以说明。

说春祭,其实应特别强调的是初春的天体祭祀更显意义,而与春祭相对应的是秋祭,其实都与中国传统社会的农耕文化特征相联系。至于春祭的对象及意义,汉代人王充曾说:

> "灵星之祭,祭水旱也,于礼旧名曰雩。雩之礼,为民祈谷雨,祈谷实也。春求(雨,秋求)实,一岁再祀,盖重谷也。春以二月,秋以八月。故《论语》曰:'暮春者,春服既成,冠者五六人,童子六七人,浴乎沂,风乎舞雩,咏而归。'暮春,四月也。周之四月,正岁二月也。二月之时,龙星始出,故传曰:'龙见而雩。'龙星见时,岁已启蛰,□□□:'□□而雩。'春雩之礼废,秋雩之礼存,故世常修灵星之祀,到今不绝。名变于旧,故世人不识;礼废不具,故儒者不知。世儒案礼,不知灵星何祀,其难晓而不识,说县官名曰明星。缘明星之名,说曰岁星。岁星,东方也。东方主春,春主生物,故祭岁星求春之福也。四时皆有力于物,独求春者,重本尊始也。审如儒者之说,求春之福,及以秋祭,非求春也。《月令》祭户以春,祭门以秋,各宜其时。如或祭门以秋,谓之祭户,论者肯然之乎?不然,则明星非岁星也,乃龙星也。龙星二月见,则雩祈谷雨。龙星八月将入,则秋雩祈谷实。儒者或见其义,语不空生。春雩废,秋雩兴,故秋雩之名,自若为明星也,

---

[1] 《管子·幼官》。

[2] 刘尧汉:《文明中国的彝族十月历》,昆明:云南人民出版社 1986 年版,第 44 页。

实曰灵星。灵星者，神也；神者，谓龙星也。群神谓风伯雨师雷公之属。风以摇之，雨以润之，雷以动之，四时生成，寒暑变化。日月星辰，人所瞻仰。水旱，人所忌恶。四方，气所由来。山林川谷，民所取材用。此鬼神之功也。"[1]

王充的这段话出自《论衡·祭意》，即说明为什么要祭祀？由此应可明白，人们的某种风俗是与人们的生存与生成相关的。从在河南南阳王庄发现的汉代画像石上有此类祭祀的形象来看，这的确是当时风行的民俗文化。原因也正在于以农为生的农业文明。如上所谓"灵星"，又名"天田星"，它是"东方苍龙"星象的"左角"[2]，是"东方苍龙"七宿之首，是司粮"土谷"的神明，其色苍苍，其明煌煌，故又曰"农祥"。古谚有所谓"农祥晨正闹春耕"之说即指此星。而东方苍龙是拱北极的四象之一，是北极崇拜文化现象的重要组成部分，"二月二龙抬头"的"龙头节"，及至寒食、清明祭扫等风俗，也都与"东方苍龙"有关。

在农业文明时代，为了有一个五谷丰登的年景，老百姓总结的基本条件是"人努力，天帮忙"，而"天帮忙"即希望风调雨顺。如何让天帮忙呢？这就要对主管风雨的天神行贿，特别是风伯、雨师、雷公诸神。比如，在古代初春诸祭中，除"灵星祭"之外还有"箕宿祭"。"箕宿"是28宿之一，为东方苍龙七宿之末，是主管风的风神，故《史记正义》释《天官书》"箕宿"时即说"箕主八风"，并强调"月宿其野，为风起"，故对"箕宿"给了一个"风伯"的礼称。另外也祭"毕宿"八星，因其是"雨师"，这是因为古人在天象观测的实践中发现毕宿天区的变化每每与雨水有关，故早在《诗经》以来即有"月离于毕，雨滂沱矣"或"离毕则雨"之说。[3]而民谚也有所谓"春雨贵如油，夏雨遍地流"之说。《月令》还有时间安排："立春后丑日，祭风师于国城东北。立夏后申日，祀雨师于国城西南。"[4]《后汉书》则把祭祀风伯的日子定在丙戌日，祭祀雨师的日子定在己丑日。"房宿"、"箕宿"是"东方苍龙"的腰身与尾巴，此祭祀自然也是龙祭。虽然各代具体情况不同，具体日期也有变化，但风伯雨师的祭祀却始终基于农业生产的现实需要，并以此影响

[1] 王充：《论衡·祭意》，上海：上海人民出版社1974年版，第392页。

[2] 司马迁：《史记·天官书》，北京：中华书局标点本，第1295页。

[3] 王充：《论衡·明雩》，上海：上海人民出版社1974年版，第234页。

[4] 杜佑：《通典》卷四十四，北京：中华书局标点本1988年版，第1241页。

着人们的生存与生成，寄托着中国民族的农业立国之梦。因为"四时皆有力于物，独求春者，重本尊始也"[1]。可见，虽然一年四季对生物都会产生影响，但春天却对庄稼的生长具有决定性的意义，因而古人"独求于春"而以春祭为主，一句"重本尊始"即表明其更加的重要性。这在"靠天吃饭"的时代，为获得足食丰衣、六畜兴旺，以实现自己的精神奇托，自然十分现实。

我们还可举出"老虎鞋"的生存智慧加以说明。一双小老虎鞋，那小虎的形象神态多么幼稚可爱，四条腿和虎爪被那可敬的孩子妈妈处理成一个慢慢匍匐爬行的动作，很容易让人联想到，家养的小猫、小狗跟人玩耍时的匍匐动作，使得这双鞋更增添了几分稚气；那小虎尾巴被处理成便于小宝宝提鞋用的小鞋拔；老虎的耳朵上，绣制上四条当地经常出没的小毒虫（里面缝进去的是专能驱这种虫的，一种气味浓重而对人体无害的中草药），倒给这小老虎又增添了几分俏皮相。我们可以设想一下：这样的一双鞋穿在刚刚学会起步、走路的幼童脚上，幼童还不敢抬高脚迈大步，而只能脚不离地地往前挪蹭时，那种情景你能分得出是宝宝在走，还是小虎在爬？在五月的农村，当你看到一个幼童，穿着这双（在当地是极其普通的）小布老虎鞋在门前学步，你能分得出：它是一双打扮孩子的手工艺术品，还是实用、适用的生活用品？它是专为打扮宝宝的装饰物，还是保护儿童的"消虫器"？可以说这各种功能界线在这双鞋上模糊了，分辨不出到底哪是艺术的审美，哪是生活的实用，哪是装满驱虫剂的驱虫器，哪是教育宝宝认识毒虫的图形教具。要说这各种功能和各种实用的界线都模糊了，不如说这多种功能和多种用途都统一了，统一得浑然一体，"混沌"一气。这浑然一体，是来自妈妈（鞋的作者）的爱子之心；这"混沌"一气，就是来自妈妈过日子的心气。这正是中国民间艺术的特点，同时也正是中国传统艺术精神的特色。

我们还可举出"夸父逐日"的生态智慧加以说明：《夸父逐日》被认为是中国上古时代保存下来的不多的几个汉族神话传说故事之一，故事首见于《山海经·海外北经》，后又见于《列子·汤问》，但二者差别较大。按照《山海经·海外北经》

---

[1]　杜佑：《通典》卷四十四，北京：中华书局标点本 1988 年版，第 1241 页。

所论[1]，夸父应该是一个身材魁梧、力大无穷古代勇士，对于人类在宇宙中的地位有明确的认知，以至于敢于拿着手杖去追赶太阳，他翻过许多座山，渡过很多江河，口渴的时候甚至喝干了黄河、渭水之水（"河渭不足"），于是准备往北边的大湖（或大海）去喝水，但最终并没有到达而是在奔赴大泽的路途中被渴死。尽管他直到死也没有赶上太阳，但却在临死前找到了对付太阳的办法，这就是他用自己的手杖化为一片"邓林"，学界认为这"邓林"即是桃花园，或说他的身躯也化作了夸父山。也就是说，夸父在最后显示出了卓越的生态智慧。

按照《山海经·大荒东经》的说法："大荒东北隅中，有山曰凶犁土丘。应龙处南极，杀蚩尤与夸父。"则夸父是被人杀死的，与此说有异。而《山海经·大荒北经》对夸父的人物特性也有明确的说法："大荒之中，有山名成都载天。有人珥两黄蛇，把两黄蛇，名曰夸父。后土生信，信生夸父。夸父不量力，欲追日景，逮之于禺谷。将饮河而不足也，将走大泽，未至，死于此。应龙已杀蚩尤，又杀夸父，乃去南方处之，故南方多雨。"按照这种说法，夸父还是一个自大狂。这一说法得到了《列子·汤问》[2]的认可。但尽管如此，也的确给我们留下了一个是渴死还是被杀死的疑案，郭璞认为："死无定名，触事而寄，明其变化无方，不可揆测。"显然表示无法理解这两种说法，所以后世学者以为是两个夸父，或认为是错简……这倒与我们的问题无关。我们只是想说明，《列子·汤问》对《山海经·海外北经》关于"化林"的说法有所发展：夸父抛弃他的手杖，在其尸体精血的浸润下，硬是由他的手杖化成了一片范围达数千里的桃林，终于在临死前想到了应对烈日的办法。按照现在的说法，这就是环境生产，实属生态智慧。

（三）中国民俗文化的地域差异

中国民俗文化的一个重要特征即是其乡土的差异性，其中还包含有中国人的宗族血缘意识及相应的情感因素，并由此进一步扩大到邻里的差异性，民俗中的"乡党"特性即是表现的这种区域差异性。

---

[1] 《山海经·海外北经》原文为："夸父与日逐走，入日；渴，欲得饮，饮于河、渭；河、渭不足，北饮大泽。未至，道渴而死。弃其杖，化为邓林。"

[2] 《列子·汤问》："夸父不量力，欲追日影，逐之于隅谷之际。渴欲得饮，赴饮河、渭。河、渭不足，将走北饮大泽。未至，道渴而死。弃其杖，尸膏肉所浸，生邓林。邓林弥广数千里焉。"

但是，若仔细分析民俗文化的这种差异性，在中国的特殊情景下，实际上表现为中国民俗文化的包容性、丰富性、多样性。这里不仅有多民族性、多地域性，而且有各类民俗本身的丰富性及其开放性，从而体现出中国民俗文化的宽容精神，不仅各兄弟民族文化始终和睦相处，相安为一，共同生活在一个国度内；而且对外来文化也持有一种包容精神。如从历史上看，考古学、历史学对中国古代的文化区划研究已经证明从上古时代起，中国就已是一个多民族的国家：黄河流域的夏族、淮河流域的东夷族、长江流域的三苗族及西北的羌族、大漠南北的山戎与猃狁等本就有了文化交融，黄河流域各族更是在相互影响与同化中形成了具有多民族因素的华夏族；秦代的车同轨、书同文、地同治、人同伦等文化措施，虽然实现了东夷、百越、诸戎、笮、夜郎等古代民族在政体上的全国统一，但在民俗文化上则在认同与分异的张力中走着自己独特的发展道路，其他的匈奴、乌孙、东胡、肃慎、扶余等民族则在汉代以后加入了中华民族多元民俗文化创造的进程。继起的魏晋南北朝时期，许多进入中原的少数民族更是在民族大迁徙、大同化过程中得到了共同发展，元代以后更是又加入了契丹、女真、党项、回鹘等各民族的文化力量，至明、清时期实际上已形成了现今的多元民族文化及相应的民俗文化格局。因此，中国民俗文化的民族性特点应是中国民俗文化研究必须承认的，这是中国民俗文化异彩纷呈、丰富多样的根基。

中国民俗文化的地域差异最明显地表现在中国语言民俗的差异性方面。在中国各民族中，据统计有 53 个民族使用本民族的语言，且分属于汉藏语系、阿尔泰语系、南亚语系、印欧语系、南岛语系等多个语族语支。

我们知道，语言的使用状况是反映民族意识与民族精神的重要方式之一。从语言的角度说，各民族都有自己的语言，用以表达自己的思想、情感。从下表可以看出，所列的 14 个民族中，从语系上看，属汉藏语系的有壮族、苗族、土家族、侗族、布依族、瑶族、黎族、仡佬族、水族、毛南族和广西仫佬族，达 11 个名族，从而在语言系属上具有基本统一性，另外的京族属南亚语系（澳斯特罗－亚细亚语系）、高山族属南岛语系（马来－波利尼西亚语系），但在民族渊源上又与古代的"百越"有共同的渊源。从语族上讲，各民族的多样性特色也十分明显，属壮侗语族（侗台语族）的有壮族、侗族、布依族、黎族、仡佬族、水族、毛南族、广西仫佬族、瑶族的拉珈语九个民族；其他则苗族属苗瑶语族，土家族属藏缅语族，瑶族的勉语、布努语属苗瑶语族，京族属孟高棉语族或壮侗语族，高山族属印度尼西亚语族，可显出丰富的民族特色。而从语支上看，壮族、布依族属壮傣语支，苗族、瑶族布努语属苗语支，土家族属土家语支（或说为彝语支），侗族、水族、毛南族、瑶族拉珈语属侗水语支，瑶族勉语属瑶语支，黎族属黎语支，仡佬族属仡央语支，高山族属台湾语支，仫佬族、京族不清。上述语系、语族、语支问题，未见畲语情况，因畲族的古畲语在与汉、瑶、苗等民族和长期杂居过程中已分化为惠东、福安、贵州三种畲语，不过研究表明，畲、黎、布依等族属同源异支民族。若再论语言使用，则更为复杂，如高山族即现存14种语言，即泰雅、赛夏、赛德克、太鲁阁、布农、邹汀、卡那卡那富、沙阿鲁阿、阿美、撒奇莱雅、卑南、排湾、鲁凯和雅美语等，可以看出，从语言使用的角度看，本卷14个民族的统一性与多样性都十分鲜明，充分反映出各民族的民族意识与民族精神。同时也说明中国各民族在语言上的文化交流与开放融合。

在宗教方面，仅佛教即有蒙古、藏族等信仰的藏传佛教系统特别是信仰喇嘛教，傣族、布朗族、德昂族等信仰的南传佛教，汉族、土家族等信仰的汉传佛教，更有回族、维吾尔族、哈萨克族、柯尔克孜族、塔塔尔族、乌孜别克族等十个民族信仰伊斯兰教，而道教作为中国的本土宗教，甚至已深入到民俗文化的各个方面；如果加上信仰基督教及民间的祖先崇拜、图腾崇拜、巫教、萨满教等等，则中国宗教方面的民俗文化就呈现出极端的丰富性。

从一般的生产生活民俗来看，长期从事畜牧经济的哈萨克族、柯尔克孜族、塔吉克族、裕固族、蒙古族等民族，长期从事渔猎经济的赫哲族、鄂伦春族、鄂温克族等民族，长期从事农业兼渔猎、采集的独龙族、洛巴族、怒族、傈僳族、苗族等民族，在风俗文化方面不仅有经济类型上的差异，而且有民族之间的差异，甚至在各民族内部还有族群之间的差异，如不同民族即有不同的婚俗习惯，像凉山彝族在婚礼的第一天，男方派同族兄弟做迎亲人。迎娶时，女方家族的妇女则准备好冷水、锅灰。迎亲人一进门，妇女们蜂拥而上，向迎亲者泼水、抹灰、打闹玩笑，然后以酒肉招待。第二天，迎亲人把新娘抱在马上驮走。结婚当日，寨中男女饮酒歌舞，说古唱今，而新娘则要把姑娘时的单辫发改梳双辫发，作为结婚标志。可见与一般的婚俗差异明显。而相应的，在汉族的婚俗中则又有所区别，比如汉族闹洞房与撒帐相结合的婚俗，在其他民族中虽然有所传播，但却形成了各自的特色，并有区域差异，一些地方新郎、新娘拜天地入洞房后，三天之内不分大小，长辈亦可以参加戏谑；婚礼过程中多伴有喜歌，如下轿前有拦门喜歌，以后复有挑盖头歌、交杯酒歌、撒帐歌等。其中撒帐歌和闹房喜歌紧密结合。撒帐歌在结婚之夜与撒帐同时进行，为配合"撒帐"习俗而唱。"撒帐"即向帐子内外撒铜钱、撒栗子、枣、花生等以求喜彩，故有严格的程序及要求，一般应按东、南、西、北、上、下、前、后方位依次进行，并伴有相应的方位歌，如"撒帐东，朵朵莲花开得红，今宵牛郎会织女，早生贵子作国公。撒帐南，洞房花烛喜连连，今宵牛郎会织女，早生贵子中状元"等等；同样，还根据所撒的对象形成了喜歌，如"一把栗子一把枣，小的跟着大的跑。多子多孙多富贵，吉祥如意白头老"之类……可以说，民俗文化的民族差异是民俗文化的重要性征。

由于各民族都只能生活在特定的地域，因而地域性即成了民俗文化的重要特征。比如《论语》里专门有"里仁"、"乡党"二篇，其"里仁"强调居住在仁者所居之里而与仁者为邻，并提出了一个"父母在，不远游，游必有方"的择居原则，可见其重视文化的地域性；至于"乡党"，那更是强调乡民行为方式的特殊性，甚至直到如今还在北方人认同乡时呼为"乡党"。即使在南方，"乡党"之说也是随时宣之于口的，就是在前段时间，一个朋友对我诉苦说：他著有一部《乡党礼仪》之书，可惜因相关人员不知"乡党"之意，故只能改名出版。这本身也说明了"乡党"之词的影响。从根基上讲，"乡党"是正式社会组织民间化、民俗化的产物，因为"乡党"原来是一种乡社组织，是以血缘关系为基础和以地缘关系为纽带的编户制度，一般认为实行于西周时代。按照国家"按地域划分国民"的特征，说明"乡党"强调的是乡土的地域性而不是同一家族的血缘性，自然在后来也并不排除地域性与血缘性混存的情况。因此，"乡党"本身说明了民俗文化地域性产生的必然性，民间谚语有言如："入境问俗。""一处乡风一处俗。""百里不同风，十里不同俗。""路隔十五里，各地一乡风。""一去二三里，又是一乡风。""一乡一俗，一湾一礼。""到哪个地头，习哪里风俗。""东西南北，语调各色。""隔山隔音，五里两样声。""前里鸟雀声，低声又细语；后里童壮声，打锣敲鼓音。""到哪个坡，唱哪个歌。""敬什么神打什么卦，靠什么地方讲什么话。""进什么庙，敬什么神，到哪个廊场交哪个人。""一方水土一方人，还是乡音乡人听。"……

在中国民俗文化的地域差异中，最宏观的把握是中国民俗文化的南北差异，而这又是生存需要的民俗投影。比如，中国南方与北方由于水土条件的巨大差异（南水北旱）而形成了生产内容的不同特点（南稻北麦），并进而导致了饮食结构（南米北面）的区别，从而还形成了人的自然生命的差异（南矮北高）、人才特征的差异（南文北武）、音乐上的南柔北刚、语言上的南繁北齐，及至哲学上等都有差别。比如，在民间娱乐方面即有"南方好傀儡，北方好秋千"之说，或因为"北方天高地阔，人们生活朴野，在与大自然的严酷斗争中，培养了勇武精神。因此，赛力游戏发达，如摔跤、角力等；南方山环水绕，气候温和，农业精耕细作，人们性格柔和，灵巧，富于想象，长于智能游戏和技巧游戏，如猜谜、弈棋等"[1]。这种差异，使中国北方人和南方人各有所长，故鲁迅先生说："相书上有一条说，北人南相，南人北相者贵。我看这并不是妄语。北人南相者，是厚重而又机灵，南人北相者，不消说是机灵而又能厚重。昔人这所谓'贵'，不过是当时的成功，在现在，那就是做成有益的事业了。"[2] 其实，中国古代用人即有一条原则："南人用北，北人用南，以别嫌疑。"南方人到北方做官，北方人到南方做官，除了避嫌，还可起到优势互补作用。不过应看到的是，中国民俗文化除南北两大地域差异之外，还存在着山乡和水泽、高原与平野的区别。

三、民俗的文化境界诉求

诉求境界是中国民俗文化的一大特色。作为一种民俗主体追求的理想人生的精神状态、精神天地，有如生活上的"孔颜乐处"，儒家的圣贤人格、道家逍遥与解脱、佛家"涅槃"境界等，都自有情趣，并在中国民俗文化中有所反映。程颢的《秋日》诗："闲来无事不从容，睡觉东方日已红。万物静观皆自得，四时佳兴与人同。道通天地有形外，思入风云变态中。富贵不淫贫贱乐，男儿到此是豪雄。"其实也可看成是中国民俗文化的境界诉求。冯友兰先生在《新原人》中把每个人的人生境界划分为自然境界、功利境界、道德境界、天地境界等几个等级，认为：如果一个人只能顺其本能或社会风习去做，对自己所做之事毫无觉解，他的人生境界就是自然境界；如果一个人所做的事，动机是利己的，其事对于他有功利的意义，他的人生境界就是功利的境界；

---

[1] 仲富兰：《中国民俗文化学导论》（修订本），上海：上海辞书出版社 2007 年版，第 162 页。

[2] 鲁迅：《北人与南人》，《鲁迅全集》第 5 卷，北京：人民文学出版社 1981 年版。原载 1934 年 2 月 4 日《申报·自由谈》，署名栾廷石。

如果一个人自觉他是社会整体之一员，他自觉为社会利益做各种事，所做的事都有道德的意义，他的人生境界就是道德的境界；如果一个人了解到超乎社会整体之上，还有一个更大的整体，即宇宙，觉解自己不仅是社会的一员，而且还是宇宙的一员，并自觉为宇宙的利益而做各种事，并觉解其中的意义，这种觉解为他构成了最高的人生境界，就是天地境界。[1]那么，中国民俗文化有什么样的人生境界，从而体现出民俗文化主体的思想、情感、意志世界。

（一）俗亦载道

这里的"道"，主要指的是文化精神。民俗文化是民族文化的特定表现方式，其范围即是人们对自然、社会及人自身的领悟、创造的一切"人化"成果。人们在对这些成果进行类别划分时，往往从物质文化、制度文化、精神文化等方面进行划分，但我们更强调的是作为民俗文化主体的民众、行为及其相应的文化成果。人们从"知识"层面接受各种民俗文化现象，然后对之进行内化，再外化为各种民俗行为，从而获得社会反应与评价，实现民俗文化主体的民俗化、社会化。

中华民族的民俗文化是中国各民族在历史发展过程中共同领悟、创造的文化成果。在这个过程中，中国民俗文化不仅以悠长的历史连续性让世界瞩目，而且能以兼容并蓄、多元并存的文化态度与博大胸怀，涵化中外，通贯古今，消化、吸收、统摄、适应、运用、发展其他优秀的外来民俗文化因素，形成一条坚忍不拔、生生不绝、勇往前进、奔腾不息、连续发展的民俗文化之河，并相应地形成了"人伦为本的社会准则、和合圆满的理念追求、积极入世的务实态度、直观直觉的思维方式"[2]等民俗文化之道。我们前面已谈到的"天地之大德曰生"是中国民俗的文化精神，这里又强调"天人合一"等同样是中国民俗的文化精神。比如中国民俗中重视的"天道"是"天之道"的简称，是"天道自然"之"天道"，其重要内涵之一就是现代所说的自然规律、自然法则。要一切按"天道"去办事，也就是要一切按"自然规律"去办事；要尊重"天道"，也就是要尊重"自然法则"；时时处处遵照而不是违背"天道"，也就是时时处处遵照而不是违背"自然规律、自然法则"。天地人三才，人与天地

---

[1] 冯友兰：《中国哲学简史》，北京大学出版社1985年版，第389—391页。
[2] 仲富兰：《中国民俗文化学导论》（修订本），上海：上海辞书出版社2007年版，第127页。

相沟通，也就是人与自然相沟通，随时协调"天人之际"，以达"天人合一"。这"天人合一"，也就是人与自然的和谐合一。这正是中国农耕文化的传统观念，这也正是中国传统文化的归宿。真心诚意地学"天地之大仁大德"，进而"与天地同德"，以达"天人合一"，人与自然和谐。

我们这里不妨以"中国"的国名来看中国人的天人合一思维方式："中国"背后的天人合一思想；或直接说：中国——天人合一的空间观念。其背后追求的就是天地人的对应感通。这种对应感通的几个思维层次如下：

第一层次是天人同构，我们可以人们对天区的分析中见出。根据中国古代的天文分析，天上有所谓的"三垣"，即上垣之太微垣、中垣之紫微垣及下垣之天市垣。根据"太微垣"的名称初见于唐初的《玄象诗》中可见，至迟在唐代已成定格。三垣的各垣都有东、西两藩的星，左右环列，其形如墙垣，故被称为"垣"。在《步天歌》中，三垣成为三个天区的主体，紫微垣是三垣的中垣，居于北天中央，所以又称中宫，或紫微宫，紫微宫即皇宫的意思，各星多数以官名命名。在北斗东北，有星15颗，东西列，以北极星为中枢，形成屏藩形状。东藩八星，由南起叫左枢、上宰、少宰、上弼、少弼、上卫、少卫、少丞（即天龙座 ι、0、η、ζ、ν、73，仙王座 π，仙后座23）西藩7星，由南起叫右枢、少尉、上辅、少辅、上卫、少卫、上丞（即天龙座 α、χ、λ，鹿豹座43、9、H1）左右枢之间叫"阊阖门"。太微垣是三垣的上垣，位居于紫微垣之下的东北方。在北斗之南，轸宿和翼宿之北，有星10颗，以五帝座一为中枢，成屏藩形状。东藩4星，由南起叫东上相、东次相、东次将、东上将（即室女座 γ、δ、ϵ 与后发座42）；西藩4星，由南起叫西上将、西次将、西次相、西上相（即狮子座 σ、ι、θ、δ）；南藩2星，东称左执法（即室女座 η），西称右执法（即室女座 β）。太微垣约占天区63度范围，以五帝座为中枢，共含20个星座，正星78颗，增星100颗，它包含室女、后发、狮子等星座的一部分。太微即政府的意思，星名亦多用官名命名，例如左执法即廷尉，右执法即御史大夫等。天市垣是三垣的下垣，位居紫微垣之下的东南方向。在房宿和心宿东北，有星22颗，以帝座为中枢，成屏藩形状。东藩11星，由南起叫宋、南海、燕、东海、徐、吴越、齐、中山、九河、赵、魏（即蛇夫座 η，巨蛇座 ξ，蛇夫座 ν，巨蛇座 η、θ，天鹰座 ζ，武仙座112、0、μ、λ、δ）；西藩11星，由南起叫韩、楚、梁、巴、蜀、秦、周、郑、晋、河间、河中（即蛇夫座 ζ、ϵ、δ，巨蛇座 ϵ、α、δ、β、γ，武仙座 χ、γ、β），约占天空的57度范围，大致相当于武仙、巨蛇、蛇夫等国际通用星座的一部分，包含 19 个星官（座），正星 87 颗，增星 173 颗，它们以帝座为中枢，成屏藩之状。天市即集贸市场，中云："天子率诸侯幸都市也。"故星名多用货物、星具，经营内容的市场命名，如，《晋书·天文志》云：帝座"立伺阴阳也"，斛和斗"立量者也"，斛用以量固体，斗则用以量液体，列肆"立宝玉之货"，是专营宝玉的市场，车肆"主众货之区"，是商品市场，市楼"市府也，主市价、律度、金钱、珠玉"等。[1] 由此可以看出，天上的这种结构在本质上是人间结构的天上投影，可以看成是天人同构的基础构成。

第二层次是天圆地方的天地认知。为什么天上会有人间的结构？是人类对天星结构的真理发现还是人类理想在天国的投射？显然应是后者。我们知道，中国古人对于天地结构的认知有浑天说与盖天说之争，在秦汉之前则以盖天说比较盛行。盖天说基于人们看见苍天笼罩着大地的"常识"而形成了天圆地方的观念，虽然春秋时的曾参就曾提出过"天圆而地方，则是四角之不揜也"的疑问，诗人屈原更是发出了"天问"："斡维焉系，天极焉加，八柱何当，东南何亏。"与此相应的，浑天说则如张衡《浑仪注》等言："浑天如鸡子，天体圆如弹丸，地如鸡子中黄，孤居于天内，天大而地小。天表里有水，天之包地，犹壳之裹黄。天地各乘气而立，载水而浮。周天三百六十五度又四分度之一，又中分之，则半一百八十二度八分度之五复地上，半绕地下，故二十八宿半见半隐。其两端谓之南北极。北极乃天之中也，在正北，出地上三十六度。然则北极上规径七十二度，常见不隐。南极天地之中也，在正南，入地三十六度。南规七十二度常伏不见。两极相去一百八十二度强半。天转如车毂之运也，周旋无端，其形浑浑，故曰浑天。"此外还有宣液说，主张"日月众星，自然浮生于虚空之中，其行其上，皆须气焉"。相比而言，这些天文理论，似以盖天说更接近民俗"常识"，因而更能在民俗中体现。按照公元前一世纪成书的《周髀算经》中提出的"天象盖笠、地法复盘"的新盖天说，认为天在上，地在下，天地相盖，二者都是圆拱形，中间相距八万里，日月星辰随天盖旋转，近见远不见，形成了昼夜四季变化。这一思想结合着"天圆地方"的传统观念，体现了民俗主体

---

[1] http://www.zwbk.org/MyLemmaShow.aspx?spm=0.0.0.0.AtFjVO&lid=213546//baike.baidu.com/link?url=ox5U7FP7_h00ftUJXqiL2p_WydQzAKKGyIs0bcdsROMaZwULv6C70gNQ4EqdvC8zW657Z2E3OUMv6woB5H—pEFF__TI6fjmZXD0YShmS_0O。

对宇宙的基本认知，因而在民俗建筑中得到了反映。如早在 6 000 年前的建筑中也有反映，象陕西临潼姜寨原始村落遗址的建筑布局，其整个村落围成圆形以法天而呈"天圆"，所有房屋的大门都朝向中心广场而类似于一种群星拱极的形状，村落也仅有朝东方的出路，或即为太阳崇拜，整个建筑格局都与后世建筑的总体风格一致。应该说，从这一层次来看，"天圆地方"的民俗认知，应是各种民俗文化现象的"科学依据"与"知识基础"。

从此进入第三层次，即有了以上的"科学依据"与"知识基础"，因而人们即应遵行，如《考工记》所记夏、商、周三代建筑均有定制："国中九经九纬，经涂九轨。左祖右社，前朝后市。"而且建筑之前需要天帝的同意，如商王朝想建设都城，甲骨文即记载有其请示过程："王乍（作）邑，帝若（诺）。[王乍] 邑、帝弗若。""囗囗卜，贞，王乍邑，帝若。"……当殷人或商人将自己的都邑称为"天邑"，并将自己的王朝称为"天邑商"时，那种严格按照"科学依据"与"知识基础"办事的决心、意志都表现出来了。对此，甲骨学家董作宾先生在其科学巨著《殷历谱》中说："殷人以其故都大邑商所在地为中央，称中商，由是而区分四土，曰东土、南土、西土、北土。"据此，我们完全明白了，"中国"之为大地之中、都城之在一国之中、殷人（商人）之为"中商"或"天邑商"，完全是一种天命观念，自然也是一种基于其他四土而形成的"象天设城"之"科学"思想。应该说，这种"天命"思想、"科学"思想是具有民族自豪感于其中的，因而也是使"我"具有正统地位的基本依据，于是《尚书·召诰》说："王来绍上帝，自服于土中……其作大邑，其自时配皇天。"这里的所谓"土中"，也就是大地之中的"地中"，并能与天上的所谓"天中"相对应，正如美国人类学家米尔希·埃利亚德所说："人世上离天最近的地方，不仅在平面上是地理世界的正中心，而且在垂直线上也是上界与下界的正中心"，所以，地中也"就是升迁到那个创造之初的熔炉，万物的发源地，实实在在的中心和源泉"[1]。这就说明，"中国"之称为"中国"，实际上有追求"土中"的基本思想诉求，从而使"地中"与"中天"形成最近的空间距离，自然也就从而成为最近的心理距离，这是值得重视的。由此即不难看出，"中国"之名实大有内涵、大有意境。

---

[1] ［美］米尔希·埃利亚德著，宋立道、鲁奇译：《神秘主义、巫术与文化风尚》，光明日报出版社 1990 年版，第 39、35 页。

其实，所有的民俗事象都有其“道”，例如神话的境界诉求即值得思考。

神话——人在宇宙中的位置设定，以射日神话为例。

歌谣——社会生活的理想投射。

建筑——特殊权利义务空间的体现。

我们先看“神话——人在宇宙中的位置设定”。最典型的是众多的射日神话，这里以后羿射日为例：据说历史发展到了尧统治的时候，天上有十个太阳同时出来。灼热的阳光晒焦了庄稼，花草树木枯死，老百姓连吃的东西也没有。加上更有猰貐、凿齿、九婴、大风、封豨、修蛇都来祸害人民。于是尧派后羿去为民除害，在南方的泽地荒野杀死凿齿，在北方的凶水杀灭九婴，在东方的大湖青邱用系着丝绳的箭来射大风、射太阳，接着又杀死猰貐，在洞庭湖砍断修蛇，在中原一带桑林擒获封豨。等后羿把那些灾害清除以后，民众都非常欢喜，并推举尧为天子。[1]你看，这算不算是对于人在宇宙中位置的设定呢？天上有十个太阳危害人，地上众多猛兽祸害人间，然而，自有人间英雄后羿下杀猛兽而上射太阳……其实，中国南、北方各民族虽然都有各自的“射日神话”，但从神话母题及其分异的层面，不仅可以发现其同，而且可以从射日的原因及太阳的数目、射日的人物、射日的工具、射日的过程、射日的结果等方面看出各民族文化的交流关系与民族特色，发现其杵日、咒日、射日的“历史”关系；同样，洪水神话也可以从洪水的原因及洪水的“数目”、洪水中的人物、苦度洪荒的工具及过程、苦度洪荒的结果等方面看出各民族文化的交流关系与民族特色，发现个体生存与人类生存（生成）的关系……正是由于这样的文化关系，决定了中国各民族的自然地理时空与历史文化时空的特殊关系，形成了所谓的历史文化地理。其他神话如《三五历记》记述说盘古“一日九变，神于天，圣于地，天日高一丈，地日厚一丈，盘古日长一丈。如此万八千岁，天数极高，地数极深，盘古极长”。另有“精卫填海”、“夸父逐日”等，虽然与上述盘古神话完全是两种不同的境界，但在设定人在宇宙中的位置方面却是一致的。

其次看民歌民谣——社会生活的理想投射。这里的民歌民谣应作为民间口承文

[1] 《淮南子》记载：“逮至尧之时，十日并出，焦禾稼，杀草木，而民无所食。猰貐、凿齿、九婴、大风、封豨、修蛇，皆为民害。尧乃使羿诛凿齿于畴华之野，杀九婴于凶水之上，缴大风于青丘之泽，上射十日而下杀猰貐，断修蛇于洞庭，禽封豨于桑林。万民皆喜，置尧以为天子。”

化的总称，甚至就是民俗文化的总称。为什么中国民众能够在淳朴、归真和盎然的自然中寻求到无尽的快乐和人生极致？就是因为他们有自己的理想——"万物有灵"，虽然出自思想家的概括，但却是民众的思想情感实情，民俗自言自语对万物诉说，自编自导为万物歌唱，将万物人格化后成为自己孤独时的知己和依靠。在这里，与其说他们在借助万物和神灵来实现人生的欢乐，倒不如说是把人生的欢乐找到一种万物的载体，这一点，中国的众多民俗节日如春节、元宵、清明、七夕、中秋、重阳、上巳、上元、中元、寒食……人们在这些节日中或释放心灵重负，或直接创造欢乐，使之成为一种理想的栖心之所；各种民间盛会及其舞龙、舞狮、高跷、旱船、鼓舞、秧歌等民俗乐舞，赛龙舟、赛歌、赛马、摔跤、杂技等民俗游艺技艺，观灯、踏青、团圆、赏月、登高等民俗游乐活动，祭祀、驱鬼、还愿、"打扫"等民俗信仰仪式，走亲访友、宴请宾客、红白喜会等民俗交往，吃穿住行玩购赏等民俗日常生活活动，山歌、儿歌、传说、故事、谜语、小戏、美术等民俗艺术形式，都无不显示出民俗于忙里偷闲中的欢娱，正如山歌唱的"唱个山歌解忧愁"、"饭养身子歌养心"的民俗理想一样。这一点，从众多民俗文艺作品都有一个完美结局得到说明：梁祝双双化蝶飞，仲卿兰芝连理结，娥并桑洛化星会……及至民间把生育看成是喜、将结婚看成喜，甚至将死亡也看成喜事，因此，有"红白喜事"之说，视死亡为"转生"去寻找乐的世界，也同样是一种理想追求，所以高尔基《论文学》中所说"民间创作是与悲观主义完全绝缘的"。

再看建筑——特殊权利义务空间的体现。这里我们以《寻找瞿家湾之美·和美春义行》为例加以说明。

以"春义"名行，意境高远。在旧时代，在全国不少地方都有以"春义"名行者，如《徂徕山碑记》中有"春义行"即其证。

在中国古代，"义"本来即是一种含义极广的思想文化范畴，总体诉求就是"宜"，故《中庸》说："义者，宜也。"《释名》说："义，宜也。裁制事物，使各宜也。"唐代韩愈的《原道》更说："博爱之谓仁，行而宜之之谓义。"段玉裁注《说文解字》说："义之本训谓礼容各得其宜。"当代字书《新华词典》则谓："正确合宜的道理或举动。"可以看出，"义"的本意就是要求为人处事适宜、合理，因而它在人际相互关系的处理中有重要意义。

而且还应看到的是，这种适宜、合理是通过规范自己来实现的。对此，《易·乾卦》

谓"利物足以和义"，董仲舒《春秋繁露·仁义法》的论述则更可以为我们理解仁义的关系提供较好的说明："仁之为言，人也；义之为言，我也……仁之法在爱人不在爱我，义之法在正我不在正人。我不自正，虽能正人，弗予为义；人不被其爱，虽厚自爱，不予为仁……义之与仁殊：仁谓往，义谓来；仁大远，义大近；爱在人谓之仁，义在我谓之义；仁主人，义主我也。故曰仁者人也，义者我也，此之谓也。"此义与马王堆帛书《五行》之说合，其曰："有大罪而诛之，简；有小罪而赦之，匿也……简，义之方也；匿，仁之方也。刚，义之方也；柔，仁之方也。"由此可以看出，讲"义"并以"义"为行名，重点在自我约束，这可比一般的商德来得高明。故《说卦传》谓："立人之道，曰仁与义。"

或许正是因为"义"之所指，直接关涉国治本身，故早在《管子·牧民》中就把其上升到了"国之四维"的高度："四维不张，国乃灭亡。""何谓四维？一曰礼，二曰义，三曰廉，四曰耻。"习近平先生 2014 年 5 月 4 日在北京大学师生座谈会上曾引用此典来说明当时的社会核心价值观，以此强调社会主义核心价值观的重要性，可见其作为治国理政观念的社会影响。

由于有内在的"义"，所以其表现就有了威信、威仪。你看：一个会意字，从我，从羊。"我"是一种兵器，可用来表示仪仗；"羊"表示祭祀品，可以用表示神圣。于是，一个"义"字，有了我的正义、我的威仪、我的合宜（道德、行为或道理）、我的美……正义、道义、义不容辞、义无反顾、仗义执言、义举、义务、义愤、义演、见义勇为、义气、恩义、信义、情义、无情无义、义重如山、意义、含义、释义、字义、定义、断章取义、微言大义、义子、义父、义母……几乎所有的美都可用"义"来正面形容，所有的丑都可用"无义"来反面形容！并可及于对象，如人工做的义肢、义齿，鸟类的义鸟……《容斋随笔》则对此有详悉："人物以义为名，其别最多。仗正道曰义，义师、义战是也；众所尊戴曰义，义帝是也；与众共之曰义，义仓、义社、义田、义学、义役、义井之类是也；至行过人曰义，义士、义侠、义姑、义夫、义妇之类是也；自外入而非正者曰义，义父、义儿、义兄弟、义服之类是也。衣裳器物亦然，在首曰义髻，在衣曰义襕，义领之类是也；合众物为之，则有义浆、义墨、义酒；禽畜之贤者，则有义犬、义乌、义鹰、义鹘。"

或许正是因为"义"的重要性，《论语·里仁》将其放在解决问题的关键位置："君子之于天下也，无适也，无莫也，义之与比。"《孟子·离娄下》把它放在了基础地位，不仅是君子与小人的区别，而且也是无与之比的标杆："大人者，言不必信，行不必果，惟义所在。""君子喻于义，小人喻于利。"在《孟子·告子上》甚至用"舍生取义"来表明其地位："生，亦我所欲也；义，亦我所欲也，二者不可得兼，舍生而取义者也。"也正因为如此，宋代王安石《答司马谏议书》强调要"度义而后动"。事实上，此类要求在中国文化中有特别多的论述，我们不再引论。

更为有趣和更有深意的是，中国古代哲学如《易经·乾》中强调："夫大人者，与天地合其德，与日月合其明，与四时合其序，与鬼神合其吉凶。"什么叫"与天地合其德"？这就要说到"春义行"的内涵了。原来，基于儒家文化与农耕文明结合的一年四季，有其内在的意义。《尚书·尧典》曰："以闰月定四时成岁。"《黄帝内经·素问·六节藏象论》曰："五日谓之候，三候谓之气，六气谓之时，四时谓之岁。"又有《释名》曰："四时，四方各一时。""时，期也。物之生死各应节气而止也。"今案：《管子·形势》曰："春者，阳气始上，故万物生；夏者，阳气毕上，故万物长。秋者，阴气始下，故万物收。冬者，阴气毕下，故万物藏。故春生、夏长、秋收、冬藏，四时之节气也。"《太平御览·天部》卷九引《孝经纬·援神契》曰："大寒后十五日，斗指艮，为立春，正月节，立始建也，春气始至，故为之立也。谷雨后十五日斗指巽，四月节，言物至此时，皆假大也。大暑后十五日斗指坤，为立秋，秋者，揫也，万物于此揫敛也。霜降后十五日斗指乾，为立冬，十月节，冬者，终也，万物皆收藏也。"《礼记·乡饮酒义》云："夏之为言假也，养之长之，假之仁也。""西方者秋，秋，愁也。愁之以时，察守义者也。""冬之为言终也，终者，藏也。""东方者春，春之为言蠢也。"又《释名》曰："春，蠢也，万物蠢然而生也。""夏，假也，万物使生长也。""秋，緧也，緧迫品物，使时成也。""冬者，终也，物终成也。"要之，"时者，期也，物之生死，各应节气而止也。"汉儒董仲舒说："春，爱志也；夏，乐志也；秋，严志也；冬，哀志也。故爱而有严，乐而有哀，四时之则也。"[1] 由此看来，春义、秋义、夏义、冬义等四时之义是有区别的。在瞿家湾此取"春义行"，不仅有促进发展 —— 取春生之意，而且有和谐发展 —— 取四方之风的春风意，如有郭熙《四时之风》诗曰：

---

[1]　董仲舒：《春秋繁露·天辨在人》，上海：上海古籍出版社 1986 年版，第 795 页。

春风能解冻，和煦催耕种；裙裾微动摇，花气时相送。

夏风草木熏，生机自欣欣；小立池塘侧，荷香隔岸闻。

秋风杂秋雨，夜凉添几许；飕飕不绝声，落叶悠悠舞。

冬风似虎狂，书斋皆掩窗；整日呼呼响，鸟雀尽潜藏。

据此，我们即可以理解瞿家湾"春义行"之和谐美了，不仅有"春义行"的总体诉求，而且还有"春义渔行"等的具体落实。

现在我们来具体看一下那个作为总工会、《工农日报》的旧址春义行，该处原是一家糕点铺，名叫"春义行"，从有"二房"两字来看，这应是一个在家排行老二的人开的店。

据介绍[1]，春义行始建于 1928 年，坐落于瞿家湾老街东段北侧，坐北朝南，原是瞿家湾商人瞿宏伉的住宅兼店铺。门楣上方有姜太公渭水钓鱼的雕塑，体现了这家人的大度 —— 愿者即来或两情相悦！两侧的"龙凤喜饼"、"糖食蜜饯"题字不仅申明了其经营范围，而且让整个门店显得春意浓浓、喜气洋洋；"先贤遗古韵，俊哲育新风"的门联，不仅畅言其商德商风，而且表明该房主及房屋本身在坚守传统的基础上有所趋新，是一个变通趋时、与时俱进的场所 —— 这栋建筑的最显明特征在于它的文化开放性 —— 高大挺挺、首次使用手扶楼梯、门口正面外墙首次使用水泥、欧式建筑风格……这些足以让当地老百姓称为"洋房子"的文化现象，见证着瞿家湾人的开放性格与旷达心胸；其背后那幅李白吟诗的画面，算是告诉购物者应有的悠闲心态，好一幅和谐商业画卷。

如果深入了春义行内部，你会看到一种特殊的房屋结构：区别于北方东西南北四方四合的"四合院"格局（或许因为孔子讲："六合之外，圣人存而不论"），在南方，其中在瞿家湾出现了"六合院"（建筑学界一般称为带"天斗空间"的建筑）——除强调东西南北四方四合之外，还特别强调上（天）下（地）二合，合为六合，形成六合格局。此种房屋结构于上则以"天斗"为之，形成天斗空间（天斗之下的空间），于下则以"天井"向下为之，形成南方传统的天上地下人居中的三层或三界宇宙。据学界详细考察，瞿家湾的民宅天斗空间都为两层通高，平面尺度大的约为

---

[1]　关于建筑的技术性介绍，依据的是武汉理工大学何展宏先生硕士论文（2005）《湖北洪湖瞿家湾古镇研究》，特此致谢。

4.5m×5m，小的约为 2m×3m。这个空间因为有了天斗的遮蔽，具有抵御雨雪等恶劣天气的功能（适应南方多风雨天气），同时又具有普通天井的采光、通风功能，从而大大地增加了居民在这个空间停留的机会。瞿家湾现存的天斗式建筑中天斗空间的地面与周围地面并无高差，这说明居民是把这个区域与其他室内空间同等视之。从建筑设计来看，天斗与周围屋顶相交处设置有内檐沟，内檐沟下接有雨水管，下雨时雨水顺坡滑落至内檐沟，再由雨水管引导至墙角处排出。

春义行是典型的天斗式建筑。原为三进，其中第三进原作铺面，惜现已无存。现存建筑为二进一天井一天斗，通进深 21.3m，通面阔 7m，占地面积 149.1m²，建筑面积 166m²，穿斗式梁架砖木结构，中西结合、高低错落的建筑样式别具一格。建筑外立面为砖砌西式墙面，大门门框为条石制。店铺北端靠近天井处局部二层，楼上有一天斗，左右各有一厢房围绕天斗布置。与瞿声宝宅相比，春义行的天斗与铺面结合较紧密，天斗之下为商业面积，可见此房屋建造之初，屋主更注重建筑的商业功能。

春义行现已作历史文物展示厅。在第二次国内革命战争时期，湘鄂西省的《工农日报》社、总工会、少共省委、妇女生活改善委员会等群团机关都曾设于此。当地文化主管部门分别于 1994 年、1997 年对该建筑进行了两次维修。2003 年又进行了抢险性维修，翻修屋顶瓦面，复原 4 处当年群团办事机构及《工农日报》社主编谢觉哉兼编辑室的室内陈设。

（二）俗亦传神

这里的"神"是指生活、生存、生产过程的"神韵"，民俗文化即体现着这一点。当我们说"人啊，认识你自己"时，实际上讲的就是要认识自己的这种"神韵"。我们以新婚闹房为例加以说明。

中国历史上的婚俗无疑地经历了漫长而渐进的演变情况，从 1840 年以来（西南少数民族地区应以"改土归流"为历史时间尺度衡定）的近现代社会的激烈变革、战乱动荡，自然在影响社会的生产发展时，也影响着民众的社会生活，相应的即是民风民俗等民俗文化发生了巨大的变革。有趣的是，不管这些变革多么的深广，以"闹"为基本形式的"闹新房"习俗却仍然顽强地延续下来直到今天，甚至形成了更加普及、更加"荒诞"、更加"粗俗"的态势。"凡新婚者，却扇之夕，亲朋杂沓，呼笑喧阗，谓之闹房。"[1] 胡朴安编《中华全国风俗志》[2] 中曾列举了各地方志文献记载的不同地区旧时的相关材料。

在河南，"凡新婚者，却扇之夕，亲朋杂沓……各处皆然，而北方尤盛。蒋绶珊言中州某姓娶妇，闹房时，有脱新人履以为笑谑者，婚家但付一笑"[3]。

在江西吉安，"当闹新房之夜，无大小长幼之别，无呼一声，新娘即须向下之跪，受者可不回礼。闹新房者以此为乐，而新娘之腿苦矣"[4]。

在江苏淮安，"新妇既入洞房，男女宾咸入，以欲博新妇之笑，谑浪笑傲，无所不至……成年者之闹房，其目的则在侮弄新娘及伴房之女，淫词戏语，信口而出。或评新娘头足，或以新娘脂粉涂饰他人之面，任意调笑，兴尽而至。男家听其所为，莫可如何也"[5]。

在上海，旧时习俗，"新婚之第一夜，新郎新娘同坐首席上，贺客于此时作种种戏谑，以资笑乐，谓之吃暖房。俗谚曰：'新婚三日无大小'。意谓于新婚三日中，不分老少，均可在新房中作种种戏言丑态，以博新娘一笑。故有将新娘鞋子脱去，借以调换果饵者"[6]。

在蒙古族，"蒙俗亦闹房，拘新郎作因。奉新妇为承审员，以洞房为法庭，令新郎而听审，新妇须说哥哥请起。某君诗曰：'人人博得醉颜酡，拘到新郎作犯科，假借洞房作衙署，更叫樱口唤哥哥。'"[7]……

由此可以看出，"闹新房"不仅具有广泛的群众性，而且具有地域或民族文化的差异性。问题也正在于，这种差异性的背后，应有某种精神性的东西在其中，从而显示出某种神韵。据学界研究，"闹新房"习俗在深层次的精神意识是记载了氏族社会的抢婚制风俗遗留。从现实的婚俗中，有不少这方面的表现，像婚俗中的彩

[1] [清] 采蘅子：《虫鸣漫录》卷二。

[2] 《中华全国风俗志》是胡朴安先生在 20 世纪 20 年代初编成的一部有广泛用途的全国风俗百科全书，书中对各地方志和古今笔记、刊物中所载风俗进行了汇编。至今为中外文化学术界，特别是民俗学研究者看重。目前已出版了多种同名版本，如河北人民出版社 1986 年版、上海科学技术文献出版社 2011 年版等，笔者现在所收藏的版本九州出版社 2007 年出版的《中国风俗》版。

[3] [清] 采蘅子：《虫鸣漫录》卷二。

[4] 胡朴安：《中国风俗》上编，九州出版社 2007 年版，第 218 页。

[5] 胡朴安：《中国风俗》上编，九州出版社 2007 年版，第 143 页。

[6] http://www.fuwo.com/community/detail/10876291/。

[7] 胡朴安：《中国风俗》上编，九州出版社 2007 年版，第 361 页。

礼习俗即可看成是对抢婚制的妥协：彩礼是一种具有实用价值与观念价值的媒介，目的是在感情的面目下以平等交换的形式换取女方到男方落户。不管家境如何，这都是青年男女必须接受的文化现实。在一些少数民族中曾长期存在的转房制，甚至将妇女本身也看成了一种彩礼，这在佤族、苗族、怒族、土家族等民族的历史上都曾存在过；拉祜族等民族中甚至有以劳动抵消部分彩礼的民俗习俗，即成婚当天晚上，新郎便携带生产工具住到女方家中，一般为一年，然后女方才正式到男方家中落户，完成整个婚姻过程，德昂族甚至直接把这种聘礼叫作"奶水钱"。从历史文化的层面讲，抢婚应是古代的一种较为普遍的婚姻形式，我们在《易经》中即见到"匪寇婚媾"之说，其中屯卦两处，即六二"屯如邅如，乘马班如。匪寇婚媾，女子贞不字，十年乃字"；六四"乘马班如，求婚媾，往吉，无不利"。贲卦六四"贲如，皤如，白马翰如，匪寇婚媾"。睽卦的上九"睽孤，见豕负涂，载鬼一车。先张之弧，后说之弧。匪寇婚媾，往遇雨则吉"。可以说，这或许应是产生于母系氏族社会的基本婚姻形式。而当历史进入父系社会以后，随着父权制度的确立，女性的社会地位便迅速下降，至阶级社会则几乎完全成了男性的附庸，这种社会地位与买卖婚姻的盛行相伴而存，新婚妇女在从"媳妇熬成婆"的过程中，"熬"的地位应当是广大妇女为自身尊严、家族利益与声望的考虑而形成了一种"补救"措施——"借新婚之际由女方家族人员出面戏谑新郎的情况，目的就是借机向男方家显示女方家的社会力量，警告男子今后不得欺侮新娘。千百年来，尽管闹新房的习俗已经更多地演变为娱乐活动，但其中所包含的对妇女地位的承认的影子仍然依稀可辨。"[1] 自然，"闹新房"习俗还包含着性教育的内容。因为在中国传统社会，"有天地，然后有万物；有万物，然后有男女；有男女，然后有夫妇；有夫妇，然后有父子；有父子，然后有君臣；有君臣，然后有上下；有上下，然后礼义有所错。夫妇之道，不可以不久也，故受之以恒。恒者，久也。"[2] 如何使之久呢？《礼记·内则》说："礼始于谨夫妇，为宫室，辨外内。男子居外，女子居内，深宫固门，阍寺守之，男不入，女不出……不敢藏于夫之箧笥，不敢共湢浴。"[3] 这些要求的结果，自然是男女相处会受到诸多限

---

[1] 仲富兰：《中国民俗文化学导论》（修订本），上海：上海辞书出版社 2007 年版，第 148 页。

[2] 《易传·序卦传》。

[3] 《礼记·内则》，北京：世界书局 1936 年版，第 274 页。

制，更不要说还谈论性问题了，于是人们最终选择了闹新房这一解决矛盾的巧妙方法，在"新婚三日无大小"的环境设定中，"不分老少，均可在新房作种种戏言丑态"，"淫词俚语"更属正常，于是向男女青年宣讲生理知识以进行性教育而又不悖礼教，实在是一种创造性智慧。自然，"闹新房"习俗也有一种娱乐性，使婚礼这一人生大礼仪得以在这大喜大庆的气氛中进行。因此，"闹新房"神韵无穷。

其他如六月六日的晒书、晒针绣衣服等节俗：在中国的民俗空间里，人们可以看到，每年的八九月间，秋高气爽，也少雨，唯独六月盛夏之时，潮湿闷热、多雨易霉，纸张、衣物易霉烂。这个天气变化的特点，虽然天上没有文字告知，但人们早已读懂了：一进六月，只要天一放晴，人们就会立即晒书，晒衣物以防霉变，所以就有了六月六这个民间的晒衣、晒书节的节日。为何单单要晒书和针绣衣服？有生活经历的人都知道，六七月雨季，由于天气闷热潮湿，一些纸张、蚕丝线不但易发霉，而且最易遭蠹虫的蛀咬。而这类蠹虫，则最怕阳光和干燥。所以，六月六节日实则是要提醒人们，一定要随时注意这六月气候的特点，在这多雨多潮、易发霉、易生蠹虫的季节，一定要抓紧时机曝书晒衣，保护好书籍衣物。不过，在壮族那里，过去许多壮族村寨建立有雷王庙，供奉雷神，每年农历六月初六都过"雷王节"，人们杀猪宰羊祭祀雷神，祈求风调雨顺。每遇久旱不雨，人们备牲醴祭祀雷神，祈求雷神播下及时雨。如果我们把各民族这天的节日情况列一个表，则可发现，虽然这一天是不少民族的节日，但节日内容与名称都有较大的不同。

表3-4　各民族的六月六节日习俗 [1]

时间	名称	民族
初六	花儿会	回、藏、土、东乡、保安、撒拉、汉族等
初六	庙会	汉族等
初六	猫狗生日	汉族
初六	姑娘节	汉族
初六	回娘家节	汉族

---

[1]　此表可见佘时佑编著：《中国节日》，华文出版社2005年版。

时间	名称	民族
初六	杨泗菩萨诞	汉族
初六	晒银日	汉族
初六	祭山神	汉族
初六	曝书节（晒谱节、晒龙袍日、翻经节、晒经日）	汉族
初六	虫王节	汉族
初六	牛羊节	汉族
初六	姑姑节	汉族
初六	祭山神	汉族
初六	六月六（天王节、虫王节、龙王节、歌节、六月场、六桥、过小节）	土家族、布依族
初六	扫田坝节	布依族
初六	洗牛节	侗族
初六	虫王节	满族
初六	过半年（半年节、供田节）	瑶族
初六	禾魂节	瑶族
初六	穷节	瑶族
初六	晒衣节	瑶族
初六	赶歌节	苗族
初六	晒衣节（天贶节）	汉族、瑶族
初六	太阳祝生节	土家族
初六	敬盘古日	布依族
初六	老鹰坡歌会（歌节）	布依族
初六	晒龙袍日	土家族
初六	朝山会（无良神会）	土族

续表

时间	名称	民族
初六	姑娘节（回娘家节）	土族
初六	馒头寺花儿会	土族
初六	老爷山花儿会	土族、汉族、回族、藏族等
初六	洗澡节	水族
初六	土地公公节	壮族
初六	祭田节	壮族
初六	六月节（六郎节、七郎节）	壮族
初六	天贶节	道教
初六	祭雷公	仫佬族
初六—八	赛马节	苗族
初六（有的地方十月初十）	吃新节	壮族
初六（有的地方六月十二）	新米节	侗族
初六（有的地方一月十六）	新禾苗节	苗族
初六（有的地方一月十六）	斗马节	苗族
初五—六	七里寺花日会	回族、汉族、土族、藏族

其他又如传神的四合院。"四合"是东南西北四面建筑融合成一体，关上院门，与世无争。几代人住在一起，幼尊老，老爱幼，亲亲热热。说已见前。

（三）俗亦立志

民俗中的"志"包括"志向"之"志"与"意志"之"志"。前者如"诗言志"、"谣言志"、"画言志"等；"意志"之"志"则表现于民间传说、故事、谚语等中众多民俗事象之中。在多种多样的民俗中，都深刻地反映着人们的生存意志、生命意志，像谚语中有"有最困难的时候，但总不至于毫无办法"等即是。其他如民间年画所创造的境界：一个大胖娃娃双手抱着一条大鲤鱼——连年有余；有五个孩子"抢帽子"——五子夺魁。另在男耕女织、勤俭治家、耕读继业、忠厚传家等方面也都有表现。

> 志之所至，诗亦至焉。在心为志，发言为诗。观于此，则千古诗教之源，未有先于言志者矣……诚以言为心声，而谣谚皆天籁自鸣，直抒己志。如风行水上，自然成文。言有尽而意无穷，可以达下情而宣下德……故昔之观民风者，既陈诗，亦陈谣谚。[1]

我们说"俗亦立志"，即言应追求人的生命的高度。因为在中国传统文化中，追求人的生命境界或生命的高度是一大特色，其基本诉求是达到一种理想人格之极至的最高精神状态或精神天地，比如人们经常会提到《论语•雍也》中的"孔颜乐处"境界："子曰：'贤哉回也！一箪食，一瓢饮，在陋巷，人不堪其忧，回也不改其乐。贤在回也！'"这种境界用西方马斯洛的需要层次论来解释，就只能是一种例外了——一种不在乎身处逆境、物质匮乏的外在之忧而悠游于自得其乐的精神愉悦，其实是一种有更高追求的自身认同和内在完美，甚至可以称得上是一种真善美高度统一的自由、理想人格。这种人格实际上成就的是自我的一种精神的天地、洁净的世界、旷达的宇宙，因而成了一种中国哲人心目中的圣人、至人、真人的精神生活方式。

在中国文化不同的学说或思想中，无论是儒家、道家，抑或是佛教、道教；也无论是汉族，抑还是各少数民族，在各自的思想发展中，都或是将宇宙万象道德化如仁山智水、上善若水，或是把天地万物艺术化如"天地有大美而不言"，或是把世间事物宗教化如佛教（汉传佛教、藏传佛教、南传佛教）、道教、伊儒（伊斯兰教的中国化）、释儒（南传佛教的中国化），及至基督教中国化的早期探索（壮族学者蓝景章、黄诚沅等对"上帝"中国化的努力，特别是黄诚沅的理论探索、"太平天国"的中国化实践，满族学者德沛使之与儒家结合的努力等，使基督教这一"危险的革命党"有了中国化的可能，遗憾的是因西方发动的侵略战争而使之中断了），均表明了中国文化中的境界诉求，并一致强调，只要我们能够认识到境界的意义与价值并努力追求及实践，就一定能达致最高的精神境界。

---

[1] 刘毓松：《古谣谚序》。

所以，我们完全可以说追求某种崇高的精神境界，是中国文化区别于西方文化特别是西方霸权逻辑所代表之文化的根本特征之一。不仅中国儒家主张以圣贤人格为目标而通过个体的道德自觉以达致"仁者以天地万物为一体"[1]的崇高境界，以"立人极"的自信与自强卓然挺立于天地之间；而且中国道家哲人追求精神的逍遥与解脱、诗人或艺术家追求灵感气质以超越私欲摒弃世俗。不仅中国的文人有直接畅言高度者，如杜甫的《远望》、王之涣的《登鹳雀楼》等，而且也以有文隐含高度者，如罗隐的《蜂》、皮日休的《咏蟹》等，都是在诉求的一种心灵境界之高。不仅哲人诉求人生境界，如程颢《秋日》诗所表现的从容的气度、儒的真性、道的飘逸、禅的机趣："闲来无事不从容，睡觉东方日已红。万物静观皆自得，四时佳兴与人同。道通天地有形外，思入风云变态中。富贵不淫创贫贱乐，男儿到此是豪雄。"而且宗教也诉求境界的攀升，如佛家不断地追求净化超升，向往涅槃境界等。

更为重要的是，中国哲人还把人生境界区分了不同层次，如冯友兰在《新原人》中分成自然境界、功利境界、道德境界、天地境界。冯先生认为，按照中国哲学的传统，哲学的任务就是帮助人达到道德境界和天地境界。[2]其实，有什么样的境界就有什么样的人，正是境界决定了人的价值与意义。自然，人的境界当然首先要有人，儒家的"内圣"的追求、道家的"逍遥"的境界，强调的都是人的自我追求而达致某种境界。从这个意义上说，有什么样的人就有什么样的境界。这样，我们就形成了一种人与境界之间的良性互动关系。于是才有儒家要求的"恭、宽、信、敏、惠"、"仁、义、礼、智、信"、"诚心、正义、格物、致知、修身、齐家、治国、平天下"诉求，在这些方面，按照朱熹的说法，"向内便是入圣贤之域，向外便是趋愚不肖之途"[3]。而道家所谓"天地与我并生，而万物与我为一"[4]，"独与天地精神往来，而不傲倪于万物"[5]。"至人之用心若镜，不将不迎，应而不藏。"[6]如此，我们就能超脱物质世界和自然生命世界，契合崇高的心灵境界、艺术境界、道德境界、宗教境界……[7]

---

[1] 程颐、程颢：《二程全书》卷 12。

[2] 冯友兰：《中国哲学简史》，北京：北京大学出版社 1985 年版，第 389—391 页。

[3] 朱熹：《朱子语类》卷 119。

[4] 庄子：《庄子·齐物论》。

[5] 庄子：《庄子·天下》。

[6] 庄子：《庄子·应帝王》。

[7] 张岱年、方克立主编：《中国文化概论》，北京：北京师范大学出版社 1994 年版，第 337 页。

其他如，"愚公移山"的神话所反映的生命意志：愚公移山，出自《列子·汤问》里的一篇文章，作者为战国的列御寇，叙述了愚公不畏艰难，坚持不懈，挖山不止，最终感动天帝而将山挪走的故事。毛泽东有名篇《愚公移山》、徐悲鸿有名画《愚公移山》传世。同类神话还有"精卫填海"等等。这里，我们以《从民俗文化谈〈愚公移山〉》为例来加以说明。

《愚公移山》是出自《列子·汤问》篇中的中国古代神话（或说为寓言故事），搜集整理者是战国时期的列御寇。据介绍，列御寇，战国时期郑国人，名寇，又名御寇、圄寇、圉寇，是战国前期的道家人物，终生致力于道德学问，曾师从关尹子、壶丘子、老商氏、支伯高子等，在郑国隐居达 40 年，不求名利，清静修道，先后著书 20 篇十万余言，今存有《天瑞》《仲尼》《汤问》《杨朱》《说符》《黄帝》《周穆王》《力命》八篇，共成《列子》一书，较好的版本有杨伯峻《列子集释》。在学术思想上主张循名责实、无为而治；在行文风格上，特别善于运用神话、寓言故事，包括《黄帝神游》《愚公移山》《杞人忧天》等百余篇；在生活态度上，一生安于贫寒，不求名利，不进官场，"子列子居郑圃，四十年人无识者"……

《愚公移山》讲述的是愚公不畏艰难，坚持不懈、挖山不止的奋斗精神，并最终感动天帝而将山挪走的故事。1945 年，毛泽东在中国共产党第七次全国代表大会上作闭幕词时引用该典故，对其重新诠释，赋予崭新的时代含义，成为中国共产党人坚韧不拔、不懈奋斗精神的写照。也就是这样一个故事，近年来，愚公之愚不断地进入人们的视野，有写作文的，如《愚公真是愚》一文，肯定了"愚公精神虽然有其可贵之处"，但也特别强调"愚公的确有其愚蠢之处"，并从三个方面进行分析："首先，自不量力。如果没有天神相助，即便愚公子孙无数也是搬不走大山的。人的力量是有限的，做些自己力所不能及的工作不是愚蠢么？其次，抓不住重点。生活是为了过得更好更幸福，如果子子孙孙都去搬山了，谁去耕种？谁来改善生活条件？生活不仅是为了搬山。"其中还说明"当今时代，不是蛮干的时代，我们只有多思考，多动脑，才能把自己的才华发挥在最能实现自己人生价值的地方。没有神，要靠我们自己的双手和智慧。"[1] 自然，最后这个结论是对的。但前面对"愚公的确有其愚蠢之处"的分析却值得推敲。

---

[1] http://tool.xdf.cn/zw/result_ygzsy.html。

更为不可理喻的是，居然还有以"愚公应该移山还是搬家"为题的辩论赛，其中有一个辩手提了五条理由，现录于下以资分享：

　　谢谢主席，各位评委，大家好！

　　今天，我方观点是愚公应该搬家。

　　众所周知，《愚公移山》出于《列子·汤问》，它的前篇是"淮南的橘到了淮北就变成了枳"，它的后篇是"夸父追日"，很显然，原著是要通过这三篇寓言告诉我们，做事不能违背自然规律，不能一味蛮干。愚公的精神可嘉，但做法不可取，我方认为，愚公不应该移山，而应该搬家。

　　第一，移山破坏自然。愚公移山所带来的哪怕是一两次泥石流，也足够让愚公走向我方观点——搬家了！

　　第二，移山会对生态造成不良影响。还记得那句经典台词吗：悟空你可真调皮呀，叫你不要乱扔东西呀！砸到小朋友那可怎么办呀，就算砸不到小朋友，砸到花花草草也不好呀！愚公移山，可就不只是砸到花花草草这么简单了！千千万万的动植物将失去自己的家园。而搬家起码可以免去唐僧的唠叨。

　　第三，给他人造成损失。愚公移山，成日叮叮当当的不说，还有一些没多少文化的人"跳往助之"，须知"京城氏之孀妻，有遗男，始龀"，同学们，这可是吸取知识的年龄呀！唉！难怪连神都看不下去。

　　第四，愚公的子孙真的能"无穷匮"吗？愚公全家去移山了，谁种地？我就不明白了，愚公会有能养活全家的退休工资？另外，这样不可理喻的家庭，对方辩友口口声声称赞，难道对方四位女辩友愿意到这样的家庭去移山？就算他后代找到了媳妇，哪里有时间生孩子？就算生下了孩子，哪里有时间去照顾？就算孩子长大了，难道也会像父辈、祖辈一样不可理喻？与其把无尽的负担压给后人，倒不如搬到一番新天地，可以代代欢乐。

　　第五，客观上愚公移山也不可能成功。须知"太行、王屋二山，方七百里，高万仞"，那是一个什么概念？粗略计算一下，两座山约合土石234万亿吨。愚公把土运到"渤海之尾，隐土之北"，就算每年往返一次，每次5吨，也要五千个100亿年。而科学家告诉我们，地球的寿命总共是100亿年左右，也就是说当人类都把家搬到了太空，并且对地球无限缅怀的时候，愚公还不曾毁山之一角啊！

综上所述，移山费时费力、害人害己，而且违背自然规律；而搬家经济实惠，效率高，前景好，而且环保。

山不转，水要转，水不转了，人要转，面临如此两座大山，毫无疑问，愚公应该搬家。

谢谢！

首先，《愚公移山》是一个神话，当我们将其定性为"神话"时，我们就一定只能依据"神话"本身来考虑，而不应超越神话思维的发展阶段。用现代理性思维来批判神话思维，颇有点与风车斗的意味，"哈哈！真是搞笑！"某网友的这个笑，其实应是对整个"批判愚公"的笑。因为有如马克思在《〈政治经济学批判〉导言》中的那句关于神话的众所周知的名言所论："任何神话都是用想象和借助想象以征服自然力，支配自然力，把自然力加以形象化；因而，随着这些自然力之实际上被支配，神话也就消失了。"[1] 所以，在一个神话"应该"消失的时代，用现代理性来批判神话，至少在为人、为学的态度上就已是一个神话。事实上，正像批判者已经认识到的那样："现代社会是一个快节奏的社会，我们讲究的是效率，虽然愚公移山这种坚持不懈的精神值得我们学习，但是愚公移山这种行为不值得提倡。虽然愚公最终可以把山移走，我们暂且不讨论他移山需要多少时间，相对于搬家来说，移山所带来的好处远远没有搬家带来的多。愚公搬家只会把家搬到更接近城市的地方，就像现在很多农村的人很想搬到城市来一样。"

其次，"愚公移山"的时代，具有特定的时代条件——没有现在的交通，没有现在的人口规模与人口密度，没有现代的"生态文明"高度，因而用现时代的背景来理解过去时代的观念、行为，本身就是一个"神话"，而且是当了现代的"愚公"。请看人们提出的办法与批判：

第一组批判，差不多都是用现代自私自利的"性恶论"人性假设对愚公进行批判，这与中国文化传统，特别是与该则神话搜集者列子所归附的"道家"文化传统

---

[1]　马克思、恩格斯：《马克思恩格斯选集》第 2 卷，北京：人民出版社 1995 年版，第 29 页。

相隔离的，虽然道家强调"道法自然"，但在总体精神上是崇尚"性善"、向善的，所谓"上善若水"即是，因此，这种批判中的君子、小人之界限是十分明显的。

——"他为什么不'搬家'呢？一家几口背上行李，翻过大山，走不多远，就可以到达洛阳、郑州、西安这些大城市。如果嫌城市喧闹，还可以定居在华北平原土地肥沃的村庄。"

——"发现不方便以后，不是从自身找原因，不是做相对简单的搬家，而是做非常繁复的移山。也许，房子不管新旧，都是自己的。而山，则是公共的。 于是，我们见多了很多损公肥私的人和事。我们见多了很多以各种名义而为的损公肥私的人和事。"

——"搬山的决定是愚公自己做的。愚公觉得自己已经老了，受累不多了，不能让子子孙孙永远受累。其实，愚公自己也知道，要把那两座山搬掉，不但把自己的老命搭进去，还要把子子孙孙都要搭进。于是，我们见多了累人的错误决定，我们见多了错误决定的累人。"

——"愚公确实很愚，而且愚得不可理喻。不是吗？以自己的残年去挖'方七百里，高万仞'的两座大山不说，还要连累子子孙孙世世代代。人没有改变自然的权力，只是人类的痴想。耗时长，耗费精力大，把自己的意志强加于子孙后代身上，'靠山吃山，靠水吃水，那他吃什么？'"

——"为了个人，就搬家。为了集体，就移山！就像思想家鲁迅，完全可以出国，但是为了国民，苦苦教化！"

第二组批判，基本精神是主张搬家的理由，但细起来，更应深入思考的是在挖山与搬家之间为什么愚公选择"移山"。

——"设身处地地为愚公想想，他也许是故土难离，也许是老人家离开了熟悉的环境就活不下去。但是，这需要把整个两座山都挖掉吗？如果是因为出入不便，大可以把山脚挖去一块，铺成石板路；如果是因为阳光不足，大可以在山顶上造一个阳光小屋，就算每天需要爬上爬下，也比抢镐挖山强得多吧？"想出了不搬家的补救措施，用现在的"开放社会"衡量过去的"封闭社会"。

——"房子建了以后，也是住了很长时间，愚公才发现家人出门要绕很多山路，觉得这很不方便。只是，为什么在建房之前，不仔细考察？不认真思索？于是，我们见多了，很多项目，不是认真立项，而是盲目上马。等到上马以后，才发现是一种浪费。"这是按现在的"科学决策"要求那一时代的"经验决策"。

——"再退一步讲，就算这两座山非挖不可，为什么一定要亲自上阵，全家老小不干别的整天挖山？且不说整天挖山不仅是一个极其艰苦枯燥的活计，要是碰上巨大的花岗岩还挖得动么？为什么不去考虑做一些更能赚钱的买卖，然后把挖山的事情外包给专业的挖山队伍？"按照现代的"科学条件"或"科学技术是第一生产力"时代的条件分析过去以"劳动力为第一生产力时代"的状况。

——"人们不论做什么事，最重要的是要有一个目标。达到这个目标的途径有很多种，最好的当然是最省力气、代价最小的那一种。愚公的目标无非是要改变自己的生存环境。因为有两座山挡在门前，不但出入不便，而且可能会遮住了阳光，使得全家人心情郁闷。最直接的解决方式当然是把两座山挖掉。但是，恐怕没有比这个办法再笨、成本再高的了。为了达到以上目的，把家搬到有山有水有阳光有马路的地方不就得了？或许这需要花若干年的时间积累资金，因为搬一回家可不是一件容易的事儿。可是无论如何，也用不了子子孙孙挖将下去，挖他个三五百年也不知如何。"用现在的发展机会多样而丰富来分析评价那个古朴的年代。

——"愚公移山对家庭有好处，对自己也有好处。搬家不仅省去了麻烦，也给自己的儿女带来了幸福。愚公的速度恐怕要 N 年也不能毁山之一角。"用现代的社会流动状态对待传统的凝止时代。

……

应该说，这一组批判，眼光的确是现代的，很科学，但却让我们很无奈。因为很简单的道理是：在农耕文明时代，人们离不开那点世代耕种而又无法移动的土地 —— 那可不像现在走到哪里都可以通过法定程序获得土地承包权之类，或者是可以到城市打工，因为那时生活的第一个要件就是"守土为业"；农业生产的生产资料差不多全是自给自足的，如果真把房子搬到山外了，每年的生产季节的往返，那才是最大的成本，而那时的交通状况可不是现在。因此，"愚公"之"移山"，有充分的成本概念在里面。更何况，愚公"移山"只是在农闲季节可以做的事，并不会影响季节性的农业生产，这是农村人生产生活的基本常识，即使在这则神话里未说明，但也并不影响其基于季节变化的劳动力分配；传统农业的基本劳动力前提即是子子孙孙的无限延续，因此，《愚公移山》隐喻的恰好是传统农村、农业、农人的稳定性。这正像马克思主义经典作家在论述"住宅建筑"时所说的那样："不言而喻，野蛮人的每一个家庭都有自己的洞穴和茅舍，正如游牧人的每一个家庭都有单独的帐篷一样。这种单独的家庭经济由于私有制的进一步发展，而成为更加必需的了。在农业民族那里共同的家庭经济也和共同的耕作一样是不可能的。"[1] 也就是说，"移山"正体现了农耕文明条件下的民俗本性，而《道德经》第 28 章的论述正可看成是对此种老百姓品质的描述："知其雄，守其雌，为天下溪。为天下溪，常德不离，复归于婴儿。知其白，守其黑，为天下式。为天下式，常德不忒，复归于无极；知其荣，守其辱，为天下谷。为天下谷，常德乃足，复归于朴。朴散则为器，圣人用之，则为官长，故大制不割。"

事实上，正像有网友说到的，"'愚公移山'这个故事只是代表一种精神，跟大家较为不批判的'只要有恒心，铁杵磨成针'有异曲同工之妙。""愚公移山精神的精髓，就是信仰、信念、信心和实干。信仰正确、信念坚定、信心充足，才会为伟大的事业奋斗终生。事业的成功与实干密不可分。我们今天看了《愚公移山》，就应该像愚公一样直面困难，求真务实，埋头苦干。有了这样一股劲头，就没有克服不了的困难，没有干不成的事业。""我认为愚公挖山的精神值得提倡。愚公有一种锲而不舍、持之以恒的精神，是我们这一代青年所没有的，正是这种精神感动天地才迫使玉帝搬走了两座山，这个故事让我们明白了无论什么困难的事情，只要有恒心有毅力地做下去，就有可能成功的道理。所以我认为愚公要移山。""'愚公移山'的故事每个人都耳熟能详，这归功于毛主席的那篇名作《愚公移山》。在那个时候，宣扬'愚公移山'的精神至关重要。而且他老人家创造性地把帝国主义和官僚资本主义比作压在人们头顶上的两座大山，非搬不可。"……自然，若是时代发展到今天，当然应搬家，所以有网友说："事到如今，再来审视这个故事，把它放到今天的生活中，我得到的结论就是题目所说，愚公为什么不搬家呢？"

实事求是地说，从民俗的层面来看，土地的依赖性，传统农业的自给自足性，农业生产主体的家庭基础性、世代延续性，农人意志的坚韧持久性，及至农具等都在《愚公移山》中有所反映，所以，有学者指出：《愚公移山》的主题思想即恒道，它借愚公形象的塑造，表现了中国古代劳动人民有移山填海的坚定信心和顽强毅力，说明了"愚公不愚，智叟不智"，只要不怕困难，坚持斗争，定能获得事业上的成功，

---

[1] 马克思、恩格斯：《马克思恩格斯选集》第 1 卷，北京：人民出版社 1995 年版，第 116 页。

这对人们有很大的启发。

我们还可以龙抬头节来加以说明。

在中国风俗文化传统中，作为节日文化的龙抬头（Dragon Heads—raising Day）节日中的言志情境十分明显，体现了人们的生存意识与生成意志。龙抬头的节日时间是农历二月初二，或叫春龙节、青龙节、春耕节、农事节等。过去，由于农耕文化的季节性，中国人过年，一般是从腊月初八就正式开始，直到来年二月初二龙抬头才算真正结束。对老百姓而言，二月初二日，是非常重要的节日，人们认为这天正是苍龙"登天"之日，俗称"龙抬头"。这天一般处在惊蛰节前后，大地回春，万物复苏，农耕在即，一切都是新的开始。也正是在这个节日并于节日活动中体现了民俗文化主体的思想与志向。

首先，看其对天象变易的科学把握。龙抬头或青龙节，现在固定在农历每年的二月初二，传说是龙抬头的日子，并据此成为中国农村的一个传统节日而被称为"龙头节"。从本原上讲，这反映的是中国先民对古代天象的把握，属于科学知识的范畴，与古代天文学对星辰运行的认识和农业节气有关。如《礼记·月令》即说："孟春之月，日在营室，昏参中，旦尾中。""仲春之月，日在奎，昏弧中，旦建星中。"[1] 根据这个对大体运行规律的把握，人们便可在每到黄昏参宿中天、黎明尾宿中天时确认农历的正月到了；而黄昏弧星中天、黎明建星中天时，则可知道农历的二月来临了……自然，或因不同地域而有不同的认知方式，上述即是用黄昏黎明某星中天（以正南正北假想联线之子午线为标准）定季节。龙抬头则用的是昏旦时在东方地平线上出现的星宿来定季节：其法大约形成于夏、商、周时代，属"三代以上，人人皆知天文"之时的产物。当时中国古代天文学的观天模式即将日月五星运行经过的周天黄道带划分成28个天区（确定28个星座），称为"28宿"，以此作为天象观测的参照，其作用在于既以之表示日月五星在天空中的位置，同时又可用来判断季节以指导农事，因而是为了农业生产定季节需要而产生的天文科学。具体是将用来定季节、定方位的28宿分为四组（"四象"或"四神"），每组七宿，并按照它们的形象将四组（四宫）附会为四种动物，定名为东方苍龙（像一条南北伸展的巨龙，包括角、亢、氐、房、心、尾、箕七宿共三十颗恒星组成）、西方白虎（像一只虎，包括奎、娄、胃、昴、

---

[1] 《十三经注疏》，北京：中华书局影印本，第 1352、1361 页。

毕、觜、参七宿）、南方朱雀（像一只大鸟，包括井、鬼、柳、星、张、翼、轸七宿）、北方玄武（像龟和蛇，包括斗、牛、女、虚、危、室、壁七宿），即民间所说的"四象"。由于地球在自转的同时还围绕着太阳公转，作为恒星，太阳是相对不动的，当地球公转的位置使巨龙星座与太阳处在同一方向时，太阳的光芒就会淹没掉星光，人们就会看不到天上的那条巨龙；而过一段时间以后，地球的位置移动了，巨龙星座又会重新出现，周而复始，古人发现了这个规律，并以它来判断时令。也正是由于天空的星象随着季节变化而有转换，即每到冬春之交的傍晚，苍龙显现；春夏之交，玄武升起；夏秋之交，白虎露头；秋冬之交，朱雀上升，因而又分别对应于春、夏、秋、冬四季。其中28宿中的东方七宿即角、亢、氐、房、心、尾、箕七宿组成一个龙形星象，所以人们称它为东方苍龙，其中的角宿为东方苍龙之首，是苍龙头角的象征而代表龙角（苍龙头部"角宿"上有两颗星：角宿一和角宿二，代表苍龙头上的两只犄角）；亢宿代表龙的咽喉（"角宿"之后的四颗星是"亢宿"，或言"龙"颈），氐宿代表龙爪（在咽喉下面有四颗星排列成一个簸箕的形状是"氐宿"，代表着龙爪，或言"龙胸"），房宿代表龙腹，心宿代表龙的心脏（或言"龙心"），尾宿和箕宿代表龙尾。苍龙星宿在春天自东方夜空升起，秋天自西方落下，其出没周期和方位正与一年之中的农时周期相一致。春天农耕开始，苍龙星宿在东方夜空开始上升，露出明亮的龙首；夏天作物生长，苍龙星宿悬挂于南方夜空；秋天庄稼丰收，苍龙星宿也开始在西方坠落；冬天万物伏藏，苍龙星宿也隐藏于北方地平线以下。在当年二月初二晚上，角宿便开始从东方露头而从地平线上冉冉升起；大约一个小时后，亢宿即龙的咽喉升至地平线以上；接近子夜时分，氐宿即龙爪也出现了，这就是"龙抬头"的过程，人们把这个崭露头角的苍龙起始叫作"龙抬头"，自然十分形象生动。之后，每天的"龙抬头"时间，均约提前一点，经过一个多月时间，整个"龙头"就"抬"起来了。天象的这个过程后来即被赋予多重含义和寄托，衍化成"龙抬头节"、"春龙节"了。[1] 不过，应该指明的是，古代的"龙抬头"应是在春分前后，由于岁差——因为地轴的运动而引起的春分点缓慢西移的一种天文现象——的原因，在秦汉以后，黄昏时角宿出现在东方的季节，因为岁差的原因而逐步推迟——惊蛰、春分时已不再"抬头"，时至近现代，角宿于东方露面则要到农历三月以后的黄昏时刻了。因

---

[1] 相关资料出自百度百科，下同，不再注明。

此，"二月二，龙抬头"的直观天文现象早已不复存在，致使"二月二"与角宿的直接联系越来越淡。久而作之，人们无法理解"龙抬头"真义而只能诉诸神话传说了。不过，正如《说文解字》所言龙"能幽能明，能细能巨，能短能长，春分而登天，秋分而潜渊"的记载，东方苍龙星象的变化，的确已成为一种科学认知、常识共识。不过应强调的是，与"四象"七大星区的划分相联系，中国古代还把恒星划分成为"三垣"，"垣"就是"城墙"的意思。"三垣"环绕着北极星呈三角状排列，其中"紫微垣"象征皇宫，"太微垣"象征行政机构，"天市垣"象征繁华街市，这些划分显示了中国古代天文观测的独特性，并与古代西方天文学不同。在"三垣"外围即分布着上所谓"四象"，即东方苍龙、西方白虎、南方朱雀、北方玄武。

其次，看天人合一的《易经》反思。《易经》首卦——《乾》卦所表现的即被认为是东方苍龙星象运行的一个循环过程，这应看成是中国人从天象的变化中领悟到的人生气象：《乾》卦初九爻爻辞是"潜龙勿用"，反映的是自秋分以后直到农历正月的黄昏，作为天象的东方苍龙处于一年的潜伏期，故称为"潜龙"而"勿用"，也就是看不见，但却仍然存在着出现的可能性、发展的前景性；九二爻爻辞说"见龙在田，利见大人"，反映的是二月春分前后龙头（角宿）升起出现在东方地平线，因而被称为"龙抬头"。龙抬头以后，自然要加把劲，于是九三虽未言龙，而直接以为龙鼓劲的隐喻人生——"君子终日乾乾，夕惕若"，即强调要努力努力再努力。到了九四爻即言"或跃在渊，无咎"，反映的是四月黄昏从地平线升上了天，因而被称为"或跃在渊"，即同时也强调为以后的"在渊"奠定了基础；到了九五爻的"飞龙在天，利见大人"，反映的是五月夏至，苍龙位于正南的子午线一端上空，因而被称为"飞龙在天"；而至上九爻的"亢龙有悔"，反映的则是苍龙星在伏日期间开始向西方下沉，因而被称为"亢龙有悔"。乾卦还有一"用九"爻辞，即"见群龙无首"，实际上是指秋分时龙头沉入西方地平线下而被称为"群龙无首"，实际上即是"秋分潜渊"。可以看出，《乾》卦所言之"龙"，从闻一多先生以之解释为东方苍龙之象起，差不多已为学术界所公认。"潜龙"是严冬之季苍龙星潜伏未升而不见之象。"见龙在田"是苍龙星象东升初出于地平线之象，"跃龙"与"飞龙"则表现为苍龙升腾飞跃之象，"亢龙有悔"则如孔颖达《疏》所谓"物极则反，故有悔也"，即开始返潜之象。整个卦爻辞即反映了苍龙星象由"潜"、"见"、"跃"、"飞"而最终至于"亢"的过程，这是一个给人生以极大启迪的奋斗过程，故《易传》

言"天行健，君子以自强不息"。

再次，节日记载的信仰信息。 在中国传统节日中，有不少节日本来都与上述的"苍龙"有关。以时序而论，自然首先是这个"龙抬头"，继之的则是"寒食节"。据记载，直到东汉以前，人们对此节即有一种虔诚的宗教感情，以至于一些地方在寒食节期间因不能用火做饭（禁火）且必须坚持服食冷食一个月，因而多次造成病亡事故。直到东汉人周举进行移风易俗的改革后，寒食节才逐渐定为清明的前三天为限；唐、宋时代更改革为清明前一天，并开始把寒食扫墓的风俗与清明结合在一起。不过，"上古文献中没有有关清明日活动的记载，从这里可以看出，那时清明还未成为一个独立的节日，唐朝以前扫墓，都在寒食节期间。将清明与寒食节相混淆，大约起自唐朝。将寒食扫墓混淆为清明扫墓，大约也只是从唐朝才开始"[1]。可见后世清明节的民俗功能本是从寒食节转化过来的。人们往往把寒食节"禁火"与介子推故事联系。但事实却不然，因为"禁火"风俗由来古远，《周礼·秋官·司烜氏》即言玄鸟每当仲春二月春分飞回来时便"以木铎修火，禁于国中"，贾公彦注谓："为季春将出火也。"也就是说，周朝有在春分时禁火的风俗，而"禁火"的目的是为了季春三月的顺利出火，并与"内（纳）火"相对，这里的"火"，即指大火星 —— 东方苍龙七宿中的"心宿"。"出火"、"内火"是两种祭祀天象的仪式：当东方苍龙由出现到升空的时节 —— 二月抬头（角），三月出火（龙心），四月出尾（龙尾），这一时段正位于每年农业生产中最关键的阶段，所以尤受我们这个农业文明国度的高度重视，所以每当一年开春之季，国家便要举行"出火"的祭祀仪式，以迎其降临；秋后苍龙伏沉，又要举行"内（纳）火"仪式，以为之送行。人们的信念即是：天龙控制着每年的雨水情况，而雨水又是农业文明所要求的基本条件，为了不致缺雨水而要尽量讨好它，虽然还不知道从远古的什么时候开始起就替这条天龙设立了禁忌 —— 龙作为司农神、水神，最怕火，为使神龙能够顺利升空，带来降雨的保障，人们甘愿禁止举火，服食一个月的冷食，受一段肠胃之苦，以虔诚的举动换来龙神的怜悯。这种禁忌是产生后世禁火与寒食风俗的根本原因之所在。同样，端阳节也是龙的节日，是吴越民族举行图腾祭祀的节日。[2] "将五月五日定为端阳节，只是秦

---

[1] 陈久金、卢莲蓉：《中国节庆及其起源》，上海：上海科技教育出版社1989年，第4页。

[2] 闻一多：《闻一多全集》第1卷，1948年上海开明书店三联书店重印，第225页。

汉以后的事，在此之前，并非固定为初五日，而是定在夏至……汉朝以后将此节定在五月五日，只是依据民族习惯，喜欢使节日的月序和日序相同，如二月二、三月三、七月七、九月九等。"[1] 端阳节的真实意义："端阳者，阳气之端点也。"也就是说，端阳是阳气盛极而阴气即将回升之义，因而其时应在夏至时，故《荆楚岁时记》说"夏至节日食粽"，可见以吃粽子为特征之一的端阳与夏至是相通的。而夏至日是中气，一般出现在五月中旬前后，故《武陵竞渡略·竞渡考》说："五月一日新船下水，五月十日至十五日划船赌赛。"赛龙舟也是端阳节的主要活动之一，而古时候的赛期不在初五，而在夏至前后，证明最初的端阳也是与夏至相联系的。为什么要在此时镇江龙呢？民间对"端阳水"的盼望或可说明。正如上述，自秋分以后到农历正月的黄昏，东方苍龙都处于一年的潜伏期而被称为"潜龙"；二月春分时节龙头（角宿）升出东方地平线而被称为"龙抬头"；四月黄昏从地平线升上了天而被称为"或跃在渊"；苍龙在五月夏至时位于正南的子午线一端上空而被称为"飞龙在天"；伏日期间开始向西方下沉而被称为"亢龙有悔"；秋分时龙头沉入西方地平线下而被称为"群龙无首"。可见，苍龙在夏至时升腾天上位于正南阳位，形成中国古代龙为阳物、春分升天而秋分潜渊的天文意象，亦即《夏小正》"五月初昏大火中"之说，而"大火"为东方苍龙的心脏，"大火中"也就是大火中天，心脏中天自然是也就是苍龙中天了，据此而起的赛龙舟、吃粽子、喝雄黄酒、悬艾避邪、贴赤灵符以避百病等宗教活动即为了庆祝"苍龙"达到这个神圣位置的神圣时刻。因此，我们需要强调说明的是，农业才是这类节日之根。

　　第四是"龙抬头"记载的农本信息。作为节庆的"龙抬头"节，带来的是春天的信息，此期阳气回升，大地解冻，气温变暖、雨水增多，当年的农事活动即将开始，因而随之而起的是春耕备耕。"二月二，龙抬头，大家小户使耕牛。"传说此节起源于作为三皇之首的伏羲氏时期，因其"重农桑，务耕田"，在每年二月二这天"皇娘送饭，御驾亲耕"，后来的黄帝、唐尧、虞舜、夏禹纷纷效法先王，周武王更是将其当作一项重要的国策来实行。于农历的二月初二举行重大仪式，让文武百官都亲耕一亩三分地。不过，因为中国农业的区域性出现了两种不同的信仰框架：**北龙南土**。

---

[1]　陈久金、卢莲蓉：《中国节庆及其起源》，上海：上海科技教育出版社 1989 年，第 104 页。

南土即祭社: 南方"二月二"仍沿用祭社习俗,如在浙江、福建、广东、广西等地区,既有类似龙抬头节的习俗,又有以祭社习俗为主的新"二月二"习俗。由于"地载万物"、"聚财于地",中国南方普遍奉祀土地神,又称"社"、"社神"、"土神"、"福德正神",客家人称"土地伯公"。"二月二"社日主要是祭祀土地和聚社会饮,借敬神、娱神而娱人。在客家地区等,以这天为土地公公的生日,称"土地诞",为给土地公公"暖寿",有的地方有举办"土地会"的习俗:家家凑钱为土地神祝贺生日,到土地庙烧香祭祀,敲锣鼓,放鞭炮。这是由于南方水多而土地少,故这天多流行祭祀土地社神。

北龙即与雨水相关的节日内涵: 二月初二的"龙抬头"节主要是流行于北方地区,这与北方地区常年干旱少雨,而赖以生存的农业生产又离不开水,病虫害的侵袭也是庄稼的一大患(古农字即与捉虫有关),人们求雨和消灭虫患的心理便因此折射到日常信仰当中,并成为两大主题:

一个是去虫灾。在中国古代,民俗中一般将自然界中的生物分成毛虫、羽虫、介虫、鳞虫、人类五大类。毛虫指披毛兽类,羽虫指鸟类,介虫指带甲壳类,鳞虫指有鳞之鱼和带翅昆虫类,其中的龙是鳞虫之长,龙出则百虫伏藏。而一般的农历二月初二正是惊蛰前后,蛇、蚯蚓、青蛙等百虫萌动,在经过冬天冬眠状态的"入蛰"之后被春天的阳光和春雷从睡梦中惊醒实现"惊蛰",牲畜与人也易生疾病,加上虫害也是农作物的天敌,因此人们在这天往往会引龙伏虫,希望借龙威来镇伏百虫,阻止其对人及牲畜的伤害,借以保佑人畜平安,五谷丰登,因而在"二月二,龙抬头"时,北京、江苏南通等地民间起床后均要打着灯笼照房梁,且边照边念"二月二,照房梁,蝎子蜈蚣无处藏",即老百姓要在这天驱除害虫,点着蜡烛,照着房梁和墙壁驱除蝎子、蜈蚣等,这些虫儿一见亮光就掉下来被消灭了。据记载,在明朝时即形成了二月二"熏虫"、"炒豆"活动。《帝京景物略》中说:"二月二日曰龙抬头……熏床炕,曰熏虫,为引龙虫不出也。"[1]《大兴县志》则记载:"二月二,家各为荤素饼,以油烹而食之,曰熏虫。"较为特别的引龙伏虫:引龙伏虫的活动有很多,最有特点是撒灰。撒灰十分讲究。灰多选用草木灰,人们自家门口以草木灰撒一条龙到河边,

---

[1] 《帝京景物略·卷二春场》曰:"二月二,曰龙抬头,煎元旦祭余饼,熏床炕,谓之熏虫儿,谓引龙,冲虫不出也。"

再用谷糠撒一条龙引到家，意为送走懒（青）龙、引来钱（黄）龙，保佑人财两旺；从临街大门外一直撒到厨房灶间，并绕水缸一圈，叫作"引钱龙"；将草木灰撒于门口，拦门辟灾；将草木灰撒于墙脚，呈龙蛇状，以招福祥、避虫害。陕西富县一带还流行撒灰围庄墙外的做法，也是伏龙驱虫的表现。后来，也出现用石灰替代草木灰伏龙降虫的做法。同类的赶虫灾，在江苏南通，民间则有用面粉制作寿桃、牲畜，蒸熟后插在竹签上，晚上再插在田间，认为这是供百虫之神和祭祀祖先的食品，祈求祖先驱赶虫灾，也希望百虫之神不要危害庄稼。可以见出，从去虫灾层面，体现的恰好是人们的生存意识与生成信念。

二个是崇拜龙神。既然叫龙头节或青龙节，自然是基于龙的信仰。但主要的则是传说龙能行云布雨、消灾降福，象征祥瑞，所以以各种与龙相关的民俗活动来祈求平安和丰收就成为一种习俗，从而寄托着人们美好的愿望与向往。这种崇拜表现在一系列的与"龙"相关的习俗方面。

可以看出，"龙抬头"体现的农业需求。 "龙抬头"时正值春天来临，因而古人将它的出现作为春天到来的标志。此时，恰逢中国农历二月（现已到了三月，但当时属二月）雨水、惊蛰节气前后，由此形成了"二月二，龙抬头"的说法。唐代著名诗人白居易有诗谓："二月二日新雨晴，草芽菜甲一时生。轻衫细马春年少，十字津头一字行。"由此说明，此时确实于自然界有新的气象。其一是，每逢农历二月初二以后，因为天上主管云雨的龙王抬了头，故从此以后雨水会逐渐增多起来，因而这天就叫"春龙节"，故而中国北方广泛地流传着"二月二，龙抬头；大仓满，小仓流"的民谚，其实是因为在农历二月以后，"雨水"节气来临，冬季的少雨现象结束，降雨量将逐渐增多起来，这本来就是华北季风气候的特点，但同时也说明了农业生产与雨水的关系，并进而指向了掌管雨水的神龙。其二是，既然到了农业生产的备耕季节，那过了青龙节，整个"过年"也就算结束了，以至于有些地方直接称之为春耕节、万神都会、土地神诞日等，其间举行的敬龙祈雨、放生，以求一年吉祥丰收，实际上是因为从节气上讲，农历二月初本已处在"雨水"、"惊蛰"和"春分"之间，中国很多地方已开始进入雨季，所以那掌管雨水的龙也就更容易和风化雨而成就农心了，故早在唐朝就有了"二月二，运高走，气高扬"之说，民间广泛流传的相关民谚也不过是现实写照。至于在南方把此节还叫作踏青节（古称挑菜节），北方大部分地区在这天早晨家家户户打着灯笼到河边挑水、放生、放祈福灯，到道观或在家里神堂前供灯、上香、诵经持咒，一天布施行善，其实是让龙神捡到便宜。不过，满族的二月初二自有民族特色：二月初二，亦称龙抬头的日子。在满乡新宾居住的满族人十分重视这个民间节日，如同过年或过大节一般。妇女们在头节就忙着筹备东西，首要的是"山房草"（亦称苦房草），以及各色布块、五彩绒线等。二月初一动手串龙头、龙身，做龙尾。她们把山房草叶去掉，将秸杆剪成大则二寸有余，小则一扁指宽的节骨，再把各色花布剪成食指指甲大小的圆布。先将二寸来长的山房草杆，串成不超过手掌大的盖帘，用剪刀剪成椭圆形圆帘子，这就是"龙头"。将红、绿、黄、蓝及各色小圆布串起，每个中间串连山房草骨节，做一大一小两个龙身。再把各色布剪成四寸或二寸长的小布条条，将各色布条串拢在一起，也作成两条龙尾。将这两条龙尾、龙身用五彩线串在帘子式的龙头上，整个龙就做成了。大龙即满族老人讲的山苍龙，小龙标志着蛇。大人把它戴到孩子的大襟上，祈祷在夏天老天打雷天龙行雨时吓不着孩子；上山采菜、捡木耳、采榛子、捡蘑菇，有龙岗山大苍龙保佑。据说各色布龙身子和五色线避邪，孩子受不着灾，人人健壮结实，个个平平安安。

熏香： 二月初二这天，满族旗人起个大早，在仓房的粮囤子里上香，一个粮囤中插十二根金锭香或绿香。因为把香插在粮食中，烧到香根就自消自灭不能出现意外火灾。妇女们到处上香，房山墙垛的墙缝中插香，有缝就插，因地而宜，把过年时所剩的香头或是半截香，插在墙缝中，就连房子基础石缝中也插上香。她们也很注意安全，插地墙缝、石缝中的香可以不去管它，而插在窗台上、抱柱的柱缝中的香头，一会儿一察看，直到香火烧尽只剩香灰才放心。二月二熏香，从院子各处一直点到室内，有缝就插，这一天被称为熏虫日。因为大部分虫子从二月二开始动弹了，这些粮食虫、蛀虫均属害虫，从各家在春天虫子还没有大兴起来时就熏起来看，妇女们认为这一熏，一年家中屋里不遭害虫。

吃龙食： 二月初二这天的食物多是与"龙"相关的传统美食，并多以"龙"为名，可谓吃不离"龙"体，寓意吉祥的大餐，为新的一年开个好头，因为人们相信会"龙威大发"。如《燕京岁时记》即记载："二月二日，古之中和节也。今人呼为龙抬头。是日食饼者谓之龙鳞饼，食面者谓之龙须面。闺中停止针线，恐伤龙目。"如吃水饺叫吃"龙耳"或吃"龙角"，吃米饭叫吃"龙子"，吃馄饨叫吃"龙牙"（或叫"吃龙眼"），吃面条不叫"面条"而叫吃"龙须面"；蒸饼也在面上做出龙鳞状来，称"龙鳞饼"；面条、馄饨一块煮则叫作"龙拿珠"；吃猪头称作"食龙头"；吃葱饼叫作"撕龙皮"，总之都要以龙体部位命名[1]，一切均取与龙有关的象征与寓意。在北方少数民族中，"萨满教"认为万物均有神灵，且各种神仙都从二月二这天起活跃起来了。为此，满族人家在二月二头几天就要磨黄米面，到二月初一要烀小豆馅，二月初二则早早起来炸油炸糕、做豆面卷子；头年腊月宰的猪也要先留给祖先，并在大年三十上供，过了初六就把猪头放到仓房，这个猪头一直等到二月二磕开烀着吃，以此举为"龙抬头"。而在北京，其有一种民俗食品——一种烙得很薄的面饼，又称薄饼；在每年立春日都要吃春饼，并命名为"咬春"；而到了农历二月初二龙抬头的日子则要吃春饼而叫"吃龙鳞"。春饼比吃烤鸭的薄饼要大，并且有韧性（北京人称要有"骨立劲儿"），因为要卷很多菜吃。昔日，吃春饼时讲究到盒子铺去叫"苏盘"（又称盒子菜）。盒子铺就是酱肉铺，店家派人送菜到家。北京人的春饼讲究有几样小菜：凉拌豆芽、摊鸡蛋，天福号的酱肘子。盒子里分格码放熏大肚、松仁小肚、炉肉（一种挂炉烤猪肉）、清酱肉、熏肘子、酱肘子、酱口条、熏鸡、酱鸭等，吃时需改刀切成细丝，另配几种家常炒菜（通常为肉丝炒韭芽、肉丝炒菠菜、醋烹绿豆芽、素炒粉丝、摊鸡蛋等，若有刚上市的"野鸡脖韭菜"炒瘦肉丝，再配以摊鸡蛋，更是鲜香爽口），一起卷进春饼里吃。佐料有细葱丝和淋上香油的黄酱（烤鸭配甜面酱）。吃春饼时，全家围坐一起，把烙好的春饼放在蒸锅里，随吃随拿，为的是吃个热乎劲儿。若在二月二这一天吃春饼，北京人还讲究把出嫁的姑娘接回家。在北京，还有一种豆面糕，北京清真风味小吃。用蒸熟的黄米（或糯米）揉成团，撒炒熟的黄豆面，再加入赤豆馅心，卷成长条，撒上芝麻桂花白糖食用，由于清代经营食摊现制现售"驴打滚"时，随制随撒豆面，犹如郊野毛驴就地打滚粘满黄土似的，故得此诙谐之名。老北京的习俗，人们总喜在农历二月买"驴打滚"品尝，因而经营这种食品摊贩和推车小贩很多，以天桥市场白姓食摊和"年糕虎"（虎占福）做得最有名气。

　　二月初二吃猪头肉也有说法，叫作"龙抬头，吃猪头"。人们纷纷购买猪头肉，希望新年有个好兆头。这些习俗寄托了人们祈龙赐福、保佑风调雨顺、五谷丰登的

---

[1]　清末的《燕京岁时记》说："二月二日……今人呼为龙抬头。是日食饼者谓之龙鳞饼，食面者谓之龙须面。闺中停止针线，恐伤龙目也。"

美好愿望。事实上，自古以来，供奉祭神总要用猪牛羊三牲（即所谓"大牢"），后来简化为三牲之头，猪头即其中之一。另据宋代的《仇池笔记》记录的一个故事：王中令平定巴蜀之后，甚感饥饿，于是闯入一乡村小庙，却遇上了一个喝得醉醺醺的和尚，王中令大怒，欲斩之，哪知和尚全无惧色，王中令很奇怪，转而向他讨食，不多时和尚献上了一盘"蒸猪头"并为此赋诗曰："嘴长毛短浅含膘，久向山中食药苗。蒸时已将蕉叶裹，熟时兼用杏浆浇。红鲜雅称金盘汀，熟软真堪玉箸挑。若无毛根来比并，毡根自合吃藤条。"王中令吃着蒸猪头，听着风趣别致的"猪头诗"甚是高兴，于是，封那和尚为"紫衣法师"。看起来猪头还真是一道佳肴呢，而且也是转危为安平步青云的吉祥标志。如今就有一道名菜叫作"扒猪脸"，经过选料、清洗、喷烤、洗泡、酱制等十二道步骤，历经十多个小时的烹饪，才能端上餐桌。"扒猪脸"有三种，一是原汁原味吃；二是蘸酱汁吃；三是卷煎饼吃，每一种吃法都有不同的滋味。"扒猪脸"肥而不腻、肉骨分离、糯香可口，给现代人带来了美容、健脑的效果。"二月二"吃现代"扒猪脸"，回味古代的餐饮历史，真是一种当代与历史交融的完美体验。

忌伤龙：民间行为中的禁忌，实际上是强调的不能乱作为，诸如此日家中忌动刀动剪动针线，因为苍龙在这一天要抬头观望天下，使用针怕"扎瞎了龙眼"（戳到"龙眼"）、伤到"龙目"而招灾惹祸；忌担水，认为这天晚上龙要出来活动，因而禁止到河边或井边担水，以免惊扰龙的行动，招致旱灾之年；即使硬要担水时，也禁忌水桶碰到井帮，否则会碰伤龙头如陕西绥德；山西、河北不少地方忌早晨担水则认为是早晨起来担水会把龙子担回家；忌讳盖房打夯，以防伤"龙头"；忌讳磨面、碾米、行大车如河北新河、山东滕县，认为会轧到龙头，"砸断了龙腰、龙尾"，不吉利；有的地方妇女停止洗衣服，怕伤了龙皮（不过，或说龙抬头那天属蛇的和属龙的洗衣服好，洗去一身的晦气）；忌讳吃稀饭喝疙瘩汤，以免糊住龙眼，天将降冰雹；或说不能喝粥、吃米饭，人们认为粥是龙血，米饭是龙子；有些地方如北京、河南等地忌吃面条，因为面条细长而像龙须，吃面条就是吃龙须，惹了龙王，当年会闹涝灾；不能纺花，因为"二月二纺花，胭了龙毛龙抓"，龙抓就是雷电击人的意思；武城一带忌太阳没升起前出屋门，否则会"踢囤尖"，砸了一年丰收的希望；山东东明一带在二月初一下午就要把磨房打扫干净，把磨的上下扇支起来，禁止使用，因为当地人认为石磨是龙头，因此龙头节就要把龙头抬起来。一直到现在，尽管磨面不使用石磨了，但到这一天，所有的打面机坊都要停止工作，怕"碾烂了龙头"。此外还有一些禁忌也要注意：女子结婚后，忌在娘家过二月初二；妇女不得在娘家分娩；女子结婚选女送客和嫁娘忌用孕妇、"回头"和寡妇；从春节到二月初二不得空锅；走亲访友，看望病人忌初一、十五，下午不探望病人；商店忌说"关门"，晚上关门叫"靠门"；造房木材忌用桑木（"桑"谐音"丧"）、槐木（"槐"谐音"坏"）；渔民或船户忌说"翻过来"，称"滑过来"；忌说"吃醋"，叫"用忌讳"……虽然有些并不属当天的禁忌，但当天也要忌讳。

念龙语：有些地方妇女起床前，要先念"二月二，龙抬头，龙不抬头我抬头"。这算是以呼龙之语来求吉祥了。

采龙气：或说早上卯时（5点到7点之间），此乃卯月卯日卯时，出门面向东方深吸六口气，冥想一团青气从头顶百会穴下行至丹田，充满脏腑，整团青气包裹全身，然后步行向正东方走百步。路上遇到行人要微笑致意，可吸财气旺气，此为第一吉。

剃龙头：由于农历二月初二是蛰龙升天（龙抬头）的日子，所以民间认为在这一天剃头，会使人红运当头、福星高照，所以一直流传着二月初二"剪龙头"或"剃龙头"的习俗。这一天，无论是走在乡间集市，还是城里的大街小巷，都会看到一道亮丽的风景线——许多人都在排队理发。这天大人、孩子都剃头，叫"剃喜头"，以借龙抬头之吉时，保佑孩童健康成长，长大后出人头地。特别是男孩子，都要理发，谓之"剪龙头"，据说在这一天理发能够带来一年的好运，也有要想鸿运当剃头的寓意。大人理发，则寓意辞旧迎新，希望带来好兆头、好运气，新的一年顺顺利利。老满族人崇拜各种龙，认为全家吃猪是为苍龙祈祷，孩子们剃龙头也是为使这条神龙早抬头，特别是孩子们都戴着龙头龙身龙尾嬉乐游戏，把龙的全身都摆动起来，这是祈祷苍龙一跃千里，龙腾高空。所以，满族人正月不剃头，大都等二月初二这天剃头，其名亦曰"剃龙头"。故民谚说"二月二剃龙头，一年都有精神头"。每逢这天，家家理发店都顾客盈门，生意兴隆。民间认为，年年剃龙头，长大成人定会龙腾虎跃、金榜题名有出息。旧时民间还有一种说法：人们要赶在年三十以前把头剃了，是因为正月里不准剃头。为什么呢？据说"正月剃头死舅舅"，既然关乎娘家人的性命，也就马虎不得了。所以，很多人正月都不光顾理发店，直到"二月初二"才解禁。因此，在北京，进了正月，理发馆的生意是很清淡的。大家都期待着"二月二，龙抬头"的这一天。其实，"正月剪头死舅舅"，是属于误传，据说本意是汉人对清朝的反抗，不剪头是"思旧"，而不是"死舅"，这是从明末清初开始流传的风俗。 据了解，因明清两朝发式不同，明末清初，清朝命令所有国民必须剪发。当时有人为怀念明朝，就在正月里不剪发以表示"思旧"，但又不能公开与清朝政府对抗，于是就有了"正月剪头死舅舅"的说法，一直流传至今。因此，"剃头死舅舅"已是经过三百多年的口口相传而演变出了另一种含义，如今更多地体现为中华民族注重血脉亲情的个性和文化传统——正月为一年之始，有如一日之晨。正月一个月不剃头，以缅怀传统。"思旧"相沿既久，遂误作"死舅"。直到每逢二月初二这一天，家家理发店都是顾客盈门，生意兴隆。由此看来，这一习俗也有生存意识与生成信念于其中。

放龙灯：黄河三角洲及一些沿河地区有"放龙灯"的习俗。不少人家用芦苇或秫秸扎成小船，插上蜡烛或放上用萝卜挖成的小油碗，待到傍晚时分，放到河里或湾里点燃，为龙照路。在借此娱乐的同时又传递出一种美好的祝愿。

围粮仓：农历二月初二清晨，北方很多地区的村民早早起床，家庭主妇从自家锅灶底下掏一筐烧柴禾余下的草木灰，拿一把小铁铲子铲些草木灰，人走手摇，在地上画出一个个圆来。围仓的圆圈，大套小，少则三圈，多则五圈，围单不围双。围好仓后，把家中的粮食虔诚地放在仓的中间，还有意撒在仓的外围，称作"打囤"或"填仓"，象征当年的大丰收，五谷丰登，仓囤盈满。

开笔礼：过去的读书人要行四个礼，即开笔礼、进阶礼、感恩礼和状元礼，其中，开笔礼是人生的第一次大礼，是中国传统文化中对少儿开始识字习礼的启蒙教育形式，主要有拜孔子像、讲授人生最基本的道理、赠文房四宝等内容。现在很多地方也恢复了这项活动。据传，二月初三为文昌（主宰功名之神）的诞辰日，旧时这天让孩子开笔写字，取龙抬头之吉兆，为孩子正衣冠、点朱砂启蒙明智，寓意孩子眼明心明，祝愿孩子长大能断文识字；同时，这天让小孩入学也有"望子成龙"之意，寓意好彩头，可以让孩子更容易出人头地。行过了开笔礼即表明开始正式学习，开笔就是开始写文章。二月初二的简单举动，实际上饱含着人们对孩子的殷切记挂，也饱含着自己对美好生活的希望。该日，文人雅士要敬奉文昌，求科举登第，请求文昌神保佑孩子学业有成，科举高中。

扶龙头：《大同府志》记载："二月二日，各村疃社酿钱献生，谓之'扶龙头'。提壶汲井水注之，曰'引龙头'。"

敲龙头：东北部分地区如辽宁在二月初二早晨，以长竿击打房梁以把龙唤醒，佑一方平安，谓之"敲龙头"。《辽中县志》记载民国时当地二月初二的民俗说："二月二日，俗称龙抬头。晨起以竿敲梁，谓之敲龙头，意谓龙蛰起陆，盖时近惊蛰之期。农家咸以粗米面作饼及馒首而为早餐。妇女于是日为童孩剃头，盖取龙抬头之意云。"大人小孩还念着："二月二，龙抬头，大仓满，小仓流。"

引钱龙： 龙司水，水润而生财。有些地区盛行在二月初二这一天"引钱龙"，当然，引的方式也略有不同。例如有的在水壶里放置几枚古钱或硬币，到家附近的水井、流动的河或湖泊打一壶水，一路细洒着回到家，将壶里的水和硬币倒入屯水的缸里，意为龙循水迹引而至家；有的则用铜钱拉红线回家置于瓮中；有的则以煤灰为引钱。或谓宜准备4枚1元硬币，清洗干净放置水壶里，清晨喝上一杯。如晋西北一些地方的引钱龙，选择一棵大树或一块大石，用灰线围洒一圈。再用红线拴一枚铜钱，先将铜钱置放在灰线圈内，手拉线牵回家中，用容器盖住即成。山东等地区过春龙节，用灶烟在地面上画一条龙，俗称引钱龙。俗信引龙有两种目的：一是请龙回来，兴云布雨，祈求农业丰收；二是龙为百虫之神，龙来了，百虫就躲起来，这对人体健康、农作物生长都是有益的。此俗亦称引龙回，即进行引水入宅的活动。《宛署杂民》中记载："都人呼二月二为龙抬头，乡民用灰自门外蜿蜒布入宅厨，施绕水缸，呼为引龙回。"这种活动是在节日清晨，人们把草木灰、谷糠等自河边、井边一路撒来，直到家中的水缸边，以求风调雨顺。仅仅有降雨还不放心，必定要把水引入家中，让雨降在自家的田地里，方才如愿。这一天满族人也有"领龙"之俗，用草木灰从水缸旁一直撒到井旁，灰道弯曲如龙，称"引龙"。然后举行仪式，祈求风调雨顺。

支磨扇： 俗话说"磨为虎，碾为龙"，有石磨的人家，这天要将磨支起上扇，方便"龙抬头升天"。有些地方恭祭华胥氏过"龙头节"，充满了崇拜龙的思想观念，以为龙治水行雨，决定庄稼丰歉，万万得罪不可。旧时这天早晨，人们要敬奉碾子，传说碾子是青龙的化身。有的还把碌子支起来，表示"龙抬头"，以显尊贵、图吉利。

戴龙尾： 大人们要用五色布剪出方形或圆形小块，中间夹以细秫秸秆，用线穿起来，作长虫状，戴在孩童衣帽上，俗称"戴龙尾"，驱灾辟邪。

唱龙戏： 俗话说"龙不抬头天不雨"。在古代神格谱系中，龙是掌管降雨的神仙，降雨的多少直接关系到一年的庄稼的丰歉，因此，为了求得龙神行云布雨，二月初二日这天要在龙神庙前摆供，举行隆重的祭拜仪式，同时唱大戏以娱神。舞龙，遇上好的年份，老百姓几家合伙制作一条龙，二月初二日这天上街舞龙庆祝，期望新的一年在龙的荫护下再获丰收。

顶门棍：二月初二这天大多数农家都吃"鼓撅"（手搓面条），俗称"顶门棍"。为什么吃"鼓撅"？有人说，吃了"顶门棍"，把门顶住，邪祟不入，一年太平。有人说，过春节大家都吃闷了、玩昏了，吃一顿"鼓撅"顶灵性，就开始干活过日子了。也有在二月初二这天吃搅团的，说是给龙糊鳞整甲，使龙抖擞精神升天降雨。有几句讽刺懒婆娘的民谣说："过了正月二十三，懒婆娘愁得没处钻。又想上了天，没鞋穿；又想钻了地，没铧尖；又想上了吊，丢不下二月二那顿油搅团。"

拜药王：有些人这天要在附近的药王庙里烧香叩头，祈保平安。

炒豆子：有些地方在这天炒豆子的习俗，民谣曰："二月二，龙抬头，家家锅里蹦豆豆，惊醒龙王早升腾，行云降雨保丰收。"

炒玉米：滕州、青岛、临沂地区吃棋子和炒豆，象征着"金豆开花"。传说中每年二月初二炒玉米的传统，就是纪念义龙（玉龙）为解人间干旱之苦，甚至不惜冒犯天条。传说玉龙因不忍人民受干旱之苦，义助人民降雨而被玉帝所囚，并立下规条，只有金豆开花才会予以释放。人民因感激玉龙义举而齐集一起炒玉米，因样子像金豆开花而令看管的太白金星看错，并释放了玉龙。而每年二月初二炒玉米的传统亦保留了下来。

印脾：这天天刚亮，妇女们就起来，她们在院子里和大门外的平地上，用硝灰画上各种不同的圆圈，圈内画个十字，在八点来钟，她们把孩子前襟和兜肚解开，让孩子们趴在十字中间，肚子贴地印脾，孩子妈妈则在圆圈旁边祷告着："印脾十字中，龙盘圈里形，带走腹中病，肚子永不疼。"这段祷语并不是人人都会的。一般妇女的祷词是："龙王爷、蛇仙，你们保佑我的孩子，不得大肚子食水病。请龙王、蛇仙顺着硝龙画的圆圈行走，多走几遍就把孩子的食积带走消除了。"这种"印脾"的举动，是提醒妇女养育孩子，饮食有节，不能吃生冷零食，以免孩子们得上"食积"，亦称"食水"，即腹中有硬块等症状，医生亦称此病为"痞疾"，是消化系统病症。

三社典：芮城合河地区有一种坚持千余年的古会，可称为奇俗。据传始于汉光武帝年间（25—56年），迄今已1 800多年，为纪念东岳大帝黄飞虎治水有功而三社联典庆贺，故又称"三社典"。这天，山民们尽兴狂欢，并将各自家中最珍贵的宝物都展示出来，民间又称"亮宝会"，取宝能驱邪避灾之意，希冀年是风调雨顺，五谷丰登。届时，妇女们身着彩装，演唱传统的民歌小戏，男子们则扮演粗犷强悍的天神、地祇、武将及文臣、八仙、俗神等，或骑马坐轿、乘牛、抬杆；或赤身裸体，腰系野布；或土布裤衩，身背铡刀、冰凌、粗檩、石磨，大展阳刚之气。当地戏称"合河二杆"。社火氛围由锣鼓组成并渲染，打击法古朴、原始，俗称"撒锣鼓"。传统节目尚有耍狮子、跑旱船、高跷、背人等等。整个活动从村外出发，浩浩荡荡，一直到泰山神庙旧址结束。

此外，在唐山迁安地区还有登山的风俗。每当春龙节到来，中国北方大部分地区在这天早晨家家户户打着灯笼到井边或河边挑水，回到家里便点灯、烧香、上供。旧时，人们把这种仪式叫作"引田龙"。这一天，家家户户还要吃面条、炸油糕、爆玉米花，比作为"挑龙头"、"吃龙胆"、"金豆开花，龙王升天，兴云布雨，五谷丰登"，以示吉庆。

第五是"龙抬头"传说的生命意义。关于"龙抬头"有不少的传说，一并说明了"龙抬头"节日习俗的生命象征意义。如或说最早起源于伏羲氏时代，因为伏羲"重农桑，务耕田"，每年二月初二"皇娘送饭，御驾亲耕"。到周武王时，每年二月初二还举行盛大仪式，号召文武百官都要亲耕。第二个说法是：二月初二，龙抬头，相传二月初二是轩辕黄帝出生的日子。第三种说法是：龙王因思念失去的女儿，因此总是在农历二月初二这天从海底抬头出来，望着失去女儿的方向，以寄思念。故传说夏历二月初二，天上掌管降雨之神龙王抬头，意味今后雨水就会多了起来，有利于耕种。第四种说法是关于尧王出世的说法：传说尧王的父亲帝喾（帝俊）共有四个王妃：姜嫄、简狄、庆都、常仪。本来常仪的地位最低，可自从生了儿子，众人就另眼相看了。庆都一直为没有儿子烦恼。有人告诉她，神母庙求子很灵验，只要真心实意，没有不成的。庆都照女巫说的，在元宵节的晚饭后，去庙里摆上供品，然后恭恭敬敬地磕了仨头，双手合十，祈求神灵赐子。庆都从神母庙求子后，就天天盼着好消息。一天夜里，她梦见一条赤龙追随，从此，就怀孕了。到了第二年的二月初二，先是电闪雷鸣，后又艳阳高照。院子里一道金光照耀，孩子降生了，起名叫放勋，就是后来的尧王。放勋聪明伶俐，从小就惹人喜爱，长大当了帝王后，每到二月初二这天，就同百姓一起耕田。帝王耕田的习俗就这样传了下来。每逢过年的时候，集上卖的木版年画，"皇帝爷爷使金牛"，就是由此而来。第五种说法是金豆开花赤龙遂抬头的传说：有年大旱，百姓生活困苦。天上有条赤龙，看见人间的凄惨境况，产生了怜悯之心，私下里下了一场雨。这事被玉皇大帝知道了，就把赤龙压在了一座山底下。山下立了一块碑，上写着："龙王降雨犯天规，当受人间千秋罪；要想重登灵霄阁，除非金豆开花时。"百姓为赤龙求情，玉皇大帝发话说："除非金豆子开花。"到了二月初二这天，不知从哪里来了个老妈妈，一个劲地喊："卖金豆子！"人们很纳闷，买回家一看，是些黄豆。这些黄豆放在锅里一炒，噼里啪啦地开了花。玉帝得知，只得把那条赤龙放了出来，贬下凡间。第六种说法可看成是第五种说法的异文：武则天废唐立周称帝，惹得玉帝大怒，命令龙王三年不准下雨。龙王不忍生灵涂炭，偷偷降了一场大雨。玉帝得知便将龙王打出天宫，压于大山之下，黎民百姓感龙王降雨深恩，天天向天祈祷，最后感动了玉皇大帝，于二月初二将龙王释放，于是便有了"二月二，龙抬头"之说。这一说法反映的社会现实实际上是过去农村水利条件差，农民非常重视春雨，庆祝"龙头节"，以示敬龙祈雨，让老天保佑丰收，从其愿望来说是好的，故"龙头节"流传至今。这个说法的详细版本则说：武则天当上皇帝，惹恼了玉皇大帝，传谕四海龙王，三年内不得向人间降雨。不久，司管天河的龙王听见民间人家的哭声，看见饿死人的惨景，担心人间生路断绝，便违抗玉帝的旨意，为人间降了一次雨。玉帝得知，把龙王打下凡间，压在一座大山下受罪，山上立碑："龙王降雨犯天规，当受人间千秋罪；要想重登灵霄阁，除非金豆开花时。"人们为了拯救龙王，到处找开花的金豆。到次年农历二月初二这天，人们正在翻晒玉米种子时，想到这玉米就像金豆，炒一炒开了花不就是金豆开花吗？于是家家户户爆玉米花，并在院子里设案焚香，供上开了花的"金豆"[1]。龙王抬头一看，知道老百姓在救它，便大声向玉帝喊道："金豆开花了，快放我出去！"玉帝一看人间家家户户院里金豆花开放，只好传谕，诏龙王回到天庭，继续给人间兴云布雨。从此，民间形成习惯，每到二月初二这一天，就爆玉米花吃。不过，山东菏泽民间习俗是二月初二这天炒盐水黄豆，让黄豆开花。结合"玉米明朝传入中国"，而中国是自古栽培大豆的原产国，至今已有 5 000 年的种植史。司马迁在《史记》卷27 中写道"铺至下铺，为菽"，由此可见轩辕黄帝时已种菽，因此，"金豆开花"应该是指"炒黄豆"，而不是"爆玉米"。应强调的是这种"天上人间，融为一体"的民间故事，是古代劳动人民智慧的结晶；从另一个角度也反映出古代农业受天气

---

[1]　此传说肯定有误，因为武则天是唐朝时期人物，而玉米是明朝才传入中国的，那时又哪里来的玉米种子呢？

制约的现实以及耕者渴望风调雨顺、五谷丰登的美好愿望，体现的仍然是民俗主体的意志、信仰。

第六是作为现代新民俗的祝福短信。"二月二，围大仓，谷子黑豆往里装，先装米，后装面，再装几个咸鸭蛋，娃娃娃娃你别看，货郎挑子到门前。""二月二，龙抬头，家家户户炒豆豆，你一把，我一把，剩下这把喂蚂蚱。蚂蚱撑得伸了腿，喜得小孩咧着嘴。"……如此多的关于"二月二，龙抬头"的祝福短信，说明这个传统节日已经长出了现代信息社会的翅膀，赶上了现代信息社会的浪潮。

（四）俗亦寄情

《哈姆雷特》第三幕第四场有一句对白说："当然你有情感，否则你无法行动。"这句对白的背后，实际上强调的是：人是情感的存在。对此，有学者认为："感情依照对实现个人目标最为重要的方向和程度成长、发展。他的焦虑与勇气、欢乐与悲伤，都与他的生活方式相吻合，与他们相关的力量和优势、也与我们的期望相一致。如果一个人通过悲哀来实现他的优越目标，他决不会为自己实现目标而感到愉悦和满足。只有在痛苦万分的时候，他才会感到幸福！"[1] 当代自然教育家约瑟夫·克奈尔则说："科学是一种独特的语言，科学为我们提供知识。但科学有很大局限性，科学告诉我们的世界是不完整的。科学无助于我们内心对自然的感知。我认为应该呼唤人们对自然的情感，以补缀出一个完整的世界。"[2] 作为哲学家的费尔巴哈则对感情进行了更高程度的肯定："上帝是纯粹的感情，是无限的感情，是自由的感情……站在感情的立场上来看，只有否定感情，才是否定上帝。"[3] 所以，"理性的对象，就是自己作为自己的对象的理性；感情之对象，就是自己作为自己的对象的感情。""感情所知觉的属神的本质，事实上不外就是感情之为自己所迷乱和蛊惑了的本质——狂欢的自得其乐的感情。"[4]

事实上，在中国文化背景下，"除了人情事变，则无事矣。喜怒哀乐非人情乎？

---

[1] ［奥］阿德勒著，周朗译：《生命对你意味着什么》，北京：国际文化出版公司2007年版，第33页。

[2] 转引自王洪波：《感悟大自然的奇迹》，载《中华读书报》2000-07-26。

[3] ［德］费尔巴哈著，荣辰华译：《基督教的本质》，北京：商务书馆1997年版，第40页。

[4] 此依新版翻译，见［德］费尔巴哈著，荣辰华译：《基督教的本质》，北京：商务书馆1997年版，第38—39页。后则原译为："感情获知的神圣本质，事实上不是别的东西，就是感情的迷恋自己，赞美自己的本质。"

自视听言动、富贵贫贱、患难死生，皆事变也。事变亦只在人情里"[1]。王阳明所说的"事变"，说到底就是人生的历程，但它是在人情里的，"除了人情事变，则无事矣"，这句话再清楚不过地说明，人不是别的，就是情感的存在。人每日每时都处在"事变"中，"事变"是各种各样的，在人的一生中，所经历的"事变"，可谓层出不穷，但所有的"事变"，"亦只在人情里"，即都是在情感中发生的。反过来说，"人情"也是通过"事变"表现出来的，喜怒哀乐之情是在具体的事变中表现的。因此，我们有理由强调中国的民俗文化是一种充满情感的特殊文化现象。

在农业生产过程中的民俗，如西部山地农业区域较为广泛的"打薅草锣鼓"、"栽秧锣鼓"等体现的集体劳动及其情感，其中的薅草锣鼓又称"薅草号子"、"打闹歌"，是一种独特的民族民歌艺术形式，是土家族、仡佬族等少数民族及部分汉族人在薅草季节聚集数十至数百人在进行集体劳动时请歌手及锣鼓队一边击鼓锣一边唱歌鼓劲的传统民俗文化形式，这是一种生产劳动中的友情互助习俗，因为一到薅草季节，为了抢农时，锣鼓队在田埂上边敲锣边唱劳动歌的过程中，表扬先进、批评落后，因而既是生产性的民俗，同时也是情感性的民俗，体现了人的文化和社会关系的联结。1982 年，四川省文化主管部门曾组织全省音乐工作者在宣汉对以薅草锣鼓为代表的巴山民歌搜集整理，并出版了专辑。同年 3 月，宣汉县土家族民歌薅草锣鼓被列入四川省第一批非物质文化遗产保护名录。2008 年 6 月 14 日，宣汉县非物质文化遗产"川东土家族薅草锣鼓"被中华人民共和国国务院批准为《第一批国家级非物质文化遗产扩展项目名录》，是国家级非物质文化遗产《酉阳古歌》的重要组成部分。同时申报该项目的还有天津、河北、上海、河南、湖北等地，这种民俗活动即是以情为主的活动：充分调动劳动人民的各方面感情，激发他们的劳动激情以形成热情的劳动场面。在一个以农业为本业的国家，农业生产自然占有极为重要的地位。而农业生产对自然和气候的选择性、依赖性又很强，因而形成了"不误农时"的技术性民俗，而为了达到这一点，即形成了多种多样的以情为主题的农业生产民俗活动，以便即时抢得农时。像云南绿春骑马坝的傣族在插秧季节有一种巡田仪式：按照乡约的规定，早稻插秧必须在农历正月十三日结束。为此，全寨的人到了这一天都会聚集在一起敲锣打鼓、鸣放鞭炮，由东向西巡田坝，看人们是否把秧插完，看田里

---

[1]　王阳明：《阳明全书·传习录上》。

的水是否按全村统一规定的水平自然流进流出，有没有偷水、抢水现象，是否有人在禁伐区里砍树等，并对违者加以处罚。应该说，这是一种典型的"一枝一叶总关情"的群众自发的巡田民俗文化活动，从而保证了生产活动的正常进行，还起到了相互监督和制约的作用。这种生产过程中极富情感性的民俗活动表明，自从有了人类以来，因为首先必须吃穿住的理由而有了人们谋取生产生活资料的劳动，因而即开始了劳动中的民俗文化创造。在一定程度上说，作为民俗文化主体的人的主体性、社会关系即通过集体、地域的人群意愿而形成广泛的民俗文化活动，其中自然有它的政治、经济、社会、生态内容，但却也同时承载着人们的情感、意志、心理等主观方面的诸种表现。这正如费尔巴哈所动情地说：

> 充满感情的人，怎能对抗感情呢？充满着爱的人，怎能对抗爱呢？理性的人，怎能对抗理性呢？谁没有经验过音调之动人心弦的威力？可是，音调的威力，不正是感情的威力吗？音乐是感情的语言，音调是有声的感情，是表达出来的感情。谁没有经验过爱的威力？至少，总听到过吧？爱和个人，哪一个更强些呢？是人占有爱呢，还是爱占有人呢？当爱驱使人甘愿为所爱者赴汤蹈火时，这个战胜死的力量，到底是他自己个人的力量呢，还是爱的力量呢？真正思维着的人，难道会没有经验过思维的威力，那确是静穆无哗的威力吗？当你忘记了你自己和你周围的一切而沉思默想时，究竟是你支配理性呢，还是理性支配和吞噬了你呢？科学上的灵感，不就是理性征服你的一次最出色的胜仗吗？求知欲的成力，难道不是完全不可违抗的、征服一切的威力吗？当你压制某种激情，革除某种习惯的时候，总之，当你经过一番努力而战胜了你自己的时候，这种战无不克的力量，难道会是你单独一个人的力量吗？或者，说得更确切一些，这种战无不克的力量，难道不正是意志力，不正是暴力地管辖着你、使你对你自己和你个人的弱点满怀愤慨的那种道德心的威力吗？[1]

是的，有感情的人，肯定会在其所从事的活动中表现出感情。于是，我们看到，除了生产中的这种俗以传情外，在民俗活动中还有直接以情为主的文化活动，最直

---

[1]　[德] 费尔巴哈著，荣辰华译：《基督教的本质》，北京：商务书馆 1997 年版，第 31—32 页。

接的如哭嫁。"哭嫁"也被称为"哭出嫁"、"哭嫁囡"、"哭轿"等等，本是古代婚俗中的一项重要叙情活动，现在仍然流行于汉族、土家族、藏族、彝族、壮族、撒拉族等民族的婚姻习俗中，主要内容即姑娘出嫁时必须履行的哭唱仪式活动。哭嫁一般是从新娘出嫁之前半个月、一个月开始，有的甚至提前三个月就已揭开了哭唱的序幕。从进程上讲，哭嫁具有时断时续的自由性；从起兴点讲，哭嫁依亲族乡邻前来送礼看望而哭的礼节性；从内容上讲，主要是为感谢父母长辈的养育之恩及哥嫂弟妹们的关怀之情，具有极强的情感性，包括"哭爹娘"、"哭哥嫂"、"哭姐妹"、"哭叔伯"、"哭陪客"、"哭媒人"、"哭梳头"、"哭祖宗"、"哭上轿"等。自然，也包括泣诉少女时代欢乐生活即将逝去的悲伤和新生活来临前的迷茫与不安；也有的是倾泻对婚姻的不满，对媒人乱断终身的痛恨等等，体现出一种对婚姻的复杂情感。喜期的前一天晚上到第二天上轿时，是哭嫁达到高潮的时间。事实上，在哭嫁的传统礼仪进行中，同时也展示了姑娘的才德，因为不能乱哭。谁不会哭，就会被别人嘲笑甚至歧视。

情感型的民俗文化现象，在节日文化中表现得有极为丰富，不少节日就是以"爱"为主题的，如爱自然的梅花节、牡丹花节、桃花节、杜鹃花节、梨花节、赏花节等，不一而足；有以人类之爱为主题的吃新节、新米节等，七夕节等即是此类。我们可从六月六回娘家的故事体会出这种情感性民俗文化活动。

《常回家看看》一歌曾传遍世界，其实这恰好反映的是中国民俗之情。你看，中国还有"常回家看看"的民俗节日呢！这个节日就是"回娘家节"。

"回娘家"，这看似生活中的简单小事，处理不好，就会成为影响两家生活、两家情感的大事，也就是影响夫妻情感与生活的终身大事。这六月六"回娘家"、"请姑姑"节，对农耕生活而言，意义太重大了。可以说这是调和夫妻之间、婆媳之间、丈婿之间、母女之间、两个家庭之间关系的节日，是协调农村社会关系的一个节日。

其实，民俗文化的地域适应性所体现的风土意识，就是一种明显的乡情。从存在形式上讲，各种民俗文化形式的形成都与民俗文化主体居住地域的自然环境紧密相连，因而乡土性、地域性成为民俗文化的重要性征之一。中国人习惯所说的"水土不服"，正面强调的即是"一方水土养一方人"，从而形成了不同民族各不相同的民族性格、民族心理、民族认同，进而表现为民族文化，其中也包括民俗文化。《人文中国》中所讲的中国各地区的"民气"、"民性"，即那些不同地方的中国人——钟灵毓秀浙江人、精明海派上海人、俭朴尚学安徽人、辣劲冲天四川人、古风犹存西南人、叱咤风云湖南人、随和机巧湖北人、敢拼敢赢福建人、独领风骚广东人、新潮一族香港人、血脉一宗台湾人、冰封雪域东北人……不管这些概括如何，但有一点可以肯定，民俗文化所培养的中国人具有地域性的民性差异。与此相应，东西方民族在衣食住行诸方面也都存在着民俗文化的具体的差异，并记载着不同的民众情感："在衣着上，东方民族以丝绸、棉布为代表，西方民族却是毛、呢为特色；在食物上，东方民族大抵是米、谷、菜，西方民族却是麦、肉、乳；在建筑上，东方民族是砖、瓦、大屋顶、飞檐，西方民族是石料和高耸的屋顶；在文字上，东方民族是整体的象形文字，西方民族使用的却是个体字母组成的拼音文字……人们常有这样的经验，到任何一个地方去旅游或观光，当地的民居建筑及其人文景观，是最能表现出各民族的差异和特色的。例如，俄罗斯北部和北欧诸民族用圆木盖的木房；蒙古等游牧民族的帐篷——蒙古包；我国南方一些民族的竹楼；欧洲的哥特式建筑；我国的飞檐大屋顶式建筑，等等，都是民俗的乡缘风土相应地存在差异的表现。"[1]

---

[1] 仲富兰：《中国民俗文化学导论》（修订本），上海：上海辞书出版社2007年版，第124页。

第四章　民俗的内容：知识民俗与技能传承

　　民俗文化的内容认定是与对"民俗的范围"界定相联系的。当英国学者威廉·汤姆斯于 1846 年 8 月在《雅典娜神庙》杂志上发表通讯首先使用 Folklore 一词指认"人民的见识或学问"时，即肯定了其"知识、学问"内容，因而认定了"民俗的知识"或"民间的智慧"特性，于是民俗学应是"关于民众知识的科学"。此后，日本学界将 Folklore 译作"民俗"，中国学者周作人留日归来后于 1913 年在绍兴县教育会月刊上发表的《儿歌之研究》一文中则直接使用"民俗"一词。不过，在 Folklore 一词传入中国的过程中，或译为"风俗学"，或译为"歌谣学"，或称为"民间文艺"或"民间文学"，或译为"谣俗学"，或称为"民学"，或译为"民俗"，不同的译法或称谓，实际上反映了人们对民俗文化内容的认定，因而也给我们分析民俗的内容增加了难度。如果按照英国学者曾经使用的"民间古俗"（Popular Antiquities）、"贱民古俗"（Antiquities Vulgares）等说法，则其内容分析就更加狭隘。同样重要的是，如何看待民俗文化内容的性质。毫无疑问，历史形成的民俗文化，旧有岁月的历史遗痕、多元场域的幽深广阔、精粗杂糅的文化整体、奇腐并存的丰富内涵，都为我们阐述其价值、发掘其神光、抛却其包袱、运用其财富提供了探索空间，而这就是本章的内容。据此，我们就不得不强调说：民俗文化是一种汇聚了各种地方性知识的文化传统，人们可以从民俗文化的各种类型中去剥离其中的地方性知识；民俗文化具有传承地方文化的媒介意义，可以说一切都是媒介，唱民歌、讲故事、做游戏，搞生产、做工艺、学生活……无不是一种媒介；变教化俗与因俗而治是社会变迁的民俗机制，其根本的内涵是改变或延续原有地方性知识赖以存在的基础，即社会物质生活条件……本章即主要围绕着这些方面加以阐明。大家也都可以就自己所知，谈谈民俗文化中的各种知识。

一、地方性基础知识概述

民俗文化具有十分丰富的文化价值，如有学者即认为赫哲族的"乌日贡"大会具有历史传承价值、审美艺术价值、经济开发价值、社会和谐价值等[1]；罗琳、张世均以中国少数民族的民俗文化为背景分析了民俗文化的诸多价值[2]；韩基灿强调民俗文化具有十分重要的历史价值、文化价值、精神价值、科学价值、和谐价值、审美价值、教育价值和经济价值[3]等。比如，马学良曾在彝族村寨里采访调查到一个故事：彝族在举行任何宗教仪式时，都要先举行"打醋炭"的一种法事，就是取一块卵石（有的地方是用木炭）烧热后，放进醋水中，这时热气蒸发，所有的宗教法器和牺牲以及参加仪式者都要在蒸汽中熏过，表示被除污浊以致洁净的意思。很显然，这应是原始宗教中被除邪祟的仪式。马先生对此说："其中确有科学的因素，至今医学还认为用醋的蒸汽可以防疫祛病；又如端阳节家家习用雄黄、艾蒲驱邪，如果我们去掉迷信色彩，可以应用于医药卫生上。傣族的泼水节，称为'浴佛'，取其吉祥洁净。蒙古族的那达慕传统节日，起源于古代的'祭敖包'，新中国成立后，经过改革，使其成为劳动人民的节日盛会，并且进行生产经验和物资交流活动，不但是活跃农村牧区文化生活，促进生产的好形式，而且也促进了民族团结。"[4]因此，民俗文化的价值具有丰富性和体系性，应该深入挖掘。我们这里仅从地方性知识的层面来阐明。

（一）地方性知识与普遍性知识

现在，有关地方性知识的研究，无疑已成为了研究的热点。从学术思想的层面看，成为研究热点的基本世界观即是在人类学、文化学历史上始终存着的普遍主义

---

[1] 张鸿雁、于晔：《从赫哲族"乌日贡"大会看非物质文化遗产的价值》，《艺术研究》2008 年第 1 期。

[2] 罗琳：《少数民族口头和非物质文化遗产的价值审视》，《民族论坛》2007 年第 8 期；张世均：《我国少数民族非物质文化遗产的价值》，《西南民族大学学报》（人文社科版）2007 年第 7 期。

[3] 韩基灿：《浅议非物质文化遗产的价值、特点及其意义》，《延边大学学报》（社会科学版）2007 年第 8 期。

[4] 马学良：《纪念五四运动七十周年 —— 关于民俗问题反思》，《民俗研究》1989 年第 2 期。

和历史特殊主义 [1]、全球化与本土化、世界化与化世界、一元论与多元论的方法论之争。普遍主义、全球化、世界化、一元论论者认为人类学、文化学的研究目的在于发现人类文化的共同结构或普遍规律，从中提示各该文化的世界价值与意义，有明显的世界主义的价值诉求；历史特殊主义、本土化、化世界、多元论者则以当地、本土为焦点，以各种文化之间的差异性为论述重点，强调必须放弃宏大理论的建构而关注特殊本身。"自第二次世界大战后，西方学界在理论上有一种贪大求全的倾向，在人类学研究领域，也一度时兴'整合'趋势，强调宏观、全方位（holistic），注意共性，追求寻找'规律'而抹杀了个性，导致了学术研究在某种程度上的肤浅倾向。"[2] 因此，美国著名文化人类学家克利福德·吉尔兹才提出了"地方性知识"问题，并凝聚了"地方性知识"这一重要概念，强调地方性（local）的特殊价值与意义，并在人文社会科学领域产生了重要而广泛的影响。中国学界延续的地方性知识热，可谓得之于这一世界性的思潮。如在"中国知网"上进行主题检索，到 2016年 12 月 24 日上午 8：30，共得 5 017 条文献，全文检索得 362 402 条文献，篇名检索得 400 条文献，关键词检索得 2 639 条文献，摘要检索得 2 925 条文献……虽然近年来的直接研究有所下降，但却清楚地表明对"地方性知识"的重视已经成了习惯。

多年前，中国台湾歌手邓丽君唱了一首《小城故事》的歌，其实可以作为地方性知识与普遍性知识相互关系的说明书：

> 小城故事多，充满喜和乐，若是你到小城来，收获特别多
> 看似一幅画，听像一首歌，人生境界真善美，这里已包括
> 谈的谈说的说，小城故事真不错
> 请你的朋友一起来，小城来做客
> 谈的谈说的说，小城故事真不错
> 请你的朋友一起来，小城来做客

很显然，小城是地方性的，是地方性知识而不具有唯科学主义意义上之普遍性，但这种地方性知识就像邓丽君所唱又包含着"人生境界真善美"，因而它既"不是

---

[1] 黄胜进：《作为"地方性知识"的非物质文化遗产之文化价值探微》，《天府新论》2006 年第 6 期。

[2] [美] 克利福德·吉尔兹著，王海龙等译：《地方性知识——阐释人类学论文集》，北京：中央编译出版社 2004 年版，第 40—41 页。

指任何特定的、具有地方特征的知识，而是一种新型的知识观念。而且'地方性'（local）或者说'局域性'也不仅是在特定的地域意义上说的，它还涉及在知识的生成与辩护中所形成的特定的情境（context），包括由特定的历史条件所形成的文化与亚文化群体的价值观，由特定的利益关系所决定的立场和视域等。'地方性知识'的意思是，正是由于知识总是在特定的情境中生成并得到辩护的，因此我们对知识的考察与其关注普遍的准则，不如着眼于如何形成知识的具体的情境条件"[1]。正是在这种意义上说，"地方性知识"研究即成了一种同时揭示其所包含的普遍性意义与价值的知识分析方法，普遍通过特殊而存在，一般通过个别而存在，就像水果存在于梨子、苹果等具体含水性果实中一样。

事实上，作为与地方性知识相对应的科学主义所要表达的不过是一种直接的普遍性知识诉求，是一种基于人类理性万能论的一种理性傲慢，因为人类理性在任何时候都是具有片面性的，这就是自 20 世纪 50 年代以来即被特别强调的有限理性论。因此，科学主义、全球化、世界化、一元论者心目中的"科学"，尽管其在价值论上是在人类知识体系中价值很丰富的部分，但这并不是否认地方性知识价值的理由。对此，有学者曾严肃地指出："直到 20 世纪中叶以后，人们进一步认识到，所谓'知识'，是随着我们的创造性参与而正在形成中的东西，而不再是什么既成的，在任何时间、场合都能拥有并有效的东西……人们同时也认识到，知识的主体也既不是单一的个体，更不是什么普遍的人类性，而是特定时间和场合中具有连带关系的共同体。经历解释学或语用学转向的哲学则把主体性理解为主体间性，而文化学家们则更直接地在种族和文化群体的连带性（solidarity）意义上来解释主体性。用连带性来解释科学，科学家不是什么中立的、公正的代表，科学知识也不再以普遍有效性为前提。"[2]对此，库恩即强调："任何科学共同体都带有历史的成见，因而都置身于一种局域的情境中。重要的与其说是分析普遍有效的方法，毋宁是描述特定的历史情境，以及在这种情境中实际有效了的范例。"[3]继他之后，波兰尼和科学知识社会学（SSK）的社会建构论都试图从正面来构造地方性的知识。

[1] 盛晓明：《地方性知识的构造》，《哲学研究》2000 年第 12 期。
[2] 盛晓明：《地方性知识的构造》，《哲学研究》2000 年第 12 期。
[3] 盛晓明：《地方性知识的构造》，《哲学研究》2000 年第 12 期。

事实上，我们从民俗文化中，即可随意遇见这类地方性知识，我们将在以后的论述中看到。例如笔者曾有《说连枷》一文中分析该生产工具。因为这种生产工具即有丰富的地方性知识于其中。

连枷，笔者家乡的方言称为连盖，是用来拍打谷物、小麦、豆子、芝麻等，使子粒掉下来的脱粒工具，属手工农具。笔者在 20 世纪 70 年代使用的连枷由 4—5 根木棍组成，通过一转轴与一长形竹杆相连，然后手握竹杆拍打谷物。显然，笔者所使用过的连盖已是适于武陵民族地区的特殊形制。但一般地说，连枷或称为槤枷，一般形制是由手杆、转轴和敲杆三部分构成。手杆一般用约 6 尺长的竹竿，将一端尺许处用火烤软后劈去一半，再将留下的一半折弯与手杆平即为柄，称连枷把；敲杆，是用约 3 尺长的木质较硬的细木棍或木竹棍 4—6 根平列并排，用牛皮筋或竹篾或藤条编织连接如板，上端木棍或竹棍用火烤软，旋扭回头，中加一短梗木轴即为敲杆，俗称连枷拍；联结手杆和敲杆的短梗木轴即为转轴，用其将连枷拍轴套在连枷把折弯处，即成可使用的完整连枷。使用时，操作者将连枷把上下甩动，使连枷拍旋转，拍打敲击晒场上的麦穗或豆荚，使之脱粒，俗称打连枷，笔者的家乡则叫打连盖，如果晚上睡不安稳，经常弹脚，大人即会说像打连盖的，因而已成为一种社会象征。

连枷是从原始农业中使用的敲打谷穗使之脱粒的木棍发展而来的。最初的连枷或许就是一根木棍之类，后来有所发展，或成为由两根木棍组成，即在一根长木棍的一端系上一根短木棍，利用短木棍的回转连续扑打禾秸谷穗使之脱粒。直到发展成现今还在一些边远山区使用的脱料用具，其中包括我的家乡所用形制。

根据历史文献，连枷或起源于黄河流域，然后传至长江流域及以南地区。据《国语·齐语》记载，早在公元前 7 世纪时，齐国（在今山东半岛）已首先使用连枷打麦，其时称为枷或称梯，按其所记"今农夫群萃而州处，察其四时，权节其用，耒耜枷芟"看，应是一种集体劳动。韦昭注谓"耜，梯也，所以击草（禾）也"；《说文解字》谓"梯，击禾连枷也"；《释名·释用器》谓"枷，加也，加杖于柄头以挞穗，而出其谷也。或曰罗枷三杖而用之也"；唐朝颜师古《汉书》注更是明确地说"梯音佛，以击治禾，今谓之槤枷"；明代著名科学家徐光启所著《农政全书》对连枷还做了专门记述，由此可知连枷之名至少在汉代就已正式出现。即使以连枷而论，从唐朝算起，这种打场的农具定名为连枷，也已有 1 200 多年的历史了。有趣的是，在宋仁宗庆历年间（1041—1048 年），连枷还弃农从戎，被用作兵器，出入沙场。那种打仗用的连枷叫柹槤枷，枷是用铁打制成，劈头打下，当然可以置敌于死地。但是，连枷由农从戎的历史并不长。到了南宋，在火药用之于战争后，连枷又由军队转业复员回到农村麦场上了。遗憾的是，由于连枷为木制（南方也有用竹子制作的），不易保存，在考古发掘中难以发现实物，只能在一些壁画上见到它的形象，如甘肃省嘉峪关市魏晋墓壁画中的打连枷图，敦煌莫高窟壁画中也有许多打连枷的场面如 445 窟、205 窟等。

用连枷打场是一种集体劳动方式，在以家庭为经营单位的小农经济时代，通常是依靠互相帮工、结伙打场，少则 7—8 人，多则 10 数人，笔者所见人民公社时的场则多达数十人。在打场过程中，一般是分列数行，以场大小决定列数及每列人数，一般是两列成对打式，纵横移动；各列连枷举落一致，你上我下，彼起此落，错落有致，响声雷动，节奏分明。因此，持连枷者需要有一定的技能，否则就不敢上阵，以防不虞。一般来说，打到高兴处还伴有民歌传唱，或喊山歌，或打场号子，欢声笑语，你追我赶，形成一种和谐欢快的劳动氛围。农谚有"五月（农历）连枷响，家家收割忙"之说，范成大《石湖集・秋日田园杂兴》诗中也有"笑歌声里轻雷动，一夜槤枷响到明"之句，可见连枷劳动的热烈场景。但是要注意的是，打场的时机具有极强的选择性，一般是晴天而且以下午为佳。因这时阳光暴烈，麦穗或豆荚被晒得焦脆，极好脱粒。

根据民俗调查，一些少数民族所用的"打棍"可能是"连枷"的变异形式。"打棍"也是用来脱粒。两根木棍以牛皮绳相连，类似加长的双截棍。晒场上大家合围，唱号子找节奏，齐齐挥舞双截棍的一截，借助旋转之力，以另一截木棍猛击作物。力道和着力面积既大，也不会有反弹力震到手。不过这需要技巧，否则会伤到自己和旁边的人。

（二）民俗文化是一种地方性知识体系

目前有两种民俗文化研究方式都直接指向对民俗文化的价值确认，一种是前述的"地方性知识"研究方式，一种是"非物质文化遗产"的研究方式。这两种研究方式的共性即肯定民俗文化的价值与意义，从而表明民俗文化作为一种地方性知识也越来越受到重视。

"非物质文化遗产"这一概念开始兴起于 20 世纪 60—70 年代，后来随着联合国教科文组织等国际组织的广泛使用与推介，目前已成为当今世界各国无论是政府还是学界都关注的焦点。联合国教科文组织 2003 年的《保护非物质文化遗产公约·总则》中对"非物质文化遗产"做了如下界定："非物质文化遗产指被各群体、团体，有时为个人视为其文化遗产的各种实践、表演、表现形式、知识和技能及其有关的工具、实物、工艺品和文化场所。各个群体和团体随着其所处环境、与自然界的相互关系和历史条件的变化，使这种代代相传的非物质遗产得到创新，同时使他们自己具有一种认同感和历史感，从而促进了文化多样性和人类的创造力。"非物质文化遗产主要包括："①口头传说和表述，包括作为非物质文化遗产媒介的语言；②表演艺术；③社会风俗、礼仪、节庆；④有关自然界和宇宙的知识和实践；⑤传统的手工艺技能。"从上述可以看到，根据联合国教科文组织对非物质文化遗产的定义及范围界定，民俗文化也是一种地方性知识，甚至可以与"非物质文化遗产"概念通用。

首先，民俗文化是一种具有浓厚地方性的民族文化传统，其传承主要以非文字的、口传方式为主，它的传承与发展是具有悠久民族历史积淀的。如果讲中华文明源远流长，那么可以说首先即反映在民俗文化上。拿传统节日来说，中国的传统节日体系初始萌芽于先秦时期，到汉代已初步形成。在自汉代以降到清朝以来的两千多年的漫漫历史长河中，有增有减、有调整有丰富，仅汉族地区即形成了立春、除夕、元旦、人日、元宵、上巳、寒食、清明、浴佛、端午、七夕、中元、中秋、重阳、春秋社日、腊日、冬至等这些重要的节日，加上各地方的、各民族的，则几乎是天天有节。每到节日，从官方到民间，从城市到乡村，人们都会全身心地投入到节日庆典活动之中：丰富多彩而又独具特色的诸多节日活动，不仅直接地促进人们的相互交流、促进和谐，而且还通过相关的节日传说、节日仪式、节日物品、节日用具，以符号的、行为的、情感的、思想的……各种方式，传承知识、传递情感、传播思想、传扬精神、传颂品德，所以，"周期性地共同重温着民族与国家的历史，复述和传承着中华文明的集体记忆"[1]。民俗文化还是"民族价值观的反映，是民族情感的寄托，是民族精神和民族性格的体现。眼泪和笑声是个人情感的体现；神话、传说、故事和史诗则'记录'了整个一个民族的喜怒哀乐和爱憎好恶，像《格萨尔》《玛纳斯》《江格尔》等史诗巨著都被看成是藏族、柯尔克孜族、蒙古族等民族的最重要的文化象

---

[1] 刘魁立、萧放、张勃、刘晓峰、周星：《传统节日与当代社会》，《民间文化论坛》2005 年第 3 期。

征"[1]。也正因为民俗文化的这种价值，才得以被人们随心引用，如毛泽东在《反对党八股》中即说："俗话说：'到什么山上唱什么歌。'又说：'看菜吃饭，量体裁衣。'我们无论做什么事都要看情形办理，文章和演说也是这样。"[2] 以之作为我们分析问题的一个标准。毛泽东引用的俗语还有："凡事应该用脑筋好好想一想。俗话说：'眉头一皱，计上心来。'就是说多想出智慧。要去掉我们党内浓厚的盲目性，必须提倡思索，学会分析事物的方法，养成分析的习惯。"[3]

其次，民俗文化是一种具有强烈的个性化的"个人知识"与群体性的"集体知识"相结合的知识形式。在一定程度上说，民俗文化的核心内涵是"非物质"的，是民俗文化主体在表演和制作过程中所含有的特殊内蕴和技艺，有些是难于用语言或其他符号表达的东西，在一定意义上说即是波兰尼所说的"个人知识（默会知识）"，即"在师傅的示范下通过观察和模仿，徒弟在不知不觉中学会了那种技艺的规则，包括那些连师傅本人也不外显地知道的规则。一个人要想吸收这些隐含的规则，就只能那样毫无批判地委身于另一个人进行模仿。一个社会要想把个人知识的资产保存下来就得屈从于传统"[4]。然而，民俗文化之所以称为民俗文化，正在于其内容的丰富性、传承的广泛性、历史延续性、有效范围的适应性，它虽然是创造者个人智慧的结晶，但却是他们在历史的传承中不断完善和发展的，而且民俗的传承是跟创始人和优秀的传承者分不开的，因此民俗文化的载体是活生生的人，具有高度的个性化与集体性。各种技能或行家绝技如果在一代人当中没有实现传宗接代，那么就会从人类的文化遗产中永远消失。

民俗文化的地方性知识，最集中的表现应是中国的农事节令及相关的文化信息，其根基是中国靠天吃饭的传统农业。为此，形成了以"天"为观察中心的传统农业文明，其文明成果即有不少表现于中国民俗中。以至于"最初的哲学家，就是天文学家。天空使人想到自己的使命，即想到自己不仅生来应当行动，而且也应当要观察"[5]。比如，来自民间的《诗经》之"风"即有不少是关于这方面的论述，顾炎武于《日

---

[1]　刘魁立：《培育根基守护灵魂》，《中国民族》2003 年第 3 期。

[2]　毛泽东：《毛泽东选集》第 3 卷，北京：人民出版社 1991 年版，第 834 页。

[3]　毛泽东：《毛泽东选集》第 3 卷，北京：人民出版社 1991 年版，第 948 页。

[4]　[英]迈克尔·波兰尼著，许泽民译：《个人知识——迈向后批判的哲学》，贵阳：贵州人民出版社 2000 年版，第 79—80 页。

[5]　[德]费尔巴哈著，荣辰华译：《基督教的本质》，北京：商务书馆 1997 年版，第 34 页。

知录》中说："三代以上，人人皆知天文。'七月流火'，农夫之辞也。'三星在户'，妇人之语也。'月离于毕'，戍卒之作也。'龙尾伏辰'，儿童之谣也。后世文人学士，有问之而茫然不知者矣。"[1] 其中的"七月流火"即出自《诗经·豳风·七月》"七月流火，九月授衣"之说，"火"或称"大火"，是"心宿"三星中最亮的一颗即"心宿二"，此星在农历六月黄昏的时候出现在正南方，但到了七月就偏西向下了，这就是"七月流火"，与"九月授衣"一起，即是农民根据心宿在天空中的位置来确定季节以做农事的民歌传承的民间知识。此类知识包括关于天象之日月星辰的变化、物象之动植物随节气而起的变化、气象之气候的变化等方面，事实上形成了一种系统的知识体系，"七曜"、"28 宿"、"干支纪日"等等即是例证，而被整体成体系化的物候学则是具有科学化的地方性知识了：古人把黄道附近的一周分为 24 等分，并根据太阳在黄道上的这 24 个不同的视位置定出 24 节气，同时观察地面上相应的物候和变化情况，人民则根据这些变化来安排自己的生产生活，形成了以 24 节气为构架，以四季、气温、降雨、物候等方面的变化为载体，以指导生产、生活为目的的适用农业科学，24 节气的名称、顺序和相对应的 72 物候为有机体系，形成了物候学的基本格局，从而使相应的知识形成体系。这样的知识体系，在中国少数民族那里也同样存在，如普米族区别于中原文化而形成了一年三季的地域性节气划分：花开月（春天山花开放）、烧山月（上山烧荒种地）和酒醉月（秋收后用粮酿酒）；哈尼族以树木发芽开花或鸟的鸣叫声来判断节令，如夏天听见第一声布谷鸟叫的时候举行"黄改节"，并在这天"开秧门"；彝族人从松树的轮纹、草木的生长推算年、月、日，从布谷、青蛙、知了、大雁的叫声区分四季并安排每个月的生产生活；藏族人把麦子成熟当作一年的开头；赫哲族人每捕到一次大马哈鱼便将鱼头悬挂起来，作为一年的开始……显然，这与中原汉族文明对一年四季的把握相比又自成体系："春耕、夏耘、秋收、冬藏，四者不失时，故五谷不绝而百姓有余食也。"[2] "凡农之道，厚（候）之为宝。""是故得时之稼兴，失时之稼约。"[3] 事实上，民俗中除了这些科学性的认识而外，还通过民谚的形式进行传承教育，如说"一年之计在于春"，"立

---

[1] 顾炎武：《日知录》卷 30，北京：中华书局 1982 年版，第 535 页。

[2] 《荀子·王制》，上海：上海古籍出版社 1992 年版，第 400 页。

[3] 《吕氏春秋·审时》，上海：上海古籍出版社 1992 年版，第 650 页。

春一日晴，春末夏初雨调匀"；通过民俗活动来强化，如鞭牛迎春，以赠土牛、春胜、彩花及各种迎春食物等承载着劝耕农事的各种迎春礼仪风俗，其中春日彩仗鞭牛、分赠土牛的习俗由来已久，早在汉代即已成形，到南北朝时已较为完整："后齐……立春前五日，于州大门外之东，造青土牛两头，耕夫犁具。立春，有司迎春于东郊，竖青幡于青牛之傍焉。"[1]《晋书·礼志》则记载：皇帝群臣都要在立春礼仪上象征性地"亲耕"一次，"太史令赞曰：'皇帝亲耕，三推三反。'于是群臣以次耕，王公五等开国诸侯五推五反；孤卿大夫七推七反；士九推九反。"……诸如此类，不一而足。

（三）民俗地方性知识的文化价值 [2]

对于民俗文化价值的研究，学界已有极为丰富的研究成果。这里以黄胜进先生《作为"地方性知识"的非物质文化遗产之文化价值探微》一文作为基本参考进行阐明。按照黄先生的说法，地方性知识对现代性具有批判性价值，因为启蒙要求的普遍理性一般来讲至少包括对人生意义及价值的形而上诉求和认知世界的形而下诉求两个领域，但吊诡的是启蒙所诉求的最初的普遍理性在后来却被肢解为片面的实证理性和工具理性，甚至即使运用于认知世界都很片面，就更不用说对于形而上的诉求了。这种片面的科学主义是实证哲学的直接产物，一方面片面地在方法论上强调科学方法的万能、在价值论上强调只有科学知识才是人类知识中最有价值的部分，另一方面又在认识论上强调人们能认识的唯一实在就是科学已经达到的实在，否则就不能被称为知识。正是由于这种片面的科学主义导致了"科学的危机"，甚至遭遇了"上帝的报复"，其中一个重要表现即无视日常生活世界的地方性知识，造成日常生活世界的"殖民化"，作为民俗文化的大量非物质文化受到了前所未有的侵蚀，进而开始逐渐消亡。也正是在这种意义上，"地方性知识"问题的提出、"非物质文化"研究的被重视，正可用来矫枉、反抗乃至"颠覆""现代性"，在某种程度上具有后现代意蕴。所以，有学者说"地方性知识的寻求是和后现代意识共生的。随着后工业社会的发达，西方文化传播的强势在摧毁着世界文明不同的形态。现代意识的

---

[1]　《隋书·礼仪志》，北京：中华书局1982年版，第129—130页。

[2]　黄胜进：《作为"地方性知识"的非物质文化遗产之文化价值探微》，《天府新论》2006年第6期。

题旨在于统一、在于'全球化'（globalize）。统一固然带来了文明的进步，但从另一角度也毁灭了文明的多样性。意识形态的全球化更给世界文化带来灾难性的后果。因之，矫枉现代化及全球化进程中的弊端，后现代的特征之一就是'地方性'（localize）——求异，不管它的结果是异中趋同，还是异中见异，异中求异"[1]。地方性知识的观念"带有更浓厚的'后殖民'时代的特征。它的兴起与流行于欧美人类学界的'文化研究'、新实用主义、法兰克福学派和后结构主义对科学的政治批判，以及社会构造论研究有关。这些思潮相互辉映，在对'西方中心主义人'的文化霸权发起冲击的同时，也要求对作为传统科学观念的核心的'逻各斯中心主义'作出批判"[2]。由此可见，作为"地方性知识"、非物质文化的民俗文化研究，是与人们对现代性的批判与反思分不开的。黄先生还认为，作为"地方性知识"的民俗文化与后现代主义有着不解之缘，因而反抗"现代性"也是民俗文化的题中之义。

民俗文化具有"非物质文化遗产"的形式。"非物质文化遗产"中的"非物质"这个词首先被用在 1985 年 3 月，法国著名后现代理论家利奥塔，为巴黎蓬皮杜国家艺术和文化中心发起的一次展览会，有意识地命名为"非物质"。作为后现代主义的代表人物，利奥塔对于现代性进行了深刻的批判："现代性传统中，人与物质的关系已经由笛卡儿的征服和占有自然的规划所固定，一种自由意志把自身的目标强加于特定的自然元素之上，使其脱离自身的自然轨道。"[3]他又写道："'非物质'是否改变了人与物质的关系？即由现代性传统所固定的关系，由征服和占有自然的笛卡儿的变化规则所固定的关系……'非物质'对于一个规划来说意指一种不再是实物的物质；对于'人'来说，它揭示了一种可与自身的分解相比较的分解。"[4]利奥塔之所以提出"非物质"这个概念，是因为他要表达：以启蒙理性为基础的现代性，是一把双刃剑，在促进人类进步的同时，也给人类带来了巨大的伤害。我们必须对现代性进行反思，改变在现代性框架内人与自然的关系模式，人应该把自然看作是

---

[1] [美] 克利福德·吉尔兹著，王海龙等译：《地方性知识——阐释人类学论文集》，北京：中央编译出版社 2004 年版，第 17—18 页。

[2] 盛晓明：《地方性知识的构造》，《哲学研究》2000 年第 12 期。

[3] [法] 利奥塔：《非物质》，王逢振主编、陈永国译：《视觉潜意识》，天津：天津社会科学院出版社 2002 年版，第 33 页。

[4] [法] 利奥塔：《非物质》，王逢振主编、陈永国译：《视觉潜意识》，天津：天津社会科学院出版社 2002 年版，第 36—37 页。

有生命的，人与自然的关系不是征服与被征服的关系。由此看来，20 世纪 60—70 年代开始，我们之所以会对非物质文化遗产问题给予高度的关注，跟后现代主义对"现代性"的反思以及民族文化自觉是分不开的。

黄先生特别地强调了地方性知识的自主性对文化的建设性价值。这是由于世界是由众多的民族所组成的，各民族的文化也是多样性的。在全球性现代化的背景下，多样的文化如何相互理解、相互交流，是人类面临的重大课题。不同文化之间的理解与交流并不是所想象得那么容易。作为"族内人"（insider）和"外来者"（ousider）是如何看待他们的思维和解释立场及话语表达呢？20 世纪 60 年代前后，语言人类学家派克（PikeKenneth）创造了"emic/etic"的描写理论。"emic 是文化承担者本身的认知，代表着内部的世界观乃至其超自然的感知方式。它是内部的描写，亦是内部知识体系的传承者，它应是一种文化持有者的唯一的谨慎的判断者和定名者。而 etic 则代表着一种用外来的观念来认知、剖析异己的文化。在这儿，'科学性'是 etic 认知及描写的唯一的谨慎的判断者。"[1] 这样一来，etic 以外部的描写与理解来对特定的文化进行评判，这一过程到底是否有或者有多少"科学性"，又成为一个新的问题。因此，隶属于一种文化的人怎样去理解甚至接受隶属于另一种文化的人的思想是一个困难的问题。也正是在这里，携现代性而来的全球性现代化对各种不同的文化和文明都带来了很大的冲击，从而引发了种种反抗与批判，"地方性"因此而得到强调与凸显。但是地方性知识不仅仅是一种批判性的，同时也是建设性的。地方性知识的地方性（本土性），对于"族内人"（insider）而言，它具有"外来者"（ousider）的普遍知识所无法代替的解释和调节作用。例如，"所有的巴厘人都有其或许可被叫作按照出生长幼序数所给的名字。这类名字一共有四个，即'头生的'、'二生的'、'三生的'、'四生的'；过了老四又开始了新一轮的循环，第五个孩子也叫'头生的'，第六个则叫'二生的'，以此类推"。[2] 也就是说，在一母所生的同胞中，叫"二生的"那个人也许是"头生的"老五或老九的大哥。这种循环式的称谓序列并不能真正反映同胞之中的长幼之序，却体现着一种循环往复生生不息的生命观念，"它们体现

---

[1] [美] 克利福德·吉尔兹：《地方性知识》（导读一：细说吉尔兹），北京：中央编译出版社 2004 年版，第 19、17—18、33、36—37 页。

[2] [美] 克利福德·吉尔兹著，王海龙等译：《地方性知识——阐释人类学论文集》，北京：中央编译出版社 2004 年版，第 82 页。

着人类生活形态的渗透着时间性的种种形态，混融着永恒且昭示着现在"[1]。它是具有独特文化特质的地方性知识。由此看来，地方性知识以"内部文化持有者"的眼光去看待其他文化（他者），使地方性知识有别于其他思维方式，成为当下反思现代性的有效途径和方法。当然，作为"地方性知识"的非物质文化必须和全球性知识以及其他民族的文化进行交流与对话，不断超越自身的局限。作为"地方性知识"的非物质文化与另一种非物质文化之间，必须是"主体间性"的，是平等的、对话的。作为一种民族文化传统的非物质文化遗产必须得到很好的保护与发扬，只有这样，才能在全球性现代化的进程中，保持世界文化的多样性。

二、民俗中的地方性知识

前面我们谈到，在西方话语系统中，民俗就是民众的知识与学问。不过，我们应强调的是，由于"十里不同风，百里各异俗"，因而民俗更多的是地方性知识。所以，我们可以说：民俗是一种汇聚了各种地方性知识的文化体系。

（一）科技知识

中国人，几千年的农耕生活连绵不断；

中国人，几千年来世世代代与同一片蓝天、同一片土地打着交道；

中国人，对生他养他育他的家乡及家乡周围的自然环境太熟悉、太了解了；

中国人，对天时地宜、对日月星辰运行变化的规律认识得太清楚了，对各种农作物的生长条件、生长规律，把握得太准确了。他们不但懂得，什么样的天气条件是人畜平安、丰收年，并且懂得，什么样的气候条件容易起瘟疫、生疾病、闹灾害。他们根据对天上阴、雨、风、晴、云、雾、雷、雪等气候变化的长期观测经验，能预知地上农作物和人畜生灵的丰、欠、祸、福，能及时采取各种措施以防备自然灾害，从而积累了丰富的民俗知识，如一些农谚俗语，就是这方面智慧的结晶，特别是一些关于预测天气晴雨的农谚，这就是地方性知识。

地方性知识具有丰富的科学内容，可以称为民间科学。在钟敬文先生主编的《民

---

[1]　[美] 克利福德·吉尔兹著，王海龙等译：《地方性知识——阐释人类学论文集》，北京：中央编译出版社 2004 年版，第 82 页。

俗学概论》[1] 第八章，专门讨论了这种民间科学。该书认为，中国传统的科学技术源远流长且内涵丰富、范围广泛，涉及中华民族生息繁衍、人文经济、政治、军事、文化、娱乐等社会生活的各个方面，并起到了巨大的历史作用，而且也在世界物质文明、精神文明的历史进步中居于重要地位。也正是在追溯中国传统科学技术的渊源时，他们特别强调中国传统的科学技术多来自民间底层，例如天文学是源自民间对天象的观察，青铜冶铸是源自制陶和对天然铜的加工制作。在此基础上得到发展、提高的官方科学技术，又常返回民间，为民间所应用，为民间所充实、丰富和再提高。例如在世界上独树一帜的中医药学，中国独创的景泰蓝工艺等等，便都是在这样的循环往复中不断得到发展的。这种互补作用，使得许多传统科学技术至今仍在生产和日常活动中被使用和发生影响。它们的强大生命力正在于其深深扎根于民间底层。所以，该书认为：民间的许多科学技术活动，例如技艺传授、服饰制作等，本身即是民俗。许多民俗含有科学技术内容，例如以堪舆术相宅并非纯属迷信，打制锡箔固然是为制作迷信用品，而其中却包含有丰富的科学道理与绝妙的技艺等。正因如此，民间科学技术，理应是民俗学研究的一个不可或缺的组成部分，或者说，如果离开了民间科学技术的调查研究，民俗学的研究就不能被认为是完整的。[2] 为此，该书在本章第一节中介绍民间科技，包括算学知识（七巧板、纵横图、九连环、韩信点兵等）、物理学知识（重心与平衡知识如走钢丝、单臂撑、顶竿，建筑中的燕子窝楼、开宝寺斜塔，器具中的"酒胡子"、石磬等）、天文学知识、地学知识、生物学知识、民间工艺技术、民间医学……应该说，民俗文化就是一座民间科学技术知识的宝库。

在此，我们仅以民间建筑为例加以说明，这就是笔者在《寻找瞿家湾之美·民俗中的科学——攻位于汭》中所列的例子。

以水为生、以农立国的传统中国，水的重要性自不待言。比如，在被称为中国文化之源的《周易》八卦中，属水的卦实际上是两卦——坎、兑，占了1/4，这是其他各卦所不能比拟的。[3] 根据象数《易》学的通论，在《周易》的卦象体系中，坎

---

[1] 钟敬文：《民俗学概论》，北京：上海文艺出版社1998年版。

[2] 钟敬文：《民俗学概论》，北京：上海文艺出版社1998年版，第208—209页。

[3] 《周易》八卦的"坎"卦属水，自不待言。兑卦为泽，即实际上也是水，故《国语·周语下》："泽，水之钟也。"见徐元诰：《国语集解》，北京：中华书局2002年点校本，第93页；李道平则说"泽"为"坎水半现"，见李道平：《〈周易〉集解纂疏》，北京：中华书局1993年点校本，第223页。

为河水、雨水、一般的水，兑为泽、为湖水、沼泽之水 [1]，反映出中国古人对于水的认知较为详细而丰富。在五行学说中，《尚书·洪范》所载的"洪范"五行不仅在总位次上是第一条，而且水又是第一中的第一。以后的历代著述，都不泛申论水之地位的，如有学者统计：《说文解字》收字 9 353 个，其中水部和水字旁文字有 470 个，占全部字数的 4.92%；如果加上川部、泉部、永部等，则有 522 字，共占全部字数的 5.46%。《说文解字》有 540 个部首，每个部首均 17.32 字，水部文字远远超出这一比例。《康熙字典》收字 47 035 个，其中水部文字达到 1 655 个（包括异体字、同一字的不同写法），占总字数的 3.52%。《康熙字典》分为 204 个部首，每个部首合 230.564 字，水部文字是平均值的 7.178 倍。[2]

从民间文化的角度看，为安居乐业发展起来的"风水"学，"水"即占了一半，即使按照"气"、"风"、"水"三要素而论，也占有了不起的地位；若据《葬书》所谓"气乘风则散，界水则止，古人聚之使不散，行之使有止，故谓之风水"，则水的地位又更重于"风"、重于"气"，于是在风水学上对水进行了极为详细的区分：有情水与无情水的划分，山、水、阴阳之距离变化，龙水的强弱、生旺，山水的粗浊……以至于风水学的关键即在于"入山寻水口，登穴看明堂"……

从治国理政层面看，《管子·水地》篇不仅从本原意义上阐明了水的地位："水者何也？万物之本原也，诸生之宗室也，美、恶、贤、不肖、愚、俊之所产也。" [3] 而且用水解释了不同地区的居民性格并据此阐明治国方略："何以知其然也？夫齐之水道躁而复，故其民贪粗而好勇；楚之水淖弱而清，故其民轻果而贼；越之水浊重而洎，故其民愚疾而垢；秦之水泔而稽，淤滞而杂，故其民贪戾罔而好事；齐晋之水枯旱而运，滞而杂，故其民谄谀葆诈，巧佞而好利；燕之水萃下而弱，沉滞而杂，故其民愚戆而好贞，轻疾而易死；宋之水轻劲而清，故其民闲易而好正。" [4] "圣人之化世也，其解在水。故水一则人心正，水清则民心易。一则欲不污，民心易则行无邪。是以圣人之治于世也，不人告也，不户说也，其枢在水。" [5]

---

[1] 乔清举：《八卦还是七卦、九卦？》，《中国哲学史》2006 年第 4 期。
[2] 乔清举：《论河流的文化生命》，《文史哲》2008 年第 2 期。
[3] 戴望：《管子校正》，《诸子集成》第五册，北京：中华书局 1954 年排印本，第 237 页。
[4] 戴望：《管子校正》，《诸子集成》第五册，北京：中华书局 1954 年排印本，第 237—238 页。
[5] 戴望：《管子校正》，《诸子集成》第五册，北京：中华书局 1954 年排印本，第 238 页。

正是基于这种认知，我们来理解瞿家湾村落之形成于内荆河南岸就不复杂了。简单的解释是基本生活条件，复杂的理解则是超越简单的用水之需与交通方便（自然，这是重要的），而去探讨背后的思想与情感、经验与技术、智慧与意志……

从经验与科学的层面，选址是地方性知识的提升。比如，按照传统文化中的阴阳思想，"山南水北谓之阳，山北水南谓之阴"，最直接而科学的理解是：由于中国位于北半球，特别是主体部分，长江流域与黄河流域两大流域文明都位于北回归线以北，以这种区域视点来观察太阳会是从东方升起经由南方最后落到西方，于是向阳坡在山的南面，背光坡在山的北面，因而南面的日照一定较北面充足，中国地名中的江阴、淮阴、洛阳、衡阳、咸阳、南阳、华阴等都由此而得，虽然中国文化中有重阳而抑阴的习惯，但却在具体选址处理上走上了因地制宜之路。同样从经验与科学的角度，瞿家湾的村落选址也没有绝对地贵阳而贱阴，而是因地制宜超越"山南水北"习惯落址于内荆河南岸：一方面，生活与实践的经验指明，在沿河两岸建房，应将房子建在凸岸上即"汭"位，凸岸或"汭"位，就字源意义上说就是被水拥抱，也就是河流的内弯处，因为凹岸时刻为水冲击侵蚀，而凸岸则会被不断淤积，房屋没有被冲毁之患。所以，清人汪志伊在《堪舆泄秘》说："凡到一乡之中，先看水域归哪一边，水抱边可寻地，水反边不可下。"说的就是这个道理。在建筑学上，这种选址原则叫"攻位于汭"。事实上，这一原则是中国先民在几千年前即通过自己的经验、实践证明了的科学原则，所以早在《尚书·召诰篇》中即有确认："庶殷，攻位于洛汭。"殷商人民在洛水北边凸岸建都，其科学性正在于：水湾的内侧即河流弯曲处的凸岸内，河流环抱的河岸内部不易被河水冲刷，因为河水在流速较快时会使河岸上的泥沙脱离而随水流走，从而对河岸造成侵蚀；而当河水流速较慢时，河水中夹杂的泥沙就沉降到河底，造成河道堆积。不过，根据流体力学的基本原理，在河流湾道中，湾外水流速度较快，而湾内水流速较慢，湾外凹岸的岸基容易被流水冲蚀而湾内凸岸的岸基则会缓慢的堆积。从风水学上来解释，这即叫千里龙脉"界水则止"，并且每年在河流环抱处都会"止息结穴"，聚集一股蓬勃的生气；其弧形流水则呈"玉炎环腰"之秀，表明该处穴场将更为蓬勃兴旺，而瞿家湾的所在，正如此穴。

事实上，瞿家湾也的确呈现发展之势。首先是自然地理意义上的，数百年来，"汭"位在不断地积累与发展着。从《瞿氏宗谱》中的一张描绘清乾隆时期瞿家湾的简易图可以看出，当年瞿家湾房屋与内荆河之间只隔一条宽 3—5m 的街道，房屋与河流仅一街之隔，如此居民汲取河水方便，往船只运送货物快捷。可 2004 年 9 月时有学者实测，沿河建筑与内荆河南岸间的距离已近 25m，内荆河南岸在 200 多年的时间里向北移动了约 20m，不能不说是发展了。

与此相应的则是人口与社会的发展。从瞿氏家族的第二代起，人们就开始捕猎湖边的飞落的野鸭，尔后代代相传，捕猎方法不断更新，到 1930 年发展到了鼎盛时期，据载：全村共有鸟枪 40 支，台铳 170 架，190 多人从事猎捕，年捕获野鸭量达 50 000 余对。同时，瞿家湾在与附近的柳关、小沙口、周老嘴等地进行产品交换以满足生活需要时，也逐渐发展起来了商业，据统计：1915—1925 年，瞿家湾约有 100 人从事商业，有 31 家挂牌商号开业，还有未挂牌的耕牛交易所、竹篾店、铁铺等；以此推动，瞿家湾的纺织、造铳等手工业也获得了大的发展，到中华民国初年，瞿家湾已有 11 家手工业作坊开业，从业人员达 200 多人，人口结构中非农业人口比例增加。于是在生活方面，与商业、手工业相关配套设施的建设有了很大促进，全镇发展到有砖木结构的房屋 51 栋 339 间，建筑面积超过 11 000m²。[1]

在民俗文化中，集中教导民众地方性知识的，自然是谚语中的知识。农家依据祖辈的经验，不但能从各种的气象中，预测出风雨变化；而且从人与自然环境的长期相处中，总结出气象、气候对人身生理上的影响。如："春分有雨病人稀"——"春分"这天有雨，人们就会少得疾病。"三月初一逢风雨，沿村瘟疫万民忧"——三月初一如果遇有风雨，容易引发瘟疫的传播。"大寒不寒，人马不安"——大寒这日不寒冷，人畜均不安宁，容易生病。"雨浇上元灯，日晒清明种"——正月十五若下雨，清明时节一定是晴天。"八月十五云遮月，正月十五雪打灯"——八月十五若阴天，来年正月十五必有雪。"立春落雨至清明"——立春这天若下雨，直至清明这段时间雨多。"先下'牛毛'无大雨，后下'牛毛'无晴天"——开始就是蒙蒙细雨，这雨不会下大。如果大雨下过，继续细雨蒙蒙，天还会有雨连阴，不会放晴。"早雾晴，晚雾阴"——早晨有雾，定主晴天，傍晚有雾，来日阴天。"早霞不出门，晚霞行千里"——有早霞出现，主白天有雨，如晚霞满天，来日定是大晴天。总之，谚语可视为地方性科技知识的集中展现处。

---

[1] 请参见何展宏先生硕士论文《湖北洪湖瞿家湾古镇研究》（武汉理工大学，2005）的相关论说。

（二）生活知识

民众生活既包括物质生活又包括精神生活，所有的生活民俗中都包括有丰富的知识与智慧。其中生活知识往往是根据环境与人的关系形成的，最典型的如气候与生活的关系、地理与生活的关系。像西南地区雾多湿重，喜吃酸辣；东北地区的泡菜，是一种当时条件下的越冬处理知识……而精神生活则往往是由多种原因综合形成的结果。

物质生活包括饮食、服饰、居住、建筑、交通、交易及器用等各方面。一般来说，物质生活方面的民俗最先只是以满足生理需要为目的，如以饮食满足维持生活的需要，以服饰满足遮身蔽体、防寒保暖的需要，以巢穴房屋满足抵御风雨侵袭、防御野兽伤害的需要，以器物用具扩展延伸人体器官功能、实现增强生活能力的需要，但是，也正是在满足这些需要的过程中，形成了相关的知识要素，比如从"耒"到"犁"，即明显地可以看出知识的积累过程。并且，除了上述这类必然的物质技术性知识而外，还会形成各自的宗教信仰、审美观点、政治观念、社会心理等，从而产生相应的精神方面的知识，甚至呈现出物质技术知识与精神生活知识完全合一的情况，如连枷本是从原始农业中使用的敲打谷穗使之脱粒的木棍发展而来的。最初的连枷或许就是一根木棍之类，后来有所发展，或成为由两根木棍组成，即在一根长木棍的一端系上一根短木棍，利用短木棍的回转连续扑打禾秸谷穗使之脱粒。直到发展成现今还在一些边远山区使用的脱料用具，其中包括我的家乡所用形制。这其中即有物质技术与精神生活方面的知识，如其中的尺寸，即如此，是技术上的力学原理、平衡原理与精神生活上的审美知识相结合的：手杆一般用约 6 尺长的竹竿，将一端尺许处用火烤软后劈去一半，再将留下的一半折弯与手杆相联即为柄，称连枷把；敲杆，是用约 3 尺长的木质较硬的细木棍或木竹棍 4—6 根平列并排，用牛皮筋或竹篾或藤条编织连接如板，上端木棍或竹棍用火烤软，旋扭回头，中加一短梗木轴即为敲杆，俗称连枷拍；联结手杆和敲杆的短梗木轴即为转轴，用其将连枷拍轴套在连枷把折弯处，即成可使用的完整连枷。诸如此类，还可举出很多。我们下面通过冬九九图、夏九九图的内容来说明人与气候的关系，以此反映民俗中的气象知识。

冬至九九歌详细述说着冬至过后天气变化的情况，用以指导着人们的生活：

北京版：

一九二九不出手；三九四九冰上走；

五九和六九，沿河看柳；七九河开，八九燕来；

九九加一九，耕牛遍地走。

夏至后也有夏至九九歌，详细述说着夏至后气候变化的状况，用以指导人们的活动：

湖北老河口：

夏至入头九，羽扇握在手；二九一十八，脱冠着罗纱；

三九二十七，出门汗欲滴；四九三十六，卷席露天宿；

五九四十五，炎秋似老虎；六九五十四，乘凉进庙祠；

七九六十三，床头摸被单；八九七十二，子夜寻棉被；

九九八十一，开柜拿棉衣。

北方的《夏日数九歌》：

一九至二九，扇子不离手；三九二十七，冰水甜如蜜；

四九三十六，衣衫汗湿透；五九四十五，树头清风舞；

六九五十四，乘凉勿太迟；七九六十三，夜眠莫盖单；

八九七十二，担心受风寒；九九八十一，家家找棉衣。

又如，为了对传统医药知识实施地理标志保护，"从江瑶浴"申请了原产地证明商标。据报道，从江县中药产业办公室正式向国家工商总局提出"从江瑶浴"证明商标申请，开启了贵州省传统医药知识实施地理标志保护的先例。"从江瑶浴"是当地瑶族群众经过数百年的实践积累而保存至今的传统医药知识。特殊的地理环境，使瑶族聚居区域具有生物多样性特征，地道中药材蕴藏丰富。构成了当地独特的瑶族沐浴文化。20世纪下半叶中国的改革开放以来，特别是进入21世纪以来，"从江瑶浴"逐渐从瑶族村寨走向市场，产业化、规模化经营渐成趋势。从江县有关方面认识到，"从江瑶浴"作为瑶族群众创造的知识，其产权保护必须纳入议事日程。而且，"从江瑶浴"的特征主要与从江瑶族聚居区域的自然因素和人文因素相关联，符合申请原产地证明商标的条件。[1]

同类情形还有广西大瑶山的神奇瑶药。我们知道，广西壮族自治区的瑶医是出了名的神奇，尤其是瑶药的效果，能使人达到一种有病治病没病防身、养生的效果，全国各地前去求瑶医的人络绎不绝，街口处密密排列着装满瑶药的器具。这些形似干树皮、枯树藤、树叶的瑶药名称千奇百怪，但功效却不容小觑："鸟不站"消炎，"臭尿藤"打结石，"牛耳风"治风湿，"仙茅"壮腰……据广西金秀瑶医医院院长梁琼平介绍，金秀 15 万人口中有 400 多名瑶医，说明瑶医的普遍性、群众性；当地群众约 80% 都用瑶药，许多家还有祖传瑶药，说明瑶医的普适性、有效性，以至于"大医院看不好的病，可以找瑶医看看，尤其是瑶浴的效果特别明显"[2]。比如以下的瑶浴即为其证。

瑶家的桶浴：瑶族同胞民风淳厚，执礼爱洁。他们世代沿袭着一个很好的生活习俗，就是无论春夏秋冬，每天都要洗澡，而且其洗澡的形式极有特色，既不是盆浴，也不是沐浴，而是桶浴。瑶族人家家都有一支大木桶，高 1.5 米左右，口径约一米，如此大桶，使用沐浴、盆浴的城市人恐怕很难见得到。浴桶一般置放在背地处，将热水倒满桶中，即可洗浴。桶浴是有其规矩的：先是老人，然后才到晚辈；先是男子，女人则在最后。如果家中有客人，那便请客人先洗，客人可不要客气，更不能因众人在场不便入桶而推脱，要不就犯了瑶族人的桶浴规矩。另外，瑶族桶浴还有一大益处，这就是有其药用价值。瑶胞多居住在深山老林，熟悉各种中草药，烧热水时放入一些草药，浴后可消除疲劳，驱除疾病，提气补神，强身健体。难怪男瑶同胞的身体个个都很结实，很少有病患；而瑶妹个个是色如芙蓉，体态健康。究其原因，大概也得益于桶浴！[3]

瑶族的百草浴：许多地区的瑶族还有应节进行瑶浴的习惯，如时令佳节或年终岁末，男女老幼都进行药浴，如农历五月初五，广西的融水、沂城、上林、马山、都安、金秀等县的瑶族，这一天上午家家户户都派人上山采集"百草药"。所谓"百草药"，即除有毒的和会引起皮肤过敏的以外，凡是绿色草本植物，每种都要采一些，

---

[1] 《对传统医药知识实施地理标志保护"从江瑶浴"申请原产地证明商标》，http://www.hnjfh.com.cn/news/view/162.html。

[2] 《广西大瑶山神奇瑶族——瑶药》，http://www.hnjfh.com.cn/news/view/164.html。

[3] 《瑶家的桶浴》，http://www.hnjfh.com.cn/news/view/214.html。

采得越多越好，最好是采够一百种，这些植物起到各种各样的药物作用，故称为"百草药"。采"百草药"时要带刀子和锄头，大部分草药是采集枝叶，有少部分是采集皮或根茎。如苦辣树要皮，青龙草药挖根，金银花采花，冬茹要根茎，野山梨则要果实。采"百草药"必须要在上午完成，因为上午空气清新，眼光和暖，花红叶绿，百鸟欢歌，大自然呈现出一派欣欣向荣、蒸蒸日上的景象，人们认为这个时候是一天当中最"吉利"最理想的时间。在这个时间采回草药、泡澡，便可以治病强身、延年益寿。"百草药"采回以后，洗净泥沙，置通风处晾干，等到下午五时左右，由家里一位年纪最长的、身体健康的老人将草药砍成三寸左右的小段，放进一个大锅内，加入数担清水进行煎煮，煮沸15分钟左右，将药渣捞起，加入少许食盐或不加食盐，离火待药液温度自然降到适合洗澡时，按年龄由大到小的顺序，个人舀一盆药水去洗澡。有的地方药浴是用一个高70厘米，直径为70—80厘米而被瑶族人民称为"庞桶"的大木桶做澡盆，可以盛装一两百斤药水，洗澡时除头部外，全省都浸泡于药水中。"百草药"药液气氛芬芳，经泡在药水里洗浴之后，会感到筋骨轻松、浑身舒爽，精神倍增。瑶族人们为什么一定要定在五月初五这天洗"百草药"澡呢？这里传说有个故事：据说，古代瑶族有一位老人，从十五岁起，每年农历五月初五都洗一次"百草药"水澡，一直坚持了一百多年，结果一生身体健康，从未患过病，活到139岁，在寿终的前一天还能上山放羊。老人去世以后，人们为了纪念和学习这个健康长寿的老人，就都在五月初五这一天洗"百草药"水澡，世代沿袭，变成了瑶族人民快乐的"洗澡节"。[1]

在民俗文化的知识体系中，儿童时代经常使用的"碓"即别有情趣，请看《说碓》一文的阐明。

现实中的碓，一些地方叫它碓窝子，或许因为中国方言太过复杂化而有不同的叫法，是一种主要为木石并用做成的舂捣器具，通常安放在碓房，也就是舂米的作坊。但一般农家只是把它放在屋后的阶沿上，以提高房屋的利用率。《现代汉语词典》解释说：碓，一种舂米的用具，是用柱子架起一根木杠，杠的一端装一块圆形的石头，用脚踏另一端，石头一端就翘起，脚一松，石头端就落下，如此起落捶击，去掉下面石臼中的糙米的皮。显然，这是据人们通常所说碓是用于去掉稻壳的农具之说而

---

[1] 《瑶族的百草浴》，http://www.hnjfh.com.cn/news/view/215.html。

立论的，其实并不尽然。小时候我们用碓进行的工作十分广泛 —— 玉米、高粱、稻谷等凡是需脱壳或"米"化的谷物，均可用之进行，因而应称为一种原粮加工用具；其实，碓还可用于加工面、花椒、辣椒粉等；另外还用以舂茶枯、菜枯、桐枯等的枯饼作肥料。因此，在一定程度上说，碓是一种古代粉碎机具的传承形式。

实现碓的基本功能的方式是舂或捣，如直言碓米或舂米，这是在传统中国运用特别广泛的农具，其机械原理是脚踏驱动的倾斜的锤子到适当的高度，再让其落下，砸在石臼中稻谷等加工对象上，实现去皮、粉碎等目的；可一人，也可两人甚至多人。我小时候即多人用过，而且除了脚踏之外，还用绳子拉，手脚并用，所以，《新论》谓"因延力借身重以践碓，而利十倍"之所说的"延力"似更准确，他没有限制延力的方式，更没有限制在"脚踏"这唯一方式上。

从碓的结构看，简单的碓只是一个石臼，外加一根杵或木槌。但根据家乡的名目，复杂的碓已完全实现了结构的身体化，其中的基础构件是碓窝（臼），它可以石制、铁制或木制，深窝如穴，有大有小，这是碓中承接捶击的部分，中间凹下，便于盛物，因其状如深窝（碓窝），或者说是因过去人们把住的地方叫窝，有简易等评价在其中，因而也对此说一个碓窝；直接与碓窝中的加工对象发生关系是木杵（木柱）或"碓窝棒"或称碓根，在杵上安上铁制或钢制（当然是后来的事）的嘴，并呈齿状"碓牙"，也叫"碓头"，用来提高舂的效果；"碓杵"安在"碓脑壳"上，"碓脑壳"直接与"碓身子"（木杆，一般为较沉重的杂木，家乡通常用板栗树一类）相联为一体，并延至"碓尾"。具体构成即用一棵适当粗壮的木柱一端穿一木头下垂（木杆），末端打上生铁头，木柱落下的地上埋一石臼。从水稻的"稻"字像从臼中取禾来看，人们说碓是一种舂米的用具其实也并不错误。

一般说，人力碓可绳牵"碓脑壳"、脚踏"碓尾"，手脚并用，使人得以全身心地投入。联结"碓身子"与"碓尾"的是一横轴，横轴架于两端的支撑物上。碓的力学原理的关键在于"横轴"与"碓脑壳"、"碓尾"间的距离关系，一般的工匠把握不好这种关系，使人们在运用时就特别吃力。

作为一种古老的常用家具，其动力源可分为人力与物力两类。人力碓当然是依靠人来提供动力，它一头是舂米的石碓，另一头由人力来翘起，中间是支点，主要适用于干旱水少地区，因而有"旱碓"之称，它其实只是一种很简单的杠杆工具。物力则通常为水碓，闽浙居多，是用水力激木轮舂米，明代徐光启《农政全书》卷

18 记载："槽碓：碓梢作槽受水，以为春也。凡所居之地，间有泉流稍细，可选低处，置碓一区，一如常碓之制。但前头减细，后稍深濶为槽，可贮水斗馀，上庇以厦，槽在厦，乃上流用笕引水，下注于槽。水满，则后重而前起，水泻，则后轻而前落，即为一春。如此昼夜不止，可毇米两斛，日省二工。"清朝陆延灿在《南村随笔》里说"凡山溪急流处，皆可为之"，说明水碓的广泛适用性；陆游还有"野碓无人夜自春"之诗，则说明了"水碓"的野趣和闲适，可与"野渡无人舟自横"相映成趣；宋代诗人楼璹在《耕图 21 首·春碓》谓"娟娟月过墙，簌簌风吹叶。田家当此时，村春响相答。行闻炊玉香，会见流匙滑。更须水转轮，地碓劳蹴蹋"，说明同一个地方也可有多种动力源的碓，反映了碓在人们生活中的必然性。

在传统农村，碓还反映一定的社会关系，一方面有公与私的区别，即过去较大的村庄，往往有作为公产的碓；人民公社时期，则有集体的碓。可见碓也有所有制的问题，有公与私的问题。这恐是原始的发明者所没想到的，他们发明的公物最后几成为完全的私物了。另一方面还反映主客关系，沈德潜编选的《国朝诗别裁集》中即收录有安徽桐城人方拱乾《春声》诗："在家愁闻砧，砧声为客衣。在客愁闻春，春声为客饥。春本非恶声，客耳自凄其。砧声砧者苦，春声闻者悲。此地尽为客，室家亦羁縻。遇此八月霜，稻粱同草衰。稗种贱独早，皮尽乃得糜。十斗春一斛，家家急朝炊。两春一口资，廿口将安资？夜长月色苦，冷淡无光辉。声声相断续，远近闻一时。悲馀转成喜，得食谅不迟。便作笙竽听，天风任尔吹。"评者谓该诗"转悲为喜一层，从真性情流出，意尽语竭时，忽然得此，绝处逢生机也"，可见此主客意境之深。

碓是由杵臼发展而来的，作为一种古老的农具，其产生时代无法确指。在古文献中，汉代文献《急救篇》认为"碓硙扇隤春簸扬"，《新论》谓"宓牺之制杵春，万民以济，及后人加巧，因延力借身重以践碓，而利十倍杵春。又复设机关，用驴骡牛马及役水而春，其利乃且百倍"；《方言》谓"碓机，陈魏宋楚自关而东谓之梃硙"；孔融《肉刑论》谓"水碓之巧，胜于断木掘地"，凡此等等，不一而足。结合《易传·系辞传》说神农氏"断木为杵，掘地为臼"，则更见复杂了。不过，现在一般说它是人类历史上石器时代的产物。至于水碓，范文澜、蔡美彪等的《中国通史》说其"发明当在东汉时期"。有研究表明：汉代不但已经使用脚碓，还有畜力带动的畜力碓，并且还发明了用水力驱动的水碓，极大地提高了生产力。在长江流域的江苏等地西汉墓中出土过多件木碓和陶碓模型，由此可推其发明于西汉以前。到了东汉，河南、河北、陕西、山西、四川、湖南、湖北等地的东汉墓中都经常出土陶碓模型，反映出这时已全国推广。仅从文献记载即可知水碓在魏晋南北朝时期的使用面已延至河北、河南、陕西、甘肃各地，其使用规模已十分庞大，如《晋书》卷六载"刘颂为河内太守，有公主水碓三十余区"；"（石崇）水碓有三千余区"等即是。而且更为重要的是，这时的碓还有了新创造，如东晋《邺中记》记"石虎有指南车及司里车，又有舂车木人，及作行碓于车上，车动，则木人踏碓舂，行十里，成米一斛"；东晋傅阳《晋诸公赞》记"杜预、元凯作连机水碓，由此洛阳谷米丰贱"，而按王祯《农书·利用门》的解释，这连机水碓就是一个水轮能带动几个碓头，"今人造作水轮，轮轴长可数尺，列贯横木相交，如滚轮之制，水激轮转，则轴间横木间打所排梢，一起一落舂之，即连机碓也"。至今在长江流域，特别是南方山区，还可以看到脚碓和水碓的身影。自然，碓的未来又当如何，却还需要观察。或许未来只会在影视、舞台上看见，也或许会在传统的体验农业中体现。

（三）生产知识

按照当代社会历史发展，生产应具有三类生产，即在马克思主义之两种生产理论的基础上增加一种环境生产。其中环境生产是随着环境污染与生态破坏问题的出现而被逐渐明确起来的，自然环境是人类生存与发展的前提与基础，无论是人自身的生产还是为满足人的物质生产生活需要而进行的物质资料生产，都需要有生态环境支撑。因此，人与环境所组成的生产系统即自然地包括了人的生产、物质资料生产与环境生产三个方面。据此，在确认生产知识时，也无疑地应从三个方面来讨论。

物质资料生产的基础关系是人与自然的关系，深层次的关系则是人与人的关系。由于作为人类生存文化的主体，人类必须依赖于物质生产才得以生存，而物质生产所依靠的人类劳动，一方面受制于一个国家、民族的特定地区、社会群体所处的特定的生态环境，另一方面又依赖于劳动生产力的诸要素——具有一定基础素质的劳动者、具有一定经验或科学知识的生产工具等，从而形成农业生产、狩猎、游牧和渔业生产、百工技艺、商业和交通等各种物质生产活动，并形成了贯穿于人类生产实践活动全过程的相应民俗，其地域性、季节性、功能性等都隐含有某种知识性、科学性。

人的生产也同样具有非常丰富的内容，马克思在《1844 年经济学—哲学手稿》中认为这是"以一种全面的方式，也就是说，作为一个完整的人，占有自己的全面的本质"。马克思还特别强调："动物的生产是片面的，而人的生产是全面的。""动物不能把同类的不同特性汇集起来，它们不能为同类的共同利益和方便做出任何贡献；人则不同，各种各样的才能和活动方式可以相互利用，因为人能够把各种不同的产品汇集成一个共同的资源，每个人都可以从中购买所需要的东西。"[1] 应该说，这些论述即对人本身的生产做了高度的、科学的论述。根据历史实际，结合马克思主义的科学分析，人的生产包括的"种的繁衍"、人的智力的培育与再生产、人的社会关系的建立和再生产、人类对自身生产的控制等方面的内容，其中也形成了贯穿始终的人的生产民俗，如关于生育、教育等方面的民俗，这方面也广泛地存在着科学知识、生活知识。

环境生产本来也自古有之，因为环境需要也同样是人类与生俱来的需要。但是，古代的环境生产并没有成为人类生产过程中的主要价值，因而环境生产的初始阶段是依赖自然力进行，使这一作为人类生产之原始条件的生产活动被隐含于整个生产系统中，即使有某些相关的自觉性论述或规定，也具有分散性、非系统性。随着工业文明所带来的负面效应日益凸显，人类面临的环境问题日益突出，环境危机日趋严重，于是在传统生产理论与生产实践的基础上，根据人与环境关系的再生产提出了"第三种生产"——环境生产理论与环境生产实践。目前，在民俗研究中，特别是对传统文化、中国少数民族文化的研究中，都已越来越重视环境生产问题，其中如民俗中的生态智慧研究，即是一个重要方面。

生产知识是民俗传播知识的最重要的内容之一，如瑶族劳动群众通过常年观察和实践，掌握了季节的变化与庄稼生长的规律，总结出了《十二月节气歌》：

正月立春雨水，"岭头草木运生心"；

二月惊蛰春分，"百草岭头叶运青"；

三月清明谷雨，"到春山头齐种春"；

四月立夏小满，"叶秧仓山嫩青青"；

---

[1] 马克思恩格斯：《马克思恩格斯全集》第 42 卷，人民出版社 1985 年版，第 147 页。

五月芒种夏至，"莲花开放满塘中"；

六月小暑大暑，"螺蛳叹声断人心"；

八月白露秋分，"田地荣华齐结子"；

九月寒露霜降，"官员庄马出游街"；

十月立冬小雪，"冬天思苦无衫衣"；

冬月大雪冬至，"岭头禾草断离枝"；

腊月小寒大寒，"雪花开发满山头"；

"杨梅花开招雪水，雪水在卒花又新"。

又如锡伯族的抹黑节中即有关于农业病虫害问题的相关知识。抹黑节是锡伯族人民一个饶有风趣、独具特色的传统节日。传说，每年农历正月十六日这天"五谷之神"要下凡巡视，人们互相往脸上抹黑，是为了祈求五谷不要把黑穗病传到人间，使小麦丰收，百姓平安。所以这一天，人们起得特别早，把晚间准备好的抹黑布（抹锅底的黑灰）或毡片带上，走向大街伺机抹黑的对象。闲不住的年轻人成群结伙挨家串户去抹黑取闹。遇到老年人也不放过，不过要跪地施礼请安，再向老人额头抹一小黑点，以示尊敬。尤其是姑娘，很少有人能逃脱脸上不被抹黑的，此时姑娘们也毫不畏惧，用同样的手段往小伙子脸上抹黑。据传说，锡伯人民因苦于小麦黑穗病之害而演变出这一独特的节日。每年正月十六日太阳未升起之时，锡伯族群众就要用预先准备好的锅底黑灰往脸上涂抹。亲朋邻居不相互串门，子侄辈首先给老人跪下，用锅灰往其前额点一点，然后，平辈之间相互乱涂，直到一个个都成为黑脸蛋为止。只有青年妇女不提倡脸上抹黑。这一习俗的用意在祈求老天爷开恩，不要让小麦染上黑穗病。有关抹黑节的来历，锡伯族中流传着许多传说。相传很久很久以前，一个女人正在烙饼，因小儿拉了屎，她手忙脚乱间用面饼给孩子擦屁股。这一失误触犯了天条，玉皇大帝决定正月十六太阳出山时烧毁人类和粮食。这一决定传到土地神那里，土地爷动了恻隐之心，偷偷告诉人们，赶在天兵天将来到之前，人们都要往脸上抹黑，让玉皇大帝误认为人间已受蹂躏，从而取消天惩。

其他如鸡、鸭、飞鸟治蝗所体现的生产民俗知识。专以捕捉虫类为食的鸡、鸭、飞鸟，治蝗，是运用万物"相生相克"、"一物降一物"的道理，是出自人们对"生物链"的初步认识。在这一过程中，人确实已充分认识到：自然界的生物链，对于人类生存环境的重要；确实应认真爱护好、维护好，保护好，这条我们人类赖以生存的生物链、生命链。

关于民俗中和生产性知识，我们还可从《说石磨》中读出。

磨子，或称石磨，最初叫硙，汉代才叫作磨，一般是架在石头或土坯等搭成的台子上，武陵山区多用木头做成支架。磨子为旋转型的将谷物磨碎的加工器械，主要用于把米、麦、豆等粮食加工成粉、浆，通常由上下两扇尺寸相同的短圆柱形石块和磨盘构成，构成平面的两层，两扇的接合处都有纹理，上扇凿有磨眼，并安有拐柄，朝下一面凿有磨齿，为转动盘；下扇朝上一面亦凿有磨齿，中央装一短轴，可将上扇磨石套合在一起，摇动拐柄使上扇磨石绕轴旋转，为不动盘。上扇有两个（小磨一个）磨眼，供漏下粮食用。两扇磨之间有磨脐子（或称铁轴、磨心、转轴），以防止上扇在转动时从下扇上掉下来。一些地方有直径 1.2 米以上的大磨，要用三匹马同时拉，一斗（约合 50 市斤）粮食用十多分钟就能拉一遍。一般磨直径 80 厘米左右，一个人或一头驴就能拉动。小磨直径不足 40 厘米，能放在笸箩里，用手摇动，用于拉花椒面等。还有拉豆腐汁和煎饼糊子的水磨等。谷物由从上方的孔（或称磨眼）注入两层中间，在两扇之间散开并沿着纹理向外运移，在滚动过两层面时被磨碎，形成粉末。

石磨一般是用人力牵动，但河北省满城县刘胜墓出土一座大型石磨，旁边有一具牲畜遗骸，可知是用畜力来驱动的，其功效自然远较人手推磨为高。魏晋南北朝时期，发明了用水力驱动的水磨，如《南史·祖冲之传》谓"于乐游苑造水碓磨，武帝亲自临视"；《魏书·崔亮传》谓"奏于张方桥东堰谷水造水碾磨数十区，其利十倍，国用便之"，说明当时水磨的使用已相当普遍。到宋元时期，又发明了利用风力作为动力的风磨。元代耶律楚材《西域河中十咏·其六》即谓："寂寞河中府，西流绿水倾。冲风破旧麦（原注：西人作磨，风动机轴以磨麦），悬碓杵新粳。"风磨的发明不仅是加工农具史上的新成就，而且在中国农用动力发展史上也具有非常重大的意义。王祯《农书·利用门》记载了当时江西山区为了加工茶叶，还创造了一种利用水力能同时驱动九磨的水转连磨。除了同时转动九磨之外，还可兼打数碓。"或遇天旱，选于大轮一周列置水筒，昼夜溉田数顷。此一水轮可供数事，其利甚博。"这种一轮可拨九磨，且兼打碓、灌溉功能的水转连磨，是石磨发展史上的一大杰作。石磨发展至此，可算是登峰造极了。水磨的动力装置是一个卧式水轮，在轮的立轴上安装磨的上扇，流水冲动水轮带动磨转动，这种磨适合于安装在水的冲动力比较大的地方。假如水的冲动力比较小，但是水量比较大，可以安装另外一种形式的水磨：动力机械是一个立轮，在轮轴上安装一个齿轮，和磨轴下部平装的一个齿轮相衔接。水轮的转动是通过齿轮使磨转动的。这两种形式的水磨，构造比较简单，应用很广。现代则是用电力磨而不用或很少用磨子了。有报告称，20 世纪 70 年代，山西省平陆县部官公社（后改为部官乡）机械厂利用当地的花岗岩资源，巧妙地将古老技术和现代化元素结合起来，创造出了用电动机驱动的石磨，石磨部分分固定和转动两部分，成卧式结构，固定部分是在一长方形石头的一个长侧面上开出一个与转动部分相吻合的二分之一圆柱槽，转动部分制成圆柱体，中间凿孔穿入传动轴，半圆石槽和转动圆柱相互接触区表面刻有类似古老石磨的花纹，加上相应的遮挡传动部分形成了古新结合的产物，曾风行一时。后因钢磨采用了电力磨齿工艺等诸多因素而停止生产。

石磨相传为春秋时期鲁班所发明。战国时期成书的《世本·作篇》载"公输班作硙"。硙即磨，汉代亦写作磑。《说文解字》说"硙，磑也……古者公输班作硙"。公输班或写作公输般，因为他是鲁国人而叫鲁班。据说他发明了木工用的锯子、刨子、曲尺等，在民间有不少关于他发明创造的传说，反映他用智慧解决了人们生活中的不少问题。据说，当时人们要吃米粉、麦粉，都是把米麦放在石臼里用粗石棍来捣，这种方法很费力气，捣出来的粉有粗有细极不均匀，且一次捣得很少。为此，鲁班想找一种用力少收效大且质量好的方法，最后想到用两块有一定厚度的扁圆柱形的石头制成磨扇，下扇中间装有一个短的立轴，用铁制成（其实多为硬木），上扇中间有一个相应的空套，两扇相合以后，下扇固定，上扇可以绕轴转动。两扇相对的一面，留有一个空膛，叫磨膛（磨心），膛的外周制成一起一伏的磨齿。上扇有磨眼，磨面的时候，谷物通过磨眼流入磨膛，均匀地分布在四周，被磨成粉末，从夹缝中流到磨盘上，过罗筛去麸皮等就得到面粉。许多农村现在还在用石磨磨面。考古工作者在河北省邯郸市和陕西省秦都栎阳都发现过战国时期的石磨，可与文献记载相印证。目前尚未发现有更早的石磨出土。过去曾有外国学者认为石磨是张骞通西域以后才从西方传进来的，现已被考古发现所否定。

从历史上看，中国石磨的发展分早、中、晚三个时期，从战国到西汉为早期，这一时期的磨齿以洼坑为主流，坑的形状有长方形、圆形、三角形、枣核形等，且形状多样极不规则。有历史研究表明，磨在西汉得到迅速发展，各地经常有石磨和陶磨模型出土，只是西汉的石磨制作得略微粗糙一点，磨齿多为窝点状，磨出来的粮食颗粒较粗；东汉到三国为中期，这时期是磨齿多样化发展时期，磨齿的形状为辐射型分区斜线型，有四区、六区、八区型。其中东汉的磨齿已发展为放射线形，磨出来的粮食呈颗粒细小的粉末状，特别适合用来加工小麦和大豆。晚期是从西晋至隋唐并延续至今，这一时期是石磨发展成熟阶段，磨齿主流为八区斜线型，也有十区斜线型。不过，石磨磨齿纯手工制作是一项专业性非常强的复杂技术，其合理、自然、科学的设计特征，是一切现代化工具不可替代的。根据笔者的经验，如果石匠在制作磨齿时，技术不好，弄得不平，就会上下跳动，甚至根本无法使用。

石磨已深深地影响了中国人的生活，首先是在民间形成了关于磨的来源的神话传说，说它原来是天宫里循规守纪的神龟，在一个天下大旱之年，因同情颗粒无收的老百姓而铤而走险，到蟠桃园里偷了不少种子撒播人间，因而触犯了天条被贬为石磨而永不得超生，用自己的肉体消磨来振天威。不过，他自认为了让人间遍地生花、果香沁人以解除了众生的生命之忧，因而忍受着无法想象的苦痛而毫无怨言，一声不吭，直到某天在一次雷鸣中的闪电把它击成了原形，人们才在惊愕中发现了其中的奥秘。过小年的那天是它的生日，人们都烧香祭祀。即使临近大年，都需要磨料，但谁也不想让它在生日里操劳，并且还给它过生日。其次是形成了众多的民间话语，如与磨有关的歇后语：驴子赶到磨道里 —— 不转也得转；驴子拉磨 —— 跑不出这个圈；兜圈子 —— 走的老道儿；驴拉磨牛耕田 —— 各干各的活，各走各的路；盲驴拉磨 —— 瞎转圈；老驴啃石磨 —— 嘴硬；磨道驴断了套 —— 空转一圈；拉磨的驴 —— 瞎转；懒驴拉磨 —— 打一鞭子走一步；黄鼠狼进磨房 —— 硬充大尾巴驴；磨道的驴 —— 听喝 [1]；老驴拉磨 —— 走不远，凡此等等，不一而足。再次是进入了历代文化作品，成了文学作品的文化元素，如曹雪芹《红楼梦》五十回末黛玉的谜语："骥骃何劳缚紫绳？驰城逐堑势狰狞。主人指示风雷动，鳌背三山独立名。"谜底是：小毛驴儿拉磨。像此类文化现象还有很多。

在武陵山区，碨子、响碨、磨子实际上是与碓相伴的三种既相似而又各不相同的加工工具。从形制上说，碨子与磨子实同类，但有体积大小之别，体积大者为碨子，体积小者为磨子；齿有粗细之别，齿粗者为碨子，齿细者为磨子；功能有所区别，

---

[1] 自嘲服从领导。磨道：在磨台周围拉磨走的道。喝：吆喝。

一般是磨玉米用礳子，磨稻米或豆类用磨子；摆放位置的区别，礳子放在堂屋里，磨子放在厨房里。至于响礳，则为巨大的椎杠木所制，原理同于磨子，专用于磨稻谷，减轻舂米的难度。

三、民俗传承的媒介意义

马歇尔·麦克卢汉著《理解媒介：论人的延伸》[1] 一书，被认为是"20 世纪为数不多的重要思想著作之一"，因书中将传播媒介作为主要动因而以一种异乎寻常的方式解释历史："媒介是人的延伸。""媒介即是讯息。""任何媒介对个人和社会的任何影响，都是由于新的尺度产生的；我们的任何一种延伸，都要在我们的事物中引进一种新的尺度。""媒介即是讯息，因为对人的组合与行动的尺度和形态，媒介正是发挥着塑造和控制的作用。"……据于此，我们以"民俗传承的媒介意义"为尺度分析民俗：一方面，民俗毫无疑问的是一种文化，即民俗文化；另一方面，民俗文化又是一种自身即具有媒介意义的文化。在各种各样的文化形式中，民俗文化具有自媒介意义，因为民俗本身是一种民间文化的传承方式。比如，按照马歇尔·麦克卢汉的观点，"口语词——邪恶之花"、"书面词——以眼睛代替耳朵"、"数字——集群的侧面像"、"服装——延伸的皮肤"……都可以作为民俗文化具有自媒介意义的证明。

（一）民俗文化的符号互动 [2]

民俗本质上是一种符号，符号不仅被认为是互动的媒介，而且被认为是互动的本质所在。在人际沟通中，对符号意义的不同解读往往会导致不同的结果。进入 20 世纪，作为人类交流中介的符号日益引起人们的重视。

首先，从本体论意义上看符号，符号标识的是物我之界。

早在 3 000 多年以前，古希腊先哲苏格拉底赋予德尔菲神庙上镌刻的那句"认识你自己（Know Yourself）"以哲学的意义，提醒着后来的人们对这一问题无止境的探索。

---

[1]　[加拿大] 马歇尔·麦克卢汉著，何道宽译：《理解媒介：论人的延伸》，北京：商务印书馆 2000 年版。

[2]　此节内容为笔者指导的一篇研究生论文：《人际沟通何以可能：符号互动论的省思》，作者为马丹。

认识自己，是认识人类、认识社会的基础。只有认识了人自身，才有可能在人类社会何以可能的问题上做进一步的研究。认识自己，是对人本身的关注和探讨，对人作为一种特殊的存在何以可能的探讨，对人的本源性问题的探讨。在万千的物种中，人类凭借什么在进化的道路上脱颖而出，成为万物之灵？人之所以为人的根本又在哪里？或者说，人本身何以可能？事实上，人类学的研究表明，人与动物的根本差异，就在于人的未被特定化，因而人有超越自然的文化。哲学家深信，人不但生活在"符号化"的物理世界中（对物理世界的认知也各不相同，如牛顿力学、相对论力学、流体力学、量子力学等就各有视角），同时也生活在符号的社会或生活世界中。而文化总是体现为各种各样的符号，举凡人类的器具用品、行为方式，甚至思想观念，皆为文化之符号或文本。文化的创造在本质上说就是符号的创造。所以，民俗文化究其本质而言乃是借助符号来传达意义的人类行为。卡西尔在他的名著《人论》中，以符号作为人的本性之提示。他在生物学家乌克威尔定义的生物系统基础上，提出了人类区别于生物体感受器系统和效应器系统之外的第三环节——符号系统。并以此作为人和其他动物的根本区别，作为人之所以为人的本质所在。他说："我们应当把人定义为符号的动物来取代把人定义为理性的动物。只有这样，我们才能指明人的独特之处，也才能理解对人开放的新路——通向文化之路。"[1] 在卡西尔看来，符号对于人类远远超出了仅仅作为传播媒介或手段的功能意义，他并不是只将其作为人类传播的本源，而把它上升为人的存在之本源，即符号对于人而言的本体论意义。当然，这并不否认从纯粹的传播学意义上所说，符号使传播成为可能。在卡西尔看来，人类精神文化所有的具体形式，包括语言、神话、宗教、艺术、科学、历史、哲学等，无一不是符号活动的产物，因而也无不在规定着人之所以为人的本体意义。据此，他将人类的诸多文化现象与文化诉求都纳入这种规定中，不仅提出了这些文化活动的符号性质，而且分析了艺术符号与日常符号的差别，如他据此进一步延伸出的美学符号学思想所强调的"美必然地，而且本质上是一种符号"之思想即是。

长久以来，符号的形式随着人类文明的进步不断丰富，符号的内涵也得到不断更新和拓展。这种进步和更新不是孤立（凭空）的，更不是单向的，而是随着人对自身认识的提高，随着各项文明成果的创造和保留，随着人类史、自然史的进步同

---

[1] ［德］恩斯特·卡西尔著，甘阳译：《人论》，上海：上海译文出版社 1985 年版，第 42 页。

步演变。从本质上说，符号发展的历史体现了人的认识能力的提高，体现了人类历史的发展轨迹，归根结底，乃是人本身的发展历程，人的发展与符号的发展是同步的，是相辅相成的。例如语言，语言是人类沟通中最重要的符号，我们通过语言认识和把握世界。语言的发展从一个角度体现了人的发展。20世纪符号学的创始人索绪尔曾将符号概念引入结构主义语言学的分析中。在他看来，语言符号的特性可以根据符号的"概念"和"音响—形象"这两个方面的关系来确定，这就是"能指"与"所指"。语言是表达概念的符号系统。符号和符号之间的关系正是语言学研究的对象。索绪尔在他的著作《普通语言学教程》中写道："我们可以设想有一门研究社会生命的科学；它将是社会心理学的一部分，因而也是整个心理学的一部分，我将把它叫作符号学……语言学不过是符号学这门总的科学的一部分。"语言的意义依赖于一个符号与其他符号的关系，而"符号与符号之间的关系正是语言学研究的对象"。从符号的本体论意义上来说，世界在我们的语言中，我们通过语言构造了我们所生活的世界。

综上所述，在20世纪一些人文学者的眼中，符号的意义已经被认识和突显出来，尽管还没有得到普遍的重视。在他们看来，符号不单单是人类认识和把握世界的工具，符号作为人类社会最初阶段所创立的一切文明成果的载体，更多地体现了人类的智慧和能力，体现了人本身的发展，所以符号作为规定的人与动物的根本区别，作为确立人之所以为人的根本所在，确实有着不同凡响的意义。这一思想作为哲学意义上人类认识自我的最初探索，更多的是在本体论的意义上获得了地位。也正因为如此，随着人文社科领域的认识不断深化，符号才有了更大的发展空间。所以，在本节的讨论中，符号一词不仅仅作为普通意义上的概念，而是上升到本体论意义，因为正是符号规定了人本身的独特性，并使得人类在认识自我道路上跨出了重要的一步。

其次，从功能意义上看，作为沟通之桥的符号标识的是人我之际。

符号不但在人与动物的区别上有着本体论的意义，同时在人与人之间沟通和交流何以发生的问题上，它又发挥着人际沟通桥梁的重要作用。对此，卡西尔《人论》在论及符号与信号的区别时曾指出："符号，就这个词的本来意义而言，是不可能被还原为单纯的信号的。信号和符号属于两个不同的论域：信号是物理的存在世界之一部分；符号则是人类的意义世界之一部分。"[1]很明显，符号有意义，属于人类世界，而信号没有意义，属于物理世界。正由于符号的这种"意义"，使人我之间有了沟通的"现实"性。人与人的沟通之所以区别于动物或者原始人对于信号的机械运用，最根本的恰恰在于人对于符号"意义"的理解和把握。或者说，人可以赋予符号以"意义"，并且实现对符号"意义"的互释，从而达到沟通的效果和目的。人际沟通说到底是"意义"的沟通，而这种"意义"的载体便是符号。在学术史上，关于人际沟通如何发生的理论并不少见，传播学中就有话语分析理论、讯息接收和处理理论、戏剧主义理论等等，这些理论尽管侧重角度有所不同，但是在涉及对信息的接收和处理时，都避不开对符号"意义"的解读。不可否认，符号虽然具有民族性、时代性和个人风格等特点，但在赋予沟通"意义"这一点上却是共通的。社会学家将符号的"意义"运用于宏观的人际沟通，认为人际的互动实际上是符号的互动，实质上强调的仍然是符号"意义"的互动。这一观点经 20 世纪芝加哥学派几位学者的不断开拓，逐步成为影响重大的符号互动理论，并逐渐成为传播学、社会学等多学科所广泛运用的理论流派。

人类的沟通之所以发生，除承认符号有"意义"外，还在于对符号"意义"普遍性的坚信。正在于坚信这种"普遍性"，才有了人们对沟通"现实性"的坚信。所谓普遍性就是指符号的功能并不局限于特殊的状况，而是一个普遍适用的原理，这个原理包括了人类思想的全部领域，也就是说，"普遍适用就是人类符号系统的最大特点之一"[2]。这一特性表明人的符号功能是不受任何感性材料的限制，其意义具有相对的稳定性，这也就是为什么唯独人类能打开文化世界大门的奥秘之所在。

当然，我们对这一问题的认识并不是从来清晰的，认识到这一点，恰好是由于米德的社会动作理论为"符号互动论"提供了一些关键性思想。在早期的心理学研究中，人与人之间的互动与动物的互动一样，被认为是出自本能的，米德和他所参与的芝加哥学派的重要的理论贡献在于，他们超出了本能心理学的"刺激—反应"模式，认为许多社会行为不仅包含了生物有机体间的互动，而且还包含了有意识的自我间的互动。在人的"刺激—反应"过程中，人对自己的姿势可能引起的反应有

---

[1]　[德]恩斯特·卡西尔著，甘阳译：《人论》，上海：上海译文出版社 1985 年版，第 50 页。
[2]　[德]恩斯特·卡西尔著，甘阳译：《人论》，上海：上海译文出版社 1985 年版，第 35 页。

明确的意识。当一种姿势对其发出者和针对者有共同"意义"时，它就成了"有意义的姿势"，即符号。在这里，符号已经成为人际沟通的"意义"媒介，人类通过对符号"意义"的解读实现交流和理解。

正是基于以上的理解和认识，米德的学生布鲁默用"符号互动"一词来总结老师的观点时指出："'符号互动'一词当然是指人们之间发生的相互作用的独特特征。这种特征寓于这一事实之中，即人们不仅对彼此的行动作出反应，还理解或'确定'彼此的行动。他们不是对别人的行动直接作出反应，而是根据他们赋予这些行动的意义作出反应。因此，人的互动是以使用符号、通过理解确定彼此行动的意义来作为媒介的。这种媒介等于在人类行动的刺激与反应之间插进了一个解释过程。"简单地说，符号是有意义的，并且这种意义被互动的双方所认可。这深化了米德的思想，也进一步说明，正是因为有了符号，有了符号的运用，人类的沟通才成为可能。

总之，从"符号互动论"的观点看，人类生存的世界不仅仅是一个自然的物质世界，而且是一个人造的符号世界，是建立在符号沟通之上的世界。这个世界的创造和维系依赖于人类通过符号进行传播的能力。这些思想对后来的传播学研究产生了重大的影响。后来的传播研究者不仅吸收了上述思想，对符号研究投入了巨大的热情。他们甚至认为："对传播中所使用的符号的研究，对运作于这些符号的规则的研究，以及对符号、规则使用者的研究，构成了传播研究的核心。"在这派学者看来，根本"不存在没有符号系统的传播"。在今天的传播研究中，由于广泛吸收语言学、符号学等领域的研究成果，对人类符号行为的研究也取得了许多新进展。

再次，从价值取向上看，符号意义的创造性拓展体现了人的超越之境。

传播中，对符号意义的互释使得沟通成为可能，但是交往双方对符号的意义达成完全一致的理解也是不现实的。现实中，由于个体经验和体验的不同，人们对符号意义的识别具有个性的特征，即不同的个人有时候会赋予符号不同的意义，这时沟通便有了障碍。在这里，意义发生的中介乃是个人的自我认知及体验。这种基于个体经验相同基础上的沟通意味着完全意义上的沟通是很难达到的。这正是将要指出的：符号意义的不确定性。关于这一点，结构语言学大师索绪尔提出，符号，包括语言在内，是任意的。他注意到，对同一事物，不同的语言使用不同的词语来表示，而且在词语所指对象之间一般没有自然的联系。因此，符号是由规则制约的习惯。在卡西尔那里，他也认为，一个符号不仅是普遍的，而且是极其多变的。这同样可以在他所定义的符号和信号二者的区分上得到体现。他指出，我们可以用不同的语言表达同样的意思，也可以在同一种语言内，用不同的词表达某种思想或观念，而信号却总是以一种确定而唯一的方式与它所指称的事物相联系。"真正的人类符号并不体现在它的一律性上，而是体现在它的多面性上。它不是僵硬呆板而是灵活多变的。"[1] 米德研究中也注意到了这一点，他指出，在符号互动中，刺激所引出的反应具有不确定性。因为人们并不是对符号本身直接做出反应，而是对符号背后所表示的意义做出反应，所以这种反应必然要视参加符号互动的人对符号意义的共同理解而定。如果符号的意义能够被互动双方共同理解，那么互动就会变得有规则或比较容易；反之，互动只能在较低水平上继续下去，但在较高水平上将受到限制，甚至出现混乱或完全中断。如果我们把每个人都视为特殊的个体，他们都根据自己特有的生活经验和文化背景来参与传播关系，来使用和解释符号的话，"百分之百的沟通是绝对不可能的"。所以，符号行为的这一性质特点决定了人的传播能力要大大高于其他动物，使得人类传播不只局限于此时此地的直接的感觉经验，而且可以传播时空距离很远的目标和行动。不仅如此，人类还可以创造出代表抽象的普遍概念的符号，从而把特定的经验客体看成仅仅是它们被划归其中的抽象概念的实例。这一切使得符号意义的拓展有了可能。在其他的符号互动论者那里，这个问题同样也得到了极大的重视。托马斯指出，若欲解释人类行为，需兼顾人类经验的主观与客观事实。客观事实是由情境（situation）构成的，情境要求个体或群体做出适应性的反应。这种对客观情境的重视正是因为符号意义的不确定性所致，符号意义的可变性（不稳定性）使得人类交往要"审时度势"，这种变动性推动了符号意义的更新和超越。现实中，在跨文化传播中这个问题尤其突出。不同文化背景的人，对符号的使用和解释往往不同，传播自然就变得困难。

符号行为的这一特点，不仅在理论意义上大大丰富了人类的认识空间，而且在方法论意义上给了研究者巨大的启示。因为它意味着：人类传播行为在很大程度上是不能加以精确分析的。正是基于这一认识，在传播研究中，与科学学派侧重于借助自然科学和行为科学理论对传播行为作精确定量分析不同，人文学派更多地运用哲学、文化学、语言学、逻辑学等理论对传播行为做定性研究。20 世纪 50 年代中后期，

---

[1] [德] 恩斯特·卡西尔著，甘阳译：《人论》，上海：上海译文出版社 1985 年版，第 36 页。

无论是人际传播还是大众传播的研究，都开始关注人类传播行为的主观性、选择性、多变性和不可预测性。正因为如此，关于传播效果的"魔弹理论"受到质疑，此后，传播研究开始对接受者给予较多的关注。由此产生了传播效果的各种"影响不一致理论"，如个人差异论、社会分化论、社会关系论等。以至有学者认为：传播并不是传播者传递意义，而是接受者"引出"意义的过程，引出的意义越接近传递意义，传播的效果越好。

符号意义的不确定性，从历史的层面看，恰恰又促使符号意义不断更新、变换，与人类社会向前延伸的历史发展轨迹相契合。显然，人类文明要实现进步，符号只停留在作为沟通媒介的静态层面是不够的，它还必须具有不断更新的意义，只有这样，人类的文化才会具有鲜活的生命力。在卡西尔那里，他肯定自然科学和人文科学中作为可能性的存在，符号也是如此，指向可能性的符号赋予了符号意义不断变化的特质，是符号意义得以创造性拓展的基础。归根结底，人类的沟通缘于现实的需要，而现实是随着人类文明的进步不断变化的。因此，作为沟通工具和媒介的符号也是随着人的沟通需要不断更新意义，从而使得符号的运用有了超越之境的提升。

（二）民俗文化的媒介特性

民俗作为一种文化，因其与社会生活的水乳交融关系，使我们能够把民俗作为考察社会生活的媒介。在民俗里，我们不仅发现其所承载的普遍的社会关系，而且也能由此发现民俗文化所体现的生命本真。比如，我们都永远地在不断地面临着社会变革，同时也在不断地面对着文化的交流与融合，因而我们总在不断地形成新的民俗与接受外来民俗，作为新生事物或异域流波，难免会形成一种新旧杂陈、内外贯通的民俗文化格局，在当前则表现得特别明显。也正是这种明显表现使我们坚信：民俗文化首先即是一种媒介，它不仅使作为民俗主体的大众与生活、生产或认识改造的对象如山、水、林、田、路……发生联系，像敬山神、镇江魔、树崇拜、祭田祖、拜路神……这些民俗形式不仅具有物质的形态或行为的表现，而且也通过这些表象表述着人们的思想、心理，表现着人们的意志、情感，表达着人们的理想、信念，表征着人们的真实的世界观、方法论，形成民众的心灵与智慧空间。因此，民俗文化在民众那里既是生产和生活的实践形式，又是思想和智慧的审美方式，就像土家族的摆手舞体现的土家族的生产生活状态，白族农历二月十四日过"朝花节"体现的爱花情结，侗族的祭"萨"体现的其特殊环境中的生成意志，傣族因长期生活在山清水秀环境中而喜水，门巴族的"邦羌"酒助其清热解乏以旺盛生命，蒙古族爱马的猛烈、雄健而通过"那达慕"大会体现出一种对力量美的追求、崇拜，哈萨克族爱马的矫健与灵巧而通过"刁羊"、"姑娘追"习俗来表现一种质朴、流动、轻盈的性格美……在这些民俗事象中，只要我们去发现，我们就不会只把它们看成是异域风情或特有的生产生活标记，而是看成为各该民族民众的文化精神与生产生活实践。从这个意义上说，民俗体现的是一种文化精神倾向，具有明显的内在特质。

民俗文化作为媒介，最能体现民众生产生活实践中的社会选择，如在各民族的色彩观上，民俗文化中的色彩与人的思想、心理活动相关联，不仅可以成为身份、地位的象征，而且也是人们性格、感情的符号。一般的中国人（既包括不少的汉族人也包括不少的少数民族在内）都喜欢黄色、红色，在中国，黄色被认为是天地人统一的颜色，黄土高原上左近的天黄、地黄、河黄、人黄培育了中国人的爱黄的心态，黄色不仅成为权威和尊严的颜色，而且给人以兴奋和亲近的感觉——黄色从隋朝起即成为帝王的专用色，黄袍加身成为称帝的代名词；黄金不仅是财富的象征，而且民间也喜爱佩戴黄金首饰、贮藏黄金饰品，甚至连清朝皇帝颁发的历书因用黄色纸张印刷而被称为黄历……同理，红色则给人以热情、快乐的感觉，红色不仅是祖国、权力、喜庆、忠勇、美丽的象征，而且表现在整个社会结构中——中国名曰赤县神州，中国百姓叫赤子（海外华侨华人则被称为海外赤子），公文都用鲜红大字标题而被俗称为红头文件，印章用红色印泥，红与喜画等号而有大红喜字，谋红利、开门红、满堂红，抢红包、用红帖、食红蛋，红床、红被、红灯、红烛、红对联、红双喜、红筷子、红枣等构成新婚洞房一片红，红袄、红裤、红鞋、红唇、红脸蛋、红指甲、披红绸、戴红花、牵红线，妆成新娘新郎红心亮。不过，如果更放眼世界，红色在法国却表示不吉利，黄色则表示不忠诚，法国人送花时肯定不会送红花和黄花。事实上，中国的不少少数民族则另有其色彩观，生活在雪域高原的藏族崇尚白色以寓意善良、纯洁、吉祥，白色哈达之美，白色奶酪、白米油干饭之吉庆是藏民崇白的环境适应例证。但同样喜欢白色，朝鲜族喜"白"而被称为"素衣民族"，白族喜白色亦有自己丰富的文化内涵。其他如彝族喜欢黑色的庄重、严肃、深沉之美，土家族则以黑色为朴毅、果敢、坚忍之美；畲族、哈尼族均以青、蓝为美，象征大自然的勃勃生机及蓝色大海的深沉……可见，色彩观的区域性和民族性都相当明显。

应该说，包含各民族色彩观在内的无数民俗事象，都体现了各民族生产生活实践中的社会选择，并由此记录着历史，表现着现实，承载着思想，寄托着理想。又比如南方民族多以农历腊月二十四、北方民族特别是汉族多以农历腊月二十三为小年"打阳尘"或"扫尘"，像四川会理、春节前贵州思州过年中都有"打阳尘"的风俗习惯，但土家族"打阳尘"却有许多特殊的象征意义：用苦竹竿及叶做成特殊的扫帚，把灶屋与火塘的黑色"阳尘"成小堆地堆放在大路上，过路的人也都会踩踏，以祝福主人吉祥平安，虽然是对天上的灶王述说，但却要通过民间的凡人来实现自己的意愿。相比而言，蒙古族在此期间则通过打扫房间或蒙古包、剪纸花、糊窗户等方式，并在傍晚聚集起来供奉火神，全家人都围坐在火撑旁，主人则把五颜六色的丝线和羊毛绳裹着的羊脯子放进灶火里，然后把火撑周围的油灯点亮，还要供上各种美酒、奶食、油饼等，边磕头行礼边唱颂歌："温顺的母亲 —— 火，你有透过大地的温暖，你有深入云端的浓烟。我用烈酒来祭奠你，献给你九支蜡烛，九支香，九种绸缎和羊皮……"不同民族所祭、所敬之神都表现出了巨大的差异。实事上，在民俗文化的百花园中，也正是因为这种差异而丰富了起来。

民俗文化的媒介性质，决定于其对民俗文化主体个性创造力的承载与传承，并基于这种民俗主体的历史性与时代性、区域性与共同性而彰显出民俗的相应特质。从认识层面，民俗文化体现了主体对自然、社会及人自身的生产、生活实践中的必然性、规律性或本质而做出的智慧洞察，具有相应的事实把握与价值选择；从实践层面，民俗文化又体现了主体对历史与现实、自然与社会、个人与整体、内心与外在、内圣与外王等诸多文化事象的文化自觉与文化认同，从中我们可以了然不同时代、不同地域的各项既定社会条件、客观自然环境、现实文化氛围，可以了然民俗社会形成的初始状态、发展的现实场域、未来的理想诉求；可以了然不同时代、不同地域的人及其社会结构的建筑、社会文化的内核、社会心理的投射、社会意志的方向、社会需要的塑造……一句话，民俗文化是一种实实在在的传播媒介。

俄国伟大的马克思主义思想家普列汉诺夫在《唯物主义史论丛》一文中曾对社会观察的媒介性有一个形象的说明："一定程度的生产力的发展，由这个程度所决定的人们在社会生产过程中的相互关系；这些人的关系所表现的社会形式；与这种社会形式相适应的一定的精神状况和道德状况；与这种状况所产生的那些能力、趣味和倾向相一致的宗教、哲学、文学、艺术……"普列汉诺夫还在《马克思主义的基本问题》中把这个论述概括为生产力的状况、被生产力制约的经济关系、在一定经济基础上生长起来的社会政治制度、一部分由经济直接决定而一部分由生长在经济上的全部社会制度所决定的社会中的人的心理、反映这种特征的各种思想体系等"五项公式"，应该说，民俗文化完全可以透视出全部的五个层次，因而它是一个明显的文化媒介。

为了准确理解民俗的这种媒介性质，我们可以从《说碌碡》中看出。

碌碡或称为碌轴，是一种传统的农业生产工具，基本形制为石制的圆柱形，一端略大，一端略小，通常围绕着一个中心旋转，有人形容它就像一个放倒的铁桶两端各挖一个小坑，用明矾作粘合剂，将铁碗儿粘在上面成为两个轴承一样的东西，然后用木框或者铁框套上，再以一定的动力让他转动，用以来轧地或耕作或加工粮食。

笔者的家乡没有碌碡这种农具，我认识碌碡是从电影上看到的，尤其是在看战争年代的影片时，往往从中感受到一定革命的意义；看到那些小孩在上面玩耍时，总想将其与我们自己做的小木车来对比，因为那也是轮制物，从而也对自己的创造性感到一刻欣喜；而当看到一些重要人物把脚蹬在上面思考问题时，又总是想到家乡的谚语："坐在磨子上 —— 想转了"，好像那又成了思想的灵泉；及至看到那下面也能修地道等用作战争工具，则更增加了笔者的好奇。直到有一天需要讲一个故事，并且是革命主题时，笔者就从那儿讲起，结合平原、湖水、农家，讲了一个智胜日本鬼子的故事，最后获胜，并获得了一套中国共产党第十次全国代表大会文献汇编，直到那时，笔者才知道那是一种类似于家乡碾子的工具，但又兼有石磙的功能，遗憾的是家乡没有那种工具；再后来是家乡修公路，开来了压路机，从中找到了它的碾压功能，从而通过多种用具，总算把它的功能都清白了 —— 好像就是这些。

从碌碡的动力源看，畜力是笔者的最初认知。不过也看到，用畜力拉碌碡需要给牲畜戴上竹篾子或者铁丝编制的适用于牛、驴等的半球形器物 —— "笼嘴"，笔者曾学过编制这种笼具；有的还要蒙住牲畜的眼睛以防它们抢吃粮食或偷懒。而且，人们用牲畜拉碌碡虽然显得轻松，却要防止牲畜的屎尿弄脏粮食，真是利弊相间，不可分离。除畜力作为动力而外，还可以把碌碡拴上一条绳子，绳子的另一端拴住一条木棍，一人抱住木棍的末端，其他人推着木棍转，从而使碌碡绕着一个很大的半径飞速旋转，功率得以提高，当然花费的人力也很多。由此又得到一点启示：以碌碡劳动，既可以是个人劳动，也可以是集体活动。若是集体活动，则拉碌碡的方式就很热闹，特别是适合于年轻好动的小伙子，他们在说说笑笑、打打闹闹、比比跳跳中推动着碌碡飞快地旋转，从而形成一种集体劳动场面及相应的文化氛围。这种场面又有点像家乡的打夯、打薅草锣鼓等一类集体活动。

在现实中，人们通常根据"治打时稍难，唯伏日用碌碡碾"一语，说明碌碡的基本功用是用来轧谷物、平场地。其实，中国农民最善于一物多用，对碌碡也是一样。你看，柳青《创业史》第一部题叙中即说"生宝他妈趴在街门外土场上的碌碡上放声大哭"，不又成了另一种生活用具吗？平江吴郡（郡治在今江苏吴县）人范成大《四时田园杂兴》诗之六中即有言："骑吹东来里巷喧，行春车马闹如烟。系牛莫碍门前路，移系门西碌碡边。"按此诗意，这又成了牛桩。另据《金史·赤盏合喜传》记载，碌碡似也曾作为军事武器，大约与石礧为一类，故言"龙德宫造炮石，取宋太湖、灵璧假山为之，小大各有斤重，其圆如灯球之状，有不如度者杖其工人。大兵用炮则不然，破大碪或碌碡为二三，皆用之"。还有，似还可用现在眼光看，把它作为一种文化风景，如清代纪昀《阅微草堂笔记·滦阳消夏录三》所记载"吾待君墙外车屋中，枣树下系一牛，旁有碌碡者是也"的情况。总之，一种在北方可随处可见的碌碡，正说明其广泛性。

在长江流域，早有《耒耜经》记载此种农具："耕而后爬，渠疏之义也，散墢去芟者焉，爬而后有礰礋焉，有碌碡焉。自爬至礰礋皆有齿，碌碡觚棱而已，咸以木为之，坚而重者良，江东之田器尽于是。"有学者据此认为，碌碡作为北方旱地农具，可能在隋唐以后即逐渐移植到了南方，并在南方实现了本土化，如根据南方水田土壤较粘重和阻力大的特点对碌碡进行了改造，改造后的碌碡采用木制，又在木制碌碡上加上列齿，成为礰礋，成为水田专用农具，可以起到"破块滓，溺泥涂"的作用，最终达到平整田面和提高效率的要求。因此，一般认为碌碡产生于隋唐时期。不过，有学者认为《齐民要术》在《大小麦》篇及《水稻》篇中已论及"礰礋"，谓"青稞麦特打时稍难，唯映日用碌碡碾"；"先放水，十日后，曳碌碡十遍"。前段话说的是用礰礋在场上进行滚碾脱粒，应属谷物加工农具。后一段话说的则是用于在水田整地，属大田作业农具。情形到底如何，若要具体了解，应参阅《中国农具发展史》中的《礰礋的发展与演进》一节。

（三）民俗传承的多样媒介

文化的传承是以家庭、宗教、政治、教育、经济活动、日常生活和生产过程以及人与人之间相互的交流活动为媒介的；继承和获取文化的过程也就是人们被塑造成为文化意义上的人的过程，所以说文化是一种动态的过程。

民俗文化的传承是基于其媒介性实现的。民俗文化的媒介性表明它总是处于不断的交流中。在这里，可以确立的是民俗媒介的层次性：第一层次是说民俗作为一个整体，是一种媒介，这已在前述；第二个层次是说民俗本身也借助种种媒介，如语言、文字、行为、建筑等各种符号达到表意或沟通。也正是由于民俗文化的这种多层次传播交流特性，中国民俗文化传统中形成了一些特殊词汇——习俗、习惯、移风易俗、变教化俗……正是这些用语体现出民俗文化交流传播中的变迁特性，有学者将其称为风习文化。[1] 不过应强调的是，民俗文化的传承方式是多种多样的，如书面的、文字的、口头的等等，但更主要的是以"口头"或"行为"或"风俗"或"物质"的形式为媒介的传播方式，如叙事民俗学研究的对象是以口头形式流传在民间的神话、故事和传说，而非作家创作的故事或其他书面文字形式流传的文学作品等即是。

民俗文化媒介多样性的一个直观表现即是其有形性与无形性的统一。一方面，民俗文化可以通过程式化的生产生活与民俗文化主体发生关系，形成有形的规范化、礼俗化的视之得见、听之得闻、食之得味、摸之得着的文化样态，包括像各民族的岁时节令如汉族的春节、元宵、清明、端午、中秋、重阳、除夕……藏族的藏历新年、逛休卡、雪顿节、达马节、沐浴节、望果节、萨嘎达瓦节……都如此；但另一方面，这些民俗背后又有深厚的文化沉淀，有一种无形的精神之链圈定着民俗主体，这是一种无形的心愿意识、情感意志、灵心慧性。民俗文化就是这种两重性，既是生产、生活细节的载体，又是心理情感、审美思维、价值情趣、观念意识的直观表现。在长期的历史发展中，外在的形式可能有多种变化，但内在的精神却保留了下来；或者相反，外在的形式可能没有什么变化，但内在的精神却全然变化了。自然，也可能是内容与形式都发生了深刻变化。事实上，这种情形在任何民俗中都存在，比如现在春节虽然仍有燃放鞭炮的习俗样式，但无论是鞭炮格局还是制度规范，无论是

---

[1]　仲富兰：《中国民俗文化学导论》（修订本），上海：上海辞书出版社 2007 年版，第 229 页。

生活情趣还是文化心理，都已发生了深刻变化；同样，现代西方人过圣诞节的全民狂欢与消费意义远远大于其本身原先的宗教意义也可以说明民俗文化的这种双重性。"事实上，内在的文化意义外延物化，就是生活方式的一部分，两者是不可偏废的。这里套用哲学上的术语，叫矛盾的对立统一，有形的和无形的对立统一，既是物质的，又是精神的；既是有形的，又是无形的；既是传统的，又是现实的。强调了任何一个侧面，都不可忽略另一方面。这就是研究对象的中介性质。"[1] 按照恩格斯在《致康·施米特》的信中所说，是通过媒介而悬浮起来的某些情形："至于那些更高地悬浮于空中的意识形态的领域，即宗教、哲学等等，那么它们都有一种被历史时期所发现和接受的史前的东西，这种东西我们今天不免要称之为愚昧。这些关于自然界、关于人本身的性质、关于灵魂、魔力等等的形形色色的虚假观念，多半只是在消极意义上以经济为基础；史前时期的低级经济发展有关于自然界的虚假观念作为补充，但是有时也作为条件，甚至作为原因。虽然经济上的需要曾经是，而且越来越是对自然界的认识不断进展的主要动力，但是，要给这一切原始状态的愚昧寻找经济上的原因，那就太迂腐了。"[2]

根据我们对文化的界定与分析，作为民俗文化主体的人本身即是一种重要的民俗文化媒介，这种媒介通过人与人之间行为举止的互相感染与模仿、互相学习与传播，让人们能够通过人来认识民俗文化。事实上，由于人本身是自然生命与文化生命的统一，因而从生命诞生的那一刻起，民俗主体就开始不断地与包括自然在内的外部世界进行能量交换和文化信息的传递以实现和谐，否则就会出现病灶。仅从自然生命的层次来说，每一种民俗文化现象之得以传播、传承，都是通过民俗文化主体的脑（中国人所谓的"用心"）、手、脚、眼、嘴、耳等，不断进行民俗文化的生产与交流，从而实现民俗文化本身的不断演进。在一定程度上说，自然生命的发展与增强本身即是民俗文化的目标诉求，如民间故事和神话传说中的神算子、智多星是为了弥补人脑的不足，飞毛腿、风火轮是为了弥补人腿的不足，千里眼、顺风耳、金嗓子等则是为了弥补人的眼、耳、嗓等的不足……诸如此类，在目的诉求上与汽车、火车、电脑等的发明与使用是一样的。这方面的努力，最直接的表现就是人们不断

---

[1]　仲富兰：《中国民俗文化学导论》（修订本），上海：上海辞书出版社 2007 年版，第 49 页。

[2]　马克思、恩格斯：《马克思恩格斯选集》第 4 卷，北京：人民出版社 1995 年版，第 703 页。

地创造出适合自己的生产工具。对此，英国学者托·亨·赫胥黎在《人类在自然界的位置》一书中说："根据我们现在的关于最古的人种的知识，知道他们能够制造和现今最下等的野蛮人所制造的同一式样的石斧、石刀和骨针，我们有各种理由相信，这些野蛮人的习性和生活方式，从猛玛象、披毛犀的时代一直到今天，并没有起多少变化。"这一点，即使在今天看来，考古学与民族学的成果也仍然能够证明。如直到 1967 年，人们在菲律宾棉兰老岛的原始森林里发现的仍处于石器时代的原始人——塔沙代人即可证明。事实上，民俗文化的传承，也正在于人们之间的这种交往与感知，因为"某一个地域创造出来的生产力，特别是发明，在往后的发展中是否会失传，完全取决于交往扩展的情况。当交往只限于毗邻地区的时候，每一种发明在每一个地域都必须单另进行；一些纯粹偶然的事件，例如蛮族的入侵，甚至是通常的战争，都足以使一个具有发达生产力和有高度需求的国家处于一切都必须从头开始的境地。在历史发展的最初阶段，每天都在重新发明，而且每个地域都是独立进行的。""只有当交往成为世界交往并且以大工业为基础的时候，只有当一切民族都卷入竞争斗争的时候，保持已创造出来的生产力才有了保障。"[1] 自然，民俗文化通过人类自身来作为传播的载体，也有丰富的具体方式，如通过语言，特别是约定俗成的口语传播，包括拟势语、口语、信号、记号、图画形式、象征文字或符号、形声文字、拼音符号等语言形式，此外还有人们的日常生活、饮食起居、劳动作业等一代又一代人的耳濡目染的经验传承如农事节律、许可忌讳、交往礼俗、民俗仪式……都会通过不同代际之间的经验传承而代代相沿，另有如音乐舞蹈的艺术传播、神话传说的心理传播、标志程式的共性传播等，一并说明人本身就是一种民俗文化的传播媒介。

各种具体的民俗事象本身也是丰富多彩的民俗文化媒介。按照现今一般民俗志的写法，各种民俗事象，虽然在各学者那里有不同的分类，但却都会呈现为各种民俗文化的媒介，体现出民俗文化媒介的层次性。如英国民俗学会 1890 年出版的由高梅氏（或译为戈姆）主编的《民俗学概论》分为：①观念与迷信的信仰：迷信的信念和举动、关于自然物之迷信、关于树木百草的迷信、动物迷信、精怪、禁厌术、土医术、法术和占卜、关于冥界生活的信念、一般迷信；②旧传的风俗：节俗、礼

---

[1] 马克思、恩格斯：《马克思恩格斯选集》第 1 卷，北京：人民出版社 1995 年版，第 107—108 页。

俗、嬉戏、地方风俗；③旧传的叙事谭：童话、英雄故事、趣谈、寓言和道德的寓言，关于世界创造、洪水、巨焰和人类受惩的神话，叙事曲和民歌，地方传说和旧传；④民间成语：韵言、母歌、谜语以及其他，谚语，混名、各地的语言……后来，英国民俗学家班尼女士又提出了三分法：①信仰与行为：地和天、植物界、动物界、人类、人造物（人工物）、魂灵与他生（冥界）、超人的存在（神和小神及其他）、预兆及占卜、咒术（魔术）、疾病与民间药方；②习惯：社会和政治制度，个人生活诸仪式，生业和工业（职业和工艺），斋日和节气，竞技、运动和嬉戏；③故事、歌谣和谚语：故事（作为真实的与作为兴趣的），歌谣和谣曲，谚语和谜语，谚语的谜语和地方的谚语。而法国民俗学家塞比约在《法兰西民俗》中却分为：①天空和土地：天、星、天象，夜与空中的精灵即夜，空中的迹象或声音，地、山岳、森林、岩与石、地上各种奇异迹象，地下世界即地下、洞穴；②海洋与江湖：海洋包括海面与地面、海洋的浸灌、岛屿、海岸、海洞、水滨、传说中的船、海洋崇拜，江湖等包括泉、泉的权威、井、河流、滞水等；③动物与植物：动物包括哺乳类野兽、哺乳类家畜、野鸟、家禽、爬虫、昆虫、鱼类，植物包括树木、花草等；④人类与史实：史前时代包括立石、石坟、古冢、石器、巨石崇拜，纪念物包括建筑的仪式、古迹、教堂、古堡、城市，人民与历史包括教会中人、贵族与第三阶级、战争、民间传统中的法国历史等。应该说，丰富的分类说明民俗文化的媒介是异常丰富的。

我们这里对民俗传承形式的多样性略做划分：一是生产活动传承：即通过各种生产活动传承；二是生活传承：如衣、食、住、行、说、唱、购、赏等等；三是教育传承：如"老来不摆古，小的要失谱"；四是仪式传承：如举行各种活动仪式，跳丧、哭嫁、祭礼、节庆……在这里，我们还可以从《眼明心孝的瞿姓》看出，因为瞿家湾的起源本身即有一种精神之美。

据相关的姓氏研究，瞿氏以为自己的宗族之祖原来即是商代的贵族，是商朝之王武乙的后裔受封于"瞿上"，其后世遂以尊为"瞿父"，于是瞿父即成了瞿氏家族的始祖。由此可知，瞿姓是以人之封地为姓的。后世或以为是国都在一个叫"瞿父"的地方（今天的四川双流县一带，至今仍有都府遗址），该国灭亡后其民以国都之名为姓，是为瞿氏之起源。由此可知的信息是：瞿姓乃正宗的王室之裔，是商代武王之后，如此则是以地受姓或以国受姓，于是出现了上述二说。瞿家湾之以瞿家为名，自然离不开瞿姓。目前，瞿姓在中国《百家姓》中排名第 326 位。

事实上，目前瞿氏追溯自己的姓氏起源，另有三种说法，一是以人名为姓，据说是商代有一大夫官（未指明渊源）因受封于瞿上（今四川省成都市双流县东瞿上城）而得名为瞿父，于是其后代以祖上的名字为姓而形成瞿姓，此说与上二说属同源关系。二是以地名为氏而得名，依据的是《宣和博古图》记载之商代青铜器皿中有瞿父鼎（商朝时期以"瞿父"而命名的青铜鼎，现收藏于台北故宫博物院），因而确认瞿父是以封地名而命姓瞿的，或认为瞿父即是商朝王武乙后裔，因受封于瞿上，后世尊为"瞿父"，此说与上第一说相同，只是着眼点不同而已。若此，则瞿氏家族历史至少有3 000多年以上。但仔细思考，此说亦有问题，因为史载商朝第28世君王的帝号为"武乙"，本就姓子名瞿，是为子瞿，如是则表明地因人而得名。据称，春秋时孔子的弟子商瞿，字子木，即是以地名命姓的，他跟随孔子学习《易经》，是鲁国人，不过却是生于四川双流县并居于瞿上，因而取名商瞿，其旧居还被称为商瞿里，后来在这里居住的人，分别以地名取商姓和瞿姓，如是而言，部分商姓与部分瞿姓有共同的祖源，而瞿家湾瞿氏是否为其后却不得而知。三是说瞿氏源于嬴姓14氏的一支，因《史记·秦本纪》中记载有"秦之先为嬴姓，其后分封，以国为氏，有徐氏、郯氏、莒氏、终黎氏、运奄氏、菟裘氏、将梁氏、黄氏、江氏、修鱼氏、白冥氏、蜚廉氏、秦氏"。如今的廉、瞿、徐、江、秦、赵、黄、梁、马、葛、谷、缪、钟、费等姓，除了李、赵、马等外，几乎单一源于嬴姓。此第三说则与上二说有原则区别，即瞿氏分别出于子姓、姬姓，因此，这种说法是否准确，也未为确信。

不过，瞿氏以瞿父为始祖却是共同的。根据《姓氏考略》《通志·氏族略》《风俗通》等的记载，有瞿氏是晋东海王越参军瞿庄的后代，是博陵人；又有王僧儒谱说，河东的裴桃的儿子娶了苍梧瞿宝的女儿；汉代有河南太守瞿茂，梁有镇北将军瞿延，而唐时有绛州刺史瞿积，望族均出自高平、松阳。平江府与温州平阳亦有瞿氏。望族居松阳郡，即现在的浙江省松阳县西部，从瞿家湾瞿氏自认为松阳古郡来看，应与上各自有联系。

瞿字本指飞禽大鸟类（主要是鹰、雕、隼等）注视的样子，故也有"天目"、"天眼"的意思，属会意兼形声字。诸字书亦突出了这一"天视"之意，如《说文解字》谓："瞿，隼之视也。"《字林》谓："瞿大视貌。"《礼记·杂记》有"见似目瞿，闻名心瞿"一说，则直指其意。可见，从"瞿"的字应有相关意思，如"瞿"通"戳"即为古代戟一类的兵器，或艰险突出其准确性。从通常使用的瞿氏族腾符号有如鸟视来看，属商族后裔应属可信，因为商朝以玄鸟为图腾，《史记·殷本记》记载：有娀氏之女名简狄，吞玄鸟之卵而生契 。《诗经·商颂·玄鸟》曰："天命玄鸟，降而生商。"其说与《史记》的记载一致。如此说可信，则瞿氏亦属古东夷族后裔，因为商族是东夷族中的一支。请看《瞿氏孝训》：

> 天地重孝孝当先，一个孝字全家安。孝顺能生孝顺子，孝顺子弟必明贤。
> 孝是人道第一步，孝子谢世即为仙。自古忠臣多孝子，君选贤臣举孝廉。
> 尽心竭力孝父母，孝道不独讲吃穿。孝道贵在心中孝，孝亲亲责莫回言。
> 惜乎人间不识孝，回心复孝天理还。诸事不顺因不孝，怎知孝能感动天。
> 孝道贵顺无他妙，孝顺不分女共男。福禄皆由孝字得，天将孝子另眼观。
> 人人都可孝父母，孝敬父母如敬天。孝子口里有孝语，孝妇面上带孝颜。
> 公婆上边能尽孝，又落孝来又落贤。女得淑名先学孝，三从四德孝在前。
> 孝在乡党人钦敬，孝在家中大小欢。孝子逢人就劝孝，孝化风俗人品端。
> 生前孝子声价贵，死后孝子万古传。处世惟有孝力大，孝能感动地合天。
> 孝经孝文把孝劝，孝父孝母孝祖先。父母生子原为孝，能孝就是好儿男。
> 为人能把父母孝，下辈孝子照样train。堂上父母不知孝，不孝受穷莫怨天。
> 孝子面带太和象，入孝出悌自然安。亲在应孝不知孝，亲死如孝后悔难。
> 孝在心孝不在貌，孝贵实行不在言。孝子齐家全家乐，孝子治国万民安。
> 五谷丰登皆因孝，一孝即是太平年。能孝不在贫和富，善体亲心是孝男。
> 兄弟和睦即为孝，忍让二字把孝全。孝从难处见真孝，孝容满面承亲颜。
> 父母双全正宜孝，孝思鳏寡亲影单。赶紧孝来光阴快，亲由我孝寿由天。
> 生前为孝方为孝，死后尽孝徒枉然。孝顺传家孝是宝，孝顺温和孝味甘。
> 羔羊跪乳尚知孝，乌鸦反哺孝亲颜。为人若是不知孝，不如禽兽实可怜。
> 百行万善孝为首，当知孝字是根源。念佛行善也是孝，孝仗佛力超九天。
> 大哉孝乎大哉孝，孝矣无穷孝无边。此篇句句不离孝，离孝人伦颠倒颠。
> 念得十遍千个孝，念得百遍万孝全。千遍万遍常常念，消灾免难百孝篇。

（四）民俗文化的地方特性

文化首先是地方文化，民俗即首先体现了文化的地方性。例如"穷人别听富人哄，桐子开花就下种！"——这里指明的生产季节，即具有明显的地方性。

文化的地方性即是指人之生命的地域性特征，首先是人的自然生命中的自然界烙印，比如《周礼·地官·大司徒》即论述到了区域与人体的关系，并做了五种类型的划分："一曰山林，其动物宜毛物，其植物宜皂物，其民毛而方。二曰川泽，其动物宜鳞物，其植物宜膏物，其民黑而津。三曰丘陵，其动物宜羽物，其植物宜核物，其民专而长。四曰坟衍，其动物宜介物，其植物宜荚物，其民晳而瘠。五曰原隰，其动物宜裸物，其植物宜丛物，其民丰肉而庳。"这即是说，山林环境宜于生长如貂、狐、貉等细毛动物和柞实之类的植物，林区的人多毛而健壮；川泽环境宜于生长如龙鱼等有鳞动物和莲芡之类的植物，川泽地带的人皮肤黑而亮；丘陵环境宜于生长如翟雉等鸟类和梅、李等植物，丘陵地带的人体圆而身长；坟衍环境宜于生长如龟鳖等有甲动物和有芒刺的植物，坟衍地带的人肤白而体瘦；原隰环境宜于生长如虎豹之类的动物和蕉苇等植物，原隰的人胖而矮。在这一点上，中国南方少数民族在讲到中国各民族同源共祖时，则往往根据居住环境来划分人类，如彝族古典史诗《尼苏夺吉》讲在平坝的成汉人、在林中的成拉祜、在林边的成哈尼、在箐边的成布都、在高山的成阿佤、在山梁的成尼苏、在河谷的成傣家、在海边的成黎族……可以说，人与环境的这种自然关系，是一般的自然生态学所认同的。

比如，在中国文化地理中，最明显的自然生态学表现是南人与北人的划分：一是南暖北寒，南湿北旱。秦岭—淮河是中国气候的南北分界，以北比较干旱，作物生长期小于 225 天，水稻一年一熟；以南作物生长期大于 226 天，水稻可以一年两熟。对此，生于新郑的白居易在唐宪宗元和十年（815 年）被贬任江州司马，当他看见庐山深秋树华竹修时，竟然惊奇十分地赋诗："浔阳十月天，天气乃温燠。有霜不杀草，有风不落木。""吾闻汾晋间，竹少重如玉。"[1] 苏东坡 26 岁（1062 年）时从陕西宝鸡进四川，沿途自然景观变化也给他留下了深刻印象："渐入西南风景变，道边修竹水潺潺。"[2] 二是西高东低，东临大洋，于是有"羌笛何须怨杨柳，春风不度玉门关"[3] 的差别，并形成中国国土地形西高东低的三级阶梯，使"一江春水

---

[1] ［唐］白居易著，刘明查点校：《白居易诗集》第一册，珠海：珠海出版社 1996 年版，第 22 页。

[2] ［宋］苏轼著，孔凡礼点校：《苏轼诗集》，北京：中华书局 1982 年版，第 133 页。

[3] ［唐］王之涣：《凉州词·出塞》。

向东流"成为一种特殊表现。与此相应，形成了包括少数民族在内的整个中国人自然人性上南北差异的分界线：一是南矮北高，南瘦北胖。二是容貌的南北差异，汉民族北方人肤色较浅，头型较宽，下颌较宽，多丹凤眼，眼裂开度较窄，鼻梁较直，嘴唇较薄，比较接近蒙古人种；南方人眼大、鼻大、唇厚，比较接近马来人种。对于这样的自然人性，中国传统医学用"气"来解释，《黄帝内经•阴阳应象大论》说："天气通于肺，地气通于嗌，风气通于肝，雷气通于心，谷气通于脾，雨气通于肾。六经为川，肠胃为海，九窍为水注之气。"约三国、西晋时期哲学家杨泉著《物理论》16卷，他曾论及水的作用及"水"和"气"的转化，认为"所以立天地者，水也。夫水，地之本也，吐元气，发日月，经星辰，皆由水而兴"；"成天地者，气也。水土之气，升而为天。""游浊为土，土气合和，而庶物自生。""在金曰坚，在草曰紧，在人曰贤。"杨泉已经认识到从"臤"得声的"坚"、"紧"、"贤"在意义上的联系，应该说对天人合一学说提供了新的论证。中国近代思想家梁启超在《地理与文明之关系》中则用气温来解释：气温影响人的进取精神。天气酷热，使人精神昏沉；天气严寒，使人精神憔悴。热带人得衣食太易，而不思进取；寒带人得衣食太难，也不能进取。只有温带人，面临四季变迁，苟非劳力，不足以自给。梁启超还在《孔子》一文中说："中国为什么能产生这种大规模的中庸学说呢？我想，地势、气候、人种都有关系。因为我们的文明是发育在大平原上头，平原是没有什么险峻恢诡的形状，没有极端的深刻，也没有极端的疏宕，没有极端的忧郁，也没有极端的畅放。这块大平原位置在温带，气候四时具备，常常变迁，却变迁得不甚激烈。所以对于自然界的调和性看得最亲切，而且感觉他的善美。人类生在这种地方，调和性本已应该发达，再加上中华民族是由许多民族醇化而成，若各执极端，醇化事业便要失败，所以多年以来，调和性久已孕育。孔子的中庸主义，可以说都是这种环境的产物。"[1] 当代科学则证明，特别是水土等环境因素会导致多种疾病：寒冷地区、日照少的地区，小儿佝偻病较多，这与维生素 D 生成不足有关；水土中的氟元素过量，导致地氟病，使人体骨质增生、全身骨骼总重量明显增加；沼泽边缘、地下水位浅，生活在附近的人容易缺磷；土质含硒太多，可发生硒中毒，导致毛发脱落、口臭、四肢麻木，但是，如果缺硒，又导致克山病（心肌坏死）、高血压病、

---

[1] 梁启超：《梁启超全集》卷 11《墨子学案》，北京：北京出版社 1999 年版，第 3151 页。

溶血性贫血、胰腺炎、白内障、大骨节病，低硒地区的癌病率较高；山区缺碘，易患甲状腺肿……

上述人与自然关系的科学认知在南方少数民族的思想观念中则通常用"泥"、"白云"等习见的元素来解释，如彝族古典史诗《阿细的先基》讲"称八钱白泥，称九钱黄泥；白泥做女人，黄泥做男人"。独龙族古典史诗《创世纪》讲"把泥巴团捏成了男人和女人"、"把泥巴团捏成了飞鸟和走兽"……因为人类与自然万物都"同源共祖"地出自自然界，因而自然即在人们的文化生命观照下具有了严肃而神圣的信仰意义，即表现为人性自然与自然人性的双元一体的生命世界。一方面强调人是自然的一部分，属自然人性，与自然具有本体上的同一性；另一方面又将自然人性化，以人比喻自然，形成所谓人性自然，自然与人具有本源上的同一性。因此，人与自然在本质上，并进而在思想上、情感上、意志上，甚至在思维方式上都应是合一的。这一信仰的基本表征即是在南方少数民族中的同源或同体化生论，即特别强调人乃自然之子，或者人与自然是同父异母之兄弟。在人与自然同源共祖等层面，赋予自然以人性，并以这种认知来成就人的文化生命。如哈尼族讲述人类与自然起源的神话传说《天、地、人的传说》中即讲人类与虎、鹰、龙等动物都是先祖"塔婆"所生的同胞兄妹；哈尼族《神和人的家谱》讲人类与"会跑的野物"、"会爬的野物"、"会飞的野物"都是先祖"梅烟恰"所生的亲姐妹；哈尼族《俄八美八》讲人类与飞禽、走兽、花草、树木都是先祖"阿妮"所生；苗族古歌《枫木歌》讲枫树生蝴蝶妈妈，蝴蝶妈妈生人类及其他动物；侗族古歌《人类的起源》认为最初的人和动物是兄弟；纳西族东巴经神话《署的来历》讲人类与自然（即"署"）是同父异母的兄弟……于是，尊重自然，也就成了尊重自己！于是，万物有灵有生命，也就成了生命的依据，并从而成为和谐自然的依据！正是从这个意义上说，生态和谐与其说是一种思想，倒不如说是一种信仰。为此，人们从生命的层面见证了自然的连续性及人与自然的相应关系，像苗族议榔词和理词要求"封河才有鱼，封山才生树"[1]一样。为此，他们强调事物的特殊性——"一种鱼是一种鳞，一种鸟是一种毛，一种汤是一种味"，

---

[1]　中国作家协会贵阳分会筹委会编印：《民间文学资料》第14集，内部资料1959年版，第165、176、164页。

"牛屎各一团，马屎各一堆"[1]；他们强调事物的相互联系及和谐的必然性——

> 你浑什么？水：蝌蚪跑动我才浑。
>
> 你跑什么？蝌蚪：石头滚来我才跑。
>
> 你滚什么？石头：野鸡刨土我才滚。
>
> 你刨什么？野鸡：我刨板栗填肚皮。
>
> 你为什么落？板栗：大风吹来我才落。
>
> 你吹什么？风：不吹不了季节，我吹才了季节。
>
> 不然冬天老在人间，冷得直抱头。[2]

又例如：六月，又称"且月"。什么是"且月"？为什么又称"且月"？因为六月，夏至刚过，阴气渐起，但阳气尚盛，将进不进，阴阳相持，处于暂且、姑且如此的状态，故称"且月"。这"且月"，正是天气进入三伏、最闷热最炎热的时候；"且月"，也是天气最为多变、嬗变的时候。有句民谚俗语，单说六月天的性格，"孩子的脸，六月的天，说变就变"。刚刚晴空万里，突然飘来一片云，马上就是电闪雷鸣。这且月的天气不但多变，而且嬗变，经常是西边日头、东边雨，甚至仅隔着一条马路、一条街，就一边有雨一边无。"且月"的任何天气状态，与其他月份相比，都保持的时间不长，易变、多变、一会儿就变，总处于暂时、暂且的状态。所以从天气现象上看，称六月为"且月"也很贴切。

为了更进一步了解这一知识，我们不妨将网上所集各月称谓集中起来，让大家共同分析与欣赏各月的特征，并可由此判断其说出自何地？

一月： 通常称为正月、柳月、端月、初月、嘉月、新月、开岁、陬月、上春，其中"正月"意味正阳之月；"柳月"意味正月银柳插瓶头，故称柳月；"端月"则直指农历的正月，一年的开始为"正"，因秦始皇当政时"正"和"嬴政"的"政"谐音，所以正月便改为端月，"端"即"顶"也，仍是开端伊始的意思；"上春"即指孟春正月。

二月： 通常称为杏月、仲春、仲阳、如月、丽月、花月、仲月、酣月，其中"杏月"即说明二月大地吐绿，万物迎春，杏花含苞欲放，所以二月冠以美丽的名称——杏月，故因"二月红杏闹枝头"也。

---

[1] 中国作家协会贵阳分会筹委会编印：《民间文学资料》第 61 集，内部资料 1959 年版，第 146 页。

[2] 中国作家协会贵阳分会筹委会编印：《民间文学资料》第 23 集，内部资料 1959 年版，第 181 页。.

　　三月：通常称为桃月、春晚、晚春、暮春、蚕月、上春、春日、绸月、季月、莺月、末春等，其中"桃月"说明三月桃花粉面而有其称，因为到了三月，桃花怒放，绮丽芬芳，称"桃月"自然十分适合；"春晚"、"晚春"、"暮春"指夏历三月或农历三月乃春季的最后一个月，故春晚即晚春、暮春；"蚕月"亦指三月，说明三月是养蚕的月份；还可用"春日"指夏历三月。

　　四月：通常称为槐月、孟夏、首夏、初夏、阳月、麦月、梅月、纯月、清和、余月等，其中"槐月"说明万物枝长叶茂青翠欲滴，槐树也绽开了黄白色的花瓣儿，正所谓"四月槐花挂满枝"之时。

　　五月：通常称为蒲月、仲夏、超夏、榴月、郁月、鸣蜩、天中、仲夏、皋月等，其中"蒲月"即指五月初五端午节，许多人家悬挂菖蒲、艾叶于门上，用以避邪；称为"榴月"则因五月石榴红似火，故有其称。

　　六月：通常称为荷月、季月、伏月、焦月、署月、精阳、海暑、季暑、且月等，其中"荷月"、"伏月"是指六月三伏赤日炎炎，许多植物在酷夏的灼烤下无精打采，只有荷塘中的荷花亭亭玉立，精神抖擞，因称之，正所谓"六月荷花满池放"之时。

　　七月：通常称为巧月、瓜月、兰月、兰秋、肇秋、新秋、首秋、相月、孟秋、初秋等，其中"巧月"即因七月七日是中国妇女向天上的织女星"乞巧"的日子，乞求织女使她们心灵手巧，所以七月就有了"巧月"之名，正所谓"巧月凤仙节节开"。

　　八月：通常称为桂月、壮月、仲秋、中秋、仲商、桂秋、正秋、商吕、竹春等，其中"桂月"、"仲秋"均指农历八月之时桂花开放（"八月桂花遍地开"），且因居秋季之中而叫"仲秋"，因而均属节气、农事、花期等的统一，直到如今，"八月桂花遍地香"也仍然是人们争相吟诵的佳景，故八月美名曰"桂月"，自然名副其实。

　　九月：通常称为深秋、暮秋、穷秋、凉秋、霜商、商序、菊月、季秋、晚秋、杪秋、三秋、暮商、霜序、朽月、玄月、青女月等，如"菊月"即因为到了农历九月，万木萧瑟，落叶纷纷，独有那婀娜多姿、热烈怒放的菊花傲秋霜并给人们以活力和温暖，"菊月"被世人看作是九月的代称。

　　十月：通常称为阳月、阴月、小阳春、孟冬、初冬、上冬、良月、露月、开冬、飞阴月等，其中"阳月"只因十月芙蓉显小阳而有其称；而把十月叫成"阴月"的理由据说是源自古代阴阳学说，十月要"纯阴用事，嫌于无阳，故以名之"；至于以"小阳春"指农历十月，直至现在还属农村的习惯称谓；"孟冬"则指农历十月为初冬，即冬季的第一个月。

十一月：通常称为辜月、冬月、仲冬、中冬、畅月、葭月、龙潜月等，其中"葭月"是因为冬月葭草吐绿头而有此称。

十二月：通常称为腊月、季冬、严冬、残冬、冰月、严月、除月、季冬、残冬、末冬、嘉平、穷节、星回节等，其中称为"腊月"是因为古代在农历十二月合祭众神叫作腊祭，因此农历十二月叫腊月；或说因腊月梅花吐幽香而有此称，但从本原上说，腊月之名实因农历十二月腊祭，因而这种称呼在秦朝时就已经家喻户晓了。

再请欣赏多情刘郎的《竹枝词》——一种产生于武陵民族地区的特殊的民歌形式变体诗歌：

> 杨柳青青江水平，闻郎江上唱歌声。
> 东边日出西边雨，道是无晴却有晴。

此诗平易好懂，却十分耐人寻味。有三大特点：一是主女角的心理描写细致感人。"闻郎江上唱歌声"，船上的小伙子唱着情歌从上游漂流而下，江边的姑娘揣摩着，这情歌是否冲着我来唱的呢？说他是专对我唱的吧，咱又不认识他；说不是专唱给我听的吧，咱身旁又没有别的女子，这真是令人费猜啊。于是她试图解开这道难题："东边日出西边雨，道是无晴却有晴。"东边出太阳西边却下着阵雨（三峡常见的气候现象），这"天气预报"是晴天呢还是雨天？二是双关语的运用。所谓双关语，即利用汉语同音词或多义词的特点，表面上说的是词的这个"音"或这一个"义"，实际上却是指它的另一"音"或另一"义"。如楚辞中的"山有木兮木有枝，心悦君兮君不知"（"枝"与"知"谐音）、南朝乐府中的"春蚕不应老，昼夜常怀丝"（"丝"寓"思"）、"风吹黄檗藩，恶闻苦篱声"（"苦篱"即"苦离"）、"理丝入残机，何悟不成匹"（"匹"，以"布匹"寓"匹配"）、"低头弄莲子，莲子清如水"（"莲子"即"怜子"，"清如水"即"亲如许"）等。刘禹锡在此处巧借"晴"与"情"同音，而造成诗意含蓄、表情委婉的效果，也十分符合主人公的心理状态。三是比兴贴切，语感生动。如"杨柳青青江水平"，以柳枝之长，暗喻情之绵长；以江水之深，比喻感情之深。凡此种种，韵味无穷。不过应知道，这可是来自民俗的绝唱哟。

四、社会变迁的民俗机制

"变教化俗"与"因俗而治"是社会变迁的两种重要的民俗机制。因为民俗不是静态的，而是活动的。民俗一直处于发展变化之中，这种变化的动力一方面来自其内部的发展和变化，例如科技的进步以及由此而带来的生产和生活方式的改变，观念的更新和意识形态的变化等；另一方面还来自于外来文化的冲击和干扰，如宗教思想的渗透和战争的影响等。

（一）文而能化

"文化"的本义是指天地万物本身及其在运行中所形成的任何"文"理、痕迹（如天文、水文等），且均在随着天地万物的运行而变"化"。"文化"者，"文"而"化"之也，这"文化"，是个动词，含"活"意、"动"意；因此，"文化"一旦脱离了不断变化着的天地万物，那将成为一纸空文、废文、死文，就化不了啦！同理，民俗中的各项活动，也都是按着天地万物不断变化着的情况来制定、来举行的。作为一种内涵丰富、涵盖面广、延展性强、可变性大的社会现象，民俗文化一开始就不只是一种自发的、简单的、本能性的无意识行为，而是一套从有形入无形、从宏观至微观、从个体到族体、从情感到价值的符号系统，有着其文而能化的内在机理。

首先，民俗作为符号具有精神价值的传递性。无论民俗文化以何种形式表现，都不能否认其的精神符号性质，并在历史发展中不断地累积或淘汰、丰富或失意。这个过程是随着民众的生产、生活方式而进退的。作为民众的生产、生活方式，民俗的形成是一个自然历史过程，不以任何个人的意志为转移，只要其具有了相应的生成基础。比如在唐代，曾用行政指令推行"中和节"，但结果却以失败而告终。此问题的症结正在于，民俗文化必须是一种伴随民众的生产、生活方式的集体意愿，形成民俗如此，接受、消化外来民俗也如此。即使像中国的儒家文化的民间化、民俗化，也同样基于维护民众的生产、生活方式的必要性。在一定程度上说，精英文化或雅文化不能立即成为民俗的精神象征，正在于其对于民众生产、生活方式必要性的认知"滞缓"，体现出民俗文化凝聚性、传承过程中的对抗性、保守性特征。所以，民俗就是民众的一套精神符号，并且是一套被公众认为具有普遍性、被历史选择而具有传承性、被环境确认而具有扩散性的精神符号。根据这套符号，民众的生产、生活方式都会形成一种相对稳定的社会习俗轨道，体现为被社会大众认可的一套文化模式或社会惯习，从而对民俗主体不断地进行民俗塑造，并借以延续社会。比如彝族葬礼中有一种"打毛虫舞"，由一帮儿童身着白衣、头戴纸花，手里拿着系铜铃的棍子和用白纸做成的花朵，跳舞时有节律地摆动着铜铃叮叮作响，口中唱着歌声清脆悦耳，并同时表现打毛虫的动作。这种仪式背后的传说表明，它是基于民众的生产、生活方式需要的：对这种喜食植物叶子的毛虫，成年人因工作繁忙而没有精力对付，于是就鼓励和组织儿童打毛虫，且为了让孩子感兴趣而采取了歌舞形式。因为这得益于一个老翁的发明，于是在老翁死后，即成了丧堂上的一种仪式，以告慰死者的灵魂，此后又成了儿童的快乐游戏。此类具有民族特点和地域风格的风俗习惯，从我国各类民间传说、神话、地名故事等中，可以随意摘取。事实上，所谓民众的生产、生活方式，在本质上说即是人们在改造客观世界的同时又改造自己的主观世界，无论是改造自然界还是改造社会，都要以改造主观世界即改造人自身为前提。也正是在这里，民俗文化系统，无论做哪种划分，其物质形态、精神内涵及制度习俗，也就都担负起了改造主观世界的作用。比如在中国汉民族的传统民俗中，血缘主导型的社会组织、农夫红女的农耕经济，形成了相应的道德规范传统，温良恭俭让的自我约束，克己复礼的规范选择，忠信笃敬的践履工夫，好学力行的内圣外王，戒慎恐惧的心性修养，反身强恕慎独境界等等，都无时不要求中国人所具有的"君子风范"，从而完成了汉民俗对汉民族的文化塑造。

其次，民俗的物态化具有象征性。 民俗文化的文而能化，最直接地表现为民俗的物态化象征性，并据此积淀在民众的社会习惯和心理深处，从而成为社会人群的行为规范和思维方式。在民俗文化中，无论是建筑、工具等物态表象，还是口承文化、礼俗仪式等表意形象，都"是具象实物和抽象意义之间的一种关联。这种关联，就是所谓'象征功能'或'象征意义'"[1]。学界一般把物化象征分为物事象征、符号象征、仪式象征三类。"物事象征"借助某些具体的物事或物体来表达某种意象，天地万物、飞禽走兽、花鸟虫鱼、五谷杂粮、日常器用以至人体的某些器官都可以成为象征的借代物；"符号象征"是运用符号来象征自然变化和人事更替，通过作

---

[1] 叶大兵：《论象征在民俗中的表现和意义》，《思想战线》1992 年第 3 期。

为符号的各种物体、事象、图像等来表示某种概念或某种思想感情，如龙的图案就曾一直被作为中国封建王权的象征；"仪式象征"即礼仪、礼节、仪式所象征的人性理想。如关于西藏高原上的"风马旗"："在西藏高原神秘而荒凉的雪域里，在悠久岁月的圣山脚下、神湖岸边，在多教多派的庙宇寺院内，在丛林水泽畔，在数不尽的农舍田间以及帐篷顶上，随处都可以望见一串串悬挂于空中的五色旗幡——风马旗。它没有浮躁与娇艳，却有无始无终的壮观，象征着历史岁月的来去，屹立于冰天雪地的空间，永无休止地向神明礼赞，从飘扬的风马旗中，呼啸着荒漠的孤寂。它在空旷的大地上披星戴月为迷途者导引行进的方向。这旗幡更沉潜在神话与现实缠绕交融之际，从而展现出缓缓演进的某种文明。"风马旗的内容和形式称得上是多姿多彩，常见的有佛像、菩萨、护法、宝塔、宝马驮经（驮宝贝）、曼陀罗、经文、咒符等等，尤以宝马驮经图像最为普遍，也最为生动活泼。风马旗图像中心是一匹矫健的宝马，佩饰璎珞一应俱全，背上驮有宝贝与火焰。四角环饰着吼狮、恶虎、腾龙、神鸟，一句（如六字明咒）或一段经咒散置其间，同一块版分别印在白、黄、红、蓝、绿各色布面上，按顺序一组组一排排系挂在树枝或牵引于绳索之上。在西藏高原，凡有人出没的地方，便会有风马旗，不论喜庆生辰、逢年过节均张挂五彩风马旗。它的象征意义在于天、地、人、畜的和谐与吉祥。逐水草而居的牧人，每迁徙一地，搭妥帐篷后便是要系挂风马旗，以祈祷神灵的佑护；朝圣者结伴跋涉荒漠，人们一定会扛着一面醒目的风马旗，以免迷途；在江畔湖边人们遍插风马旗，以示对于水神的敬畏与供奉；在莽林峻岭，高悬风马车表示对山神的虔敬与祈祷；在圣迹古刹，人们张挂风马旗，以表示对先贤哲人的崇敬与礼赞；阳春三月开犁布谷，牛背上挂着风马旗，是向土地神致敬，祈望着五谷丰收……至于风马旗上的色彩，也是有特定的象征意义的。一种说法是意指方位：东方为白色、南方为黄色、西方为红色、北方为绿色，依次表示着生、住、异、灭。这一点与汉文化和印度文化颇为近似。另一种说法是蓝色为天空，绿色为江河，黄色为大地，红色为火焰，白色即信徒纯洁之心灵。[1]

此类例证，周汝昌先生说建亭的妙用，算是一种物态的象征意义，特别是对人的塑造价值：建亭子是干什么用的，当然是供游人休息用的，是有这层意思；你再

---

[1]　仲富兰：《中国民俗文化学导论》（修订本），上海：上海辞书出版社 2007 年版，第 110—111 页。

进一步想想，一些名亭都建在什么地方？都建在观景、望景的最佳位置，有的不能做到从亭中望去，四面八方都有景可观，但起码也是三面六方，有景可赏的赏景处，这是第二层意义；第三，远望此亭，它又成为景中之景，与周转之景，相辅相成，浑然一体，这亭又起到画龙点睛的作用，使四周的整个景观都精神起来。你们想想，身在这样的亭中，那真是人在亭中，亭在景中，景在诗中。

（二）变教化俗

"变教化俗"历来是治国理政的基本方式之一。通常讲的移风易俗即此理。因此，评价、审视、改变、"创新"风俗，即成了有效的统治手段之一。比如中国的周朝灭商，但以鸟为图腾的商族之文化渊源本是东夷，原具有较高的文明程度，因而对周从西夷地们崛起并内侵并不放在心上，因为有某种"非我小国，敢弋殷命"[1]的心虚与不自信，于是加速了自身的文化进步，从而刺激了西周各种典章制度的高度发展与完善。这样，西周初年在风俗文化的态度上发生了重大变化，据史载，封到少昊之墟的伯禽，"变其俗，简其礼"[2]；封到营丘的齐太公"因其俗，简其礼"[3]；封到殷墟的卫康叔"启以商政，疆以周索"[4]；封到夏墟的唐叔"启以夏政，疆以戎索"[5]，都对当地部落文化进行不同程度的融汇和同化，从而"帅其宗氏，辑其分族，将其丑类，以法则周公"[6]。这样的文化措施直接促成了在中原地域形成了一个积淀异常深厚的华夏文化中心，从而也志为后世的"中国"之文化观念。

"变教化俗"自然是以承认风俗习惯的重要性开始的。《风俗通义》曾言明风俗的区域性："风者，天气有寒暖，地形有险易，水泉有美恶，草木有刚柔也。俗者，含血之类，像之而生，故言语歌讴异声，鼓舞动作殊形，或直或邪，或善或淫也。圣人作而均齐之，咸归于正，圣人废，则还其本俗。"而《管子》卷16还说过一个经典的风俗之例，突出了上所好对民众的影响："夫楚王好小腰，而美人省食；吴王好剑，而国士轻死。死与不食者，天下所共恶也，然而为之者何，从主所欲也。"

---

[1]　《尚书·多士》，《十三经注疏》，北京：中华书局1980年版。

[2]　《史记·鲁周公世家》，北京：中华书局1959年版。

[3]　《史记·鲁周公世家》，北京：中华书局1959年版。

[4]　《左传·定公四年》，《十三经注疏》，北京：中华书局1980年版。

[5]　《左传·定公四年》，《十三经注疏》，北京：中华书局1980年版。

[6]　《左传·定公四年》，《十三经注疏》，北京：中华书局1980年版。

由此看来，利用风俗习惯的确可以成为有效的管理手段。对此，《史记·李斯列传》即曾提出"变教化俗"的问题："移风易俗，民以殷盛，国以富强。"事实上，《韩非子·外储说》还有一个更为经典的案例：管仲利用风俗文化的作用为齐桓公的霸业铺路。管仲首先建议齐桓公用从鲁、梁两国购进的绨来做衣服。桓公欣然采纳，这衣绨之举，使齐国服绨之风大兴，绨价上扬，致使鲁、梁之民弃农织绨。接着管仲又建议桓公去绨服帛，齐人又服帛弃绨，服帛之风勃兴，于是鲁、梁之绨无人问津，田园荒芜，农业从此一蹶不振，无奈只好归顺齐国。管仲不用一兵一卒，仅仅利用国君对风俗文化的导向作用，使鲁、梁两国降服，为桓公称雄春秋政坛立了一大功。

变教化俗往往可以通过民众主体自己进行。毛泽东在 1927 年 3 月写的《湖南农民运动考察报告》中即在讲到湖南农民运动所做的 14 件大事时，讲到其中的第九件即"农民诸禁"，差不多是专就民风民俗而言的，"最禁得严的便是牌、赌、鸦片这三件"，并有一个总结说："这些禁令中，包含两个重要意义：第一是对于社会恶习之反抗，如禁牌赌鸦片等。这些东西是跟了地主阶级恶劣政治环境来的，地主权力既倒，这些东西也跟着扫光。第二是对于城市商人剥削之自卫，如禁吃酒席，禁买南货斋果送情等等。"[1] 应该说，这是一种民俗文化发展中变教化俗的基本形式。不过应强调的是，这种改变应是基于民俗自愿的，对此，毛泽东说："如果不是采取强迫命令、欲速不达的方针，而是采取耐心说服、典型示范的方针，那么，几年之内……一经成为习惯，不但生产量大增，各种创造都出来了，政治也会进步，文化也会提高，卫生也会讲究，流氓也会改造，风俗也会改变；不要很久，生产工具也会有所改良。到了那时，我们的农村社会，就会一步一步地建立在新的基础的上面了。"[2]

这样的例子，在中国文化发展中有很多。我们以清朝"薙法令"激起的抗清斗争为例加以说明"变教化俗"的重要性。毫无疑问，清朝颁行的"薙发令"是法律问题，但却不能只当作法律问题来看。此问题的背后，实质上是一个重大的政治问题，但由于与汉族人民千百年来根深蒂固的风俗及相应的价值观念相冲突，因而造成了极大的社会震荡。

---

[1] 毛泽东：《毛泽东选集》第 1 卷，北京：人民出版社 1991 年版，第 35—38 页。

[2] 毛泽东：《毛泽东选集》第 3 卷，北京：人民出版社 1991 年版，第 1016 页。

本来，满族人剃发已有很悠久的历史。满族人作为女真人的一个支系——建州女真，至少在宋、金时期就始剃发，金人还曾强迫占领区的汉族人也须剃发；到努尔哈赤建立后金政权称汗以后，更是强迫被占领区的汉人及投降后金政权的汉人也必须剃发，由此而形成的剃或不剃问题，就既是一个风俗习惯问题，又是一种政治规范问题，算是我们在前面强调的普民习俗。在当时，汉族人只要剃了头，就可免死收降，因而剃头就不砍头。即使是皇太极继位后在杀人方面有所收敛，但却对剃发有了更加严格的要求。等到清军入关占领北京之后不久即发布了"薙发令"，可是由于众多明朝降官劝说及北京与周围地区人民的不断反抗而被多尔衮下令暂停执行，以至于那些入清为官的明朝旧官也仍然身穿明服。可是，当清军占领南京后，即于顺治二年六月十五日（1645 年 7 月 8 日）由礼部在全国范围内下达了"薙发令"："自今布告之后，京师限旬日，直隶各省地方自部文到日，亦限旬日尽行剃发。若规避惜发，巧辞予辩，严惩不贷。"[1] 试想一下，一个只 10 多万八旗军、50 多万人口的满族，要具有数千万人口的汉族人都必须剃发，自然不是小事。或许正因为人口悬殊，所以满族统治者谋求让自己的文化迅速而广泛地传播以求得文化认同，其中"薙发"又似最具民族特色，一旦"留发不留头"的措施得以贯彻，似可表明满族人已经成为了中国的真正统治者。与此相应的则是潜在的汉族抵抗人员被打压、汉民族的优越感受挫折……事实上，这一措施也的确起到了相当的效果。

不过，"薙发令"也引起了严重的文化价值冲突。因为这种规定不符合汉人的孝道观念，加上用暴力方式实施，因而即引起了汉族人为了捍卫自身文化习俗与文化价值的反抗斗争。这一点，通过明清之际来华的卫匡国所亲身目睹的情况可以得到说明："鞑靼 [清] 人没有碰到抵抗就占领了这座城市 [杭州]，他们可以同样轻易地占领浙江南部的所有其他城镇。但是，当他们宣布了薙发令之后，士兵和老百姓都拿起了武器，为保卫他们的头发拼死斗争，比为皇帝和国家战斗更英勇，不但把鞑靼人赶出了他们的城市，还把他们打到钱塘江，赶过了江，杀死了很多鞑靼人。实际上，如果他们追过江去，也许会收复省城和其他城镇，但他们没有继续发展胜利，

---

[1]　《大清世祖章皇帝实录》卷 17，顺治二年六月丙寅条。

只满足于保全了自己的头发……"[1] 由此可们看到的是,风俗习惯似乎还超过了所谓的"国家":清军南下之初并未遭受到大的抵抗,倒是后来汉人为了抵制"薙发令"而掀起了反抗浪潮,目的竟然是为了保住自己的头发。并且,来自朝鲜方面《李朝实录》的记载也同样说明了这一问题:"[清兵]入关之初,严禁杀掠,故中原人士无不悦服。及有剃头之举,民皆愤怒。"[2] 这种"俗"重于"国"的反抗斗争,的确值得深思。

其实,"薙发令"不仅伤及了"民",也伤及了儒生及官吏,因为在明朝,人们是特别珍视头发而且还佩戴冠帽的,对此,晚明时期的一个来华神甫即说:"他们为长满长发而骄傲,他们让头发长得很长,然后在头顶上盘成发结,再用一个中间分开的发网套住,使头发被夹住并被固定在这个位置上,在发髻顶上带上一个帽子,这是他们一般的头饰,而他们头顶的帽子是由另一种最好的丝线以及金线织成的。每个早晨他们梳理和装饰他们的头发要花去很多时间。"[3] 这样一种爱发的文化,自然会认为剃发是一种对文明的亵渎。何况在中国儒家那里,如早在《论语》中,服饰、发式就已经是区分文明与野蛮的标志了:"微管仲,吾其披发左衽矣。"[4] 孟子更是强调:"身体发肤,受之父母,不敢毁伤,孝之始也。"[5] 所以,在"薙发令"发布后,即有汉族人士大声疾呼:"杀头事小,剃发事大",甚至还为此英勇就义[6]。

所以,有学者强调说:清朝统治者意图快速达致满汉一体的计划就遇到巨大的阻力,首先就是中国中部和南部的社会上下层阶都在反对清朝剪发令上站到了同一战线。社会上下层之间的冲突被暂时放到了一边,无论是文化贵族还是下层老百姓都一起反对清廷,甚至反对那些认同满清政府、愿意与其合作的耆老、商人和致仕的官僚们。一些乡村和城市从归顺,转而变成了反抗新政府的力量。由"薙法令"

---

[1]　卫匡国著,戴寅译:《鞑靼战记》,载于杜文凯(编)《清代西人见闻录》,中国人民大学出版社 1985 年版,第 36 页。

[2]　参见《李朝实录》(东京:学习院东洋文化研究所,1953—1967 年),册 35,仁祖实录 2,卷 45,"二十二年八月戊寅",叶 44Bb(第 447 页);吴晗(1909—1969 年)《朝鲜李朝实录中的中国史料》,册 9,上编,卷 58,《仁祖大网实录七·二十二年(明崇祯十七年)》,"甲申八月戊寅"条,第 3734 页。转引自:陈永明《清代前期的政治认同与历史书写》,上海古籍出版社 2011 年版,第 7 页。

[3]　巴克士:《16 世纪(1550—1575 年)的中国南方》,第 282 页。转引自:[美]魏斐德:《洪业——清朝开国史》,江苏人民出版社 1995 年版,第 602 页。

[4]　《论语·宪问》。

[5]　《孝经·开宗明义章》。

[6]　谢国桢:《南明史略》,上海:上海人民出版社 1957 年版,第 70 页。

所致的抗清斗争就层出不穷了。[1]

再如：土家族地区在"改土归流"后即实行"教俗"分治，上层统治者改变了原中域王朝对该地区完全"因俗而治"的政策，用"以教化俗"来限制"恶俗"[2]，并把"恶俗"用"恶习"指称，以至最后实现了教变俗醇的社会改革，既保存了土家族的部分思想文化，又因"服教变风"而使土家族思想文化获得了改良与发展。当时，站在清朝统治者的角度，对"改土归流"有一些明确的目标设定，归纳当时的奏章等文献，其目的可概括为：一是从民族关系的角度建构一种新的民族关系，对国内民族关系进行调整：基于清政府对国内民族关系主要矛盾的认识，强调"苗患甚于土司"[3]。这是理解清初为何不"改土归流"而雍正年间进行"改土归流"的基本依据；基于开疆拓土的认识，即"因之拓开疆宇，盖增版图，而为此举也"。二是促成国内各民族的文化认同，实现思想文化统一，即"令其改土归流，共遵王化"[4]，使土家族等少数民族"倾心向化"[5]，从而实现"内外一体"[6]。三是使土民"出水火而登衽席"[7]，即从土司制度的残酷统治下解放土民。所以，鄂尔泰奏[8]、鹤峰首任知州毛峻德等都对土司制度的残酷统治有所揭露[9]，表明"改土归流"的必然性与必要性，问题只在于"改土归流"后如何治理。

"改土归流"后如何治理土家族地区，从治理方式的角度说，施南府同知商盘曾有《蛮村秋千曲》一诗，在描述了当时土家族风俗后，提出了"相沿何用移风俗"的尊重民俗的治理原则；在《蛮刀歌》中还以"蛮刀"为例加以说明。[10] 如果仔细阅读同治本《来凤县志·土司志》，则知当时的流官把统治方式分为"或土或流，亦因其俗也"与"皆设儒学、教授、训导，以流官为之"两项，区别了"教"与"俗"

---

[1] [美] 魏斐德：《洪业——清朝开国史》，江苏人民出版社 1995 年版，第 600—605 页。

[2] 司马迁《史记》卷 24："桀纣之后，文王之风被于约民，易前之恶俗，从今之善俗。"班固《汉书》卷 22、27 下，欧阳修等《新唐书》卷 179、180，赵尔巽等《清史稿》卷 309 等有此类记载。

[3] 王承尧、罗午、彭荣德辑录：《土家族土司史录》，长沙：岳麓书社 1991 年版，第 303—304 页。

[4] 王承尧、罗午、彭荣德辑录：《土家族土司史录》，长沙：岳麓书社 1991 年版，第 303 页。

[5] 王承尧、罗午、彭荣德辑录：《土家族土司史录》，长沙：岳麓书社 1991 年版，第 309 页。

[6] 王承尧、罗午、彭荣德辑录：《土家族土司史录》，长沙：岳麓书社 1991 年版，第 325 页。

[7] 王承尧、罗午、彭荣德辑录：《土家族土司史录》，长沙：岳麓书社 1991 年版，第 307 页。

[8] 王承尧、罗午、彭荣德辑录：《土家族土司史录》，长沙：岳麓书社 1991 年版，第 304 页。

[9] 王承尧、罗午、彭荣德辑录：《土家族土司史录》，长沙：岳麓书社 1991 年版，第 350 页。

[10] 清同治版《来凤县志》，来凤县志办公室 1981 年重印版，第 334 页。

的界限。立"教"旨在"雅化"以"文教";"因俗"旨在让"世职之子孙,不至数典而忘其祖",这也是清朝"厚泽深仁"。据《清史稿》记载:"道光三年临雍,命廪生豫听宣讲,谕监官曰:'化民成俗,基于学校,兴贤育德,责在师儒。士先器识,渐摩濡染,厥有由来。尔监臣式兹多士,尚其端教术,正典型,毋即于华,毋邻于固。入孝出弟,择友亲师。庶几成风,绍休圣绪。'"[1]这实际上是对清朝统治者重"教""化民"的总结,其中也包括在土家族地区的实践。

按照清朝统治者对少数民族地区治理经验的总结,在"教"而言,"《孝经》与《五经》并重,为化民成俗之本"[2]。这从土家族民间传说故事中"孝"的成分特别丰富即可看出其效果。在"俗"而言,他们深知辽、金、元"初未尝不循其国俗,后乃改用汉、唐仪式。其因革次第,原非出于一时"。所以,"亦深维乎根本至计,未可轻革旧俗"[3]。以此强调"变俗"的长期性,并因而使土家族地区固有风俗得以保存。

其实,在土家族上层精英中,"教"的历史很早就已发生,只不过直到"改土归流"以前都只局限于社会上层而已。并且,在社会上层之"教"的功效已分别在宋元明清时代显现。至于对民众之"教"则在"改土归流"后才得到实施,如土家先民"蛮语"的长期存在即可为证,据《中华国全风俗志》[4]上篇卷五引旧《县志》言:"在前代,多为蛮语,清江南北,各为一种,桃符口又一种,总谓之草语。虽本县世籍,亦所不释。自西山之乱,县民寄居枝江、宜都,十余年始归,声音逐变。"反映出异地之"教"的影响,虽属民间,但在当时也属无奈。笔者在与原利川市人大民族法制委员会潘顺福主任交谈时,也听说一则有关"蛮语"的小诗(顺口溜),说的是流官听不懂的"乡谈":"清早起来面朝南,南方有个土老蛮。何以识得土老蛮,格里嘎拉打乡谈。"这种"乡谈"在一些偏远地方至今还有。潘光旦先生在其长文《湘西北的"土家"与古代的巴人》中曾有详说。与"教"相应,"俗"却未有什么更改,同治本《来凤县志》曾在《风俗志》中论其"皆缘土司旧俗""至今犹有存者"。这些记载,与古史所记巴人风俗一致,如"正统初,蛮夷长官司奏土官衙门婚姻,

---

[1] 赵尔巽等:《清史稿》卷89。

[2] 赵尔巽等:《清史稿》卷108。

[3] 赵尔巽等:《清史稿》卷103。

[4] 胡朴安编《中华全国风俗志》,本书初版于1923年,上海书店1986年4月据广益书局本影印再版。全书为上下二编。上编十卷,采录方志中所载之风俗;下编十卷,采录笔记及杂志与日报中所载之风俗。九州出版社2007年以《中国风俗》为名出了新版。

皆从土俗，乞颁恩命"[1]。

按流官的治法，应区别"俗"与"习"。"习"依"教"而定，非"教"之"习"为"恶习"，于是有去"恶习"等说，有如中域历史上的"因政教而施刑法"同例，如同治本《来凤县志》曾在《风俗志》中说"从前土民间有同姓为婚，及停丧火化等恶习，自改设以后，士民劝勉，今皆草薄从忠"。因为实行"教""俗"分治，两手并重，其结果是"皆本躬行，敦本善俗之事，起而图之，无难色"。

按照儒家文化，"教"与"性"相关，《礼记·王制》谓"中国戎夷五方之人，皆有性也，不可推移"即其例。从中域文化视野看，诸史所记少数民族地区，其中包括土家族地区之民，其"性"均异于中域，如《北史·僚传》讲土家先民"性又无知，殆同禽兽"，"天性暴乱，旋致扰动"等即是。《魏书·南蛮传》甚至说是"祉性酷虐，不得物情"。王阳明也曾论"蛮夷"之"性"："盖蛮夷之性，譬犹禽兽麋鹿，必欲制以中土之郡县，而绳之以流官之法……故必放之闲旷之区，以顺适其犷野之性，今所以仍土官之旧者，是顺适其犷野之性也。"[2] 王阳明是以明代土司制度为评价尺度的。"改土归流"之期，官方也以"性"纠核，谓"此辈性类犬羊，自当恩威并施"[3]。而"改土归流"以后，以流官制度的尺度则又有所区别，故同治本《来凤县志》在《文庙碑记》中强调修文庙是"今皇上洽治重光，尤加意文教……而大圣人明善复性之教"。通过"教"的功夫，让人民"俗亦浸变"。这一"教""俗"分治的思想在有关"学校"的论说中体现得特别明显，如在《朝阳书院碑记》中强调学校、书院之设，"以养以教，风气渐开"，目的在于"夫以蛮荒之服教畏神也"。在《移建卯洞义学碑记》中则把"崇儒重道"的"文风教"与"风气日开，俗亦浸变"并举，突出了二者的区别及相因关系。"蛮云呼不醒，独立忆文翁"[4]，正可看成是二者关系的写照。由此即可理解为什么在"改土归流"后，随着经济及政治制度的变化，土家族习俗在清代中叶以后也发生了广泛、深刻而急剧的变化，如在语言上，汉语逐渐成为土家族地区沟通的共同语言，汉族的年节、祭祀或婚姻、丧葬等习俗，也为土家族社区所吸取、效法。由于各民族和睦相处，生产、生活日益接近，民族之间的通婚日渐频繁，因之"俗亦浸变"。

---

[1]　《明史·贵州土司列传》卷 316。

[2]　王阳明：《王文成公全书》卷 14《别录六·处置平复地方以图久安疏》。

[3]　王承尧、罗午、彭荣德辑录：《土家族土司史录》，长沙：岳麓书社 1991 年版，第 328 页。

[4]　清同治版《来凤县志》，来凤县志办公室 1981 年重印版，第 345 页。

正因有这种区分，当时在选择流官时即立了一个要懂民族地区风俗习惯的标准。"改土归流"前的"以夷治夷"是因"未习风土，故因地制宜"[1]，需要有熟悉民族风俗的人来治理，如唐代有"牂牁苗裔"赵国珍（学者称之为土家先民），即因"中书舍人张渐荐国珍有武略，习知南方地形，杨国忠遂奏用之。在五溪几十余年，中原兴师，唯黔中封境无虞，代宗嘉之，召拜工部尚书"[2]。"改土归流"后的治理同样要悉风俗，故清雍正十三年（1735年）四月十四日，湖广总督迈柱奏"容美改土归流，新设府厅州县等官，准部咨行，令拣选熟悉苗疆，才守谦优之员，具题补授"[3]。

其他的"变教化俗"，如汉族妇女缠足恶俗被废除，每每见于报道的丧葬浪费等，都值得参阅，如《法制日报》1989年报道：中国每年有35亿人民币用于丧葬。《人民日报》1988年6月19日报道：中国每年约有600万人去世，其中土葬者占72%。如按每一死者坟地占20平方米，用木材1/2立方米计，全国每年有13万亩土地为死人占用，220万立方米木材被死人埋葬掉。

我们再列举神圣的馒头来说明"变教化俗"之实例。据《事物纪原》记载："稗官小说云：诸葛武侯之征孟获，人曰蛮地多邪术，须祷于神，假阴兵以助之。然蛮俗必杀人，以其首祭之，神则助之，为出兵也。武侯不从，因杂用羊家之肉，而包之以面，像人头以祠，神亦助焉，而为出兵。后人由此为馒头。至晋芦谌祭法，春祠用馒头，始列于祭祀之品。而束皙《饼赋》亦有其说，则馒头疑自武侯始也。"《三国志》也记载："诸葛亮平蛮回至沪水，风浪横起兵不能渡，回报亮。亮问，孟获曰：'沪水源猖神为祸，国人用七七四十九颗人头并黑牛白羊祭之，自然浪平静境内丰熟。'亮曰，'我今班师，安可妄杀？吾自有见。'遂命行厨宰牛马和面为剂，塑成假人头，眉目皆具，内以牛羊肉代之，为言'馒头'奠沪水，岸上孔明祭之。祭罢，云收雾卷，波浪平息，军获渡焉。"明人郎瑛《七修类稿》也记载："馒头本名蛮头，蛮地以人头祭神，诸葛之征孟获，命以面包肉为人头以祭，谓之'蛮头'，今讹而为馒头也。"可以看出，自诸葛亮以馒头代替人头祭沪水之后，馒头就成为宴会祭享的陈设之用。晋束皙《饼赋》："三春之初，阴阳交至，于时宴享，则馒头宜设。"三春之初，

---

[1]　王承尧、罗午、彭荣德辑录：《土家族土司史录》，长沙：岳麓书社1991年版，第304页。
[2]　《嘉庆重修一统志·酉阳直隶州》，《中国古代地理总志丛刊》，北京：中华书局1986年版。
[3]　王承尧、罗午、彭荣德辑录：《土家族土司史录》，长沙：岳麓书社1991年版，第340页。

冬去春来，万象更新。俗称冬属阴，夏属阳，春初是阴阳交泰之际，祭以馒头，为祷祝一年之风调雨顺。当初馒头都是带肉馅的，而且个儿很大。[1] 但是，现在，馒头却成了极为大众化的普通食品了。

（三）因俗而治

在特定的时空条件下，"因俗而治"也是社会治理的必要手段。

"因俗而治"首先是承认风俗习惯在社会治理中的重要作用。比如，在现代的日常生活中，人们的社会规范形成了一个有机整体，包括政策、法律、道德、民俗习惯等，这些不同的社会规范在性质、功能和意义上都相互区别而又相互补充，其中政策往往是政党组织制定与实施的，时效性、权威性、针对性都特别明显，而且更多的是对组织成员与管理对象起作用；法律则是体现统治阶级意志的由国家制定或认可的、由国家强制力保证实施的行为规范，具有强制性、时效性、行为性等特征；道德依靠社会舆论与个人的内心信念来维持对社会秩序的调节；民俗习惯则是社会的习用舆论权威以约定俗成的方式形成的社会规范，具有特定适用性等特征。在这里，所谓民俗习惯的特殊适用性特征，一方面在于其形成与实施都通过民俗主体以约定俗成的方式来规范自己的行为，而没有什么国家强制力；另一方面是它对当下的全部可能的生产生活都形成了可能的规范体系，并把民俗主体安置在不同的角色体系中，使各社会成员形成由民俗约定的角色心理与角色期待。比如，过去民间的中堂一般都会设神龛，其上除正中的"天地君亲师位"而外，还根据各自家庭另供有不少的神位，实际上形成了一个神位体系。在这里，民俗主体即产生了多种角色期待：一方面是自己对神的功能期待，另一方面是在诸神面前的自我约束。又如，当一个婴儿呱呱落地而成为家族中的一名社会新成员时，做父母的即形成了一个角色集：一方面向社会汇报是生男还是生女，通常在大门口挂桃条弓箭，看弓箭就知道是生男、生女：生男孩弓箭用红线拴 3 颗完整的大蒜，生女孩弓箭用红线拴 3 颗有头的红枣。另一方面会通过将公鸡或母鸡送至岳父家以说明生男生女；同时还会用染红了壳的熟鸡蛋分送给亲朋好友、街坊邻居，向大家报喜。诸如此类，说明我们人是社会关系的总和，因而会形成不同的角色关系，丈夫、儿子、父亲、导师、学生、官吏、

---

[1] http://tieba.baidu.com/p/355894069。

仆役、朋友、恩人、对头、仇敌……不同的社会关系当然有不同的角色要求，如压岁钱体现长辈与小辈的角色关系，朋友、意中人、情人、未婚夫（妻）、正式夫妻体现在家庭形成过程中的不同角色关系；同时，我们民俗中的人还是人神关系的总和，家神、族神、自然神……因而也会有不同的角色期待，例如祭孔庙不用豆腐：根据清代汪汲在《事物原会》中考察，周代即已有豆腐，可惜在先秦的古籍中还未发现证据。现今较普遍的说法，豆腐是西汉淮南王刘安所创。刘安在与八位方士（八公）精研炼丹之术时无意中创成豆腐，且因刘安当年炼丹地在安徽淮南八公山的珍珠泉，因此也叫"八公山豆腐"。不过，因为刘安活着时一直攻击儒家为"俗世之学"，是儒家的死敌。因此，他死后，孔庙祭品绝不用豆腐。仅用品即表现出人神关系。

"因俗而治"的一个重要要求即尊重民众的风俗习惯。对此，毛泽东曾在讲到中国共产党的政策时说："共产党人必须积极地帮助各少数民族的广大人民群众为实现这个政策而奋斗；必须帮助各少数民族的广大人民群众，包括一切联系群众的领袖人物在内，争取他们在政治上、经济上、文化上的解放和发展，并成立维护群众利益的少数民族自己的军队。他们的言语、文字、风俗、习惯和宗教信仰，应被尊重。"[1]"团结少数民族很重要。……少数民族地区的社会改革，是一件重大的事情，必须谨慎对待……按照《共同纲领》的规定，少数民族地区的风俗习惯是可以改革的。但是，这种改革必须由少数民族自己来解决。"[2]具体表述如《三国志·魏书》卷一所谓魏武帝"开拓四海，以五方之民各有其性，故修其教不改其俗，齐其政不易其宜"。这方面的最特别表述，可用雍正皇帝给鄂尔泰的一封密函（1724年）中的要求来加以说明：

> ……凡转移风俗之事，须渐次化理，不可拂民之意，而强以法绳之也……尔等地方大吏正己率属，徐徐化导，使百姓明识，其乐从务本，知其利害，方可以长久遵行，风移俗化也……顺人情、就风俗而理之，从容布置，委曲开导，方可有成……[3]

在历史上，在对少数民族的治理方面，历来存在着两种对待少数民族文化的方式，

---

[1]　毛泽东：《毛泽东选集》第 3 卷，北京：人民出版社 1991 年版，第 1084 页。

[2]　毛泽东：《毛泽东选集》第 1 卷，北京：人民出版社 1977 年版，第 24 页。

[3]　《原钞本朱批鄂太保奏折》卷一，北京：全国图书馆文献微缩复制中心 2005 年版，第 15—18 页。

一是"以其故俗治"或"达其志而通其俗"[1]；二是"风移俗易，故先王著其教"[2]。如围绕"改土归流"后土家族地区的治理，清政府内部曾有争论，魏源《圣武记·雍正西南夷改流记》即记有张英与鄂尔泰的争论。[3] 通观"改土归流"后土家族地区流官统治的治理措施，显系鄂尔泰之"修其教不易其俗，齐其政不易其宜"[4] 的政策，与某些地方的"革教易俗"不同[5]。当然，这种治理是通过区别"教"与"俗"，进行"服教从风"的改造后实现的[6]，即通过"化民成俗"来实现治理目标[7]。按章太炎的说法，这是一个"因政教而成风俗，因风俗而成心理"[8] 的逐渐变革过程，从而使土家族人民既能接受儒家文化及其他先进文化，又能保持自己的民族文化传统，把华夏认同与民族自我意识统一起来，实现了所谓"因俗而治，得其宜已"的双赢[9]。其中特别是通过强调"教""俗"分治的过程性，认为不能操之过急："土人归化之初，非比内地百姓咸知国法，若遽以财物赏赍，恐不能遍及，而受赏者未免矜能肆志，将来难以约束。"[10] "土民新附，正须抚恤宁谧"[11]，初期应该谨慎。湖广总督迈柱还在奏中批评了"过于急躁"[12] 现象。这种"因俗而治"实际上是一种文化认同。关于土家族的风俗问题，唐宋以前的史籍多有记载：《史记》卷 116 记秦击夺楚巴后"从其俗，以长之"；《汉书》卷 28 记"民俗略与巴、蜀同，而武都近天水，俗颇似焉"，"汉中……与巴蜀同俗"；《汉书》卷 57 记"蜀不变服而巴不化俗"；《后汉书》卷 40 记"巴、汉之人，其俗习于逐兽"；《三国志·魏书》卷 19 记"后征拜巴郡太守，率身正下，以礼化俗"；《北史》卷 66 记"巴俗事道，

---

[1] 陈寿：《三国志·魏书·南蛮传》卷 101："史臣曰：氐、羌、蛮、僚，风俗各异，嗜欲不同，言语不通，圣人因时设教，所以达其志而通其俗也。然而外宁必有内忧，览之者不可不诚慎也。"

[2] 司马迁《史记·平准书》第八、司马迁《史记·乐书》第二记有其事。

[3] 彭勃、祝注先注：《历代土家族文人诗选》，长沙：岳麓书社 1992 年版，第 349—350 页。

[4] 《礼记·王制》曰："凡居人材，必因天地寒暖燥湿，广谷大川异制，人居其间异俗。修其教不易其俗，齐其政不易其宜。"

[5] 赵尔巽等《清史稿》卷 469："尔丰请乘胜一举平藏，革教易俗。"

[6] 赵尔巽等《清史稿》卷 131：刘坤一、张之洞有奏汰绿营之议，以是否"服教从风"为标准加以衡定，此处借用其说。

[7] 赵尔巽等《清史稿》卷 288："上褒鄂尔泰化民成俗，格天致瑞，寻加少保。"

[8] 章太炎：《四惑论》，《章太炎全集》第 4 卷，上海：上海人民出版社 1985 年版，第 445 页。

[9] 赵尔巽等：《清史稿》卷 114。

[10] 王承尧、罗午、彭荣德辑录：《土家族土司史录》，长沙：岳麓书社 1991 年版，第 327 页。

[11] 王承尧、罗午、彭荣德辑录：《土家族土司史录》，长沙：岳麓书社 1991 年版，第 307 页。

[12] 王承尧、罗午、彭荣德辑录：《土家族土司史录》，长沙：岳麓书社 1991 年版，第 307 页。

尤重老子之术";《隋书》卷 30 记巴人"其人自巴来者,风俗犹同巴郡","其僻
处山谷者,则言语不通,嗜好居处全异,颇与巴、渝同俗";《宋史》卷六记"丁卯,
遣使巴蜀,廉察风俗"。这些宋以前正史中关于土家先民巴人风俗的主要记载,已
有不少学者将其与土家族风俗进行对比研究,结论是土家族风俗是巴人风俗的传承,
只是在儒家文化传入土家族民间以后才有所改变,从明清两史关于"土俗"的对比
即可明了这一变化过程,如《明史·湖广土司传》载:宣德四年(1429 年)兵部建议,
"保靖旧二宣慰,一为人所杀,一以杀人当死,其同知以下官皆缺,请改流官治之。"
宣宗朱瞻基"以蛮性难训,流官不谙土俗,令都督萧授择众所推服者以闻"。而《清
史稿》卷 273 则记赵廷臣疏言:对于贵州土人"臣以为教化无不可施之地,请自后
应袭土官年十三以上者,令入学习礼,由儒学起送承袭。其族属子弟愿入学读书者,
亦许其仕进,则儒教日兴而悍俗渐变。土官私袭,支系不明,争夺易起,酿成变乱,
令岁终录其世次籍上布政司达部。有争袭者,按籍立辨,豫杜衅端",以至于道光《遵
义府志》卷 20 还说"正安(今道真)……土人……尚未尽变故习"。

第五章　民俗的发展：民俗创新与民俗转型

　　恩斯特·卡西尔在《人论》中曾就如何认识人、人的劳动之意义及相应文化方面做了一个经典性论说："如果有什么关于人的本性或'本质'的定义的话，那么这种定义只能被理解为一种功能性的定义，而不能是一种实体性的定义。我们不能以任何构成人的形而上学本质的内在原则来给人下定义；我们也不能用可以靠经验的观察来确定的天生能力或本能来给人下定义。人的突出特征，人与众不同的标志，既不是他的形而上学本性也不是他的物理本性，而是人的劳作（Work）。正是这种劳作，正是这种人类活动的体系，规定和划定了'人性'的圆周。语言、神话、宗教、艺术、科学、历史，都是这个圆的组成部分和各个扇面。因此，一种'人的哲学'一定是这样一种哲学：它能使我们洞见这些人类活动各自的基本结构，同时又能使我们把这些活动理解为一个有机整体。语言、艺术、神话、宗教绝不是互不相干的任意创造。它们是被一个共同的纽带结合在一起的。但是这个纽带不是一种实体的纽带，如在经院哲学中所想象和形容的那样，而是一种功能的纽带。我们必须深入到这些活动的无数形态和表现之后去寻找的，正是言语、神话、艺术、宗教的这种基本功能。而且在最后的分析中我们必须力图追溯到一个共同的起源。"[1]据此，我们看到，民俗文化作为其主体在社会生产生活中所创造的文化现象，它有其植根的深厚社会基础与多种条件——一种与"劳动"紧密相联系的文化扇面及其关系。从民俗文化现象的形成过程来说，它可能初始于某种偶然的创造、某种不经意间的经

---

　　[1]　[德]恩斯特·卡西尔著，甘阳译：《人论》，上海：上海译文出版社 1985 年版，第 87 页。

历或经验，但它一经成为民俗，就可能通过人们的语言、行为等多种媒介在一定范围内传播而成为人们都那样的常识，以至于成为约定俗成的民俗习惯，民俗文化现象的这种偶然经验、成为常识、习以为常、固化成俗的过程，极可能的结果是：无论社会环境如何变化，都会形成相应的民俗，从而引起民俗文化的发展变化。这种变化有形式上的，也有精神上的，这样，我们就必须注意到：民俗在存在形式上有有形与无形的差别；民俗是一种不断变化的文化形式；新民俗的产生是一个自然的历史过程。

一、民俗的有形与无形

民俗在存在形式上有有形与无形的差别。这是借用"非物质文化遗产"的表述方式而得的分析。"非物质文化遗产"是人类通过口传心授而世代相传的文化遗产，是一个民族古老的生命记忆和活态的文化基因，被誉为"人类精神的家园"。根据中华人民共和国国务院 2006 年公布的《第一批国家级非物质文化遗产名录》，中国非物质文化遗产划分为民间文学、民间音乐、民间舞蹈、传统戏剧、曲艺、杂技与竞技、民间美术、传统手工技艺、传统医药、民俗十大类，这些类型其实都是民俗文化的范围。

（一）有型与无型的划分

日本在 1950 年出台了《文化遗产保护法》，然后经过在实际应用过程中的逐渐修订、完善，1954 年的修法，明确界定了地方公共团体在保护、活用文化遗产方面的责任和义务，强调了地方公共团体的重要性。1975 年对《文化遗产保护法》进行了大幅度修订，将新设的"民俗文化遗产"（包括"有形民俗文化遗产"和"无形民俗文化遗产"）范畴纳入保护对象，并创设了"传统建筑物群保存地区"制度，以保护那些承载和铭刻着各个"地域社会"之历史与文化传统的村落和街区。[1]"传统建筑物群"和周围环境融为一体形成的历史性风貌，被认为具有较高的历史、学术和文化价值。该制度要求各地对传统的建筑物群设定"保护地区"，亦即强调整

---

[1] 周星、周超：《日本文化遗产的分类体系及其保护制度》，《文化遗产》2007 年第 1 期。

体风貌的完整性保护。在日本，现代化的街区开发迅猛发展，导致传统的村落及街区景观迅速消失。有鉴于此，20世纪60—70年代日本各地相继出现了由当地的市民团体组织和发起的保护运动，其成果反映在法制建设方面，这就促成了由国家选定"重要传统建筑物群保存地区"这一制度。

"重要传统建筑物群保存地区"的选定，首先需要由各地的市、町、村教育委员会进行"保存对策调查"，制定相关的"保存条例"，并据此展开必要的维修、修景、环境整备和防灾等保护工作；然后，由市、町、村向文部科学大臣提出"选定"申请，经法定的"咨问"与"答申"程序，才有可能被选定为"重要传统建筑物群保存地区"。一经选定，将由国家提供必要的经费补助，国税和地方税也都会有一些税制优惠。[1] 这个制度的最大特点是由基层地方及本地域居民来决定当地的"传统建筑物群保存地区"，保存地区内的现状变更、维修或改善其外观等保护事业，归根到底都以地方为主体进行。截至2010年6月，分布在日本各地的"重要传统建筑物群保存地区"共计87处。这些保存地区的选定和保护不仅使其整体的历史环境或景观得到有效保护，而且通过鼓励地域社区居民的积极参与使这些地区成为富于历史个性魅力和生命活力的新社区。

应该说，日本人通过法律保护民俗的做法，为我们认识民俗之有形与无形提供了一种较好的范例，需要我们既关注有形民俗，又关注无形民俗。这里我们介绍几个相关概念，以明确这一点。

1. 物质文化遗产（有形）

物质文化遗产（Material cultural heritage），也称为"有形文化遗产"，是具有历史、艺术或科学价值的"文物"形式，包括古遗址、古墓葬、古建筑、石窟寺、石刻、壁画、近代现代重要史迹及代表性建筑等不可移动文物，历史上各时代的重要实物、艺术品、文献、手稿、图书资料等可移动文物；以及在建筑式样、分布均匀或与环境景色结合方面具有突出普遍价值的历史文化名城（街区、村镇）。由此可以看出，物质文化遗产也就是传统意义上的"文化遗产"，根据《保护世界文化和自然遗产公约》，这类遗产包括历史文物、历史建筑、人类文化遗址等。

---

[1] 王军：《日本的文化财保护》，北京：文物出版社1997年版。

1972 年 11 月在法国巴黎召开了联合国教科文组织第 17 届全体会议，会上通过了《保护世界文化和自然遗产公约》，其中强调物质文化遗产主要包括历史文物、历史建筑（群）和人类文化遗址。目前，物质文化遗产的范围，共识性范围的包括：一是文物：文物是从历史、艺术或科学的层面看，具有突出、普遍性价值的建筑物、雕刻和绘画，具有考古意义的成分或结构，铭文、洞穴、住区及各类文物的综合体，是人类在历史发展过程中遗留下来的遗物、遗迹等具体的物质遗存，是人类宝贵的历史文化遗产。文物具有历史、艺术、科学价值，它的范围很广，涉及各个领域，其基本特征是：①必须是由人类创造的，或者是与人类活动有关的；②必须是已经成为历史的过去，不可能再重新创造的。目前，各个国家对文物的称谓并不一致，其所指含义和范围也不尽相同，因而迄今尚未形成一个对文物共同确认的统一定义。根据《中华人民共和国文物保护法》规定：下列各项是应由国家保护的文物：①具有历史、艺术、科学价值的古文化遗址、古墓葬、古建筑、石窟寺和石刻、壁画；②与重大历史事件、革命运动或者著名人物有关的以及具有重要纪念意义、教育意义或者史料价值的近代现代重要史迹、实物、代表性建筑；③历史上各时代珍贵的艺术品、工艺美术品；④历史上各时代重要的文献资料以及具有历史、艺术、科学价值的手稿和图书资料等；⑤反映历史上各时代、各民族社会制度、社会生产、社会生活的代表性实物。所以，从历史、艺术或科学层面看具有突出的普遍价值的建筑物、碑刻和雕塑、书籍、书法与绘画、具有考古性质成分或结构、铭文、洞窟以及联合体等都是文物。二是建筑群：从历史、艺术或科学层面看，因其建筑的形式、同一性及其在景观中的地位，具有突出、普遍性价值的单独或相互联系的建筑群。三是文化遗址：从历史、美学（审美）、人种学或人类学层面看，具有突出而普遍之价值的人造工程或人与自然的共同杰作以及考古遗址等区域。对此，中国不仅早已经制定了《中华人民共和国文物保护法》（1982 年通过，1991 年、2007 年两次修正），而且于 1985 年正式加入了《保护世界文化与自然遗产公约》，并于 2002 年由文化部、国家文物局、国家计委、财政部、教育部、建设部、国土资源部、环保总局、国家林业局向各地方政府发布了《关于加强和改善世界遗产保护管理工作的意见》，确立了中国对物质文化遗产保护有原理、原则与方法。

2. 非物质文化遗产（无形）

非物质文化遗产或称无形文化遗产是指各族人民世代相承的、与群众生产生活密切相关的各种传统文化表现形式如民间文学、民俗活动、表演艺术、传统知识和技能，以及与之相关的器具、实物、手工制品等及各种文化空间——定期举行传统文化活动或集中展现传统文化表现形式的场所，如歌圩、庙会、传统节日庆典等。根据联合国教科文组织《保护非物质文化遗产公约》的定义，非物质文化遗产是指被各群体、团体或有时为个人视为其文化遗产的各种实践、表演、表现形式、知识和技能及有关的工具、实物、工艺品和文化场所，是各种以非物质形态存在的与群众生产生活密切相关、世代相承的传统文化表现形式。由于各个群体和团体随着其所处环境、与自然界的相互关系和历史条件的变化不断使这种代代相传的非物质文化遗产得到创新，同时使他们自己具有一种认同感和历史感，从而促进了文化多样性和激发人类的创造力。因此，根据国际相关公约，《保护非物质文化遗产公约》所认定的"非物质文化遗产"包括：①口头传说和表述（口头传统和表现形式），包括作为非物质文化遗产媒介的语言；②表演艺术；③社会实践、仪式、社会风俗、礼仪、节庆活动；④有关自然界和宇宙的知识及实践；传统的手工艺技能。根据《中华人民共和国非物质文化遗产法》规定：非物质文化遗产则包括以下范围：①传统口头文学以及作为其载体的语言；②传统美术、书法、音乐、舞蹈、戏剧、曲艺和杂技；③传统技艺、医药和历法；④传统礼仪、节庆等民俗；⑤传统体育和游艺；⑥其他非物质文化遗产。属于非物质文化遗产组成部分的实物和场所，凡是属于文物的，适用《中华人民共和国文物保护法》的有关规定。

3. 文化景观（有形）

自 1978 年首次公布《世界遗产名录》以来，从初始的 12 项发展到现在的 754 项，数量上已经发生了巨大变化。正是在"世界遗产"的这种巨大变化过程中，遗产项目的新类型不断出现，如在城市，即已从《保护非物质文化遗产公约》规定的纪念物，扩展到建筑群遗址，发展到后来的城市本身，进一步则扩展到 1992 年提出一个新的品位——文化景观。文化景观在本质上反映的是人的生命与文化生命本身的生命性，它是人和自然共同作用的一个共生结果，是一种特殊的人类文化风貌。

根据学界研究，文化景观是由人类有意设计和建筑的景观，包括：①人类设计建造的，具有明确规划的景观，甚至是纯粹出于美学原因建造的园林和公园景观，它们经常但却并不总是与宗教或其他纪念性建筑物或建筑群相联系，花园、广场即是这样的一种景观类型；②有机进化的逐渐发展而成的景观：它可能不是人们一次设计出来的，逐步发展而成的，它产生于最初始的一种社会、经济、行政、社会文化以及宗教需要，并通过与周围自然环境的相联系或相适应而发展到如今的形式；③关联性的结合类文化景观：它既包括一些自然的面貌，同时又有一些人文的东西共同结合在一起，形成了一个具备通过某些物质遗产所表现出的强烈的宗教或者艺术和文化的一种影响，这类景观列入《世界遗产名录》，以与自然因素、强烈的宗教、艺术或文化相联系为特征，而不是以文化物证为特征。庐山、五台山、杭州西湖、哈尼梯田和花山岩画即是中国 52 项"世界遗产"中的五项文化景观。

4. 世界农业遗产（有形）

联合国粮农组织、联合国开发计划署和全球环境基金决定从 2002 年起开始启动设立全球重要农业文化遗产项目，旨在强调世界农业遗产属于世界文化遗产的一个重要部分，并强调在概念上等同于世界文化遗产。世界农业遗产保护项目的启动旨在对全球重要的受到威胁的传统农业文化与技术遗产进行保护，在范围上不仅包括杰出的景观，还着眼于保存具有全球重要意义的农业生物多样性，维持可恢复生态系统和传承高价值传统知识和文化活动。

5. 灌溉工程遗产（有形）

国际灌溉与排水委员会（ICID）决定从 2014 年开始，每年对"世界灌溉工程遗产"进行评选，目的是为了更好地收集古代灌溉工程的相关资料、了解灌溉发展史及其对文明的影响、学习古人可持续性灌溉的智慧、保护珍贵的历史文化遗产。按照 ICID 执行委员会的要关解释，世界灌溉工程遗产也同样属于世界文化遗产的一个重要部分，在概念上等同于世界文化遗产。该组织所规定的申请世界灌溉工程遗产的工程必须具有如下价值：是灌溉农业发展的里程碑或转折点，为农业发展、粮食增产、农民增收做出了贡献；在工程设计、建设技术、工程规模、引水量、灌溉面积等方面（一方面或多方面）领先于其时代；增加粮食生产、改善农民生计、促进农村繁荣、减少贫困；在其建筑年代是一种创新；为当代工程理论和手段的发展做出了贡献；在工程设计和建设中注重环保；在其建筑年代属于工程奇迹；独特且具有建设性意义；具有文化传统或文明的烙印；是可持续性运营管理的经典范例。

（二）关注自然之无形

从上述可以看出，有形与无形的划分是分层次的，第一层次基本上是物质文化遗产与非物质文化遗产的划分；第二层次即是各文化事项与文化精神之分。尽管中国传统文化有重无形、轻有形，重无象、轻有象，有重"无"、轻"有"，重"道"、轻"器"的倾向。中国的民俗文化也如此。但不可否认的是，即使是物质文化遗产，甚至是自然界本身，也都有因人而起的无形之精神。比如，有所谓国际湿地遗产，即湿地国际联盟组织正式于 2009 年起开展了对国际湿地纳入世界遗产保护战略的范畴，已经在中国计划开展湿地世界遗产评估的项目有青海湖、洞庭湖、泸沽湖等湿地。湿地联盟（WAP）认为国际湿地是世界遗产的一部分。据此也可知人们对自然认知的精神取向。

在面对自然对象时，中国民俗对于那天地间，那深层的、无形无色的、却能作用于世间万物的"阴阳二气"特别关注，如在我们的日常生活中，男左女右，好像约定俗成地渗透到了我们社会生活的各个方面。上公共厕所，男左女右；戴婚戒，男左女右；另外，还有照结婚玉照、夫妻二人出席某些礼仪场合等等，男的往往在左边，女的往往在右边。如果颠倒了位置，就会有人笑话，说是违反了"男左女右"的习俗。[1] 此类习俗即有其中的无形之气，体现了深刻的无形之精神。

宋代张载在《西铭》中为这种自然之无形的思想做了系统的论说：

> 乾称父，坤称母；予兹藐焉，乃混然中处。故天地之塞，吾其体；天地之帅，吾其性。民，吾同胞；物，吾与也。大君者，吾父母宗子；其大臣，宗子之家相也。尊高年，所以长其长；慈孤弱，所以幼其幼。圣，其合德；贤，其秀也。凡天下疲癃残疾孤独鳏寡，皆吾兄弟之颠连无告者也。于时保之，予之翼也；乐且不忧，纯乎孝者也。违曰悖德，害仁曰贼，济恶者不才，其践形，惟肖者也。知化，则善述其事；穷神，则善继其志。不愧屋漏为无忝，存心养性为匪懈。恶旨酒，崇伯子之顾养；育英才，颍封人之锡类。

---

[1] http://www.huaxia.com/wh/zsc/2005/00340733.html。

不弛劳而底豫，舜其功也；无所逃而待烹者，申生其恭也。体其受而归全者，参乎！勇于从而顺令者，伯奇也。富贵福泽，待厚吾之生；贫贱忧戚，庸玉女于成也。存，吾顺事；没，吾宁也。

"乾称父，坤称母"，把地球当作父母，这就是生态立德的最高原则，也是关注自然之无形的最高范型，并据此提到了爱护自然的伦理高度；"予兹藐焉，乃混然中处"，没有自然就没有人类，因而人类必须以孝心对待自然；"民吾同胞，物吾与也"，把天下民众都是地球养育的同胞与大自然的万物平等对待，因而人与人、人与物都应具备爱心；"于时保之，子之翼也；乐且不忧，纯乎孝者也"，因而要求人类像子女尽孝一样按时节保护自然，并以之为永恒的乐趣……此后，清初湖南籍思想家王夫之高度地评价《西铭》，在《张子正蒙注》卷九中说："张子此篇，补天人相继之理，以孝道尽穷神知化之致，使学者不舍闺庭之爱敬，而尽致中和以位天地，育万物之大用，诚本理之至一者以立言，而辟佛、老之邪迷，挽人心之横流，真孟子以后所未有也。"当代台湾环保伦理学家冯沪祥在《人·自然与文化》中也评论说："《西铭》这篇文章，虽然内容不多，但大气磅礴，结构雄伟，而且意境深厚，非常具启发性。尤其对今天的环境伦理学来讲，可以说是非常完备，也非常深刻的一篇地球保护学，甚至可以说在任何西方一位思想家中，均还找不到如此精辟的地球环境伦理学。"

明代王守仁（1472—1529年），浙江余姚人，字伯安，号阳明子，世称阳明先生，故又称王阳明，写有《大学问》，认为大学即大人之学，而大人即以天地万物为一体之人，其成为大人的前提"亦惟去其私欲之蔽，以自明其明德，复其天地万物一体之本然而已耳"。大人明德，"君臣也，夫妇也，朋友也，以至于山川鬼神鸟兽草木也，莫不实有以亲之，以达吾一体之仁"。"是故见孺子之入井，而必有怵惕恻隐之心焉，是其仁之与孺子而为一体也；孺子犹同类者也，见鸟兽之哀鸣觳觫而必有不忍之心焉，是其仁之与鸟兽而为一体也；鸟兽犹有知觉者也，见草木之摧折而必有悯恤之心焉，是其仁之与草木而为一体也；草木犹有生意者也，见瓦石之毁坏而必有顾惜之心焉，是其仁之瓦石而为一体也。"

我们注意到的是，王阳明的思想与南方少数民族的哲学文化发展有直接的渊源关系，无论是在镇压少数民族起义过程中提出的"破心中贼"问题，还是"龙场悟道"等，都与南方少数民族相关。而其所认肯的张载之"乾称父，坤称母"，把地球当作父母，也正是南方少数民族生态立德的最高原则，从而把爱护自然的伦理高度向上提升，并据此约束自己的一切行为，从而强调认识的全面性并寻理于自然——"在太古的时候，歌在什么地方？理在什么地方？""歌在堰边水流里，理在堰边水流里。""理在夜空月亮的肚脐"，"理是地下的鬼，大家去不到，我们的老人也走不到"[1]，"挖理像拖木条，挖理像牵纱"[2]，"抽理好比缫丝，绩理有如绩麻"[3]。而纳西族谚语则说："树根涵水，草根固土。""砍一棵，伤一片。""田里的青苗不兴踩，树上的青果不兴摘。""独鱼老鱼不下锅。"因此，"长期以来，（纳西族）东巴教这种将人与自然视为兄弟的观念成为一种纳西人与大自然相处的准则，并由此产生出种种有益于自然生态环境和人们日常生活的禁律，它或以习惯法的形式，或以乡规民约的方式，规范和制约着人们开发利用自然界的生产活动"[4]。这一原则与西方的（主要是西欧，特别是全球性现代化运动过程中）对自然的态度——"自然，再大也只是一个球！"相比，恰好形成了另一极——"芳草，再小也是一种生命！"事实上，正是由于南方少数民族所具有的人是自然之子的生命观念，使南方少数民族地区的生态得以长期维持，并形成了不少的生态保护的"奇异"行为。

在这里，我们以《品读唐崖土司土城的美》来说明伴随着人之自然的无形问题。

各地都有自己的美，这些美都需要去发现、去体会。

唐崖土司城的美，因为自然原因及历史风霜，已消退了不少。但是，在残存的以建筑石刻为主要载体的人文化成之美，却时至今日也仍然与其特殊的自然生态环境和人文环境相映照，放射出独特的审美光芒。

首先是自然之美。 走进唐崖土司，按照传统风水学的寻龙点穴术，你会发现其山水的起伏显隐，南北并有来水汇集于东面唐崖河且呈储藏于明堂的潭状，可谓四水归流于前面案山的中心，且略呈娥眉，婉曲有如玉带；玄武深而朱雀翼，青龙飞而白虎伏；祖山父山超群拨众，案山靠山两情相悦，正所谓"万水千山总是情"。

---

[1] 中国作家协会贵阳分会筹委会编：《民间文学资料》第 14 集，内部资料 1959 年版，第 115、112、113 页。

[2] 中国作家协会贵阳分会筹委会编：《民间文学资料》第 6 集，内部资料 1959 年版，第 1 页。

[3] 中国作家协会贵阳分会筹委会编：《民间文学资料》第 23 集，内部资料 1959 年版，第 98 页。

[4] 杨福泉：《纳西族文化史论》，昆明：云南大学出版社 2006 年版。

就是在这样的环境中，形成了城址的特殊美景，当地老百姓即有明确的审美认知，并总结了唐崖土司城的十八景：上有天生二桥，中有明锅二口，下有蛮王三洞；前有青龙迎圣，后有玄武护身；桥上桥，72 步朝天马；路上路，21 步牌坊梯；群猪过河约贵人下山，犀牛望月遇白龙锁江；二龙抢宝留凤凰脚印，象鼻吸水向金银塘中……这样的龙脉穴场，这样的仙居空间，已不只是大自然中一颗闪闪发光的璀璨明珠，更是人文化成之一处熠熠闪烁的煜然精灵。你看那玄武山上的夫妻杉，久说那是明朝天启年间（1621—1627 年）土王覃鼎夫人田氏亲植，意愿为夫妻"同偕百年"，本已因物传情；而杉树本为球花单性、雌雄同株树类，人们却将其想象为一雌一雄、一刚一柔，一叶如针、一叶细软，因而又被称为"姊妹杉"。或看，御花园中，一棵红树主干中有两竹自树腹中穿空而出，丰姿挺秀，传"胸有成竹"之自信；司城圣域，在贾家沟，一溪细流清泓里传数妃来碧潭内浣洗浴心，水映佳人，留妃子泉音之甜美……

其次是雕刻工艺之美。目前保留的张飞庙、土王坟的雕刻都极具代表性。在张飞庙的石人石马，可以说凡有一定人文素养者都会为之动情：初观表面形象，人、马都形象高大而有如北方蒙古人、马；但细审内在文脉，马饰、马佩均风格独特却又断非蒙古传统文传。人马合而连体，用整石雕刻而成，仅大型石材搬运，至今乃是一谜；人马合为一庙，取绿豆沙石雕就，就文化精神信仰而言，无异于天人同体。此石在恩施境内唯咸丰清坪的把界、天星桥和恩施市区有之，离遗址最近的距离也有 20 公里，何以至之？土司在中国西南多传：湘西永顺的司城、老司岩和贵州等地并存，传历史最久的还时至 20 世纪，何以存之？据传，1978 年为恢复石马之一残尾，在当地怎么也找不到同样的石材相配；更信，全国范围内南京的六朝陵墓雕刻和陕西的唐朝陵墓雕刻都可谓巨石雕刻，却独有土司王城人马连体的整体雕刻规模更大、雕工更难！其他如牌坊的修建，传说前后用了 300 人历时一个月方立成竣工，在当时无吊车起重的情况下，靠一个乞丐建议用填土垒石的办法完成顶脊修建；墓厅之奇特设计，雕刻之精湛工艺，并可品出真美……

再次是古朴的人文风俗美。唐崖土司城存在于咸丰古老的民风民俗之中。土家族在文化信仰上是一个真正具有大气派的民族，可以借用"漫汗通观儒释道，从容涵化印中西"来概括。在民间，信鬼神、尊祖先、崇文儒，诸神合祀合享，真正的诸神大融合；在司城，敬玉皇、信土地、喜奉佛，众灵同祭同奉，十足的众灵大团结。

据《咸丰县志》记载，覃鼎夫人田氏，"尤喜奉佛"，自四川峨眉山朝奉归来，还专门在司城内外先后修建了大寺堂、玄武观、桓侯庙等建筑。据陈兆南老人回忆说桓侯庙又称马王庙、清代俗称张王庙等来看，即明显地反映出诸神信仰的适用理性。此外，遗址内的其他建筑如土家族吊角楼依山、傍水，舒适、美观；其他风俗如土家人酷爱喝"油茶汤"、菜肴不离炒酸辣，婚俗有"哭嫁"、葬俗有打绕棺唱孝歌做道场，节日丰富……这是一道真正的土家族美丽风景线。

（三）关注无形之精神

关注民俗之无形即关注民俗所体现的民俗之精神生活与价值世界、意义世界。这里的关键在于，我们必须承认民俗不只是一种文化表象，它是一种沟通人类生产生活的媒介，不仅是人们精神生活中的各种民俗事象，而且是人们物质生产生活中的民俗，如人们的居处、饮食、各种工具，一并具有人们的精神取向于其中。但也正是问题的这一方面却容易为人们所忽视。作为历史创造者，理论上察明人是历史的创造者很容易，但在实践中承认并接受、在情感上归依并诚服，却极艰难。这就是我们一方面在讲群众路线、讲人民群众创造历史，却在另一方面讲群众愚昧、说群众落后的原因。事实上，人类作为一种社会历史存在物，本身是自然生命与文化生命的统一，因而其生产生活活动也自然是物质性和精神性的统一。人与其他动物的区别正在于，人是在按照自己的尺度进行活动的。也就是说，没有人的单纯的物质活动或单纯的精神活动，一种活动既是精神的也是物质的，反之也是一样。如人们讲中国人的民俗生活，是道德教育的生活；是艺术娱乐的生活，如端午节的饮食、香包；重阳节的诗词、赏菊；上巳节的游春、歌舞等一系列的节日活动。不能把人们的生活、艺术、教育、文化分割开来。中国人的民俗生活首先看重的是精神上的追求，就连日常生活中最基本的衣食住行，也不只是为了满足生理上、物质上的需求，而注重"法天"、"法地"，讲究衣装之色，食品之味，居住之适和行为之礼仪、规范，以满足人在心理上、精神上的需要；而后者这种心理上、精神上的需要，才使人开始区别于禽兽，才使人的生活形成了文化与艺术，这就是强调人们生产生活的二重性。

人们生产生活的二重性根源于人本身。就人而言，作为社会性动物，人们之间的交往是个体的人构成社会的唯一方式，但能够保障社会交往关系的却不只是物质条件，而且包括着更根本意义的精神生活纽带。在社会交往中，人们通过语言（含体态语言）、行为、各种物态等符号的象征作用，形成了一种社会交往的可能世界、价值世界、意义世界，展现并选择一个理想世界，精英、经典中的大同社会、乌托邦、桃花源，民俗文化主体的能方能圆、安居乐业、"安其居，乐其俗"等，作为人们生产生活所趋向的目标、作为生产生活的意义世界，透过各种世相民风，表现着人间真情，承载着宗教信仰，信守着道德准则，再现着民俗生活等等。因此，民俗文化中存在着应有尽有的精神之美：从人类童年的巫术生活、神话史诗，到现今的各态民俗文化现象，都无不如此。

按照一般的哲学分析，人类的精神生产生活可概括为"求真"、"求善"、"求美"三大样式，人们正是在这里寻找到了崇高的位置。"求真"算是"实事求是"，我们的老百姓、我们的民俗文化主体在这方面天然地具有"求真"的本根 —— 因为他们有相应的生产生活经验 —— "下雪不冷化雪冷"、"梨花风起正清明"、"穷莫懒，富莫贪"之类，以他们特有的方式对一些在"求真"领域的事物之本质、规律或必然性，从事物之直接的现实世界抽象到观念的价值的可能的世界，表面看是一些非系统化、非理论化的观念，甚至还直接否认"理论"上的"空谈"、"玄想"，但却在社会生产生活的总体上形成了一个整体，成为了所谓"家常的日常的哲学"，如 20 世纪 80 年代中后期的"砸三铁"（铁工资、铁饭碗、铁交椅）中的"破除大锅饭"，"大锅饭"就是民众创造的极富"求真"水平的现代汉语中的口头语："（大锅饭）绝对不是用一个大锅烧米饭的意思 —— 这是一种具有特殊语义和语感的单词，凡是在我们社会生活中生活过的都懂得它的语义 —— 有点像俗语说的'干不干两斤半'的意思，解放（中华人民共和国成立）初期，后一句话在南方新区是很少人确切懂得的（因为两斤半指的是小米）……这是时代创造的语言，它是'斧子也砍不掉的'。"[1]诸如此类，不一而足。同样，民俗文化中的"求善"诉求也俯拾即是，"有德有才贤良人，有才无德害人精"的价值评说，"积德如积福"的道德诉求，"宁搭十步桥，不抽一步梯"的律己风格，使民俗文化的生产生活成为本质上的道德式生产生活，民间禁忌、民间信仰、灵物崇拜、祖先崇拜等中的"求善"内核，民间传说、民间谚语、民间歌舞、民间仪式等中的"求善"表达，修桥补路、守望相助、

---

[1]　陈原：《释"大"》，《辞书研究》1982 年第 2 期。

乐善好施、仁孝里仁等行为中的"求善"实践，从整个民俗生产生活的整体上构成了完整的"求善"体系，并且还是一种"山高水流长，志大精神旺"的力行体系。自然，民俗文化中也始终充满着"求美"的审美情趣和审美诉求，尽管具有最为纯正、最为质朴的形式，如门窗上的"喜花"，小儿玩的布老虎、泥叫鸡和虎头帽、虎头鞋，为情人绣制的烟荷包、肚兜兜，各种有色食品——乌衣饭、五色花饭、印花糍粑……及至农家小院的特色灶画、年画……都始终浸透着人们内心的求美、审美的精神。事实上，民俗文化就是这样的一种充满无形之"求真"、"求善"、"求美"的具有高尚生产生活诉求的精神体系。

这里，我们以《向水学习，提升人的生命境界》为例加以说明，其实这些精神都已民间化、民俗化，成了民俗文化之"水"。

中国文化所诉求的人生境界，也就是追求人的生命的高度。其中最重要的路径就是向自然学习，这里我们以关于"水"的认知为例来说明人生境界的高度。

如何向水学习？如果要把中国文化中相关的论述加以学习的内容进行一定的区分，似乎可逐层剥离出以下方面：

首先是在本源意义上，确认水为万物之源的意义。在中国古代，从目前所见的材料来看，《管子·水地》篇似最先从本原意义上阐明了水的地位："水者何也？万物之本原也，诸生之宗室也，美、恶、贤、不肖、愚、俊之所产也。"[1] 紧接着他进行了具体追问并做了回答："何以知其然也？夫齐之水道躁而复，故其民贪粗而好勇；楚之水淖弱而清，故其民轻果而贼；越之水浊重而洎，故其民愚疾而垢；秦之水泔而稽，淤滞而杂，故其民贪戾罔而好事；齐晋之水枯旱而运，滞而杂，故其民谄谀葆诈，巧佞而好利；燕之水萃下而弱，沉滞而杂，故其民愚戆而好贞，轻疾而易死；宋之水轻劲而清，故其民闲易而好正。"[2] 上述的话可以翻译如下：水是什么？水是万物的本原，是一切生命的植根之处，美和丑、贤和不肖、愚蠢无知和才华出众者都是由它所产生的。怎样理解水的这种本原作用呢？试看齐国的水迫急而流盛，所以齐国人就贪婪，粗暴而好勇；楚国的水柔弱而清白，所以楚国人就轻捷、果断而敢为；越国的水浊重而侵蚀土壤，所以越国人就愚蠢、妒忌而污秽；泰国的

---

[1]　戴望：《管子校正》，《诸子集成》第五册，北京：中华书局 1954 年排印本，第 237 页。

[2]　戴望：《管子校正》，《诸子集成》第五册，北京：中华书局 1954 年排印本，第 237—238 页。

水浓聚而迟滞，淤浊而混杂，所以秦国人就贪婪、残暴、狡猾而好杀伐；晋国的水苦涩而浑浊，淤滞而混杂，所以晋国人就诡谀而包藏伪诈，巧佞而好财利；燕国的水深聚而柔弱，沉滞而混杂，所以燕国人就愚憨而好讲坚贞，轻急而不怕死；宋国的水轻强而清明，所以宋国人就淳朴平易喜欢公正。也正是基于以上情形，《管子》接着提出了因水治世思想："圣人之化世也，其解在水。故水一则人心正，水清则民心易。一则欲不污，民心易则行无邪。是以圣人之治于世也，不人告也，不户说也，其枢在水。"[1] 如果翻译成白话文即是说：因此圣人改造世俗、了解情况均要看水。水若纯洁则人心正，水若清明则人心平易。人心正就没有污浊的欲望，人心平易就没有邪恶的行为。所以，圣人治世，不去告诫每个人，不去劝说每一户，关键只在于掌握着水的性质。这些思想，对我们研究民俗文化与环境的关系，即能发人深省。

我们知道，在西方，被认为是作为古希腊第一位哲学家的泰勒斯把"水"看作是世界的本原，被称为人类第一导师的亚里士多德曾对此进行推测："大概他从这些事实得其命意：如一切种籽皆滋生于润湿，一切事物皆营养于润湿，而水实为润湿之源。他也可以从这样的事实得其命意：如由湿生热，更由湿来保持热的现象（凡所从来的事由就是万物的原理）。"[2] 如果详加辨析，管子书中的思想显然来得高明一些。而且更为重要的是，管子不只是从水的功能上谈而是谈水的本原意义，因为管子在本篇的开篇即说："地者，万物之本原，诸生之根菀也，美恶、贤不肖、愚俊之所生也。水者，地之血气，如筋脉之通流者也。故曰：水，具材也。"有学者翻译说："地，是万物的本原，是一切生命的植根之处，美与丑，贤与不肖，愚蠢无知与才华出众都是由它产生的。水，则是地的血气，它像人身的筋脉一样，在大地里流通着。所以说，水是具备一切的东西。"[3] 因为水是具备一切的东西，故水成了万物的本源，是地的本源作用的具体化。

其次是在人水本性之关系意义上，确认人性与水性的相通意义。或许正是因为人性与水性相通，所以我们应去发现水性，最直接的表述即是很多人都知道的，孔子曾说过的"知者乐水，仁者乐山。知者动，仁者静；知者乐，仁者寿"[4]。皇侃在

---

[1] 戴望：《管子校正》，《诸子集成》第五册，北京：中华书局 1954 年排印本，第 238 页。

[2] [古希腊]亚里士多德著，吴寿彭译：《形而上学》，北京：商务印书馆 1959 年版，第 7 页。

[3] http://www.ting30.com/zy/2017/1040911.html。

[4] 《论语·雍也》，转引自杨伯峻编著：《论语译注》，北京：中华书局 1958 年版，第 66 页。

《论语义疏》中对此解释是："乐水乐山，为智仁之性，动静为智仁之用，寿乐为智仁之功。"[1]朱子在注此时则说："知者达于事理而周流无滞，有似于水，故乐水；仁者安于义理而厚重不迁，有似于山，故乐山。动静以体言，乐寿以效言也。动而不括故乐，静而有常故寿。"[2]自然，这些解释只是朱熹的认识。因为很明显，不同的人对于水性的认知是不同的，可以说具有无限性，你看：

老子讲七性（七善）：道家说"上善若水"，《道德经》并指明了水的七性：

上善若水。水善利万物而不争，处众人之所恶，故几于道。居善地，心善渊，与善仁，言善信，政善治，事善能，动善时。夫唯不争，故无尤。（《老子·第八章》）

此外，老子还说："譬道之在天下，犹川谷之于江海。"（《老子·第 33 章》）总之，"天下莫柔弱于水，而攻坚强者莫之能胜，以其无以易之。弱之胜强，柔之胜刚，天下莫不知，莫能行"（《老子·第 78 章》）。

老子的上述思想，还通过一个传说表现出来，并再一次阐明了"七善"之性：一次老子与孔子相遇于河，老子手指浩浩河水对孔子说："汝何不学水之大德欤？"孔子问："水有何德？"老子说："上善若水，水善利万物而不争，处众人之所恶，此乃谦下之德也（《道德经》第 8 章）；故江海所以能为百谷王者，以其善下之，则能为百谷王（《道德经》第 66 章）。天下莫柔弱于水，而攻坚强者莫之能胜，此乃柔德也；故柔之胜刚，弱之胜强坚。（《道德经》第 78 章）因其无有，故能入于无间，由此可知不言之教、无为之益也（《道德经》第 43 章）。"孔子听后恍然大悟地说："先生此言，使我顿开茅塞也。众人处上，水独处下；众人处易，水独处险；众人处洁，水独处秽。所处尽人之所恶，夫谁与之争乎？此所以为上善也。"老子点头说："汝可教也！汝可切记：与世无争，则天下无人能与之争，此乃效法水德也。水几于道：道无所不在，水无所不利，避高趋下，未尝有所逆，善处地也；空处湛静，深不可测，善为渊也；损而不竭，施不求报，善为仁也；圆必旋，方必折，塞必止，决必流，善守信也；洗涤群秽，平准高下，善治物也；以载则浮，以鉴则清，以攻则坚强莫能敌，善用能也；不舍昼夜，盈科后进，善待时也。故圣者随时而行，贤

---

[1]　刘宝楠：《论语正义》，《诸子集成》第一册，北京：中华书局 1954 年排印本，第 127 页。

[2]　朱熹：《四书章句集注》，北京：中华书局 1983 年版，第 90 页。

者应事而变；智者无为而治，达者顺天而生。汝此去后，应去骄气于言表，除志欲于容貌。否则，人未至而声已闻，体未至而风已动，张张扬扬，如虎行于大街，谁敢用你？"孔子深表感谢地说："先生之言，出自肺腑而入弟子之心脾，弟子受益匪浅，终生难忘。弟子将遵奉不怠，以谢先生之恩。"说完，告别老子，与南宫敬叔上车，依依不舍地向鲁国驶去。这个故事假托孔老对话，有无真实性可不去管它，这里只是想据此说明老子、孔子的一个重要思想——上善若水的理想人格范型。

孔子讲九性：其中《荀子·宥坐》记载了一通孔子观水的理论，从中发现了水的九种品性："孔子观于东流之水。"子贡问于孔子曰："君子之所以见大水必观焉者是何？"孔子曰：

> 夫水，遍与诸生而无为也，似德；其流也埤下，裾拘必循其理，似义；其洸洸乎不倔尽，似道；若有决行之，其应佚若声响，其赴百仞之谷不惧，似勇；主量必平，似法；盈不求概，似正；淖约微达，似察；以出以人，以就鲜洁，似善化；其万折也必东，似志。是故君子见大水必观焉。

这里非常明确地强调了水使人明白"德、义、道、勇、法、正、察、善、志"的诸多品德，君子之所以"见水必观"，就在于向水学习其品德。

管子讲九德：在《管子·水地》中，管子讲"水集于玉而九德出焉"，实际上讲的是水同样有九德，并以水为"准"而有详细论说：

> 夫水淖弱以清，而好洒人之恶，仁也；视之黑而白，精也；量之不可使概，至满而止，正也；唯无不流，至平而止，义也；人皆赴高，己独赴下，卑也。卑也者，道之室，王者之器也，而水以为都居……夫玉之所贵者，九德出焉。夫玉温润以泽，仁也；邻以理者，知也；坚而不蹙，义也；廉而不刿，行也；鲜而不垢，洁也；折而不挠，勇也；瑕适皆见，精也；茂华光泽，并通而不相陵，容也；叩之，其音清搏彻远，纯而不杀，辞也；是以人主贵之，藏以为室，剖以为符瑞，九德出焉……是以水集于玉而九德出焉。凝蹇而为人，而九窍五虑出焉。此乃其精也精粗浊蹇能存而不能亡者也。

翻译成白话文即是说：水柔弱而且清白，善于洗涤人的秽恶，这是它的仁；看水的颜色虽黑，但本质则是白的，这是它的诚实；计量水不必使用平斗斜的概，满了就自动停止，这是它的正；不拘什么地方都可以流去，一直到流布平衡而止，这是它的义；人皆攀高，水独就下，这是它的谦卑，而谦卑是"道"的所在，是帝王的气度，而水就是以"卑"作为聚积的地方……玉所以贵重，是因为它表现有九种品德：温润而有光泽，是它的仁；清澈而有纹理，是它的"智"；坚硬而不屈缩，是它的义；清正而不伤人，是它的品节；鲜明而不垢污，是它的纯洁；可折而不可屈，是它的勇；缺点与优点都可以表现在外面，是它的诚实；华美与光泽相互渗透而不互相侵犯，是它的宽容；敲击起来，其声音清扬远闻，纯而不乱，是它的有条理，所以君主总是把玉看得很贵重，收藏它作为宝贝，制造它成为符瑞，玉的九种品德全都表现出来了……所以，水聚集在玉中就生出玉的九种品德。水凝聚留滞而成为人，就生出九窍和五虑。这就是水的精、粗凝聚，能存而不能亡的例子。

再次是强调水性对人性修养的启迪价值与实践效能。最典型的是孔子从水那里找到了努力奋斗的源头活水。《论语•子罕》曾记载：孔子有一次对着河水发感叹："子在川上曰：逝者如斯夫，不舍昼夜。"为什么呢？孟子早就重视了这个问题，《孟子•离娄下》曾记载有徐子专门就孔子观水的问题问孟子：仲尼"何取于水也？"孟子曰："源泉混混，不舍昼夜，盈科而后进，放乎四海。有本者如是，是之取尔。苟为无本，七八月之间雨集，沟浍皆盈；其涸也，可立而待也。故声闻过情，君子耻之。"孟子从强调水"有本"因而能够"放乎四海"，"君子深造之以道，欲其自得之也。自得之，则居之安；居之安，则资之深；资之深，则取之左右逢其原，故君子欲其自得之也"。这里通过水的"有本"、"无本"问题，来说明时间的持续性，这里思考的问题之核心是：孔子感叹的意义在于——如何找寻努力奋斗的源头活水，即如唐代魏徵《谏太宗十思疏》中所理解的那样："臣闻求木之长者，必固其根本；欲流之远者，必浚其泉源；思国之安者，必积其德义。"也如宋代朱熹于《观书有感二首•其一》中例举的那样："半亩方塘一鉴开，天光云影共徘徊。问渠哪得清如许？为有源头活水来。"这些都算是精确的阐明。同样的思想在《韩诗外传•卷三》[1]、《说苑》中也都谈到了孔子"遇水必观"和"知者乐水"的问题，可见这一问题的重要思想意义。

同样的例子还有一个"沧浪之水"的范例，见于《孟子·离娄上》，是孟子在批评那些不仁者时说的："不仁者可与言哉？安其危而利其灾，乐其所以亡者。不仁而可与言，则何亡国败家之有？有孺子歌曰：'沧浪之水清兮，可以濯我缨；沧浪之水浊兮，可以濯我足。'孔子曰：'小子听之！清斯濯缨，浊斯濯足矣。自取之也。'夫人必自侮，然后人侮之；家必自毁，而后人毁之；国必自伐，而后人伐之。《太甲》曰：'天作孽，犹可违；自作孽，不可活。'此之谓也。"

经典的例子还有《周易》的坎卦。《周易》八卦中的坎卦为"坎中满"，即上下爻为阴，中蓄一阳爻，正好象征水是以阴柔为表象，以阳刚为内质，故《易纬·乾坤凿度》说是"古水字，今坎卦。水情内刚外柔，性下不上，恒附于气也，大理在《天潢篇》"；宋衷谓"坎，阳在中，内光明，有似与水"；《说文》谓水"象众水并流，中有微阳之气。如水之浇滋、饮用，无不产生热量"；《晋书》本传纪瞻所言：水，内性柔弱，以含容为质；苏轼《东坡易传》卷三谓"……今乎水，虽常无形，而因物以为行者可以前定也，是故工取平所，君子取法焉……故水之所以至柔而胜物者，唯不以力争而以心通也，不以力争故柔外，以心通，故刚中"。

说明向水学习，还有一个更经典的例子，这就是《论语·先进》篇"吾与点也"的记载："'莫春者，春服既成，冠者五六人，童子六七人，浴乎沂，风乎舞雩，咏而归。'夫子喟然叹曰：'吾与点也！'"朱熹对此加以注释说："曾点之学，盖有以见夫人欲净尽处，天理流行，随处充满，无少欠阙。故其动静之际，从容如此。而其言志，则又不过即其所居之位，乐其日用之常，初无舍己为人之意。而其胸次悠然，直与天地万物上下同流，各得其所之妙，隐然自见于言外。"[2]这类的认识，真是

---

[1]　"孔子观于周庙，有欹器焉。孔子问于守庙者曰：'此谓何器也？'对曰：'此盖为宥座之器。'孔子曰：'闻宥座器满则覆，虚则欹，中则正，有之乎？'对曰：'然。'孔子使子路取水试之，满则覆，中则正，虚则欹。孔子喟然而叹曰：'呜呼！恶有满而不覆者哉！'子路曰：'敢问持满有道乎？'孔子曰：'持满之道，抑而损之。'子路曰：'损之有道乎？'孔子曰：'德行宽裕者，守之以恭；土地广大者，守之以俭；禄位尊盛者，守之以卑；人众兵强者，守之以畏；聪明睿智者、守之以愚；博闻强记者，守之以浅。夫是之谓抑而损之。'诗曰：'汤降不迟，圣敬日跻。'"屈守元：《韩诗外传笺注》，成都：巴蜀书社1996年版，第300—301页。

[2]　朱熹：《四书章句集注》，北京：中华书局1983年版，第130页。

妙不可言。

其实，在中国传统文化的理想人格中，儒家、道家似乎都成就了一种人格风范。一方面是从自然中悟道，体会人格范型；另一方面则从社会中悟道。从自然的层面，水的确值得我们认真学习。

其他如《兰亭集序》，其所写的是上巳仲春给他带来了什么精神上的感悟。序文起笔，仅用了 33 个字，记述交代了事情的缘起、时间、地点、事项、参加的人物，后就紧接着写道："此地有崇山峻岭，茂林修竹，又有清流激湍，映带左右。引以为流觞曲水，列坐其次，虽无丝竹管弦之盛，一觞一咏，亦足以畅叙幽情。是日也，天朗气清，惠风和畅，仰观宇宙之大，俯察品类之盛，所以游目骋怀，足以极视听之娱，信可乐也。"又比如重阳的精神诉求："岁往月来，忽复九月九日，九为阳数，而日月并应，俗嘉其名，以为宜于长久，故以享宴高会，是月律中无射……至于芳菊，纷然独荣，非夫合乾坤之纯和，体芬芳之淑气，孰能如此，故屈平悲冉冉之将老，思食秋菊之落英，辅体延年，莫斯之贵，谨奉一束，以助彭祖之术。"[1]

（四）关注无形之表现

无论是有形还是无形，民俗都有多种多样的表现形式。但是，这些表现在不同的学者那里又有不同的认知，如中国学者陈锡襄即提出了七种分类方式，即事实、材料、对象、表现、问题、地方、时代，按照这些不同的分类标准，自然会有不同的表现形式，如陈先生即主张把民俗分为七大类，即宗教、人事、生活、制度、生业与职业、社会、艺术，其中每一大类又都包含有若干子类，子类则又细分为若干细目。另外，张亮采则将中国民俗归纳为 20 多个方面：饮食、衣服、阶级、制度、宗族、冠婚、丧葬、祭祀、蛊毒、言语、义侠、游说、学风、仕宦、佛老、奴婢、诗歌、门第、名节、美术、税役、赌博、游宴、巫觋、朋党、结社、拳搏等。此外，傅振伦 20 世纪 40 年代在编辑《北碚志》时，结合中国编修方志的传统对民俗进行分类①社会生活志，包括生活方式篇——服饰、饮食、居住、交通、器用、一般生活；风俗岁时篇——婚嫁、丧葬、祭祀、帮会、社交、节令、游戏、娱乐、游神赛会；宗教信仰篇——宗教（佛、回、道、基督、杂教）、信仰（巫觋等）、迷信、忌讳等。

---

[1] 《艺文类聚·岁时》。

②民间文艺志，包括上篇——歌谣、谚语、谜语、歇后语、绕口令；下篇——绘图、雕塑、铸造、纱瓷、建筑、音乐、戏剧、刺绣、编织。③丛谈志，包括传说、故事、寓言、神话、童话等。

在中国民俗学界，20世纪30年代以后，出现了林惠祥的《民俗学》和方纪生的《民俗学概论》的分类体系，后来又出现了钟敬文的"信仰及行动"、"制度与习俗"、"艺术与语言"三大类分类法。至20世80年代以后，刘魁立先生以例举的形式进行分类，分为：①物质生活方面——土地和村落；房屋建筑；劳动（渔猎、畜牧、农业、林业、手工业）；民间技术与科学；民间历法；民间医药；服饰；器物、工具；饮食；交通运输；交换贸易。②社会生活方面——家族和亲族；民间组织；交际活动；人生仪礼；岁时风俗；吉庆娱乐、游戏和实技。③精神生活方面——认识和观念；祭祀礼仪；巫术和宗教；伦理道德；习惯法；语言民俗（民间艺术）。另一民俗学家张紫晨则将民俗分为十类：巫术民俗；信仰民俗；服饰、饮食、居住民俗；建筑民俗；制度民俗；生产民俗；岁时节令民俗；人生仪礼民俗；商业贸易民俗；文艺游艺民俗。乌丙安先生的《中国民俗学》则分为四个大的方面：①经济的民俗：它是以民间传统的经济生产习俗、交易习俗及消费生活习俗为主要内容的。②社会的民俗：它是以家族、亲族、乡里村镇的传承关系、习俗惯制为主要内容的；其中社会往来、组织、生活仪礼等习俗都是重点；近来都市社会民俗也被扩展为对象。③信仰的民俗：它是以传统的迷信的俗信的诸事象为主要内容的。④游艺的民俗：是以民间传统文化娱乐活动（其中也包括口头文艺活动）的习俗为主要内容；也包括竞技等事项在内。陶立璠先生则在其所著《民俗学概论》中做如下分类：①物质民俗——居住；服饰；饮食；生产（农、林、牧、副、渔）；交通（运输、通讯）；交易。②社会民俗——家族、亲族；村落；各种社会职业集团；人生诸仪式（诞生、成年、婚姻、丧葬）；岁时习俗。③口承语言民俗——神话、传说、故事；歌谣、叙事诗；谚语；民间艺术。④精神民俗——巫术；宗教；信仰；禁忌；道德、礼仪；民间游艺。应该说，关于民俗的分类，或者说对于民俗表现形式的认知，差别是很大的。

进入21世纪以来，中国民俗学无论是在研究的深度还是在研究的广度上都有了巨大的进步，其中包括对民俗文化的分类也实现了创新性突破，如新出版的《民俗志》丛书，我们以《长阳民俗志》为例加以介绍。在"概述"的基础上，做了如下分类：卷一是物质生活民俗，包括①农业生产民俗；②矿业民俗；③交通民俗；④工商民俗。卷二是社会生活民俗，包括：①日常生活民俗；②家族、村落民俗；③教育民俗；④岁时节庆民俗；⑤人生礼俗；⑥科技民俗；⑦医药民俗。卷三是精神生活民俗，包括：①民间艺术；②口头语言与文学；③信仰民俗；④游乐民俗。卷四是民俗人物。附录：县以上非物质文化遗产代表性项目保护名录，长阳地名揖要，主要参考文献，重点文物简介。自然，上述分类在各地的细目上会有所差别，但却是一种可行的分类方向。不过，我们只根据简单而实际的处理原则，仅从以下指明，具体包括：

（1）口头传统和表现形式，包括语言及其口头传统和表现形式 —— 史诗、神话、传说、故事、歌谣、谚语、童话、寓言、谜语、歇后语等；

（2）表演艺术，包括音乐、舞蹈、戏剧、曲艺、传统体育、游戏与杂技；

（3）社会实践、礼仪、节庆、"处理冲突的方法"；

（4）有关自然界和宇宙的知识和实践，如农业知识等以及基于这些知识、作物、疗法、相关药物和对动植物的利用方法等及其革新；

（5）传统手工艺；

（6）文化空间；

（7）其他。

应该说，无论哪种分类，都强调了民俗文化表现的多种方式，我们这里仅以重阳赏菊习俗为对象进行一般的分析。

重阳赏菊，是中国古代就有的一项重要习俗。说其重要，一是因为菊的本身对人们健康的重要；二是由于菊的品性对人的人品、性格的重要。尤其是对菊之品性的认识，正是中国人认识事物的一大特点。人们赏菊、爱菊、慕菊、敬菊，这本身，就更显现出中国传统文化的一大特色。重神不重形，重道不重器，中国人之所以把"菊"与"梅"、"兰"、"竹"一起列为四君子，就因为是其"神"、其"道"，而不在其形、其色。

菊花的娇容姿色，百态千姿之所以惹人喜爱、招人羡慕，是因为它面对飒飒秋风，而挺立不屈；身处冷月寒霜，更鲜妍妩媚；愈是到了深秋天寒，愈是开得旺盛争艳。在那秋风萧瑟、群花均已残落之后，唯它不畏"风刀霜剑严相逼"；更见它，顶风傲霜斗艳奇。论容貌，它比不上牡丹；论芬芳，它比不过茉莉。人们赏菊、爱菊、慕菊、敬菊，就在于它不畏惧严寒之精神、顶风傲霜之气质；不与群芳争艳之傲骨。故晋代袁山松有菊诗曰："灵菊植幽崖，擢颖凌寒飙。春露下染色，秋霜不改条。"

二、总把新桃换旧符

当前，中国民俗文化发展中的一个十分重要的问题，是遵循科学的原则，把保护民俗文化作为艰巨复杂的文化工程。比如，民俗文化的产品化过程，必然伴随着商品开发进程，于是有了"原真性"话题。原真性是国际上定义、评估和监控文化遗产的一项基本因素。徐嵩龄指出，原真性概念起自文化遗产科学，是现代遗产保护科学的灵魂、基本观念和准则。[1] 陈勇论证了遗产旅游与原真性的辩证关系。[2] 张朝枝认为，原真性是一个动态、多元和复杂的问题，应该从互动与动态的角度来理解原真性概念。[3] 刘魁立等指出，整体性原则应始终贯穿在非物质文化遗产保护过程中。[4] 张博认为，保护非物质文化遗产应从遗产本身的文化空间入手，不仅保护遗产本身，还应保护其生存与发展的文化空间。[5] 民俗文化的"原真性"保护，可以使我们把老祖宗留下来的珍贵遗产原汁原味地留给子孙后代。同时，整体性保护和文化空间的保护，有利于延长非物质文化遗产的寿命，拓展其生存发展的空间。但是，原真性保护并不排除民俗的发展与转型。因为民俗是一种不断变化的文化形式。在时间上，民俗的特征是以历史时代的特色为标志的，所以通常又叫作历史性特征；民俗在其活动过程中所显示出的运动规律，又具有明显的世代传承及不断变化的特点，所以通常又把这些称作传承性和变异性特征。

（一）部分"民俗"成为历史

随着历史发展，历史上部分民俗形式消失了，成为所谓的"死"俗，最典型的如"小脚女人"的"裹小脚"即是；其他如节日里穿新衣还舍不得脱等，现在也差不多淡出了历史。之所以会发生这种情形，是由于民俗文化现象在社会生活与文化

---

[1] 徐嵩龄：《遗产原真性·旅游者价值观偏好·遗产旅游原真性》，《旅游学刊》2008 年第 4 期。

[2] 陈勇：《遗产旅游与遗产原真性 —— 概念分析与理论引介》，《桂林旅游高等专科学校学报》2005 年第 4 期。

[3] 张朝枝：《原真性理解：旅游与遗产保护视角的演变与差异》，《旅游科学》2008 年第 1 期。

[4] 刘魁立：《非物质文化遗产及其保护的整体性原则》，《广西师范学院学报》（哲学社会科学版）2004 年第 4 期；王巨山：《非物质文化遗产保护原则辨析 —— 对原真性原则和整体性原则的再认识》，《社会科学辑刊》2008 年第 3 期。

[5] 张博：《非物质文化遗产的文化空间保护》，《青海社会科学》2007 年第 1 期。

系统中的位置以及该种文化现象与其他社会文化要素之间的关系决定的。当该种民俗文化还能满足民俗文化主体的某种需要，并成为其生产生活的某种"必须"形式时，民俗文化的存在与流传才有可能。正是由于民俗文化在其存在的时空格局中，有一个内在的规定因素，并随着这种内在的规定因素变化而出现发展演变、生灭变化的情况。"一切文化要素，若是我们的看法是对的，一定都是活动着发生作用，而且是有效的。"[1] 如果它已不是生产生活的"必须"，甚至是阻碍因素，那可以想见的即是这种民俗事象的必然变灭或发生根本转型，例如不少古老的巫术、法术、禁忌，在科学昌明的今天仅仅以娱乐和游戏的形式存在，土家族的"撒尔嗬"、挥动手舞转化为健身舞蹈等，即属民俗文化的转化与演变。更为明显的是，不少原有的民俗现象的消失，有如人类因直立行走而使尾巴消退那样。所以，"社会生活和文化总体状况的需要与否，是各种民俗文化现象生死存亡的判官。一种民俗文化事象如果丧失了社会文化功能，其灭亡则指日可待"。"例如，当缠足这种人体装饰的审美功能丧失后，就没有人愿意将自己的身体变成残废了；当人们不再相信稻谷有灵魂时，也就不会再冒险去猎取人头来举行'猎头祭'了。任何一种民俗文化事象，只要它在现实生活中依然存活着，必然存在着或多或少，或大或小，或隐或现的特定功能，无论这种民俗文化事象多么古老或多么古怪。没有任何功能的民俗文化事象，在现实生活中不能存在。"[2]

以缠足放足为例，清初即屡禁缠足，如清太宗皇太极于崇德三年（1638年）下令禁止妇女"束发裹足"；顺治十七年（1660年）还规定有抗旨缠足者，杖其夫或父八十、流三千里；康熙三年（1664年）再申前令。不过，因为社会并没有提供坚实的放足土壤，所以到康熙七年（1668年）即已罢禁。但到了清朝末年，反对女子缠足之风再起时，效果即出。先是学界申论，如袁枚在《牍外余言》中有论曰："习俗移人，始于熏染，久之遂根于天性，甚至饮食男女，亦雷同附和，而胸无独得之见，深可怪也……女子足小有何佳处，而举世趋之若狂？吾以为戕贼儿女之手足以取妍媚，犹之火化父母之骸骨以求福利也。悲夫！"李汝珍在《镜花缘》中亦言："吾闻尊处向有妇女缠足之说。始缠之时，其女百般痛苦，抚足哀号，甚至皮腐肉败，

---

[1]　[英] 马林诺夫斯基著，费孝通等译：《文化论》，北京：中国民间文艺出版社1987年版，第14页。

[2]　仲富兰：《中国民俗文化学导论》（修订本），上海：上海辞书出版社2007年版，第156页。

鲜血淋漓。当此之际，夜不成寐，食不下咽，种种疾病，由此而生。小子以为此女或有不肖，其母不忍置之于死，故以此法治之。谁知系为美观而设，若不如此，即不为美！试问鼻大者削之使小，额高者削之使平，人必谓为残废之人，何以两足残缺，步履艰难，却又为美？即如西子、王嫱，皆绝世佳人，彼时又何尝将其两足削去一半？况细推其由，与造淫具何异？"再后来即把缠足与中国近现代民族危机联系起来，于是反缠足运动随着救亡图存而得以发展，各地相继成立"天足会"，康有为还写了一篇《戒缠足会檄》，于是 1902 年，清廷再次发出上谕劝戒缠足。1912 年 3 月 13 日中华民国临时大总统孙中山发布命令通饬全国劝禁缠足，不缠足运动更加轰轰烈烈地在全国展开。各地方政府采取种种具体措施实行"放足"。提出"不要小脚女为妻"的口号，甚至规定"二十五岁以下小足女子，不准在马路上行走"，向缠足女子征收"小脚捐"等方式促使女子脚之解放。至此，"缠足"在法令上得到禁止，中国的缠足风俗开始从大城市消失，并逐渐影响到偏远乡村地区。在中国台湾，缠足风俗曾与鸦片、薙发并列为三大陋习，因而也成立了许多"天足会"。1906 年梅山地震女性死亡比例比男性高很多，因而成了长辈同意女孩不用缠足的契机。[1] 由此可见，缠足与放足，其根源都在社会的生产与生活环境中。

（二）部分"民俗"精神发生了转型

同样的"民俗"形式，其精神内涵发生了变化，最典型的，中国传统文化中对"四大发明"的使用，原来都是以"安土重迁"等"主静"精神为核心的，但现在逐渐转型为"开拓创新"的"主动"精神为核心。这方面的经典例子，应数旗袍的华丽转身。

旗袍本来只是满族旗人的服装，应属民族服装。在"中国知网"上以"旗袍"为主题进行搜索，已发现 1 500 多篇文献，可见其广泛影响的持续性。旗袍初始形式是"八旗妇女衣皆连裳，不分上下"[2]，作为游牧民族，满族人民常年居住东北的寒冷地区，如何适应寒冷气候与骑马游牧兼顾，满族妇女发明了这种肥大的直筒式袍子，袍子左右两侧开衩，当遇骑马、登山、下河时，只要把袍子的下摆扯起来系在腰间，

---

[1]　http://baike.baidu.com/link?url=Aa8A1xjWMqtGj9Bh7_sgD26zj4dDirfC1jNZYA0sydTNdSJeNw1S6deRbypgaObefWYCwtzLwYaJ9qjgF5aH—TuPdzPCAjAndwNuLPLCmmC。

[2]　《清稗类钞》"服饰类"，北京：中华书局 1962 年版，第 6186 页。

便可行动自如，是便于生产生活的服装；而当没有这种生产生活需要时，又可把开衩的地方用祥扣扣住，不仅保暖，而且还能显出女性的绰约风姿。当满族入主中原成为整个国家的统治者后，满族服制推广到汉族区域，在各种典礼上还必须穿袍服，于是旗袍服饰在中国得到推行。其中虽然有一定的行政力量，但却更多的是女性的审美需要。有资料记载，最早穿旗袍的汉族妇女是上海的女学生，年轻美丽的学生们穿着旗袍走在街上，自然风姿无限，于是引起了各界妇女的纷纷仿效，并产生了广泛的社会舆论影响。于是，旗袍华丽转身为当时妇女最时髦的服装，成为中国女性的霓裳羽衣。自然，以后的旗袍已发生了较大的变化。据介绍，现在的旗袍，已从宽大平直改为腰身紧缩，表现女性的曲线美。在领、袖、衣长、花色、排扣等方面，更是日新月异。到了 20 世纪 50 年代，台湾妇女也穿起了旗袍。因此，旗袍的文化精神已发生了重大变化。

民俗文化现象的这种转型，还有一个经典例子：北斗星的神性演变。最初的北斗星是中国西部民族纪历的标准星，并以此形成了十月历，我们从《夏小正》中即可看出华夏民族那时与北斗星的特殊关系：围绕北极运行而又永不陨落，周期运行而又中规中矩，于是成了天上人间共有的标准时钟，更进一步则由衡量时间的准绳发展成了衡量世间一切事务的准绳，这一观念即《史记·天官书》所谓"璇玑玉衡，以齐七政"思想，北斗中"璇玑玉衡"那几颗星成了四时、天文、人道与地理诸方面关系的总调节者，从而形成了以北斗为准则的生产生活体系，而且正是由于其"运于中央、临制四乡（向）"而成就了天上人间的神圣秩序，自然也就要接受奉祀，并形成了各地的北斗神庙。不过好运终有尽头，到东汉道教的兴起，一个位于北极星神之上的更高神团形成并组成了新的神系，重新调整诸神的分工范围，北斗主掌政治的神圣桂冠被摘去而降格为"一方大吏"，只专掌寿夭生死，统领"幽都"、"土府"、"泰山"、"蒿里"等各路阴曹地府，因而只是一个巍巍乎的"北阴大帝"，或称"鬼官之太帝"，属于东方的"冥王哈迪斯"。在河南民间至今保留着的为死者灵魂升天"送盘缠"的丧俗仪式中，向北跪拜仍是一个必须恭恭敬敬完成的重要内容，即属向北斗神君敬拜的仪式。魏晋南北朝时之干宝《搜神记》中即记录了当时人们的"南斗注生，北斗注死"的民俗观念，如言"凡人受胎，皆从南斗过北斗，所有祈求皆向北斗"。表明这时的神界分工细致、明确，按照现代管理学的说明，走上了专业化道路。如果讲世界责任制管理的原型，那中国民间的神职分工，应是最权威的发明者，比如生死两大人生之事，南斗此时成了"延寿司"，北斗成了名副其实的"鬼官"，二者都受到了人的顶礼膜拜，在墓葬壁画、铭旌、棺木以及随葬的箱奁上随处可见到北斗的尊容。而这又与中国传统的五行观念相结合：南方为阳、为赤，北方为阴、为黑。阳象征光明与生命，阴象征黑暗与死亡。因而南斗主掌福寿，北斗主管夭亡。更为严重的是，北斗的厄运还并未就此终止，因为随着佛教文化在中国的广泛传播并深入人心，佛教的地藏与阎罗信仰日益高居于北斗宰君之上，特别是地藏菩萨发愿超度一切恶鬼入西天极乐世界的廉价承诺，更是让重实惠、黜玄想的中国人对北斗——北阴大帝的神圣灵光表现了疏远，现在，你走在民间，北斗神君虽然还有作用，但却是与阎王、地藏纠缠在一起的，丰都鬼城中，北阴大帝虽然仍在享食人间烟火，但却不能独享。

民俗文化的变迁在不同时代有不同的动力，在当今即形成了一类民俗文化变迁的特殊形式——文化产品的研究开发，并且已成为一种强劲的文化转型新形式。

从目前的研究和发展现状来看，民俗文化从文化资源转化为文化产品，主要有以下七种模式：建造主题公园模式；节事旅游开发模式；旅游商品开发模式；旅游休闲演艺模式；旅游形象经营模式；与工业旅游相结合模式；与仿古街、古民居、古城镇等结合开发模式。另外，马木兰、汪宇明介绍了非物质文化遗产资源产业化的三种主要模式，并从开发特点、开发形式、开发形态、载体化程度等方面进行了优势劣势比较[1]，他们还以大型天然溶洞实景舞台剧"夷水丽川"为例，进行了民俗文化转型为旅游产品的路径研究[2]。陆军认为，"锦绣漓江刘三姐歌圩"的开发，符合民族文化旅游主题开发的 RMRP 理论。[3] 陈炜、高艳玲以壮剧为例，进行了西南民族地区非物质文化遗产保护可行性旅游开发研究。[4] 陈炜、陈能幸以壮族嘹歌为例，

[1]　马木兰、汪宇明：《非物质文化遗产旅游产品化的转型模式》，《桂林旅游高等专科学校学报》2008 年第 2 期。

[2]　汪宇明、马木兰：《非物质文化遗产转型为旅游产品的路径研究——以大型天然溶洞实景舞台剧〈夷水丽川〉为例》，《旅游科学》2007 年第 4 期。

[3]　陆军：《实景主题：民族文化旅游开发的创新模式——以桂林阳朔"锦绣漓江·刘三姐歌圩"为例》，《旅游学刊》2006 年第 3 期。

[4]　陈炜、高艳玲：《西南民族地区非物质文化遗产保护性旅游开发研究——以壮剧为例》，《湖北民族学院学报》（哲学社会科学版）2008 年第 1 期。

提出了对中国少数民族的民俗文化实施保护性旅游开发的设想。[1] 陈金华、庄智斌以泉州南音为例，进行了民俗文化旅游开发研究。[2] 此外，吕妍沁以成都非物质文化遗产国家公园为例，探索了非物质文化遗产主题公园开发模式。[3] 宋瑞以武强年画为例，认为非物质文化遗产可以超越有形物质载体的局限，具有广阔的发展空间。[4] 吕屏从旧州绣球产业发展的角度，论证了非物质文化遗产与文化资本的关联。[5]

产业化或许是解决某些民俗文化保护的有效途径之一，但决不能认为只要将民俗文化产业化就能解决一切问题。产业化的重要特点是市场化，是利润；而民俗文化是文化，是超越私有与利润的人类共有的文化记忆与精神意义。两者原本"志不同道不合"，双赢的可能也仅仅是针对当前时期某些民俗文化的保护而言。[6] 无论何时，"保护第一"是我们需要永远铭记的理念。

（三）部分新"民俗"不断产生

民俗作为人类的必然伴生物，人类社会的发展也一定会不断产生新的民俗形式，最典型的如语言形式、新的生产形式、生活方式的使用。这里的"新"包括：①时间上的新，即不同时代有不同的新民俗；②空间上的新，民俗以地区特色为标志，所以通常又叫作地方性特征，入乡随俗！例：像民间小搬运惯习，各地在挑、抬、顶、背、扛、抱、提、挎、搭、拉、推等方式上，分别有惯用方式一二种，甚至同是挑担，每地也各有不同，有的就连使用的小搬运工具也千差万别，各有特色。③内容或精神上的新。

在这里，我们以土《土家族地区日常生活的"现代化"进展透析 —— 来自湖北民族地区的现代生活方式进程调查》为例加以说明。

---

[1] 陈炜、陈能幸：《论少数民族非物质文化遗产保护性旅游开发 —— 以壮族嘹歌为例》，《改革与战略》2008 年第 3 期。

[2] 陈金华、庄智斌：《基于 RMP 分析的非物质文化遗产旅游开发研究 —— 以泉州南音为例》，《乐山师范学院学报》2007 年第 5 期。

[3] 吕妍沁：《非物质文化遗产传承视野中的产业化开发方式探索 —— 以成都非物质文化遗产国家公园创设为例》，《桂林旅游高等专科学校学报》2008 年第 2 期。

[4] 宋瑞：《非物质文化遗产的旅游之用 —— 以武强年画为例》，《旅游时代》2007 年第 4 期。

[5] 吕屏：《从旧州绣球产业的发展看非物质文化遗产的资本转换》，《桂海论丛》2007 年第 5 期。

[6] 王松华、廖嵘：《产业化视角下的非物质文化遗产保护》，《同济大学学报》（社会科学版）2008 年第 1 期。

20 世纪末叶以来，不仅"现代化"的"事实"进入了老百姓的日常生活，而且与之相关的"概念"也进入了老百姓的话语系统。正是在春节期间，我们以"城市现代化"的眼光去观察并调查了湖北民族地区的一个小县城及周边农村的日常生活的"现代化"进展，真切地感受到了"高贵者最愚蠢，卑贱者最聪明"。

首先，话语系统的"现代"词素。我们在城区老百姓的日常生活话语里听得最多的词之一应该就是"现代化"，而乡间的老百姓则能谈到"前不久召开的十六大上都讲了'现代化'"。虽然对"现代化"的理解多种多样，且答案五花八门，如有说原子弹、氢弹的，有说高科技工业机器的，有说尖端 IT 技术的，有说卫星、宇宙飞船的，有说……诸如此类，应该是大家乍听到"现代化"这一词时首先会想到的当今的一些现代化标志吧。中华人民共和国成立后不久，"现代化"就已经出现在人们的视野里，那时的"现代化"含有比较强烈的政治性意味，但"农业机械化"在人们的心目中还是享有崇高的地位。相比之下，"楼上楼下，电灯电话"的"共产主义"已不为人们乐道了。虽然"四个现代化"仍然在老百姓心目中记忆犹新，但更多的则是强调"新农民"、"文明新村"、"海选"、"自治"、"电脑农业"、"科技示范户"、"文化中心户"……一句话，"现代化"的语素已不是一个空壳，而是由一系列现代事象记载的生产生活方式，并深入到了老百姓的日常生活，甚至掌控了话语主导权。1964 年，伴随着震耳欲聋的轰鸣，巨大的蘑菇云绽放在新中国的上空，中国自主研制的原子弹成功现世，举世瞩目。紧随之而来的核弹、氢弹、各种科技含量愈来愈高的武器装备，无一不证明着中国在军事上的独立自主和现代化进程。这一进程的语素在老百姓中有相当高的知名度，时常是他们"笑谈天下事"的素材，"台湾"、"海湾"，"英国"、"美国"，更多地与乡村老百姓的语素相联，从此也可看出，这些老百姓的爱恨情仇！ 1992 年邓小平"南巡"，引来了中国现代化建设的新浪潮，传统的计划体制模式被抛弃，取而代之的是印上"现代化"标记的新型发展模式。中国经济迅猛发展，每一年的政府工作报告上的 GDP 指数等数据总是让世界耳目一新。不断提前完成的各个"五年计划"都表明中国经济上的现代化发展受世界注目的程度丝毫不逊于中国在军事上的现代化进程。在老百姓的语素中，"邓小平"的名字具有极高的频数，"市场经济"、"竞争"、"科学管理"、"买中国，卖世界"，甚至也偶尔在村民的谈话中听到"全球化"、"多极化"……从老百姓的话语世界，中国的老百姓并不是有些人所说的"落后"，而是因其生存状态没有提供相应的素质要求。这正如有外国人说我们中国人"落后"一样。事实上，一旦要这些人换一种生存状态，我们也会听到我们的老百姓说："你怎么连这个都不会？"我们想，是否应纠正一下我们评价中国老百姓的心态？

其次，家庭日用的"现代"因素。 对于普通老百姓来说，两弹一星、卫星定位导航系统距离家庭日用毕竟太远，"GDP 指数"也显得过于空洞抽象。在他们生产生活中的"现代化"往往是那些"百姓日用而不知"的吃、穿、住、行、玩、购、赏，甚至于吹、拉、弹、唱、哭、笑等等。其实，对比一下父辈和我们这一辈，或者是我们与下一辈在同一年龄段的生产生活，再简单一点，对比我们自己从小到大的生活，就会发现改革开放 30 多年以来家庭日用增增减减的大多数"现代化"因素带给老百姓的感受了。特别是对于我们这些已在"大城市"里生活了一段时间的人来说，把"百姓日用而不知"的"现代化"进展加以揭示，更显示出全球性现代化真正是"无所逃于天地间"了。咸丰县，虽然有"咸庆丰年"的希望，但在其建县的数百年历史中，并未有多少如愿，因为其是扎根在湖北恩施土家族苗族自治州的一般山坳之中的小城，交通并不十分通便。因其天然的地理位置，在很多方面都不能及时赶上交通发达地区的发展速度。因此，"现代化"进驻普通百姓的日常生活的速度自不能与发达地区相比。但是，一经提示，城乡老百姓都能对日常生活的"现代"变化侃侃道来：20 世纪 80 年代以前，家里情况好点的可以拥有收音机、手电、电灯等"电器"，家庭条件不好的自不必说。20 世纪 80 年代前中期，家里进驻了第一台电视机——14 寸左右的黑白电视，第一台洗衣机——双缸的半自动洗衣机或者单缸而没有甩干功能的洗衣机，第一台冰箱，参加工作了的有单位分的职工房——没有房产证的"公家的房子"或者自己"祖传"的几间平房。20 世纪 80 年代末至 90 年代前期，除了家里增加固定电话，有了电火盆代替一般烧炭火盆作为取暖工具，做饭有了电饭煲和高压锅，更换性能更好的洗衣机——全自动单缸洗衣机上阵代替双缸半自动或者纯单缸洗衣机，电视——不光画面不再是黑白而是彩色以外，屏幕的大小功能等也大大改进，冰箱等家用电器之外，一般也拥有了自家产权的房子——普遍两室一厅大小的单元房。20 世纪 90 年代中后期，大家不再为了打电话守候在家里的固定电话旁——可以随身携带的联络工具如 BB 机、大哥大、手机等，已经先后出现在个人手中，个人电脑——14 寸左右屏幕的奔腾或联想、苹果——进入家庭，摩托车也开始代替自行车成为人们的代步工具，电暖气、空调等代替电火盆，电视、冰箱、洗衣机等继续翻新，住房也转换得更宽敞舒适。21 世纪以来，家里的各种"现代"更是按照"更新、更方便、更快"的指标不断"推陈出新"……总之，"事情正在起变化"。在近 20 多年间，农村的人们生活水平一直在平缓地提升着，不快但也绝对不慢。深入各个农家，你会发现电灯、电视、电扇、电饭煲等日常生活用品已经基本普及，有很多人也出门开摩托，伸手掏手机，进城开拖拉机，及至开小汽车，有的人还举家搬进自己在城里买的大房子并开起了小车！

再次，社会构成的"现代"要素。我们不仅可以从"家庭日用"中看到"现代化"在不断改变我们的生活，而且还可从宏观上看到社会构成的现代建构。**在城区：**道路已告别崎岖不平、宽窄不一和沙尘等等，越来越宽、越来越平坦整洁了，更有了专用的行人区——用于与机动车行区分开——和各种路标——斑马线、单行线、各种警告牌如慢行、转弯警告等。路上也不再单纯只有路人和自行车，各种型号的摩托车、民用货车、私人小汽车越来越多地出现在"现代"马路上。"现代"公共电话在道路两旁每隔不远就有一个，方便路人使用。高高低低的"现代"楼房不断林立在路边，私人的、公家的，数不胜数。"现代商人"越来越多了，街道旁到处是门面。不仅吃穿住行玩乐各个方面包罗万象，更在不同地方形成专业区，吃在哪玩在哪清清楚楚、一目了然。街心公园修起来了，山林游乐园、水上游乐园、农村电影院也办起来了，溜冰场、网吧、游戏厅、卡拉 OK 室、碟屋……"现代如乐"日渐增多，人们的日常休闲方式也越来越丰富。此外，各类学校也日渐增多，电大、技校名目繁多，学校的硬件设备也越来越高科技化——教室越来越多，教师越来越专业化，多媒体教学等"现代"已到了家乡……稀稀拉拉的土房平房被高楼大厦取代，羊肠小道被宽阔的马路取代，载人的拖拉机被豪华载人大巴取代，百货公司被"现代超市"取代，窄小拥挤的住房被舒适的经济房甚至是别墅取代，呛人的碳烧炉子被液化气灶或者天然气灶取代，曾经单调灰暗的衣裤被五光十色的流行服饰取代，单一的食物被天南海北的野味山珍取代……"现代化"就这样在不知不觉之间将山城面貌来了个翻天覆地。**在农村：**虽然深山农村与靠近大城市的农村不能同日而语，因为它们在交通教育经济等方面显得发展不足，在许多外在条件上更是先天不足。但是，借用沈从文的话说，"现代"二字已到了深山农村。"要致富，先修路"，这句话在家乡农村也体现得非常明显：在家乡不同分布的农村地区，虽然"现代"交通有方便程度的不同，但都有了相当的现代基础，乡民们用"硬化"（水泥路面）、"黑化"（柏油路面）来加以形容；家乡农民还"招商引资"来改善道路，乡民已把握了农村现代化进程与交通发展状况的密切关系。尽管乡村的发展明显比城区缓慢——这是由于农村"先天不足"造成的，但"现代化"仍抓住每一个缝隙钻进了乡村社会。在中国共产党中央关于农村生产发展的各项政策引导下，即使一时还没有电视、手机、电脑等信息传递工具，农村的人们还是从广播和不断下乡的科技人员等处吸收到许多区别与传统农业的现代化种植养殖方法和经营手段，更开始放开视野看得更远更高而以"致富"为目标，扬长避短，充分发挥本地各种优势进行发展。于是，出现了专门的果农、茶农、菜农、养猪专业户、家禽专业养殖户等，出现了以乡镇企业，还出现了大批的进城打工者……尽管各种电器进驻乡村家庭的时间比市区要迟十年至 15 年左右，但在"现代化"的趋下，即使是住在深山老林里的农户，在至今仍无法安装有线电视的地方，也努力寻求安装经过特许的伞形太阳能卫星接收器。从村民本身的"现代化"方面，更能体现出社会结构的"现代"进展。据不完全统计，我们这一辈与父辈相比，农村人口已由 70% 文盲转化为 80% 以上的初中毕业， 50% 的人上过高中。不少农民还上电大、夜大、职大等。

总之，在我们的家乡，无论是城区还是乡村，"现代化"都已经深入人们生活的方方面面——尽管与大城市相比仍不够"现代化"，尽管在区域内部的"现代化"水平并不均衡。但凡事都是有一个渐进的过程的，就如同圣经里的一句话：That which has been is what will be.That which has been down is what will be down（已有之事，将来必有。已行之事，将来必行）！

除了地域上的整体意义上的新生而外，我们还可以"上巳节"习俗的新传承——爱国卫生运动层面来思考。"上巳节"习俗，在汉族的节日中，起源很早，《风俗通义》说："按《周礼》，女巫掌岁时以被除疾病，禊者洁也，故于水上盥洁之也。巳者祉也，邪疾已去。祈介祉也。"[1]

短短七句二十七个字就把"上巳节"的起源时代、缘起因由、何人主持、活动内容、所处环境、意义目的，都说得一清二楚。按《周礼》记述，每当春季，瘟疫将要流行，掌管岁时的人（女巫），就会来到水边，为人们举行除灾、求福的祭祀仪式。人们还在水边，盥洗洁身，以除疾、祛邪。透过"被"、"禊"这些看似迷信的祭祀词

---

[1] 《艺文类聚·岁时中·三月三日》。

句，而实际，古人来到水边所进行的，就是现代人也十分重视的群治、群防的春季卫生活动。

三、试唱新翻杨柳枝

民俗文化的传承和变迁体现着人们会不断地面对新的民俗，一个是时间上的新，一个是空间上的新。社会生产生活中的诸多事物，从吃、穿、住、行、玩、购、赏、学、言，到意识、心理、观念、思想，再到意志、情感、智慧、灵心，都不是一成不变的孤立的存在"物"。因而，我们必须不断地迎接新的民俗。不过，我们要强调的是：新民俗的产生、形成、发展、成熟是一个自然的历史过程。春节晚会、过洋节、吃洋餐等，逐渐成了新的民俗。但有些地方由政府等推动形成的一些活动，如这节那节等，现在还不是民俗，以后是否会形成民俗，要经过历史考验。我们对待新民俗的态度，可以用多情刘郎刘禹锡这一变革者的《杨柳枝词》来说明：

> 塞北梅花羌笛吹，淮南桂树小山词。
> 请君莫奏前朝曲，听唱新翻杨柳枝。

（一）"民俗"成熟是一个自然的历史过程 [1]

我们这里以青海省西宁市、海东市、海南藏族自治州三地极具地方特色、民族特性和明显现代化痕迹的节庆民俗活动为例来说明这一历史过程。

首先，儒释道文化圈的新时代传承。

当地汉族群众在三个市（州）均有分布，其春节风俗，总的来说和中国北方大部分地区相似，当然也有很多地方特色。腊八这一天，中国大部分地方的习俗是喝腊八粥，即喝用多种食材熬制的米粥。但青海的汉族群众，很长时间以来吃的都是具有地方作物特色的麦仁粥。早年市场上商品种类单一时，麦仁都是老百姓自己去冰面凿个坑，放进麦粒舂捣去壳。捶捣麦子是一项十分费力的活儿，所以一段时间内这种饮食习俗在很多家庭都消失了。直到后来通过将麦粒装编织袋里捶打去壳和

---

[1] 此节内容为笔者指导的一篇研究生论文：《文化力与民族性作用下的民族地区春节文化变迁》，作者为安志强。

再后来的机械去壳等方法的改进，才使这种习俗得以传承。最后得到的麦仁，就可以和大骨汤、猪肉丁、葱花等食材一起煮出香喷喷的麦仁粥。腊月二十三小年夜是中国北方广大地区祭灶神的日子。和其他地方称呼中的"灶王爷"不同的是，青海百姓将灶神称为"灶家娘娘"。所以青海有民谣曰："腊月二十三，灶家娘娘上了天。"[1] 祭灶贡品为灶饼、捣碎了的熟蚕豆、一碗水、六束干草。其中蚕豆和干草象征的是灶家娘娘马匹的饲料。祭祀时，人们在伙房内外各点三炷香，然后喃喃祷告，祈求灶家娘娘能在玉帝那里多说自己家的好话。除此之外一些地方还有煨桑等带有明显藏族宗教色彩的礼俗。大年三十，汉族群众有上祖坟的习俗。过去都是下午才去。但笔者发现，现在很多家庭都做了调整：一般都是一大早就带着黄裱纸、柏香、祭祀食品上祖坟，以便能早点赶来准备年饭、迎接除夕。这一次上坟意在"请先人回家过年"。从祖坟回来，人们会再次好好打扫一下屋子，然后在接近黄昏时分沐浴换装，贴春联、窗花，燃放鞭炮。窗花因为手艺复杂，近年来一度很难看到。但现在人们都可以在商店买到。春联倒是很早以前就能买到，但笔者近年去市场观察发现，这些春联的内容很多十分缺乏文化内涵，祝福语过于直白浅俗，而且这种批量印制的春联，字体上也是缺乏一些灵动和特色。总之，很难买到称心如意的。做完了这一切，人们就开始祭拜先人。在当地农村，传统风俗是在门厅柜台上供奉祖宗牌位，同时供上大馒头和枣卷、三炷香、两盏油灯[2]，煨桑跪拜，表达对祖先的追忆和缅怀，并求祖先之灵保佑整个家庭。从这时候起，年夜饭就可以开始了。和其他地区的汉族不同的是，过去的青海汉族群众吃的不是饺子，而是一种称为"面片"的西北特色面食。面片顾名思义，成片状，象征钱币，表达了能够财源滚滚的新年愿望。除此之外，人们还会吃手抓牛羊肉，这也是当地汉族群众在高原牧区生活多年养成的饮食习惯。至于其他菜肴，和其他地区的汉族同胞就没多大区别。并且随着生活条件的改善，无论城乡，餐桌上的美食越来越丰富、高档。这些年货的购买途径，经历了露天集市、大型超市阶段后，愈发多元快捷。网购办年货，越来越被人们所青睐。从大年初一，人们便携带礼物，开始拜年活动。青海东部地区的新年礼物，经历了

[1] 马丽明：《浅析青海汉族的神灵崇拜》，《青海民族研究》2004年第1期。
[2] 在农耕地区一般是菜子油，在牧区一般会是酥油，地理差异带来的产业、产品的不同造成了祭礼器具等文化元素的不同。

一段有趣的变迁。20世纪70年代，物质极度匮乏，礼物是用纸包好的茯茶茶叶或点心，并在上面扎上红布，以示喜庆。到了20世纪80年代，生活改善，物资供应有所丰富，人们用罐头食品做礼物。再到20世纪90年代，生活进一步改善，常见的礼物有袋装冰糖、桂圆干、水果罐头、带包装的整块砖茯茶[1]等。21世纪初，礼物中出现了烟酒等贵重物品。而近年来，春节礼物已经以高档保健品礼盒为主了。大年初三，很多家庭还会上一次坟（传统农村中这两次都不允许女性去），意为"送先人回去"。这时节庆娱乐开始进入高潮。之前向长辈、尊者拜年，可能更多的是一种表达敬意、谢意的社会仪礼，而之后同辈兄弟姐妹、好友之间的拜年就更接近一种玩乐放松。豪爽的高原儿女们会坐在一起，畅饮青藏高原特有的青稞美酒，共叙情谊。不过期间也会发生一些不愉快的事情。据了解，在过去春节期间上医院就诊的病患会大大增加。有的是醉酒酿祸，有的则是不健康饮食引发了高血压、高血脂等病症。最近几年，这种情况有所改观。原因有，随着收入提高，越来越多的家庭开始拥有汽车，加上近年严格的酒驾处罚使越来越多的人们外出拜年根本不敢沾酒；健康饮食观念的树立，杜绝了暴饮暴食、高脂食品。

此外，该地区很多乡村还会举办社火等群众性表演活动。社火以其丰富的文化内涵和重要的社会功能，在当地乡民心中拥有一定的地位。不少社火队还会走到省会、州府，给那里的城镇居民带去欢乐和祝禳。但据笔者观察，人们对社火的态度经历了一些复杂的变化。过去，精神生活单调的时候人们对社火是十分欢迎的。锣鼓喧天、仪仗林立、龙舞狮跃，演员们扮演着神话、历史人物，有的地方还有惊险的高跷表演，这一切都能吸引着人们争相围观。但前几年，人们对社火的热情减了很多。一是因为传统社火内容形式老套不变，无法吸引沉浸在新兴文化活动中的人们；二是因为物质条件有限，社火表演的道具、服装等十分粗糙简陋，这在现代人眼中"十分土气"，不符合现代审美。不过这几年这种情况有了转变，很多地方社火表演队应该意识到了这一点，他们改善了化妆、服饰、道具，使得演员造型变得更加美观大方，整个队伍变得更加庄严华丽。让人们对社火的热情重新回归，在一些地区其已成为了当地人的骄傲。社火会一直耍到正月十五。当晚，社火队会在各自村庄进行最后的狂欢，圆满结束当年的社火活动。在当晚，村民家还有"跳火堆"的风俗。就是点燃事先

---

[1] 茯茶有助于高原居民解腻暖胃，其长期的礼物地位，反映出了当地的饮食文化特色。

按一定间隔在道路上放好的稻草堆（各地各家数量有所不同）。一家人来回几次跨越这些燃烧的稻草，以求驱祸消灾。而在省会西宁、一些县城，会有彩车游行、花灯展览、焰火表演和冰灯冰雕展。人们沉浸在光与影的世界中，享受着节庆带来的欢乐。此外，值得一提的还有青海东部地区普遍存在的一种多民族共同信仰——文昌信仰，这在当地春节祭拜活动中有着十分重要地位。文昌帝君本是汉族道教的神，但在当地却被藏、土、蒙古等民族所接受、信仰，其称呼也成了"文昌佛爷"。笔者曾在春节期间赴贵德河西文昌宫、共和德吉滩文昌庙实地考察，看到各族信众往来，接踵摩肩，情景堪称盛况。而且祭拜活动处处体现着民族之间文化融合的细节："求签过程与别处没有不同，汉族主要问求学、就业、升职等，藏族则经商、生子、平安无所不问。卦文也分汉、藏两种文字，庙管除负责解答外，还会用羽翎为求签者撒净水消灾，依不同对象用汉、藏语为其诵福……烧黄裱纸、燃放鞭炮、抽签占卜是典型的汉族宗教仪轨，藏族也吸收、接受了；而煨桑、撒路马、献哈达都是藏族的祭拜习惯，汉族在与藏族长期共处中，也很自然地吸收、应用了"[1]。

其次，藏传佛教文化圈的新年契合。

藏历年的时间和汉族春节的时间比较接近，因置闰等方法不同，又有些差异。藏历一般三年一个闰月。有闰月这一年的藏历年就和汉族春节相差一月左右。[2] 可以说，大多数情况下，藏历新年和汉族春节几乎在同时庆祝。且青海东部地区的藏族、土族同胞和汉族长期混居，双方节庆相互影响，使得很多习俗、仪式十分相近。基于以上两个原因，藏历新年和汉族春节虽在本质上不是一个概念，但其意义显然十分深远。可以说，两者之间的这种契合，表现出了文化力和民族性的强大作用。在青海东部三市（州），从民俗文化角度可将藏族群众分为两类。一类集中在省会西宁和海东市下辖乡镇，受汉族文化影响很大，被称为"家西蕃"[3]；另一类多生活在海南藏族自治州，保留了较多安多藏区文化特色和高原牧区生活方式。因此两者的春节民俗存在差异。前者多接近当地汉族，比如他们也会在腊八这一天进行祭灶活动。不过在祭献物品（有炒面糌粑、哈达等青藏牧区的特色贡品）、祭祀时间（为

---

[1] 刘霞：《青海海南藏族地区的文昌信仰》，兰州：西北民族大学硕士学位论文（2005）。

[2] 桑姆：《藏历年简介》，《西南民族学院学报》（哲学社会科学版）1990年第1期。

[3] 意为有固定居所的藏族人，强调其受汉族影响、有别于过去游牧、住帐篷的生活方式。

腊月二十四）等方面，还是表现出了自己的民族特色。[1] 在这里着重列举几点后者的春节民俗特色：①年前，拥有院落庄廓的住户，会运来许多冰块，置于自家的院墙上，以求吉祥如意。这形成了藏区年前特有的文化景观。②现在当地藏族群众也开始像汉族人一样包饺子，但饺子馅常常是纯羊肉的。可见当地藏民在接受外来食品时保留了自己的饮食习惯。③藏族人过去是不贴春联的，现在却能够常常看到藏文春联。④城郊或乡下的居民，会在凌晨 12 点后，去鄂博祭祀。住在城镇到不了鄂博的，条件较好的会在自家的经堂燃灯煨桑，许愿祈福。⑤藏族群众也有拜年活动，并且像汉族一样，随着生活水平的不断提高，礼物也发生着变化。但有这么几个本民族习惯依然保留：拜年问候从大年初一的凌晨时分就开始；礼物以外必有哈达，以示对主人的尊敬、重视；主人绝不会让客人空着手走，而是要回赠礼物。⑥春节期间一些地区还会有射箭比赛，这是很早以前就有的文化活动，当地藏族群众对其十分重视。在过去，射箭活动普遍使用的是传统工艺制造的牛角弓，"箭杆用松木等为原料制成"，箭上"所用羽毛皆是秃鹫、猫头鹰、山鹰等猛禽的翅羽"，"射箭活动中还残存着与现今时代不相适应的陋习，如互相诅咒，诅咒对方的神箭手等"。[2]

土族群众，由于多生活于东部河湟农耕地区，和汉族群众交往密切，再加上全民信仰藏传佛教，故年俗和汉族、藏族有很多相似之处。在这里列举几个特色活动：①土族家庭，尤其是互助地区的土族家庭，很多都掌握着土法酿酒的工艺。所以在很长一段时间里，酿造青稞酒是当地土族家庭一项十分重要的年前准备活动。②很多家庭会有打醋弹活动，即把烧红的圆滑石头放进盛有开水的桶或盆中，倒入醋，再放入柏木子、粮食、钱币等，用蒸汽熏全家大小，然后将盆端到家中每间屋子熏绕，最后把盆中的水连同石头倒在大门外并紧闭入门。[3] 此举是为了驱除家中"不干净"的东西，以求新年平安如意。③土族的信仰十分复杂。除了全民信仰藏传佛教外，还有道教等宗教信仰。因此零点过后，土族群众会去藏传佛教的佛寺、鄂博，也会去道教、地方神信仰的场所。④春节期间，海东市互助等地的土族群众会进行该民族特有的民间传统体育活动 —— 轮子秋。其原型是土族先民将板车的车轴连同轮子

[1] 梁莉莉：《"家西番"地区祭灶神习俗的象征符号思考》，《青海民族研究》2003 年第 3 期。

[2] 康珠才让：《安多藏族射箭文化活动初探》，《康定民族师范高等专科学校学报》2006 年第 1 期。

[3] 杨军、胡芳、张生寅等：《中国土族》，银川：宁夏人民出版社 2012 年版，第 167 页。

竖起来，在上面的轮子挂上秋千一样的绳套，人坐在其上，随着轮子飞转表演出各种高难度动作。现在，轮子秋多以钢管为原料焊制而成，并装上滚珠轴承，更加安全，使用起来也更加安全、方便。[1]该体育活动在2008年已申报为国家级非物质文化遗产，相信将会有更大的发展。

再次，穆斯林文化圈的巧借东风。

回族、撒拉族等穆斯林民族是不过春节的。但春节期间，其他民族的活动还是深深影响到了他们。比如，春节是国家法定节假日，穆斯林群众也能享受一段闲暇的时间。再比如，春节期间在一些城镇，其他民族的群众或返乡过节，或忙于走亲访友，拉面馆等餐饮行业会进入淡季。而在青海这些行业的经营者又多是穆斯林群众，因此他们尽管不过节，但其商业活动会做出一定调整。据笔者所知，很多穆斯林群众会向自己的汉族朋友拜年（当然汉族群众在他们的穆斯林朋友过开斋节等节日时，也会进行问候）。春节期间其他民族的民俗活动，如烟花表演、社火、十五花灯展等，穆斯林群众还是十分有兴趣观看的。所以虽然从宗教、文化层面上讲，春节对穆斯林群众没有意义，但在他们的社会交际、商业活动层面上，春节还是存在一定影响力。

除了其他民族春节文化对穆斯林群众产生影响外，后者对前者也产生了深远影响。比如说，在青海有一种油炸面食称为馓子。根据一些学者考证，认为这本是内地很早就有的面食传统，主要用于寒食节不能起火的替代食品，在明清之际渐次衰落，而西北区穆斯林仍然保留了这一习俗和饮食传统。[2]但现在，馓子又成为汉、藏、土等民族过年期间餐桌上必不可少的食物，年前"炸盘馓"在当地已是一个带有鲜明符号意义的年俗活动。

（二）敢于和善于迎接新的"民俗"

首先让我们看一个接受"新"民俗的故事，这是一个因敢于和善于迎接新"民俗"而产生的真实故事。故事的主角是多情刘郎，故事的内容是关于刘禹锡与土家族竹枝词的关系。从"新"民俗的特性上看，民俗文化的"新"包含着视野上的"新"、区域上的"新"、空间上的"新"。

---

[1] 杨军、胡芳、张生寅等：《中国土族》，银川：宁夏人民出版社2012年版，第187页。

[2] 李朝：《青藏高原饮食民俗文化圈及特征研究》，《青海师范大学学报》（哲学社会科学版）2008年第3期。

　　刘禹锡（772—842年），字梦得，是唐代著名的文学家、政治家和哲学家，洛阳（今属河南）人，因与白居易齐名而被世人称为"刘白"，白居易则称他为"诗豪"而对他推崇备至，其诗歌的传诵之作也极多。然而，刘禹锡在政治上极为不顺，唐贞元二十一年（805年）一月，唐德宗死而顺宗即位，任用王叔文等人推行一系列改革弊政的措施，刘禹锡时任屯田员外郎、判度支盐铁案，与王叔文、王伾、柳宗元等同为政治革新的核心人物，被世人称为"二王刘柳"。可惜革新只进行了半年就遭到宦官、藩镇的强烈反对，顺宗被迫退位而由宪宗即位，至当年九月即宣告革新失败，王叔文也被赐死，刘禹锡则初被贬为连州（今广东连县）刺史，行至江陵时又被改贬朗州（今湖南常德）司马，因为同时被贬为远方州郡司马的共有八人，故史称"八司马"。

　　刘禹锡也就是在被贬朗州期间，从永贞元年（805年）一直到宝历二年（826年），前后经历了23年的贬谪生活。这种政治经历，在诗人心中是如何情境呢？当宝历二年（826年）刘禹锡在扬州又遇到了白居易时，白居易盛情置酒招待他，并以《醉赠刘二十八使君》诗以为之鸣不平：

醉赠刘二十八使君

为我行杯添酒饮，与君把箸击盘歌。
诗称国手徒为尔，命压人头莫奈何。
举眼风光长寂寞，满朝官职独蹉跎。
亦知合被才名折，二十三年折太多。

　　这的确是并称于世的知心朋友，说起话来感情丰富真诚而又无所顾忌：请你给我斟满一杯酒吧，我用筷子敲盘子为你唱一首不平之歌；你的诗歌写得再好，就算是被称为"国手"又有什么用呢？命运太差，霉运压头，我们都莫之奈何啊！你只要放眼看一看，那些小人一个个都风风光光，但你却长期寂寞受苦；那些满朝的鼠辈都升了官职，但你却岁月蹉跎。其实我也深深地知道，才名太盛会招人嫉妒、引来灾难，但却让你承受23年，这也实在是太过了吧！

　　白居易为刘禹锡鸣不平，这是朋友之情。然而，白居易的坦诚、愤慨、激昂却并未引起刘禹锡的同样悲愤，他只是平和地端起酒杯，在感谢白居易的理解与关爱的同时，以《酬乐天扬州初逢席上见赠》为题，阐明了自己在武陵民族地区与土家族等少数民族先民共同生活中体会到的深刻哲理，并广泛运用民间传说故事等答谢道：

酬乐天扬州初逢席上见赠

巴山楚水凄凉地，二十三年弃置身。

怀旧空吟闻笛赋，到乡翻似烂柯人。

沉舟侧畔千帆过，病树前头万木春。

今日听君歌一曲，暂凭杯酒长精神。

从客观存在的事实说，从朗州到夔州也的确是让人感到无比凄凉的地方，这23年我流落在那一带也的确令人伤心感怀。不是吗？我回来以后，故旧朋交也大多老的老了，走的走了，只得空留下怀念了；更难受的是到家之后，看到亲友也都失散了，我倒好像是隔世之人了。这里的"闻笛赋"引用的是一个典故，"烂柯人"则是一个民间传说：西晋时有一个名叫王质的樵夫在山中砍柴时，看见有两个童子下棋，于是站在旁边观看。可是，一局棋局还未终了，王质却发现手中的斧柄已经烂朽了。等他回到乡里见到人以后，那些人竟然全都不认识他。一打听才知道：原来他在山中看一盘棋的时间，在山外已经是100年过去了。在用了这两个材料后，刘禹锡话锋一转：我在那里时常行走江河侧畔看到的生活经验与生命体验是：沉船的侧畔总都是在千帆竞发，病树前头还照样是逢春即旺，所以呀，哪怕只有你一人在为我鸣不平，不也说明这个社会的正义还在、良心还在吗？所以呀，让我们饮了这杯酒后，振作起奋斗精神向前看朝前走吧！

除了上述的生命体验与生活实践而外，生活在武陵民族民俗文化中的刘禹锡还从民俗中吸取营养，形成了不少的诗文佳作，故吴乔在《围炉诗话》中说："梦得佳作，多在朗、连、夔、和时。"其中即包括与当地竹枝词等民歌结下的不解之缘，并成就了一段光辉的文化史。据研究，"竹枝词"原本只是流行于古三峡地域的一种民俗歌曲形式，用以言情则含思婉转，用以叙事则意境质朴，整个曲律清韵悠远、音调和谐，让人明朗欢快，是当地民众劳作之余的歌乐形式，人们成群结队，或于江边堤畔，或处山头旷野，吹笛击鼓，踏歌起舞，抒发内心之激情，驱散一天之疲惫，并给流放中的刘禹锡以极大的感染。据《新唐书·刘禹锡传》以及他自己写的《竹枝词引》中介绍，他时常看乡间百姓联唱竹枝，唱歌者、吹笛者、击鼓者、和节者，群欢竞舞，歌者清脆、鼓者豪迈、吹者悠扬、舞者欢快，使刘禹锡大受启发："昔屈原居沅、湘间，其民迎神，词多鄙陋，乃作《九歌》，到于今荆楚歌舞之。故余亦作《竹枝》九篇，俾善歌者飏之……"可以这样说，正是由于刘禹锡在民俗文化生活中拜人民为师成就了"竹枝词"这一民间文化形式的更大影响，刘禹锡也因此而成就了"多情刘郎"的美称，故北宋黄庭坚说："刘梦得《竹枝》九章，词意高妙，元和间诚可以独步。"清代翁方纲评说刘禹锡"以竹枝歌谣之调，而造老杜诗史之地位"。这里我们以其另一首竹枝词为例说明：

> 杨柳青青江水平，闻郎江上唱歌声。
>
> 东边日出西边雨，道是无晴却有晴。

你看，一句"闻郎江上唱歌声"，知此诗写的是女主角。问题在于，此"郎"是我"郎"吗？"他"的确是我心仪之"郎"，但"他"在江上唱的，"他"为谁唱呢？江水是平的，但这歌声却让我心不平了。这就像东边出太阳而西边却下着阵雨一样，有与无、晴与情，真是绝妙的借喻。其他还有如《柳枝词》：

> 清江一曲柳千条，二十年前旧板桥。
>
> 曾与美人桥上别，恨无消息到今朝。

读了这些诗，足以让刘禹锡成就"情歌王子"之喻。而这又是他接受他所未见之新民俗的产物。

其次，我们所讲的接受新民俗，除了空间上的新而外，也还有时间上的"新"，如"农民工"、"打洋工"，都可以算是新的"生产民俗"，其他的如新婚姻形式等亦同。其最典型的是一些新的节俗的出现，如"植树节"在美化环境、改善生态、协调人与自然关系、培育劳动观念方面，不仅发扬了中国传统民俗文化的生态智慧，而且也适应了新的时代发展的需要；"教师节"的设立，不管这一天在原有的时间框架中是否有文化意义，但其在发扬中国传统民俗文化的尊师重教传统、教师地位、促进教育发展方面，都起着重要的作用。其他不少相对于中国传统民俗节日而属于新节日的如属全体公民放假的节日新年元旦（1月1日放假1天）、劳动节（5月1日放假3天）、国庆节（10月1日、2日、3日等放假7天），属于部分公民放假的节日及纪念日像妇女节（3月8日妇女放假半天）、青年节（5月4日14周岁以上

28 周岁以下的青年放假半天）、儿童节（6 月 1 日 14 周岁以下的少年儿童放假 1 天）、中国人民解放军建军纪念日（8 月 1 日现役军人放假半天），在一些少数民族地区除传统节日而外设定的建州节之类，以及星期六、星期日的双休日，"二七"纪念日、"五卅"纪念日、"七七"抗战纪念日、"九三"抗战胜利纪念日、"九一八"纪念日、护士节、记者节等其他节日，再加上改革了的而且实行放假制度的春节（农历除夕、正月初一、初二等放假 7 天）、清明节（放假 3 天）、端午节（放假 1 天）、中秋节（放假 1 天），更有"光棍节"之类，这些新的节俗，不也都成了一种新的民俗文化事象吗？若再加上现今由各地方政府主打的开发性民俗节日，以后极有可能会成为新的民俗节日。

最后，我们讲的接受新民俗，还包括在历史发展过程中，在传统民俗文化中赋予新的文化内涵，如敬老爱幼的习俗中所强调的"年轻人常回家看看，老年人常出门转转"；新婚夫妇种万年青、植树，及至走向集体婚礼、特殊婚礼，以象征美满婚姻的习俗；中秋节、除夕夜亲人团拜的习惯；端午、除夕燃艾，打扫卫生的活动，并发展出现今的龙舟节；清明扫墓节日的重新官方化，重阳登高与老人节及老年活动结合等等，都具有了当代精神文明的新内涵。这里我们以土家族丧葬文化这一种独特的少数民族文化的发展为例加以说明。

土家族传统丧葬文化有一个漫长的变迁过程。其主要的葬式先后有：①有证据显示，土家族最早的丧葬形式是火葬。据《墨子·节葬下》载："秦之西有仪渠之国者，其亲戚死，聚柴薪而焚之，熏上谓之登遐，然后成为孝子。"《荀子·大略篇》载："氐羌之虏也，不忧其系垒也，而忧其不焚也。"这说明火葬在氐羌民族中是占绝对主导地位的丧葬习俗。巴人是氐羌族群中的一支，而土家族又是巴人的后裔，由此可知，土家族的火葬习俗有着悠久的历史渊源。[1] ②悬棺葬是南方水居民族常用的一种丧葬形式，将亡人遗体置于木棺内，再将木棺悬挂于悬崖峭壁上。由于地形、气候的原因，土家族曾于唐宋时期盛行过悬棺葬。土家族《竹枝词》记载道"百丈危崖蟑洞间，土家先祖铸奇观。缘何棺木岩中葬，如梦迷团千古悬"。唐代张鷟《朝野金载》卷二"五溪蛮"条记载："尽产为棺，于临江高山半肋凿以葬之，自山上悬索下柩，弥高以为至孝。"和土家族吊脚楼一样，悬棺具有防水、防潮和野兽虫

---

[1] 左怡兵、程莉：《土家族丧葬习俗变迁初探》，《文学教育》2013 年第 1 期。

蛇的功能。另一方面，悬棺葬与土家族"自山上悬索下柩，弥高以为至孝"的传统思想是一致的。③据考古发现，恩施清江流域的土家族地区也曾盛行过二次葬。所谓二次葬，就是将亡人的尸骨迁移葬入同一个墓穴中，进行两次及以上的丧葬处理。清江水布垭坝区考古发现的商周时期的岩屋顶崖墓 [1]，是目前土家族二次葬的最早遗迹，可追溯至商周时期；唐宋时期，在鄂西南清江流域的利川、建始、恩施、咸丰境内的崖葬多属于二次葬 [2]。位于利川境内的七孔子崖葬和大王坝崖葬、建始境内的长梁头坝堰崖葬、恩施境内的茅坝箱子岩崖葬和鸦沐羽箱子岩崖葬、咸丰境内的甲马池柜子岩崖葬和大屋涧柜子岩崖葬等都是恩施土家族地区二次葬的典型代表。④传统土葬为世界许多民族所采用，也是土家族自古代延续至今的一种丧葬方式。在今天的恩施州土家族地区，丧葬形式呈现出城乡二元化的态势，城市逐渐放弃了土葬和传统的丧葬仪式，转向现代简化的丧葬形式；在广大村镇，土葬仍然是最主要的丧葬方式。人们对于土葬怀着一种执着，认为只有土地才是亡人的归宿，由此也导致了风水学和碑刻在这一地区的盛行。一块风水宝地不仅可以让亡灵得以安息，更重要的是能够让家族人丁兴旺，保佑后代事业成功、繁荣昌盛。

　　土家族丧葬仪式的程序十分复杂，在千百年的历史变迁与发展中，土家族丧葬仪式凝聚了土家人的生死观、民族心理和精神境界，是土家族文化的深刻反映。在恩施土家族地区，丧葬仪式也有着地区间的差别。"南摆手，北跳丧"，"跳丧"即为"撒尔嗬"，是恩施土家族丧葬仪式的代表之一，在巴东、建始、鹤峰等县市广泛流行。撒尔嗬历史悠久，底蕴深厚。《隋书·地理志》记载："南郡、夷陵……清江诸郡多杂蛮左"，"其左人则又不同，无哀服，不复魄。始死，置尸馆舍，邻里少年，各持弓箭，绕尸而歌，以扣弓箭为节，其歌词说平生之乐事，以至终卒，大抵亦犹今之挽歌也"。《蛮书》载："巴人好踏蹄，代鼓以祭祀，叫哭以兴衰。"清朝《巴东县志》记载："旧俗，殁之日，其家置酒食，邀亲友，鸣金伐鼓，歌舞达旦，或一夕或三五夕。"同治《长阳县志》记载："临葬夜，诸客群挤丧次，擂大鼓唱曲，或一唱众和，或问答古今，皆稗官演义语，谓之'打丧鼓'，唱'丧歌'。"

---

[1] 邓辉：《巴东水布垭坝区文物考古发现记》，《土家学刊》1999 年卷。

[2] 朱世学：《土家族地区的"二次葬"及文化解读》，《三峡大学学报（人文社会科学版）》2012 年第 2 期。

土家人去世后，众人聚集在亡人的灵柩前，踏着鼓点载歌载舞，气氛热烈，通宵达旦，为亡灵解寂，为生者鼓舞。撒尔嗬仪式的产生与原始宗教密切相关，体现出以图腾崇拜和祖先崇拜为核心的民间宗教信仰特征。[1] 撒尔嗬是土家族民族心理的一种体现，表现了土家人对待生死的独特的世界观和价值观。另外，学界一般把撒尔嗬流行区以外的土家族丧歌统称为《孝歌》。在土家族地区，自古就有唱孝歌的习俗，具有广泛的群众基础。亡者的岁数越高，丧事的规格也就越高，老人去世一般都被认为是"喜丧"。为已故老人唱孝歌，亲朋好友集聚一堂，通宵达旦，既是吊唁亡人，也是教育生者。

古籍中多有土家丧葬仪式的记载。根据笔者对于土家丧事仪典的基本史料的整理可以知道，王协梦《施南府志》卷十记载："丧葬前夕，绕棺歌唱，谓之打丧鼓。即挽歌之遗。""亲丧多遵家礼。朝夕奠请宾，点主祭后土，迎灵虞，间亦延僧诵经。"这则史料展示了土家族丧事过程中的活动，宾客集聚一堂打丧鼓、迎灵虞、延僧诵经等。李勖《来凤县志·风俗》卷 28 载："丧俗，初丧，男女擗踊哀号，亲友毕集，即殓，成服设奠，有胡暮奠，题主等。仪丧之前夕，有祖钱礼，丧主以缟素酬吊者，至期皆来执绋，即葬反哭，奉主至灵座内，朝夕上食如事生，仪服阙则止，自大小殓及详禫，有专行文。"从这则史料我们可以看到一个更加详细的丧葬仪式经过，一个重要特征即为初丧歌唱，即葬反哭。而同治《咸丰县志》卷七的记载"丧礼多行家礼，间亦有作佛事者"则说明土家族的丧葬文化受汉文化影响并逐渐融合，形成今天的土家族丧葬文化。

中华民国年间（1912—1949 年），湖北省民教馆调查了恩施土家族的丧葬习俗。根据民教馆的记载，整个丧葬仪式分为十一项事宜，分别为：开路，叩茶、回殃、抱七、开吊、堂祭、出殡、路祭、复山、择地、缴灵。每一项事宜都是一个复杂的过程，且蕴含了土家族深厚的民族文化和社会心理。

在今天的恩施土家族地区，丧葬仪式被当作是具有重要意义的大事，以体现对亡灵、祖先和传统的尊敬和对丧葬仪式的敬重程度。在调研过程中，笔者于 2015 年8 月在恩施市崔坝镇亲历了一场具有代表性的土家族丧葬仪式。逝者为恩施市崔坝镇

---

[1] 谭志满：《从祭祀到生活 —— 对土家族撒尔嗬仪式变迁的宗教人类学考察》，《西南民族大学学报》（人文社科版）2009 年第 10 期。

铺房村牛蹄坝组人氏，"生于民国癸未年（1943 年）二月初四未时，共和国乙未年（2015 年）七月初五未时告终"。老人生前就对自己的丧事十分重视，有着很强的土家族丧葬传统观念，加之家境殷实，所以在多年前就开始准备。一个完整的丧葬仪式历经看风水、打生碑、送终报丧、入棺、祭奠、送葬、下葬等过程，每一个过程都细分为多道程序。就祭奠这一环节来说，就要由丧礼的主要角色 —— 道士来完成明路、开咽喉、打享荐等，现今恩施地区的道士是一种特殊的职业群体，具有"闲时农民（或为从事一些小生意的个体户）"的特点。土家族家庭根据经济状况来决定丧葬仪式的程序完备程度。今天的土家族丧葬仪式在农村地区被保存得较为完好，在城镇由于对丧葬活动的严格管理而予以了极大的简化。

概括来说，土家族传统丧葬文化的历史变迁主要有以下四个方面的特点：①形式的变异：随着经济的发展、社会的进步，传统丧葬文化中某些繁杂琐碎的仪式已经不符合时代发展要求。例如 20 世纪 50 年代至 70 年代后期，在"文化大革命"和大集体的政治经济背景下，土家族丧葬文化的发展受到了极大的限制和禁锢，复杂的习俗在土家人的生活实践中逐渐被剔除或简化，以适应时代的变化；现今随着城镇化的发展，城乡的流动性增强，城市与农村的在经济、文化、社会方面的交流增多，城镇文化对农村造成了冲击。进城务工人员积累了一定的经济条件后，越来越多的人选择进入城镇生活与定居，由于城镇人口密度大，土地资源紧缺，环保理念、文明丧葬理念的宣传，加之法律的规定，农村人接受并适应了城市的丧葬方式，这些因素都导致了传统丧葬文化形式的简化。②内质的变迁 —— 内容的时代化：土家族传统丧葬文化在最初是由土家族特有的文化衍生出来的，但是土家族文化具有极强的包容性。土家族信奉的实际上是一种非常古老的神道教，其实质是一种泛神宗教，崇拜的是自然现象和神话中的祖先。土家族不像其他某些民族那样信奉一种不具有宽容性的主宰万物的"一神教"，土家族信仰这种无序列的具有宽容性的"多神教"，从而影响了土家族人民的思维方式，这就是土家族文化的特殊的包容性。[1] 土家族丧葬文化以土家族自身的民族文化为根本，吸收了部分汉文化，并结合儒释道三家之长，成为博大精深的民族文化的活化石。近现代以来，土家族丧葬文化中又注入了许多富有时代气息的新鲜血液，使其增添了现代化的内容。③主葬人员特殊化：过去的

---

[1] 萧洪恩：《土家族仪典文化哲学研究》，中央民族大学出版社 2002 年版。

主葬人员多由专职化的道士组成，地位极高，通常被认为是神的化身。随着丧葬习俗在大众生活中的常态化与渗透，加之某些特定时期的政治文化环境的影响，恩施土家族的主葬人员逐渐泛化。这一地区稍微年长一些的中老年人几乎都对丧葬仪式的整个过程有着基本的掌握与理解，并能在生活中得以运用和实践。道士一般就由村里的普通农民担任，只是在丧葬场合这种身份才得以凸显，主要经济来源仍然是从事劳动生产而不是通过这一特殊的职业。④精神内涵的变化：首先，土家族独特的"喜丧"文化在精神层面有所变化。土家族丧事的打丧鼓（撒尔嗬）、唱孝歌等活动，无一不是热闹而欢快的，土家族的这种风俗在很多人看来与原本应当庄严肃穆、沉重悲伤的葬礼场合水火不容，但这恰好是土家族民族心理与思想境界的深刻体现。土家族的喜丧具有两层精神内涵：一是吊唁亡人，二是鼓舞生者。其中最主要的目的是后者。在撒尔嗬的唱词和舞蹈动作中都不乏"荤腥"的内容，在丧葬场合大谈男女之事之所以被土家人接受并形成习俗，主要是源于这种现象背后的社会心理与文化，即土家族渴望家族人员的繁荣与昌盛，鼓励多生育。同时，这种现象也反映了土家人乐观豁达的豪爽性格。随着时代的发展，土家人逐渐将对"数量"的追求转变为对"质量"的追求，即家族人员的社会地位与声望比人口繁荣更加重要。因此，丧葬的精神内涵具有了新的内容：彰显家族实力、教育家族晚辈等。一场隆重的丧葬仪式需要较强的经济基础的支持，于是这就成为了家族实力的表现方式。丧事越是热闹与气派，家族的虚荣心越能得到满足。同时，这种文化活动也能让家族的晚辈们受到潜移默化的影响，完成一项重要的教育功能，那就是要为家庭的兴旺发达而努力奋斗。其次，在 20 世纪 50 年代至改革开放前，家庭的概念被集体冲淡，丧葬主体由家庭转向了集体，丧葬的精神内涵也随之发生变化。

上述变化实际上是土家族传统丧葬文化的转型，因为文化发展的一个基本的规律是文化的积累性和变革性。每一代人都会在继承前人文化知识的基础上，增加新的知识内容，这是文化的积累性；同时，文化又会随着社会经济、政治的变革发生变化和更新，这是它的变革性。改革开放以来，社会政治经济环境发生了翻天覆地的变化，文化的发展更是迅猛。在时代的洪流中，传统文化在保持自身最核心的精神内涵的同时也积极地与时代融合，自发或者被动地进行转型。土家族传统丧葬文化的传承与转型互相促进与依赖，唯有实现更好的转型才能促进文化生生不息的发展。在这一过程中，土家族传统丧葬文化逐渐脱离了特定的场合、时间，重新构建起新的发展平台。

以撒尔嗬的转型为例。1986 年，巴东县野三关镇民间艺人黄在秀和他的撒尔嗬表演队在全国第三届少数民族运动会中荣获表演类一等奖，撒尔嗬从正式的土家族丧葬场合走向了大众视野；2006 年初恩施州正式出版了《清江流域撒尔嗬》，成立了"撒尔嗬表演队"，每年有计划地培训撒尔嗬传人；2006 年正式被列入《第一批国家级非物质文化遗产名录》；2010 年 6 月 23 日，巴东撒叶儿嗬组合在中央电视台青歌赛原生态唱法总决赛中，摘得原生态组金奖，撒尔嗬的唱腔和歌曲被民间艺人带到了舞台上；近年来，随着大众广场舞的兴起，经过改编的撒尔嗬亦逐渐演变成了城镇居民大众健身娱乐的一种新形式。值得一提的是，传统习俗中女性是被禁止参与撒尔嗬表演的，然而现在无论是在正式丧葬场合还是文化表演场合，女性的身影越来越多地出现在撒尔嗬中。可以说，撒尔嗬已经渐渐脱离了丧葬这一特定的场合，转而朝着大众文化新的方向发展。从这一文化现象我们可以看出，撒尔嗬的文化转型是通过三个层面来实现的。第一层面是民间艺人，他们是最早发现撒尔嗬文化价值以及文艺欣赏价值的一批人，将撒尔嗬的舞蹈、歌曲从丧葬场合中分离出来，形成独特的文艺表演形式并带到大众舞台，为这一传统文化的传承创造了新的途径；第二层面是政府，通过组织专家学者对撒尔嗬进行研究与记录，资助培育撒尔嗬文化传人，颁布法律法规对这一传统文化进行保护等方式，使得撒尔嗬文化的发展得到制度的支持；第三层面则是文化本身，传统文化是历史发展的产物，是民族心理与思想境界的体现。土家族在漫长的历史发展进程中，文化具有延续性，达观生死的心理机制始终如一。因此，撒尔嗬随着时代的变化能够进行自我调整，普通民众对于这一传统文化的心理认同程度依然很高。

概括来说，土家族传统丧葬文化的转型主要有以下几个特点：①丧葬仪式人员的再职业化：随着社会经济的发展，政府对于传统文化的重视程度提高，保护力度加大，人民的文化生活的需求提升，导致社会上从事与传统文化传承有关的职业队伍扩大，使得丧葬仪式人员再职业化。专业的丧葬司仪、丧葬仪式表演队，甚至丧葬公司的出现催生了一个新型的文化服务产业。在恩施土家族农村地区，办丧礼时请专职人员来演出逐渐变成了一种普遍接受的新风尚。②精神内涵变化：一方面，改革开放以来，随着家庭联产承包责任制取缔大集体制度，社会发展的细胞重新转移到家庭，土家族丧葬也逐渐回复到传统文化中以家族为中心的根基上。另一方面，在转型过程中，这一文化已经超越了丧葬本身，脱离了特定的场合与时间，成为一种独立的文化现象与传统文化表演艺术，被赋予了新的时代内涵。③文化功能的变化：转型后的土家族丧葬文化在吊唁亡者，鼓舞生者，教育晚辈，传承孝道的基础上具有了更加丰富的文化功能。第一，转型带来了新的文化产业的发展，促进了经济的建设。恩施州注重保护与开发民族文化，在建设优秀旅游城市的过程中积极发挥文化的作用，发展民族文化产业，提升社会经济水平。传统丧葬文化从业人员的再职业化为社会提供了一定的就业机会，有利于民族地区的社会稳定；第二，转型后的传统丧葬文化走向大众舞台与人们的日常生活，在一定程度上满足了人们日益增长的文化需求，也更加有利于传统文化的传承与发展。[1]

自然，移风易俗也是新的民俗文化之重要内容，当我们喊出建设有中国特色社会主义的响亮口号时，我们已承认了传统民俗文化的重要作用。这方面，在世界文化史上也是既有成功的经验，也有失败的教训。道理很简单，民俗文化始终没有脱离过社会生活，其中包括经济生活、政治生活等方方面面，并对之产生影响，使各民族在实现现代化的过程中涂上一定的民俗色彩，诸如生产的组织过程或组织形式、产品的特色与文化、经营的价值与观念、对外关系的态度与情感……无不具有相应的文化底色。中国的张之洞与日本的福泽谕吉，各以《劝学》倡导在接受西方文化的基础上实现现代化，但日本以"脱亚入欧"为诉求，总是力图摆脱原有的文化模式，1868 年开始的明治维新伴随着福泽谕吉的《脱亚论》，虽然也的确获得了相当的发展，一度成为世界的老二；不过，日本对传统文化的背弃却使它没有了灵魂、没有了根，特别是在第二次世界大战后由"脱亚入欧"更转而"脱欧入美"，表面上美日系同盟关系但在骨子里却是主仆关系，使日本事实上成了"不东不西，不是东西"的怪物，这从日本政治人物安倍之流（或称为"政治家"，这实在有点高看他们了）在日美交往中的卑躬屈节即可看出。可以说，丢掉传统文化之根的代价实在太大了。相比而言，张之洞的"中学为体，西学为用"，虽然饱受激进人士的批评，但却在不要丢掉文化之根方面指出了正确的方向，中国现代化的初始进程虽然并不顺利，但一清理好方向以后，情形就大不一样。改革开放以来的中国发展成就已足以证明。

---

[1] 按：以上关于土家族丧葬文化变迁的内容来自于笔者指导的一个学校大学生创新项目——《土家族传统丧葬文化的历史变迁与转型——以恩施土家族苗族自治州为例》，作者为刘佩云等。

其中的关键因素正在于中国特色，这里面自然包括有坚持中国民俗文化的特色因素。自然，中国民俗文化中有些并不值得保持，如酗酒吃喝、行贿送礼、无节制燃放鞭炮等，即应加以消除，通过剪陋习、扶良俗的方式推动民俗文化发展，既反对民俗虚无主义，又反对民俗万能论，采取客观的、历史主义的态度对民俗文化。

（三）中国民俗的世界化与世界民俗的中国化

民俗文化在历史发展中，总是存在着坚守与更新的两个方面，一方面是那些有利于人的身心健康与环境建设、有利于文化发展与文明进步、有利于文明生产与幸福生活的民俗文化随着时代的进步而发展，得到坚守与推广；另一面则是那些恶俗陋习被不断的抛弃，得到校正与改良。从民俗文化发展的一般规律而论，辨风正俗、扬善弃陋也正是民俗文化发展的基本规律。

从民俗文化的坚守方面看，中华民俗文化中注重礼仪教化、崇尚和谐关系、坚持合一思维、适时移风易俗等，都是中华民俗文化发展中的优良传统，自然应该坚持发扬；中华民俗文化强调爱国爱家、敬业奉献、诚信立身等，自然是整个中国优秀民族精神在民俗文化中的表现，如端午节纪念屈原或其他历史人物的习俗，不管其在多大程度上远离了原有的星象崇拜、生产指导等既有内涵，但就其已成为弘扬爱国主义精神的重要方式，并在世界华人中有重要影响而言，就已不只是在中华大地上得到了坚守，而是走向了世界，即实现了中国民俗文化的世界化；同样的情形还有如针对开创民族统一事业的大一统思想行为、抗击异族入侵的歌颂民族英雄精神传承、贞守爱国节操的历史人物和革命先烈而风行的清明扫墓、陵园凭吊、生辰祭祷的众多习俗和民俗事象，都含有深刻的爱国主义内容，因而应该坚守并使之世界化。

还有一些优秀的中国民俗文化形式，如中国的民俗诗词歌赋，也是走向世界化的重要文化样式。笔者即曾经读过一首雪莱（P. B. Shelley）的《寄月》（"To the Moon"）诗，是业师萧萐父以词牌《菩萨蛮》译的，题为《倚声〈菩萨蛮〉》，小注为"译雪莱（P. B. Shelley）《寄月》（"To the Moon"）"，其译诗如下：

> 玉颜憔悴孤怀倦，尘寰碧落空凝眄。
> 独步万星中，星星不我同。莹眸应有恨，圆缺愁无定。
> 珍重托芳心，天涯何处寻？

雪莱原作：

TO THE MOON

Art thou pale for weariness

Of climbing heaven，and gazing on the earth，

Wandering companionless

Among the stars that have a different birth，——

And ever—changing，like a jovless eye

That finds no objcct worth its constancy?

业师的译作时间是 1944 年，当我初读此译诗时的感觉是：中西文化的贯通境界竟然如此神奇。《菩萨蛮》本来是唐代的教坊曲而后用为词牌或曲牌的，有《菩萨鬘》《子夜歌》《重叠金》《花溪碧》《晚云烘日》等别称，据传本是唐宣宗大中年间（847—859 年），女蛮国派遣使者进贡，而她们身上披挂着珠宝，头上戴着金冠，梳着高高的发髻，让人感觉宛如菩萨，当时教坊就因此制成《菩萨蛮曲》，于是后来《菩萨蛮》成了词牌名。也就是说，此《菩萨蛮》词牌本就是根植于民俗文化的重要样式。据《杜阳杂编》[1] 记载："大中初，女蛮国贡双龙犀、明霞锦，其国人危髻金冠，缨（"缨"原作"头"，据明抄本改）络被体，故谓之'菩萨蛮'。当时倡优，遂制'菩萨蛮曲'，文士亦往往效其词。更女王国贡龙油绫鱼油锦，文采多异，入水不濡，云有龙油鱼油也。优者更作《女王国》曲，音调宛畅，传于乐部矣。"这里记载了两种曲牌的来源，其中的《菩萨蛮》来于"女蛮国"，可见民俗文化的扩散性。而业师竟然又以此词牌来翻译英国诗人雪莱的《寄月》一诗，故论者曰："人云，诗不可译，难在传神。萑父这首译诗却在沟通中西诗境方面作了有意的探索。他选择宋词小令《菩萨蛮》的格律作为载体，使译作一开始就被纳入中国化的氛围；同时深体雪莱原诗的意境，又巧妙地运用中国以嫦娥（神女）喻月的典故来锁定主题，把雪莱原诗引入'嫦娥应悔偷灵药，碧海青天夜夜心'的意境中，于是英伦三岛的明月就'幻化'成中国海上的神女，凸显出东西方诗境的可融通性。这至少是一种有益的探索。萑父对此诗的中国化译法，正好有另一位诗人的现代语境的译法，可资比较：'你苍白可是

---

[1] 《太平广记》卷第 480 亦有记载。

为了／倦于攀登天空，凝视大地。独自漫行得寂寞。那星群都和你出身迥异——因而你常变，像忧伤的眼睛／找不到目标值得它的忠诚？'稍加对照，可以断言，萧父这首对雪莱《寄月》一诗的中译，似乎更贴近原诗的意境，似乎更能表达诗人所向往的孤傲人格精神。萧父这首译诗，虽属少年习作，但作为一次中国化译诗的成功尝试，建议他保留在他的诗集中，供后继者进一步探索。"[1]

可以说，从词牌到译诗，民俗文化的转化，其中包括世界文化的中国化与中国文化的世界化两个方面。事实上，时代转换到如今，世界文化的中国化与中国文化的世界化业已成为必然趋势与必要现实，说洋话、看洋书、开洋车、食洋食、过洋节、开洋婚……与说汉话、看汉书、开汉车、食汉食、过汉节、开汉婚……已在现实生产生活实践中成了日常的基本形态。

从美国的"三片"到"洋节"的广泛，见证着中国人的博大心胸。但是，即使是近些年在中国得到广泛重视的情人节、愚人节、感恩节等众多的"洋节日"，其原有意义也已被中国人创造性地"曲解"，从而变成了"疯狂聚会"、"狂欢的盛宴"等。同理，中国节日在国外，从《"春节不再只是中国人的节庆"预示着什么》《海归：国内年味越来越淡 国外年味越来越浓》《将春节定为法定节日的为何是纽约州？》《旧金山华埠举办元宵街会 风雨难改民众热情》《农历春节来临 美国大力促销珍藏版十二生肖邮票》《美国纽约帝国大厦"点灯"庆祝中国农历新年》《新加坡华人过春节仍保留许多特殊或传统习俗》《穿旗袍、画脸谱、赶庙会 英国人在教堂包饺子》《"中国年"墙里开花墙外香》……如此众多的报道，的确可以说明中国民俗文化的世界化。于是有作者在《"中国年"墙里开花墙外香》中动情地写道：

> 就在"洋节日"冲淡中国"大年味"的同时，春节在世界各地特别是华人社区却流行、火热起来，呈现出"墙里开花墙外香"的态势。据新华社报道，在春节前后，多国政要纷纷向中国人民和海外华人拜年，世界各地庆祝活动也异彩纷呈。法国总统希拉克、英国首相布莱尔、罗马尼亚总统伯塞斯库等多国政要纷纷向中国人民和华人拜年；美国总统布什已连续三年就农历新年发表贺词；英国外交部首次为中国新年举行招待会，联合

---

[1] 张瑶：《附：萧父译雪莱〈寄月〉诗旧稿书后》，见萧父著《火凤凰吟》，武汉：武汉大学出版社 2007 年版，第 5—6 页。

国秘书处也首次为中国春节举办文艺晚会；澳大利亚、美国等国家还在春节发行纪念邮票。而在法国，继去年春节期间巴黎香榭丽舍大街盛装游行引得７０万人观赏之后，今年的春节又在法国掀起新一轮"中国春节热"：总统希拉克向中国人民祝贺新年，包括巴黎市在内的不少城区政府组织中国春节招待会和春节游行等活动，邮局首次发行中国鸡年邮票。法国几个电视台都在春节期间播放他们在中国录制的节目。一些社会学家认为，中国春节的"味道"变化，是我国改革开放以来中国文化与西方文化的相互交融的结果。对"年味"的"淡化"应该理性看待，过年也要有"世界眼光"。

其实，这互有升降的"浓"与"淡"，正好是世界文化中国化与中国文化世界化的绝好说明。

第六章 民俗的品味：诗史思与民俗文化审视

在各民族的多样民俗文化形式中，岁时节令类民俗文化特别值得品味，并且因不同的品味者而有所不同。你看，过年吃汤圆亦即元宵，或说象征家人团圆，预祝来年万事圆满顺利；或说是古代星星崇拜在饮食上的反映，在锅里或碗里吃汤圆，也就是在数星星；或说是用以占卜，以卜一年之吉凶。端午节吃粽子、划龙船，或说是象征追救爱国诗人屈原，或说是古代龙神祭祀的传承，抑或说是纪念其他相关历史人物。此类情形，在整个民俗文化事象中，都无不值得深思，如《洛阳岁时琐谈》载河南旧俗，凡"送礼之物，猪肉为最高贵、最普通之品。无论婚丧寿节各礼以及人情酬谢，虽轻重有别，肉则不能缺也"。再如《寿春岁时记》记安徽旧俗："正月初七日，以饴糖掇炒米成团，谓之太平团，食之一岁人口太平。且以馈饷他人，谓之饷太平，俗以为'想太平'之意。"诸如此类，我们这里从三个方面加以阐明：诗性智慧：诗话民俗——中秋月；史的深刻：史化民俗——端午情；思的洞察：哲理民俗——子贡观腊。由此我们可以明确的是：中国文化是一种诉求心灵美的文化，因而可以说是一种境界文化。所以，面对民俗文化，我们的口号是：慢慢走，欣赏吧！！

一、诗性智慧：诗话民俗 —— 中秋月

每年的农历八月十五日是中国传统的中秋节，其重要性，或说其是中国仅次于春节的第二大传统节日，或说其与春节、端午一道是为中国的三大节日，或说是与端午节、春节、清明节并称为中国四大传统节日，诸说均显示出其特殊的重要地位。

由于八月十五恰在秋季的中间，故谓之中秋节。中国古代历法把处在秋季中间的八月称为"仲秋"，所以中秋节又叫"仲秋节"。在中秋之夜，月色皎洁，古人把圆月视为团圆的象征，因此又称八月十五为"团圆节"。古往今来，人们常用"月圆、月缺"来形容"悲欢离合"，客居他乡的游子，更是以月来寄托深情。因此，祭月、赏月便成为节日的重要习俗。

（一）中秋之名

在中国农历的节气划分中，十二个月被划分为春夏秋冬四季，每季三个月，其中每季的三个月又分别以孟、仲（中）、季名之，全年共有四孟、四仲、四季，其中秋天之仲即中秋，并形成了中秋节，时间为每年的农历八月十五日，部分地方将其定在八月十六日。不过，自 2008 年起，被列为国家法定节假日的中秋节是八月十五日，如当天与周六、周日重合，则在下周一补休一天。在中国的台湾，中秋节亦是法定假日，一般是当天放假一天，但若与周六、周日重叠则不另外补假，不过若与周休假期仅相隔一个工作日者，则该工作日即调为假期，并择另一星期六补班补课，因而相对来说并不是每年都能享受到这天假期；在中国香港特别行政区，中秋节公众假期则定在农历八月十六日，如果碰上了星期口则在星期一补一天假，但如果碰上星期六则不会补假，实际上也不能每年都享受一天中秋假。与中国相邻的韩国，不仅把中秋节列为法定假期，而且还放假三天，可见其重视程度。因中秋节的丰富文化内涵，中华人民共和国国务院于 2006 年 5 月 20 日将其列入首批国家级非物质文化遗产名录。

从名称来源看，因在秋季的七八九三个月中，八月为秋季的第二个月，故按照习惯被称为仲秋，民间则直接称为中秋，或称秋夕、秋节、月夕、月节、八月节、八月半、八月会、仲秋节、追月节、玩月节、拜月节、女儿节，还因为这一天一般属月亮满圆之日，有象征团圆之意，因而又被称为团圆节。特别是对于在外打拼的人来说，中秋节也是回家与家人团圆的日子，毕竟"独在异乡为异客，每逢佳节倍思亲"啊，不管多远，如果有时间都会尽量赶回去跟家人一起过节。

中秋节具有极为广泛的影响，不仅在中国各民族中除汉族以外还有众多少数民族信仰并过该节，而且在整个汉字文化圈诸国中也成为传统文化节日，时间亦多在农历八月十五日。

（二）中秋之初

中秋节的初始，目前还没有一个统一的说法。从最早使用"中秋"一词的《礼记·月令》论"仲秋之月养衰老，行糜粥饮食"来看，其初始并不是特别针对这一个月而论事，更不是只针对这一天，因为《礼记·月令》是对全年各月的当作之事与当现之物的分别梳理，如说到该月之"令"时即达到了近500字，含标点则是500多字，具体如下：

> 仲秋之月，日在角，昏牵牛中，旦觜觿中；其日庚辛，其帝少暤，其神蓐收，其虫毛，其音商、律中南吕，其数九，其味辛，其臭腥，其祀门，祭先肝；盲风至，鸿雁来，玄鸟归，群鸟养羞；天子居总章大庙，乘戎路，驾白骆，载白旗，衣白衣，服白玉，食麻与犬，其器廉以深。是月也，养衰老，授几杖，行糜粥饮食。乃命司服，具饬衣裳，文绣有恒，制有小大，度有长短。衣服有量，必循其故，冠带有常。乃命有司，申严百刑，斩杀必当，毋或枉桡。枉桡不当，反受其殃。是月也，乃命宰祝，巡行牺牲，视全具，案刍豢，瞻肥瘠，察物色，必比类；量小大，视长短，皆中度。五者备当，上帝其飨。天子乃傩，以达秋气。以犬尝麻，先荐寝庙。是月也，可以筑城郭，建都邑，穿窦窖，修囷仓。乃命有司，趣民收敛，务畜菜，多积聚。乃劝种麦，毋或失时。其有失时，行罪无疑。是月也，日夜分，雷始收声。蛰虫坏户，杀气浸盛，阳气日衰，水始涸。日夜分，则同度量，平权衡，正钧石，角斗甬。是月也，易关市，来商旅，纳货贿，以便民事。四方来集，远乡皆至，则财不匮，上无乏用，百事乃遂。凡举大事，毋逆大数，必顺其时，慎因其类。仲秋行春令，则秋雨不降，草木生荣，国乃有恐。行夏令，则其国乃旱，蛰虫不藏，五谷复生。行冬令，则风灾数起，收雷先行，草木蚤死。

那么，中秋节到底起于何时呢？学界或根据《周礼·春官·典瑞》"以朝日"之说立论，认为它起源于古代帝王的祭祀活动，如郑玄注"以朝日"即说："天子当春分朝日，秋分夕月。"而且，这类说法在《国语·周语上》也有明确的表述："古者，先王既有天下，又崇立于上帝、明神而敬事之，于是乎有朝日、夕月以教民事君。"韦昭注此说："礼，天子搢大圭、执镇圭，缫藉五采五就，以春分朝日，秋分夕月，拜日于东门之外，然则夕月在西门之外也。"这里不仅讲了时间、礼仪、地点，而且指明了具体的对象。这一说法在《史记·孝武本纪》中也有论说："十一月辛巳朔旦冬至，昧爽，天子始郊拜泰一、朝朝日、夕夕月则揖，而见泰一如雍礼。"裴骃集解此说："应劭曰：'天子春朝日，秋夕月，拜日东门之外，朝日以朝，夕月以夕。'"可以看出，古代在秋分时有"夕月"即祭祀月亮之俗，并且早在春秋时代，帝王就早已开始祭月、拜月了，至后来或由官吏、文人仿效并逐渐传到民间，或者本身即起于民间而被官方采纳也未可知。

或说中秋节的起源与农业生产有关，因为秋天是收获的季节。"秋"字的解释本身即表明庄稼成熟，且在八月中秋前后，大秋作物和各种果品都陆续成熟，故农民为了庆祝丰收而以"中秋"这天作为节日。这个说法的不足之处在于，不仅秋天有大秋作物的收获，而且春天也有大春作物收获，因此单纯以收获来解释，似不必然。不过或应肯定，古代有秋日祭祀社稷以报神祐之俗。《诗·周颂·良耜序》即言："良耜，秋报社稷也。"汉代班固主编之《白虎通义·社稷》也有谓："岁再祭之何？春求秋报之义也。"但我们以为不宜以之为"中秋"之源。

至于有学者认为中秋节起源应为隋末大业十三年（617年）八月十五日，唐军裴寂以圆月作为构思，成功发明月饼，并广发军中作为军饷，成功解决因大量吸收反隋义军而衍生之军粮问题。不过，我们认为此说又太过迟了些。

我们的看法是，中秋的确应起源于古代的秋分祭月活动，但后世盛行的大量中秋民俗活动则可能始于唐朝初年而盛行于宋朝，到明、清时已成为与春节齐名的中国主要节日之一。其因或在于月亮在中国人心中的地位：从人类初始的照明等生活来看，月亮与太阳齐名而属性不同，都为中国人心目中的宇宙精灵，一个是阳精一个是阴精，月亮为阴精。在《周易》八卦中，通常的意思是月亮凝聚了天地之间的阴气，是"金"这一类属的代表者和主管神。古人认为，天地分阴阳二气，阳凝聚为太阳，阴凝聚为月亮。古人同时还认为，太阳凝聚的是天地间的阳气，代表"德"，德是人类的正向精神；月亮凝聚的是天气之间的阴气，代表"灵"，"灵"则是人类的生存智慧，故南朝的谢庄在《月赋》里面说："日以阳德，月以阴灵。"说的就是这个意思。所以，古人特别崇拜月亮。中华民族很久以前就开始祭祀月亮，把月亮看作是生产、生活、生命的护佑神。受中华文化的影响，中秋节也是东亚和东南亚一些国家尤其是当地华人华侨的传统节日。

那这是为什么呢？通常有许多人讲，中秋节源自嫦娥奔月的故事，想必大家也另有听说过，因为这是最熟悉最广泛的传说故事。嫦娥吃了不死药飞上了月亮，她的丈夫后羿为了思念妻子，就在嫦娥喜爱的后花园里，摆上香案，放上她平时最爱吃的蜜食鲜果，遥祭在月宫里的嫦娥。百姓们闻知嫦娥奔月成仙的消息后，纷纷在月下摆设香案，祈求吉祥平安。由此，中秋节的习俗就延续下来啦！事情的原因，据史书记载："昔嫦娥以西王母不死之药服之，遂奔月为月精。"汉代《淮南子》还描写过一个较为详细的关于月亮的故事："羿请不死之药于西王母，姮（音 heng）娥窃以奔月。"姮娥就是嫦娥，综合其他一些记载，关于嫦娥奔月的故事是这样的：传说天上本来有 10 个太阳，它们轮流值班，每天出来一个，但不知什么时候调度出了问题，10 个太阳同时出来了。这样一来，给人类造成了巨大灾难。"焦禾稼，杀草木，而民无所食。"禾苗萎死，草木干枯，百姓挨饿。于是尧派后羿射落了其中的九个太阳。后羿因此得罪了天帝，和妻子嫦娥一道被贬出天庭，成为普通老百姓。为了重返天庭，后羿历尽千辛万苦，到昆仑山西王母处讨得长生不老药，准备择吉日同妻子一同服用。但妻子嫦娥却趁丈夫不在家时，独自一人将全部长生不老药吞下，顿时身体飘扬，一直飞到月宫里。嫦娥登月后，后羿遍寻不见，十分伤心。嫦娥独自一人在月宫中也感觉十分孤独、寂寞，也许她当初服药只是出于好奇，或者是回归天庭的心过于急迫，到达月宫以后她后悔了。因为嫦娥此举所付出的代价是罚作苦役，并终生不能返回人间。李商隐曾写诗说："云母屏风烛影深，长河渐落晓星沉。嫦娥应悔偷灵药，碧海青天夜夜心。"李白也为此颇为伤感，写有诗句说："白兔捣药秋复春，姮娥孤栖与谁邻？"嫦娥自己虽也觉月宫之好，但也耐不住寂寞，在每年八月十五月圆夜清之时，返回到人间与夫君团聚，但在天明之前必须回到月宫。后世人每逢中秋，既想登月与嫦娥一聚，又盼望嫦娥下凡一睹芳容。因此，许多人在焚香拜月之时，祈求"男则愿早步蟾宫，高攀仙桂……女则愿貌似嫦娥，圆如皓月"。年复一年，人们把这一天作为节日来庆祝。又相传后羿也终因想念他的妻子，后化作一只玉兔，升到天堂依偎在嫦娥的身边，嫦娥却至今都不知道那只玉兔是她丈夫后羿变的，因月宫有玉兔，所以后人也将月亮称为玉兔。当然，神话终归是神话，但不管从哪个角度看，嫦娥奔月的神话大概是古人最早的登月梦想。

（三）中秋之俗

中秋节的风俗内容到底有哪些，如果要具体统计清楚，真还有一定的难度。因为自古便有祭月、赏月、拜月、吃月饼、赏桂花、饮桂花酒等习俗流传至今，经久不息。中秋节还以月之圆兆人之团圆，为寄托思念故乡，思念亲人之情，祈盼丰收、幸福，成为丰富多彩、弥足珍贵的文化遗产。为此，我们先寻着汉族的中秋节史来清理一下。

毫无疑问，中秋最初只是一个对自然时间的知识性界定，人们根据社会生活的相关习惯，规定了中秋这一时间段的相关内容，如在《吕氏春秋·仲秋纪》中规定的内容：

> 仲秋之月，日在角，昏牵牛中，旦觜巂中。其日庚辛，其帝少皞，其神蓐收，其虫毛，其音商、律中南吕，其数九，其味辛，其臭腥，其祀门，祭先肝；凉风生，候雁来，玄鸟归，群鸟养羞；天子居总章太庙，乘戎路，驾白骆，载白旗，衣白衣，服白玉，食麻与犬，其器廉以深……

如此的一些规定，与《礼记·月令》所记孟秋风俗完全一致，及至天子所居的地方也是一样的。这至少说明：当时各秋之月只是时间节律时段，还没有节点化（时点化），但有一些风俗在后面延续了下来，如：

1. 傩祭习俗

《吕氏春秋·仲秋纪》说："是月也，乃命宰祝，巡行牺牲：视全具，案刍豢，瞻肥瘠，察物色，必比类；量小大，视长短，皆中度。五者备当，上帝其享（飨）。天子乃傩，御佐疾，以通秋气。以犬尝麻，先祭寝庙。"译成现代汉语的说法就是：在这一个月，最高统治者应安排太祝和太宰等主管祭祀的官员巡视那些用来祭祀之用的牺牲（祭品），首先是要看这些牺牲的构成是否完整、形体是否完美；要查寻牺牲的喂养情况如何，检查范围包括肥瘦程度、毛色状况等，要与相关标准一一对比确定；还要称量牺牲的大小、长短，也都要符合相关标准。需要检查的形体、肥瘦、毛色、大小、长短五个方面都必须符合标准，才能用它们作祭品来都祭祀上帝。天子之所以要安排这样的傩祭，目的是为了防除人们的疫疠，以此与金秋之气协和。天子同时还就着狗肉品尝麻籽，并首先祭祀祖庙（后世之家庙）。

2. "点儿童额头"习俗

直到魏晋南北朝时期，中秋都还没有完全摆脱自然时间节律而形成为"中秋节"，但却在这段时间有了一个新的民俗内容，其中包括一些临时性的赏月习俗。不过，这"点儿童额头"习俗已经形成却是确定的。据《荆楚岁时记》记载："八月十四，民并以朱水点儿头额，名为天灸，以厌疾。"

3. "明目囊"习俗

同样是在魏晋南北朝时期，互送"明目囊"成为一种习俗。据《荆楚岁时记》记载："八月十四，民……又以锦彩为眼明囊，递相饷遗。"《荆楚岁时记》还引《续齐谐记》的话说：邓绍"八月旦入华山采药，见一童子执五彩囊，承柏叶上露，皆如珠满囊。绍问：'用此何为？'答曰：'赤松先生取以明目。'言终便失所在"。或认为此即八月中秋互馈明目囊风俗的由来。梁简文帝萧纲（503－551 年）还作有《明眼囊赋·序》曰："俗之妇人，八月旦，多以锦翠珠玉为眼明囊，因竞凌晨取露以拭目，聊为此赋：尔乃裁兹金镂，制此妖饰。缉濯锦之龙光，翦轻罗之蝉翼。杂花胜而成疏，依步摇而相逼。明金乱杂，细宝交陈。义同厌胜，欣此节新。拟椒花于岁首，学夭桃于暮春。"[1] 不过可以肯定的是，这一习俗仍然没有固定在一个节点上，而是在一个时段的某一天，或八月十四，或八月初一。

4. 中秋赏月习俗

魏晋时期已有人偶尔进行中秋赏月，如《晋书》即记载"瑞尚书镇牛渚，中秋夕与左右微服泛江"[2]，但还不能说是一种习俗。中秋赏月成为一种普遍参与的习俗活动，据朱弁《曲洧旧闻》的记载："中秋玩月，不知起何时？考古人赋诗，则始于杜子美。"[3] 是其把赏月赋诗的发明权归于杜甫，因杜甫有《八月十五夜月二首》，此诗虚实结合、借景抒情，以月代言，表现了作者思念亲人、怀念家乡的思想感情：

---

[1] 《艺文类聚》卷 70 "囊"条引。

[2] 陈久金、卢莲蓉：《中国节庆及其起源》第八章《中秋节》引，上海：上海科技教育出版社 1989 年版，第 136 页。

[3] 朱弁：《曲洧旧闻》卷八，此处转引自《笔记小说大观》第八册，南京：江苏广陵古籍刻印社 1983 年版，第 140 页。

八月十五夜月二首

其一

满月飞明镜，归心折大刀。转蓬行地远，攀桂仰天高。

水路疑霜雪，林栖见羽毛。此时瞻白兔，直欲数秋毫。

其二

稍下巫山峡，犹衔白帝城。气沈全浦暗，轮仄半楼明。

刁斗皆催晓，蟾蜍且自倾。张弓倚残魄，不独汉家营。

不过据学界考证，比杜甫还早地将赏月与中秋联系起来的诗人是唐初的李峤，其有《中秋月二首》："盈缺青冥外，东风万古吹。何人种丹桂，不长出轮枝。""圆魄上寒空，皆言四海同。安知千里外，不有雨兼风。"[1] 由此可以看出，以中秋赏月而吟诗，应是在唐代或不错。尽管此前的咏月之诗还不少，但却没有固定在"中秋节"这一时间节点上。

事实上，也正是在唐代，中秋赏月已定型化了。其标志或可以唐玄宗开元年间（713—741 年）、天宝年间（742—756 年）中秋时节在宫中赏月已成习俗。据王仁裕笔记小说《开元天宝遗事》的记载，唐玄宗与杨贵妃每年中秋都要在太液池赏月，甚至还修建了专供赏月的"赏月台"；中国唐代传奇小说《龙城录》（又名《河东先生龙城录》，因为旧题柳宗元撰，共二卷 43 则）也记载了唐玄宗在天师作法下中秋游月宫的传说；《漱石闲谈》更详细说明在中秋夜，道士罗公远掷杖化为银桥请唐玄宗游月宫，玄宗见广寒群仙歌舞，问是何曲，群仙答是霓裳羽衣曲，唐玄宗记其歌舞，回人间教习歌女。诸书所言，可以说明唐玄宗时宫廷确实十分崇尚中秋赏月活动，实亦相沿成俗，此后一直延续了下来。事实上，也正是在唐代，民间赏月风俗也流行极广，且内容比宫中更为丰富。诗人文友，三五相聚，登楼赏月赋诗抒怀；有的寻找江河湖水，静坐一叶扁舟，以观皎洁月辉；有的则入寺观道院清静之地，或直上高峰赏月。缘此，当时下来的此类诗作大约超过写任何一个节日。[2]

---

[1] 李峤：《中秋月二首》，《全唐诗》卷 61。

[2] 万建中、周耀明、陈顺宣：《汉族风俗史》第 3 卷，上海：学林出版社 2004 年版，第 190 页。

因此，我们可以肯定地说，中秋赏月始于魏晋，成于唐代，所以唐代许多诗人的名篇中都有咏月的诗句。作为中国古老的风俗，明、清以来"赏中秋"的风俗更加盛行。此实因中秋月圆的特殊性所致。至于要问中秋赏月如何"赏"？则有学者从多方面进行了分析：一赏圆月，"及至中秋满，还胜别夜圆"，中秋时节，朗月当空，造物奇观，一年一度，千万别错过观赏的时机；二享清秋，中秋之夜走出户外，走出都市，感受一下空气的清新，露水的晶莹，赏心悦目，清心怡神；三思月理，亲朋好友聚于月下，一杯清茶，一盘月饼，聊一聊人生，聊一聊宇宙，举头望月，海阔天空，分享生活的美好……

农历的八月十五日，在时间节点上正好是"三秋之半"，故名中秋节也名副其实。但从总体情形来看，隋唐时期的中秋赏月之俗不仅还处于形成阶段，而且参与的赏月者也具有精英化特点——大多为文人学士。从精英化到大众化、从官方化到民间化的转变则发生在宋、元时期。其间，在中秋节前，京城市民争饮酒店出售的新酒，且家家户户都有晚上赏月的习俗，故吴自牧《梦粱录》卷四《中秋》中曾记载说：

> 此际金凤荐爽，玉露生凉，丹桂香飘，银蟾光满，王孙公子、富家巨室，莫不登危楼，临轩玩月，或开广榭，玳筵罗列，琴瑟铿锵，酌酒高歌，以卜竟夕之欢。至如铺席之家，亦登小小月台，安排家宴，团囵子女，以酬佳节。虽陋巷贫窭之人，解衣市酒，勉强迎欢，不肯虚度。此夜天街买卖，直至五鼓，玩月游人，婆娑于市，至晓不绝。盖金吾不禁故也。

5. "拜月"、"祭月"习俗

按照万建中、周耀明、陈顺宣的《汉族风俗史》第三卷之说，唐代民间的拜月风俗也流行极广，民间百姓的千家万户都在庭院、楼台、地坪摆百果礼品拜月。待到月儿当空，全家便在清澈的月光下赏月叙谈，分享供月礼品。到了宋代、明代、清代，宫廷和民间的拜月、赏月活动都更具规模。不过，现在的祭月、拜月活动已被规模盛大、多彩多姿的群众赏月游乐活动所替代。到目前，中国各地至今尚遗存有许多"拜月坛"、"拜月亭"、"望月楼"的古迹。北京的"月坛"就是明朝嘉靖年间（1522—1566 年）为皇家祭月修造的。每当中秋月亮升起，于露天设案，将月饼、石榴、枣子等瓜果供于桌案上，拜月后，全家人围桌而坐，边吃边谈，共赏明月。

拜月在宋、元时代也很盛行，如罗烨《醉翁谈录》说："倾城人家子女不以贫富，能自行至十二三，皆以成人之服服饰之，登楼，或于中庭，焚香拜月，各有所期。男则愿步蟾宫，高攀仙桂……女则愿貌似嫦娥，圆如皓月。"苏轼《望海楼》诗曰："楼下谁家烧夜香？玉笙哀怨弄清凉。临风有客吟秋扇，拜月无人见晚妆。"

拜月的方式也多种多样，有的是向月亮跪拜，即通常的拜月；有的则供月光神马，详说见后；有的则以木雕月姑为偶像；或设兔儿神像以指月亮，说亦见后……不过这些都是将神像供挂在月亮出来的方向，设供案、摆供品以祭拜月。比如陆启浤的《北京岁华记》即说到当时京都的祭月习俗："中秋夜，人家各置月宫符像，符上兔如人立，陈瓜果于庭，饼面绘月中兔蟾，男女肃拜烧香，旦而焚之。"

祭月风俗应属拜月的另一说法，人们在中秋晚上通过圆形供品祭月，即取团圆之意。中秋祭月，据《礼记》记载即有"天子春朝日，秋夕月"之说，说明古代帝王有春天祭日、秋天祭月的礼制，民家也有中秋祭月之风，到了后来赏月重于祭月，严肃的祭祀变成了轻松的欢娱。据《国语·周语上》记载，中国夏、商时就有"秋暮夕月"的习俗。到了周代，每逢中秋夜要举行迎寒和祭月。所以《周礼》记载说："中春昼，击土鼓吹《幽雅》以迎暑；中秋夜，迎寒亦如之。"到了明代，例如将西瓜切为小瓣再拼缀成莲花形状陈列庭中，向月而拜。祭拜之后，家人团坐，饮桂花酒，吃中秋月饼，赏月为乐。如明刘侗、于奕正同撰的《帝京景物略》亦说："八月十五日祭月……家设月光位。于月所出方，向月供而拜，则焚月光纸，撤所供，散家之人必遍。"不过，在河南民间，在中秋夜设月饼瓜果"祭月"之外，还有邀宾朋赏玩的习俗。[1]

在明代，南方已少有拜月者，知"拜月"已被"赏月"代替。此时所食则多是柚子、车头、香蕉、柿子、菱角、花生、藕等时令物品，如《广州府志》曰："八月望夜赏月，剥芋食螺"；浙江嘉兴则是"八月望以百果为大饼，各曰月饼，以百果和糖，名曰俸糖，赏月达曙"。在江西，中秋节时，民间更有登楼玩月，"多用西瓜圆饼，亦取月圆之义"[2]的雅兴和爱好。在苏州，文人士大夫则要在中秋夜举行赏月歌会，张岱《陶庵梦忆》记当时苏州虎邱中秋夜赏月歌会盛况曰："虎邱八月半，土著流寓、

---

[1] 明嘉靖版《尉氏县志》卷一。
[2] 明正德版《建昌府志》卷三。

士夫眷属、女乐声传，曲中名妓戏婆，民间少妇好女、崽子娈童及游冶恶小、清客帮闲、寻僮走空之辈，无不鳞集……天暝月上，鼓吹百十处，大吹大擂，十番铙鼓、渔阳掺挝，动地翻天，雷轰鼎沸，呼叫不闻。"不过可以肯定的是，中秋习俗已发生了从士到民的转型。

之所以祭月、拜月，或因为中秋之夜，月色皎洁，古人把圆月视为团圆的象征，因而又称八月十五为"团圆节"。古往今来，人们常用"月圆"、"月缺"来形容"悲欢离合"，客居他乡的游子，更是以月来寄托深情。唐代诗人李白的"举头望明月，低头思故乡"，杜甫的"露从今夜白，月是故乡明"，宋代王安石的"春风又绿江南岸，明月何时照我还"等诗句，都是千古绝唱。并且，还产生了不少的美妙传说故事，如《无盐拜月》故事 [1]，说明少女拜月愿貌似嫦娥、面如皓月。

每年农历八月十五日，是传统的中秋佳节。这时是一年秋季的中期，所以被称为中秋。在中国的农历里，一年分为四季，每季又分为孟、仲、季三个部分，因而中秋也称仲秋。八月十五的月亮比其他几个月的满月更圆，更明亮，所以又叫作"月夕"或"八月节"。此夜，人们仰望天空如玉如盘的朗朗明月，自然会期盼家人团聚。远在他乡的游子，也借此寄托自己对故乡和亲人的思念之情。所以，中秋又称"团圆节"。

中国人民在古代就有"秋暮夕月"的习俗。夕月，即祭拜月神。到了周代，每逢中秋夜都要举行迎寒和祭月。设大香案，摆上月饼、西瓜、苹果、红枣、李子、葡萄等祭品，其中月饼和西瓜是绝对不能少的。西瓜还要切成莲花状。在月下，将月亮神像放在月亮的那个方向，红烛高燃，全家人依次拜祭月亮，然后由当家主妇切开团圆月饼。切的人预先算好全家共有多少人，在家的，在外地的，都要算在一起，不能切多也不能切少，大小要一样。

相传古代齐国丑女无盐，幼年时曾虔诚拜月，长大后，以超群品德入宫，但未被宠幸。某年八月十五赏月，天子在月光下见到她，觉得她美丽出众，后立她为皇后，中秋拜月由此而来。月中嫦娥，以美貌著称，故少女拜月，愿"貌似嫦娥，面如皓月"。

---

[1]　http://culture.people.com.cn/n/2014/0901/c123927—25581129.html。

在唐代，中秋赏月、玩月颇为盛行。在北宋京师，八月十五夜，满城人家，不论贫富老小，都要穿上成人的衣服，焚香拜月说出心愿，祈求月亮神的保佑。到了南宋，民间以月饼相赠，取团圆之义。有些地方还有舞草龙，砌宝塔等活动。明、清以来，中秋节的风俗更加盛行，许多地方形成了烧斗香、树中秋、点塔灯、放天灯、走月亮、舞火龙等特殊风俗。

今天，月下游玩的习俗，已远没有旧时盛行。但设宴赏月仍很盛行，人们把酒问月，庆贺美好的生活，或祝远方的亲人健康快乐，和家人"千里共婵娟"。

中秋节的习俗很多，形式也各不相同，但都寄托着人们对生活无限的热爱和对美好生活的向往。

祭月最初主要是由帝王和贵族们进行的。据史书记载，早在周朝，古代帝王就有春分祭日、夏至祭地、秋分祭月、冬至祭天的习俗。《礼记》记载："天子春朝日，秋夕月。朝日之朝，夕月之夕。"这里的"夕月"之"夕"，指的正是夜晚祭祀月亮。许多诗人的名篇中都有咏月的诗句，宋代、明代、清代宫廷和民间的拜月赏月活动更具规模。后来，祭月的习俗也逐渐影响到民间。而拜月，则更接近大多数平民百姓的生活。无论男女老幼，在中秋节的晚上，都可以把自己的愿望对着月神诉说，希望得到月神的保佑。人们说，中秋节的月亮最圆，比其他月份十五的月亮更圆、更明亮。天上月圆人间团圆的美好愿望成为了中秋拜月的主题。随着时代的发展，赏月更重于祭月，严肃的祭祀变成了轻松的欢娱。

古时祭月有一套完整的仪式：首先要沐浴更衣，待月亮出现后，向着月亮的方向安放好祭桌，摆放好祭品，点燃红烛，铺设好席子，参祭者正坐于祭者席上。执事、赞礼就位。由祭月赞礼唱："祭月。"主祭出位，到奠席前，跪于席上。由祭酒赞礼唱："三上香。"执事递上三支香，主祭在蜡烛上点燃，向月神鞠躬，再将香插于香炉中。如此三次。接着赞礼唱："三祭酒。"执事斟满酒爵，递给主祭，主祭将酒洒在席前的地上，再将酒爵放到祭桌上，如此三次。执事递上赞美月亮的祝文，主祭借月光与烛光，向月亮展开诵读。诵读后将祝文及月光纸放到席前小盆中焚烧。此时赞礼再唱："拜月"，"拜—兴—拜—兴—平身"。主祭及参祭者一起向月神行"再拜"之礼（即拜两次）。赞礼唱："从献。"主祭离开奠席，参祭者按照长幼之序依次到奠席前，跪，上香，默默祈祷心中所愿，然后向月神行拜礼一次。直至所有女性参祭者拜完。赞礼再唱："礼成。"至此，中秋祭月仪式完成。撤掉祭桌，在月下布设中秋家宴，大家一起赏月、宴饮。由主祭持切刀，将月饼按人口数均匀分切，每人一份。西瓜每人一瓣，水果自取。

旧时，祭月、拜月、赏月，中秋夜的活动几乎都是围绕着月亮来进行的。你知道，大家拜月拜的是什么吗？一是拜月寄托团圆和思念，祝愿家人幸福团圆。远在他乡的游子拜月，希望家乡的亲人健康、平安、快乐；也希望借此表达自己的思念之情。家中的亲人拜月，希望月神保佑远在他乡的亲人一切安好，明年能够团圆。团圆的人家拜月，则是祈求年年有今日，岁岁如今朝，合家团聚，幸福相伴。二是拜月祈求让自己美丽。相传，嫦娥奔月的故事传开后，世间的女孩们希望自己也能像嫦娥一样美丽。于是就在中秋节夜里拜月，祈求成仙的嫦娥赐福给自己，让自己也成为美女。还有一个传说则与古代著名丑女无盐有关。相传，无盐因贤良淑德被选入宫，很久未被皇帝注意。八月十五夜，无盐虔诚拜月时，正巧皇帝经过，月光下，皇帝觉得她美丽出众，遂获宠幸，并以德才兼备立为皇后。不论是哪种传说，都表达着女孩们对美丽的期盼。三是拜月祈求美好姻缘。旧时有"月老为媒"的说法，所以将成年的男女，会悄悄在中秋节的圆月下虔诚祈祷，求月老为自己安排称心如意的姻缘；已经成年还未成家的男女，则在夜深人静的时候，祈求月老红线早牵，让自己早日成家；家有成年男女尚未婚配的父母，则会光明正大地向月老述说自己的心愿，希望子女早日婚配。如在广东东莞等地，未娶妻室的小伙子，认为中秋之夜是月下老人为男女做媒的时辰，他们三五成群，于三更时分，在月下焚香燃烛，乞求月老为其牵红线。四是拜月祈求早生贵子。相传中秋之夜的月光，别有神奇的力量。所以久婚不孕的妇女，就会在八月十五晚上，静静地沐浴在月光下，希望能因此改变运势，得生贵子。如在浙江一些地方，中秋之夜，流行一种"照月得子"的习俗。一些久婚不孕的妇女，在月行中天之际，独自一人静坐于庭院之中，沐浴月光，渴望月宫仙女洒下的甘露使她怀孕。

明清之后，因时代的关系，社会生活中的现实功利因素突出，岁时节日中世俗的情趣日益浓厚，以"赏月"为中心的抒情性与神话性的文人传统减弱，功利性的祭拜、祈求与世俗的情感、愿望构成普通民众中秋节俗的主要形态。虽然，不同的人，拜月时候的心愿也许不同，但对幸福的期盼却是大家共同的心愿。

6.吃月饼习俗（含馈赠瓜果）

吃月饼是节日的另一习俗，月饼象征着团圆。月饼的制作从唐代以后越来越考究。苏东坡有诗写道："小饼如嚼月，中有酥和饴。"清朝杨光辅写道："月饼饱装桃肉馅，雪糕甜砌蔗糖霜。"看来当时的月饼和现在已颇为相近了。据《洛中见闻》记载，唐僖宗在中秋节吃月饼，味极美，听说新科进士在曲江开宴，便命御膳房用红绫包裹月饼赐给他们。这是月饼初见的记载，因而可知吃月饼风俗也始于隋唐。中秋月饼习俗始盛于明代，故此，中秋节之名除八月半、仲秋节而外，又有所谓的"团圆节"。明冯应京撰、戴任续成之《月令广义》即说："燕都士庶，中秋馈遗月饼西瓜之属，名'看月会'。"可见此节俗已在明代形成家家户户赏月、拜月、祭月的丰富内容，而且彼此之间馈赠瓜果月饼是明代中秋节的主要风俗内容。

7.赏桂、放水灯习俗

早在南宋时代，临安的中秋节有赏桂、放水灯等习俗。据《乾淳岁时记》记载，中秋夜，都城临安居民在钱塘江上放数十万盏羊皮小水灯，浮满江面，灿烂如繁星。

8.潮州百姓中秋玩月，剥芋食之，谓之剥鬼皮

这种剥芋而食的风习，与当时开封、杭州过中秋略有不同。

9.赏秋海棠、玉簪花习俗

中秋节时，明代宫中的过节活动，明代宦官刘若愚的记述晚明宫闱之事的著作《酌中志》（共24卷，但每卷均为相对独立的短篇）曾记载："八月宫中赏秋海棠、玉簪花。自初一起即有买月饼者，加以西瓜、藕，互相馈送，西苑躐藕。至十五日，家家供月饼瓜果，俟月上，焚香后，即大肆饮啖，多竟夜始散席者。如有剩月饼，仍整收于干燥风凉之处，至岁暮合家分用之，曰'团圆饼'也。"

10.中秋"摸秋"在清代成为新习俗

虽然八月十五中秋节有祭月、吃月饼、瓜果、赏月等汉族传统习俗，且在清代仍在习用，如清人潘荣陛编撰的《帝京岁时纪胜》曾记北京中秋节说："十五日祭月，香灯品供之外，则团圆月饼也。雕西瓜为莲瓣，摘萝卜叶作娑罗。香果苹婆，花红脆枣，中山御李，豫省岗榴，紫葡萄，绿毛豆，黄梨丹柿，白藕青莲。云仪纸马，则道院送疏，题曰'月府素曜太阴皇君'。至于先丁后社，享祭报功，众祀秋成，

西郊夕月，乃国家明禋之大典也。"不过，到了清朝，中秋节则兴起了"摸秋"习俗，且各地都有流行。其俗是在中秋节夜晚，未怀孕的妇女在小姑的陪同下，到田野瓜架、豆棚下偷些瓜豆，以此祈子。传说偷南瓜，易生男孩；偷扁豆，则生女孩；若偷到白扁豆则除生女孩外，还预兆夫妻白头到老。清人梁绍壬在《两般秋雨庵随笔》说："鸠兹（芜湖）俗，女伴秋夜出游，各于挂天摘瓜归，为宜男兆，名曰摸秋。"[1]不过，陕西一带的偷俗又略有不同：中秋夜，家人令小孩去附近秋田去偷一样东西，若偷到葱，父母则认为此孩儿长大会很聪明；若摸到瓜果，则认为孩子长大不愁吃喝。在清代汉族社会中，普遍认为中秋夜偷摸瓜果不算偷，但过了中秋若偷，就要按贼惩处。

　　到了晚清及中华民国年间（1612—1949年），"摸秋"逐渐定型在中秋"偷瓜"等的"偷"上，是此成为一种独特的新民俗，特别是在南方，除赏月、吃月饼外，又有烧斗香、唱南词和赏桂等习俗。近代人钟毓龙在《说杭州·记风俗》中说："十五日，为中秋节，亦为三大节之一，一切送礼收帐之事，均与端午日同。是晚家家祀月，有用神马者，有不用神马者。祀品为月饼、方柿、石榴、栗子之类。有用斗香者，其式四方，上大下小，纱绢糊之，上缀月宫楼台殿阁走马灯景，四角围灯，大者四围，各宽二尺许。点此香者，必在天井中搭台而祀月，更佐以南词。""斗香之普通者，以纸糊作斛形，实之以沙，而插大裹香于其中。香旁分歧高下作七层，以象斗形。""南山赏桂，为杭州有名之事。地在满觉陇，有茶摊可以供人赏玩，一望成林，金粟满树……每当八月，有摊场摆设于此，名曰赶市摊，相见观赏者之多。"在清代汉族民间中秋节习俗中，最具特色的当属"偷"俗，如"偷儿女"、"偷瓜"或"摸秋"等，如陕北地区有"偷儿女"的习俗，即在中秋之夜家家摆出瓜果祭月、赏月时，一些无儿无女的人家便于夜深时去别家偷摸一些红枣、瓜果等食物，取其"早生贵子"之吉，即使此行被主人发现，也不会追究，一笑置之。相比之下，偷瓜之俗，流行较广。中原地区中秋之夜有儿童到田里偷摘南瓜，画上婴孩或插泥人后，送到无子或新婚人家。拖泥带水的瓜被放进被褥之中，主家亦不恼怒，还热情款待送瓜儿童。湖南、贵州带则由不育者的亲友去邻里菜园偷冬瓜，以彩色绘成人面，裹以衣服，送至不育人家。其妇得瓜，剖食之，以为这样可得子。笔者家乡所在武陵民族地区，

---

　　[1]　梁绍壬：《两般秋雨庵随笔》。

至今在各民族中还有此习俗广泛流传，不过已少数民族化了。

11. 明清时期佛道交融的"月光马儿"信仰

每当中秋节的黄昏，一轮明月高挂天边，每家每户就都在庭院中设一香案，上面摆了月饼（又称团圆饼）、水果等供品。在一些地方，还有"月光马儿"和"兔儿爷"信仰。女人一一向月而拜。祭毕，一家人围桌而坐，饮团圆酒，吃团圆饼。这就是祭月的古俗。在祭月的供品中，"月光马儿"和"兔儿爷"是什么东西呢？这是古城北京的产物。

"月光马儿"反映的是明清时期月神形象发生了重要变化，由早期纯道教色彩的以嫦娥为主的月宫图景演变为佛道交融的月光菩萨与捣药玉兔并在的世俗形象。这个时期，人们供奉绘有月光菩萨的月光纸，也叫"月光马儿"。

据富察敦崇的《燕京岁时记》（1906 年）记载："月光马者，以纸为之，上绘太阴星君，如菩萨像，下绘月宫及捣药之兔。人立而执杵，藻彩精致，金碧辉煌，市肆间多卖之者。长者七、八尺，短者二、三尺，顶有二旗，作红绿，间或黄色，向月而供之。焚香行礼，祭毕与千张、元宝等一并焚之。"又据《帝京景物略》载："八月十五日祭月，其祭果饼必需；分瓜必牙错瓣刻之，如莲华纸肆市月光纸，缋满月像，趺坐莲华者，月光遍照菩萨也。华下月轮挂殿，有兔持杵而人立，捣药臼中。约小者三寸，大者丈，致工者金碧缤纷。"这里所说的"月光纸"，就是纸神马，即"月光马儿"。《燕京岁时记》说："京师谓神像为神马儿，不敢斥言神也。"这月光马儿，上部绘太阴星君，下部绘月宫桂殿及捣药的兔儿爷，彩画贴金，辉煌耀目。

据传：嫦娥奔月后，最初是变为蟾蜍。后来，人们觉得蟾蜍形象与月亮的柔和娴静不相容，玉兔到来后，人们开始以玉兔来替代蟾蜍，成了广寒仙子和月里嫦娥的再生形象。到了明清时期，月神形象又发生了重大变化，由早期道教色彩为主的嫦娥和月宫图景，逐渐演变为佛道交融的月光菩萨与捣药玉兔并存的世俗形象。中国许多寺庙中都有"月光童子"的塑像，它是佛教护法神之一。在印度古宗教中，月神被称为"苏摩提婆"、"创夜神"、"星宿王"、"莲花王"、"大白光神"、"冷光神"、"野兔形神"等等。随着佛教的普及，月亮神在佛教中的这些掌故开始深入民间。佛教净土宗还认为，弥勒与明月有关。明月是黑暗中的光明，为佛弟子的理想。弥勒菩萨的慈济，像黑暗的光明一样给人间带来太平。佛教中的月光童子或月光菩萨，与弥勒的思想相融合，后来，世人从向弥勒祈求人间净土转向对月光菩萨的礼拜。

到了清朝末年，每逢中秋，人们又开始供奉一种绘有月光菩萨的月光纸，叫"月光马儿"，或称"月光祃"、"兔儿祃"、"兔爷祃"，通常为木刻版水彩印制的神像，为传统中秋节祭月所用神像之纸，绘有月神和月宫。据清富察敦崇《燕京岁时记·月饼》条记载："纸肆市月光纸，缋满月像，趺坐莲花者，月光徧照菩萨也。花下月轮桂殿，有兔杵而人立，捣药臼中。纸小者三寸，大者丈，致工者金碧缤纷。家设月光位于月所出方，向月供而拜，则焚月光纸，撤所供，散家之人必遍。"此即反映明清时期月神由早期纯道教色彩的以嫦娥为主的月宫图景演变为佛道交融的月光菩萨与捣药玉兔并在的世俗形象。画面上呈现一轮满月的圆轮，月轮内则有一尊女菩萨端坐于莲花之上，这是由于佛教的影响深入人心，太阴星君逐渐被赋予了菩萨的形象，并且在民间信仰中转化为"月光遍照菩萨"，也被称为"月光菩萨"乃至"月光娘娘"。菩萨之下还绘有广寒宫的仙阁殿影以及玉兔捣药的形象。祭月礼仪完成后，人们通常将月光纸与祭文等用火焚毁。

12. 兔儿爷信仰

到中华民国以后，经过传统中国古典神话、道教和佛教的改造，明月就形成了民间广泛流传的定式，中秋赏月、祭月也呈现出与现代近似的样式，成为人们所熟悉的节庆习俗。不过，由于兔子上了月宫，因此古时人们过中秋，祭月时必用"兔儿爷"。

关于兔儿爷，《燕京岁时记》记载："每届中秋，市人之巧者，用黄土抟成蟾兔之像以出售，谓之兔儿爷。"旧时北京东四牌楼一带，常有兔儿爷摊子，专售中秋祭月用的兔儿爷。此外，南纸店、香烛也有出售的。这兔儿爷，经过民间艺人的大胆创造，已经人格化了。它是兔首人身，手持玉杵。后来有人仿照戏曲人物，把兔儿爷雕造成金盔金甲的武士，有的骑着狮、象等猛兽，有的骑着孔雀、仙鹤等飞禽。特别是兔儿爷骑虎，虽属怪事，但却是民间艺人的大胆创造。还有一种肘关节和下颌能活动的兔儿爷，俗称"叭哒嘴"，更讨人喜欢。它虽为祭月的供品，但实在是孩子们的绝妙玩具。过去，每到中秋节，北京街头的许多店铺里都摆满了色彩鲜艳、造型可爱的泥塑玩具——兔儿爷。关于兔爷还有一个传说呢！

有一年，北京城里忽然闹起了瘟疫，几乎家家都有病人，吃什么药也不见好。老百姓们愁眉苦脸，只好烧香拜月求嫦娥保佑他们。这天正好是农历八日十五，又圆又大的月亮挂在空中，月宫中的嫦娥看到人间烧香求医的情景，心里十分难过，就派身边的玉兔到人间去为百姓们消灾治病。玉兔变成了一个身穿素白衣裙的少女，当天就来到了北京城。她去敲开了一家家的大门，但是，人们打开门一见到她，都连忙把门关上，不敢让她进去。玉兔想来想去，不知为什么人们不让她进门。她只好坐在一座小庙里寻思。她低头一看自己这一身素白的衣裙，忽然恍然大悟：只有办丧事的人家才穿白的衣服，人们家里都有重病人，看到我一定觉得不吉利，我应该换一身衣服去试试。玉兔儿看见身边的神像穿着一身铠甲，就借来穿在了自己身上。玉兔穿戴好后，又去敲人家的门。人们一见她这身打扮，吓了一跳，后来一听说她会治疑难病症，就让她进屋来了。玉兔给病人吃了红、白两种小圆饼，顿时，病人的精神就好起来了。玉兔走了一家又一家，治好了很多病人，但是，人们见到这身装束，都有点害怕，对那种神奇的药也感到莫名其妙。玉兔想：我不能总穿这身衣服了，可是，穿什么好呢？

人们感谢玉兔走街串巷，不辞劳苦地解救病人，都要送给她东西。玉兔什么也不要，只向人家借衣服穿。这样，玉兔每到一处就换一身衣服，有时候像个卖油的，有时候像个算命的，有时候又像个卖菜的、唱戏的……一会儿是男人装束，一会儿是女人打扮。病人太多了，玉兔跑得再快也忙不过来，她就骑马骑鹿、乘凤乘鹤；或者骑上狮子、老虎，走遍了北京城内外。玉兔走到哪里，哪里就充满了欢乐。在人们的赞扬和感谢声中，玉兔高兴得有点忘乎所以，把自己的两只长耳朵露出来了。拜月的人们看到这人身兔首的少女，觉得很奇怪，抬头看看月宫，发现嫦娥身边的玉兔不见了。大家这才明白，原来是月宫中的玉兔来到了人间，为百姓们布医施药，解除病痛来了。

玉兔忙了一天一夜，消除了北京城的瘟疫，就回到月宫中去了。可是，她那美好的形象却永远留在了北京人的心中。于是，人们用泥塑造了玉兔的形象，有骑鹿的，有乘凤的，有披挂着铠甲的，也有身着各种做工人的衣服的，千姿百态，非常可爱。每到八月十五那一天，家家都要供奉她，给她摆上好吃的瓜果菜豆，用来酬谢她给人间带来的吉祥和幸福。人们还都亲切地称她为"兔儿爷"、"兔奶奶"呢。

其他——中秋宴俗、玩花灯、舞火龙、舞草龙、砌宝塔、烧斗香、树中秋、点塔灯、放天灯、走月亮等。苏州赏月的习俗叫"走月"。中秋之夜，姑娘们有的单独外出，借月与心上人幽会；有的结伴而聚，托月寄情；更多的是三五成群，走街串巷，拜访亲友，以寓月圆人亦圆之意。在山东一些地方流行中秋唱月，祈求丰收之俗。当明月初升时，每家把自制的月饼放在麦秸编成的圆垫上，让孩子们端在街上或村头去唱："唱月饼，赛月饼，来年更盼好年景。"寄托人们对来年丰收的愿望。台湾、福建的一些居民，有坐听月声的习俗。中秋之夜，谁能把月中"嫦娥吴刚之声"听得清楚，谁就能得到亲人团聚，得到幸福爱情。中秋节的晚上，湖南省有些地方的儿童们相邀从家中拿出柴火、碗、锅等工具和食物，在户外院中，垒起砖灶煮"月亮饭"，他们不用大人们帮忙，食物煮熟后，大家分食，非常有趣。人们还把嫦娥奔月、吴刚伐桂、玉兔捣药等传说与中秋赏月联系起来，使中秋佳节格外富有浪漫的文化色彩。若再加上中国少数民族的有关月亮故事，那中国的月亮形象就更为丰富多彩了。

由此可见，中秋节与元宵节和端午节既称为中国三大传统佳节，自有其独特的内容，研究中秋节之习俗源流，除了与"嫦娥奔月"等神话传说有着密切的关系而外，还应探讨中秋节俗发展的历史规律，尽管中秋节的民间习俗多与月亮有关也算是一条规律，如仅从中秋节俗的历史演变即有如下规律可寻：由自然节律向社会节日转化；由特殊时段向特定节点凝聚；由单一习俗向丰富多样发展；由一线缘起向四域增减发散……具体体现在：自然的节律——秋季之中，即仲秋；时间的密码——如"云掩中秋月，雨湿上元灯"；良好的愿景——中秋团圆及相应的风俗；文化的深刻——自然之月、道德之光，天人合一；百姓的天空——神话、故事，谚语、诗歌，节令、物候；中秋共赏月——带你领略各民族祭月拜月习俗……

（四）民族之花

中秋节是以家人团聚赏月为主要内容的中国传统节日，俗称"团圆节"、"八月节"。因在农历八月十五日，恰值秋季正中，故名中秋。除汉族而外，壮族、布依族、侗族、苗族、畲族、傣族、黎族、满族、朝鲜族、高山族、仡佬族、京族、土家族等20多个少数民族都有欢度此佳节的习俗，如苗族有"跳月"或"闹月"、云南傣族在中秋之夜盛行"拜月"、花腰傣有"叫魂"、湖南侗族有"偷月亮菜"、广西侗族有"行月"、土族有"打月亮"、藏族有"寻月"、蒙古族有"追月"、鄂温克族有"供月"、广西壮族有"祭月请神"、布依族有"偷老瓜煮糯米饭"、德昂族有"串月"、黎族有"八月会"（"调声节"）、朝鲜族有"探月"、阿昌族有"煮饭喂狗"、畲族有陪客唱歌、彝族阿细人有"跳月"、纳西族有"祭月"、白族有"拜月放灯"、高山有"托球舞"、赫哲族有"祭月"、仡佬族有中秋夜祭祖灵等习俗。民俗专家表示，虽然各民族的中秋节的习俗很多，形式也各不相同，但都寄托着人们对美好生活无限的热爱和向往，都有"但愿人长久，千里共婵娟"的美好愿望。

此外，农历八月十五日虽然是中国传统的中秋佳节，但受中华文化的影响，中秋节也是东南亚和东北亚一些国家尤其是生活在当地的华侨华人的传统节日。虽然同为中秋，但各国习俗不同，多样的形式一并寄托着人们对生活的无限热爱和对美好未来的憧憬。朝鲜"秋夕节"、斯里兰卡"月圆节"、泰国祈月拜八仙、柬埔寨"拜月节"、越南"中秋节"、缅甸"光明节"、日本"十五夜"、老挝"月福节"等。时至今日，人们仍然依照古老的习惯，围坐在皓月之下庆祝这一值得纪念的节日。

（五）中秋之诗

《诗经·天保》：

> 群黎百姓，徧（遍）为尔德。如月之恒，如日之升。

此诗为政治之诗以宣德化，虽不能说是中秋诗，但却是写月之诗！

在汉代，诗歌中已有了专门咏月的作品，如《古诗十九首》中就有一首《明月何皎皎》：

> 明月何皎皎，照我罗床帏。忧愁不能寐，揽衣起徘徊。
> 客行虽云乐，不如早旋归。出户独彷徨，愁思当告谁？
> 引领还入房，泪下沾裳衣。

这首诗实际上写了一个女子在月光下怀念自己的丈夫。"明月何皎皎"，明月多么皎洁，多么明亮。"照我罗床帏"，皎洁的月光透过窗户，照到我的床上，照在我的帏帐上。想到亲人不在身边，我"忧愁不能寐"，难以入睡。于是"揽衣起徘徊"，我提起衣裳下床来。走出房间，到院子里看看月亮。想到丈夫，"客行虽云乐，不如早旋归"，你远在异地，客行他乡，虽然很自由很快活，还是不如早点归家好。"出户独彷徨"，无论我怎么想念我的丈夫，但是他至今没有回来，于是我出得门来，徘徊惆怅。"愁思当告谁"，在这个明月夜，我的忧愁，我对丈夫的怀念，这种情感我该告诉谁呢？没办法倾诉，只能"引领还入房"，于是我拉拉衣裳，还是进屋吧，"泪下沾裳衣"，眼泪滚落下来打湿了我的衣裳。

诗中的妇人因为月圆而勾起对丈夫的思念，愁丝满怀，夜不能寐。明月在这里成了思妇唯一可以倾诉的朋友，显得十分亲切。可见，月亮从一开始进入文学就代表着一种情爱、一种相思，诗人已经开始把月亮和人的情感联系在一起了。

东汉以后，直至魏晋、唐、宋、元、明、清，历朝历代咏月的诗便浩如烟海。而在古诗词各类题材中，咏月题材的数量恐怕要数第一了。以李白为例，流传下来的900多首诗中，竟有320多首与月亮有关。可以这样说，唐宋以来没有哪一个知名诗人或词人没有写过月亮的赞歌，月亮是中国文学当中最重要的秘个题材，其中特出者是嫦娥奔月神话的诗化、情化。

李白《静夜思》：

> 床前明月光，疑是地上霜。举头望明月，低头思故乡。

一个"安能摧眉折腰事权贵"的李白为家乡低头 —— 这个节日的重要性。此外，古往今来，不知有多少文人墨客用他们那传神的妙笔，写出了许多咏月佳句。吟哦李白《送王屋山人魏万还王屋》中的咏月诗句，立刻会感到诗中蕴藏着一种高雅的情怀：

> 秀色不可名，清辉满江城。人游月边去，舟在空中行。

杜甫在《静夜思》中，表达了作者对故乡深深的眷念：

> 戍鼓断人行，边秋一雁声。露以今夜白，月是故乡明。

爱国诗人屈原在《天问》中提出一百多个问题，首开问月的先河："夜光何德，死则又育？厥利维何，而顾菟在腹？"

栖白和尚《八月十五夜玩月》：

> 寻常三五夜，不是不婵娟。及至中秋满，还胜别夜圆。
> 清光凝有露，皓魄爽无烟。自古人皆望，年来又一年。

赏月、拜月、吃团圆月饼等，或均源于月亮本身的这种性质。

苏轼《水调歌头》：

丙辰中秋，欢饮达旦。大醉，作此篇，兼怀子由。

明月几时有？把酒问青天。不知天上宫阙、今夕是何年？我欲乘风归去，惟恐琼楼玉宇，高处不胜寒，起舞弄清影，何似在人间？转朱阁，低绮户，照无眠。不应有恨、何事长向别时圆？人有悲欢离合，月有阴晴圆缺，此事古难全。但愿人长久，千里共婵娟。

中秋无月有感

2002 年中秋独自一人在汉，兀座（坐）待月，有感而作：

圆日志求道，玉兔总不明。略闻孤萤响，微见流星巡。

秉烛时叩月，何故以愁临。若不虚此夜，洗尽秋月尘。

现代笑话还是现代神话："奔月台"被找到了！！！？？

"嫦娥奔月的地方，就在我们新密。"[1]

"河南省非物质文化遗产普查重大新发现"集中采访活动来到了新密市牛店镇月台村，当地村民一席话，让大家既惊奇又兴奋，这个尽人皆知的神话传说中的主人公，真的是在新密奔的月？

二、史的深刻：史化民俗 —— 端午情

现在的端午节被定在每年农历的五月初五，又称端阳节、午日节、五月节、重午节等，与每年的春节、中秋节合在一起，被称为中国近现代还在广泛实行的三大节日。尽管节日内容在各地有所区别，但在饮食上的包粽子（或称"裹粽子"）应是基本食俗，不少人家都会在节日期间包粽子，许许多多不同味道不同种类的粽子都会在这个粽香的季节里纷纷涌现，以至于现在的各类粽子已非节日化、日常化、商品化也并未改变这一习俗；与这种食俗相应的是喝雄黄酒之饮俗。在节日意义上，在不少地方，一提起端阳节，人们总是会把它同楚国的爱国主义诗人屈原相联系，并认为端午节是中国汉族人民纪念屈原的传统节日，但在事实上，关于端午节的由来，其实向来都说法不一，不过就全球华裔华侨及中国人来说，更多的是说纪念五月初

---

[1] http://www.188mb.com/ NewInfor/ html/130284.htm。

五投汨罗江的爱国诗人屈原。多数人为了纪念屈原的爱国主义精神及崇高的人格美，甚至将一直流传的端午节原始民俗内涵给忘了，把一些原先未必是纪念屈原的划龙船及包粽子、赛龙舟，挂菖蒲、蒿草、艾叶，薰苍术、白芷等习俗都联系到他的身上，以至于现在大部分的人都只记得端午节和屈原有关，而一些新生代的年轻人甚至对屈原的故事本身也印象不深而只知吃粽子而已。因为在节日活动上，相伴端午节的赛龙舟比赛项目已不只是处处有，而且是超越节日界限而时时有。不过还是应强调的是，赛龙舟是端午节的主要习俗活动，且关于龙舟竞渡的文字记载早在南朝梁代（502—560 年）吴均的《续齐谐记》[1]，其后的许多记载都有相关赛龙舟的文字说明。有学者统计，在中国各地现存的数千种方志中共有 227 种方志有龙舟竞渡的记载，其中的"大众舟齐出发，赶往拯救屈原"及"一呐喊鼓乐吓退蛟龙"等说法会让人联想到屈原。所以，对于端午节的认知，的确值得推广。

（一）端午节之名

端午节的名称在中国所有传统节日中要算最多，多达 20 多个，堪称节日别名之最，如有端五节、端阳节、重五节、重午节、天中节、夏节、五月节、菖节、蒲节、龙舟节、浴兰节、屈原日、浴兰节、午日节、女儿节、地腊节、诗人节、龙日、午日、灯节、五蛋节等等，百度百科上对这些名称做了部分解释：

端午节："端"字有"初始"的意思，因此"端五"就是"初五"。而按照历法五月正是"午"月，因此"端五"也就渐渐演变成了"端午"。《燕京岁时记》记载："初五为五月单五，盖'端'字之转音也。"

端阳节：据《荆楚岁时记》记载，因仲夏登高，顺阳在上，五月正是仲夏，它的第一个午日正是登高顺阳天气好的日子，故称五月初五为"端阳节"。

重午节："午"，属十二地支，农历五月为午月，五、午同音，五、五相重，故端午节又名"重午节"或"重五节"，有些地方也叫"五月节"。

龙舟节：赛龙舟是端午节的一项重要活动，在中国南方十分流行，尤其是广东

---

[1] 吴均字叔庠，吴兴故鄣人，是齐梁时期著名的文学家和史学家。今人对他的诗歌作品关注较多，对其他作品则鲜有提及，他的志怪小说集《续齐谐记》无论是在中国志怪小说发展史上还是在对中国民俗、宗教的反映上，都具有非常重要的研究价值。对《续齐谐记》进行研究考证，可以使我们更加深刻地认识《续齐谐记》的文学价值、民俗学价值及其宗教方面的价值。

地区，广东地区称为扒龙船。它最早当是古越族人祭水神或龙神的一种祭祀活动，其起源有可能始于原始社会末期。赛龙舟历史悠久，已流传两千多年，是中国民间的传统水上体育娱乐项目，多是在喜庆节日举行，是多人集体划桨竞赛。传到国外后，深受各国人民的喜爱并形成了国际比赛。

当五汛：在上海部分农村，靠杭州湾北岸一带区域，如奉贤、南汇等地区，习惯上称"端五节"为"当五汛"。这里把端午节与水联系起来，在一些地方还把此期下雨叫"涨端阳水"。

天中节：此名称乃根据阴阳术数而来。明代田汝成《西湖游览志余·熙朝乐事》（卷20）："端午为天中节，是因为午日太阳行至中天，达到最高点，午时尤然，故称之为天中节。"日本以五月五日为"男儿节"，可能也是据天中节而来，因其认为只有男子秉承天地中通之气。

浴兰节：端午时值仲夏，是皮肤病多发季节，古人以兰草汤沐浴去污为俗。汉代《大戴礼》云："午日以兰汤沐浴。"

解粽节：古人端午吃粽时，有比较各人解下粽叶的长度，长者为胜的游戏，故又有"解粽节"之称。

女儿节：明沈榜《宛署杂记》："五月女儿节，系端午索，戴艾叶、五毒灵符。宛俗自五月初一至初五日，饰小闺女，尽态极妍。出嫁女亦各归宁，因呼为女儿节。"

端礼节：在湘南地区沿古俗，在夏日来临之时的"五月初五"，在门上挂艾叶，用艾叶洗澡驱蚊的一个洗礼。人们认为经过洗礼，可以驱走疟疾，能够安全的渡过这个夏日多蚊的季节。

菖蒲节：端午节除了是古代图腾祭祀节外亦是"祛病防疫"的节日。古人认为"重午"是犯禁忌的日子，此时五毒尽出，因此端午风俗多为驱邪避毒，如在门上悬挂菖蒲、艾叶等，故端午节也称"菖蒲节"。

……

（二）端午节之由

若要问"端午节何来"？问题就比较复杂，大致有四类说法，而每类说法或又自有区分，我们可略作介绍：

第一类算是历史情感说，我们在后面的"历史情怀"中阐明。

第二类是科学与信仰结合的爱国卫生运动说。该说起因于古代中国人对五月的一个特殊定性：五月是"毒月"或"恶月"，而五月初五更是极毒之首而为恶日，因为这天会邪佞当道，诸毒并出，因而这个节日在古代就成了一个消毒避疫的日子。若据《礼记》记载，端午节即源于周代的蓄兰沐浴；《吕氏春秋》中《仲夏记》一章规定人们在五月要禁欲、斋戒，或许也与这种认知有关；《夏小正》中记载："此日蓄药，以蠲除毒气。"《大戴礼》中记载："五月五日畜兰为沐浴。"这些以浴驱邪之说应都有针对恶月恶日的意义。更为恐吓的认知是认为重五日是死亡之日，如《史记·孟尝君列传》记历史上有名的孟尝君在五月五日出生，其父要其母不要生下他，认为"五月子者，长于户齐，将不利其父母。"《风俗通》佚文更有说："俗说五月五日生子，男害父，女害母。"汉代大学者王充的《论衡》都记载说："讳举正月、五月子，以正月、五月子杀父与母，不得举也。"而且，现实中还有驱避的先例：东晋大将王镇恶五月初五生，其祖父便给他取名为"镇恶"，不知道"江南七怪"之首的柯瞎子是否也是这一天出生而被称为"柯镇恶"；宋徽宗赵佶是五月初五生，因而从小寄养在宫外，即使当了皇帝，也不算善终。可见，根据文献上记载以及历代相传流行下来许多传说，从先秦以来以五月初五为恶日或为不吉之日，实在是一种普遍现象。所以这一天便流传了许多驱邪、消毒和避疫的特殊习俗如插菖蒲艾叶以驱鬼，薰苍术、白芷和喝雄黄酒以避疫，祭五瘟使者等就是顺理成章的事。并且人们还避"端五"忌讳，称为"端午"。由此可以看出，"端午节"虽然在信仰上有值得推敲的地方，但却在生活中有值得肯定的科学性。

与上述"恶月"、"恶日"相关的是"送标"说。著名的民俗学家江绍原先生有《端午竞渡本意》[1]考长文，他根据《古今图书集成》所引的"武陵竞渡略"的内容，认为本来即有五月（但不是五日）划船之俗，竞渡只是其中的一个内容，其中的"送标"才是其归结点，甚至认为竞渡都是由"送标"直接变出的，端午节的龙舟竞渡的根源正在于"送标"，并引用原文说：

> 今俗说禳灾，于划船将毕，具牲酒黄纸钱，直趋下流，焚酹诅咒疵疠夭札，
>
> 尽随流去，谓之"送标"；然后不旗不鼓，密划船归，拖置高岸，搭阁苦盖，

---

[1] 江绍原：《端午竞渡本意》，刊《江绍原民俗学论集》，上海：上海文艺出版社 1998 年版。

以待明年，即今年事讫矣。尔时民间设醮预压火灾，或有疾患，皆为纸船，如其所属龙船之色，于水次烧之；此本韩愈送穷，具车与船之意，亦非苟作。

据此，江先生结论说：

> 读此可知竞渡的前身，既不是一种娱乐，也不是对于什么人的纪念，而是一种"禳灾"的仪式。古人的思想很奇，他们以为"疵疠夭札"，是可以用船运走的；今人竞渡之日，正古人送灾之时。恐怕疵疠夭札不肯走，所以赂以"牲酒纸钱"；又恐软的手段不生效力，所以"诅咒"之，使它们非走不成。而且不得不预防它们被送走之后仍乘了原船重来人间，所以船到了下流之后，送它的人须"不旗不鼓"的偷着回来。这船既然是载不祥之物的，自身也不免成了不洁净的东西；所以人只得把它"拖置高岸，搭阁苫盖"，无论如何不作旁用的。竞渡的前身是"禳灾"或云送灾；送灾者用法术处理的公共卫生也。[1]

我们认为，江先生的考证是正确的，故此承认，端午节的龙舟竞渡本起源于古代的禳灾仪式，与上巳节的内在目标相一致的，其起源时间肯定远在屈原之前。

三类是基于信仰而成就的节日，具体即龙的节日说。大学者闻一多先生曾考证，认为端阳节是龙的节日，它的起源可以说与中华民族的起源一样的古老，因而绝对在屈原以前；端午节吃粽子、赛龙舟等习俗则源于对龙的原始祭祀，而以五彩线系臂避邪的风俗则是上古人类文身风俗的遗迹，于是，闻先生认为端午是吴越民族举行图腾祭祀的节日。[2]据闻一多先生的《端午考》和《端午的历史教育》等，他认为五月初五是古代吴越地区"龙"的部落举行图腾祭祀的日子，其主要理由有三：端午节的两个最主要活动——吃粽子和竞渡都与龙相关，粽子投入水里常被蛟龙所窃，而竞渡则用的是龙舟；竞渡与古代吴越地方的关系尤深，况且吴越百姓还有断发文身"以像龙子"的习俗；古代五月初五日就有用"五彩丝系臂"的民间风俗，这应当是"像龙子"的文身习俗的遗迹。

---

[1] 江绍原：《端午竞渡本意》，刊《江绍原民俗学论集》，上海：上海文艺出版社1998年版，第209页。

[2] 闻一多：《神话与诗·端午考》，载《闻一多全集》第1卷，上海：上海三联书店重印1948年开明书店本，第225页。

第四类可以看作是以科学认知为基础的信仰说。其中主要有东方苍龙说与夏至日说两说。东方苍龙说即学界将此节与对东方苍龙的观察联系起来。因为按照中国古代的历法，前边谈到，自秋分以后到第二年的农历正月的黄昏，作为天象的东方"苍龙"均处于一年的潜伏期，这即是《周易》乾卦初九爻的"潜龙勿用"。到了二月春分时节，作为龙头的角宿即升出了东方的地平线，此即民俗中的二月初二"龙抬头"，于《周易》乾卦则相当于九二爻的"见龙在田"；到了农历四月黄昏从地平线升上了天，于《周易》乾卦则相当于九四爻的"或跃在渊"；到五月夏至，苍龙位于正南的子午线一端上空，于《周易》乾卦则相当于九五爻的"飞龙在天"；到进入伏日以后就又开始向西方下沉，于《周易》乾卦则相当于上九爻的"亢龙有悔"；至秋分时"龙头"则完全沉入西方地平线下，于《周易》乾卦则相当于用九的"见群龙无首"，也称为"秋分潜渊"。据此，或认为：苍龙星象在夏至时升腾天上，位于正南阳位，这就是古代所谓龙为阳物，春分升天，秋分潜渊的天文依据。《夏小正》说："五月初昏大火中。"大火，东方苍龙的心脏。"大火中"就是大火中天。心脏中天，自然是苍龙中天了。这是一个神圣的位置，神圣的时刻。古人出于对天神的崇拜，到了这一天，便欢天喜地举行各类宗教活动：赛龙舟、吃粽子、喝雄黄酒、息艾避邪、贴赤灵符以避百病，等等，都是当年祭祀苍龙处正阳位的风俗孑遗。[1]

至于夏至日说，刘德谦先生在《"端午"始源又一说》和《中国传统节日趣谈》中提出了三个主要理由：一是史籍所载，权威性的岁时著作《荆楚岁时记》并未提到五月初五日要吃粽子的节日风俗，却把吃粽子写在夏至节中；至于竞渡，隋代杜台卿所作的《玉烛宝典》把它划入夏至日的娱乐活动，可见不一定就是为了打捞投江的伟大诗人屈原。二是节日内容所系，端午节风俗中的一些内容，如"踏百草"、"斗百草"、"采杂药"等，实际上与屈原无关。三是习俗所论，《岁时风物华纪丽》对端午节的第一个解释是：日叶正阳，时当中即端午节正是夏季之中，故端午节又可称为天中节。由此端午节的最早起源当系夏至。对此，陈久金先生从天文学上说："将五月五日定为端阳节，只是秦汉以后的事，在此之前，并非固定为初五日，而是定在夏至……汉朝以后将此节定在五月五日，只是依据民族习惯，喜欢使节日的

---

[1] 陈江风：《古俗遗风》，上海：上海文艺出版社1998年版，第34页。

月序和日序相同，如二月二、三月三、七月七、九月九等。"[1] 据此，陈先生还专门解释了端阳节的真实意义："端阳者，阳气之端点也。这就是说，端阳是阳气盛极，阴气即将回升之义，它就是指夏至。"陈先生这里的文献依据是《荆楚岁时记》"夏至节日食粽"与端阳食粽的相通性，从而定端阳节原本在夏至。

事实上，我们从《武陵竞渡略·竞渡考》中所说可见出最初的时间是有序列性的，并不是一个单一时间：

> 竞渡事本招屈，实始沅湘之间。今洞庭以北，武陵为沅，以南长沙为湘也。故划船之盛甲海内，盖犹有周楚之遗焉。宜诸路仿效之者不能及也。旧制四月八日揭蓬打船，五月一日新船下水，五月十日、十五日划船睹赛，十八日"送标"迄，便拖船上岸。今则兴废早晚，不可一律，有五月十七、八打船，二十七、八"送标"者。

从上述时间界定来看，"五月一日新船下水，五月十日至十五日划船赌赛"。其时间也的确在五月中旬前后的夏至日，这一点，在我们家乡的民俗中，说到端阳节时往往有大端阳、小端阳之分，大端阳正是五月十五，与史载之"五月十日至十五日划船赌赛"基本吻合。过去我一直不理解，为什么是"大端阳"而又不如"小端阳"隆重？原来是后来逐渐把节日文化内涵压缩在"小端阳"（五月初五）所至。

为什么定在这个月呢？原来五月有个不好的名称，叫"恶月"。按照江绍原先生的说法，在农耕文明时代，甚至于在前耕种时代，五月很容易被认为极有关系之月。要说明中国古人的"五月观"，我们最好引一些古书。《吕氏春秋》说："是月也，日长至，阴阳争，死生分；君子斋戒，处必掩身，欲静无躁，止声色，无或进，薄滋味，无致和，退嗜欲，定心气，百官静事无刑，以定宴阴之所成。"《齐民要术》云："五月芒种节后，阳气始亏，阴匿将萌，暖气始盛，虫蠹并兴……是月也，阴阳争，血气散，夏至先后各十五日薄滋味，勿多食肥醲。"《后汉书·礼仪志》云："仲夏之月，万物方盛，日夏至，阴气萌作，恐物不茂，……故以五月五日朱索五色印（桃印也）为门户饰，以难止恶气。"又如《荆楚岁时记》亦载："五月俗称恶月，多禁忌曝床荐席及忌盖屋。"（参看"浙江志书"，嘉兴府——"五月俗为恶月，禁

---

[1] 陈久金、卢莲蓉：《中国节庆及其起源》，上海：上海科技教育出版社 1989 年版，第 104 页。

吊丧问病之事。"）《野客丛谈随笔》云："齐书，高洋谋篡魏，其臣宋景业言宜以仲夏受禅。或曰五月不可入官，犯之不终于其位。景业曰，王为天下，无复下期，岂得不终其位。乃知此忌相承已久，不晓其义。仆观前汉张敞为山阳太守，奏曰：'臣以地节三年五月视事'；其言如是，则知前汉之俗未尝忌五月也……又观'后汉朔方太守碑'云：'延嘉四年九月乙酉诏书迁衙令五月正日到官，乃知拘忌之说，起于两汉之后。'"……江先生据此说：五月为恶月之说，不是阴阳家或少数士大夫所创始，而是早于他们的一种民间思想；阴阳家与士大夫至多是把这种相传已久的思想记载下来，而且给它一个阴阳论的形式而已。古人，尤其是已经进到耕种时代的古人，不能不注意太阳的运行和昼夜的长短。仲夏昼最长，过此渐短，仲冬昼最短，过此渐长。这由先民看来，必是太阳每年自仲夏时起，精力渐衰，自仲冬时起，精力复盛。若用阴阳论的名词说来，全年中昼夜长短的改变，全是阴阳之争；夏至后因阴气渐占优势，故白昼渐短，冬至后因阳气渐入盛时，故白日渐长。在古人的心目中，仲夏仲冬可说是两个危机，难怪吕氏于前者曰"日长至，阴阳争，死生分，君子斋戒……以定宴阴之所成"；于后者则曰"日短至，阴阳争，诸生荡，君子斋戒……以待阴阳之所定"。二者中仲夏只怕更重要，其时阳气初过极盛之期，一切妖魔鬼怪，一切疵疠天札好像都预备开始大活动，它们一面对太阳或阳气作快语曰："从前我们不敢惹你，但是从今以后该是你不能奈何我们之时了。"另一面又对我们的先民作恫吓语曰："小心点！你们依赖了来镇压我们，保护你们的那个大红灯笼，如今要一天比一天少照你们了；等着吧，我们都要找你们来了，管保你们从此以后肚子不太饱，身体不太强，儿女、牛羊不太繁殖。"不要忘记，先民是与猛兽毒虫以及疵疠天札竞存的；这些东西在他们的心目中都是妖魔鬼怪，都是与阴气为缘。五月阳气始衰，先民中怎能不人心大浮动，送瘟、打醮、佩符、浴草汤、喝苦水、夫妻戒盛，真是忙煞他们先民，笑煞我辈后人。而且，在五月里面，初五又特别被认为恶日呢？五月之所以多忌既然因它是夏至之月，那么此月中特别恶的日子，该是不定日的夏至，不是死板的初五呀？在回答之前，让我们先看普通人认为特别属于端午的各种禳灾仪，其实在各省不但有些地方在五月初一、十五、十七、十八举行，而且另有些地方确于夏至日举行……也正基于这种态度，五月的端阳节在全国各地的初始并非指向某一固定的时点。

（三）历史情怀

无论何种民俗文化现象，不管其善恶美丑、简单复杂，总有这样那样的原因或理由。自然，这种理由可能是正当的，也可能是不正当的。而且，我们还要强调，在这种种理由的背后，都一定有其内在的思想、情感或意志因素。如端午节的龙舟竞渡，即肯定有其内在的思想、情感诉求。自然，这种思想、情感诉求并不是一眼就能看清的。不过可以肯定的是，一种文化现象的发生，应是基于某种需要——如果用马斯洛的需要层次论来解释，即多种需要都可能成为其产生的促进因素。问题在于，如果当下的需要后来成了不需要，而当时产生的文化现象还仍然存在而不是随之渐渐消灭，只不过已不是原来的内容或思想、情感诉求罢了。这种改变即使这种文化现象成了满足另外某种需要的工具，甚至将其与某些重要人物或事件挂钩，以使之取得某种神圣的甚至是不可动摇的地位，我们在人们对端午节龙舟竞渡根源的解释上看到了这种情形：

纪念屈原说：根据目前所发现在材料，这一说法最早出现南朝梁代吴均的《续齐谐记》和北周宗懔的《荆楚岁时记》，如《荆楚岁时记》即说"五月五日竞渡，俗为屈原投汨罗日。伤其死，故并命舟楫以拯之"。据说，屈原在五月初五这天自投汨罗江而死，且死后又为蛟龙所困，世人哀之痛之，故每于此日投五色丝粽子于水中，以驱蛟龙。或另有传说，屈原一投汨罗江，即有当地百姓闻讯而马上划船捞救，一直行至洞庭湖也终未见屈原的尸体。那时又恰逢雨天，湖面上的小舟一起汇集在岸边的亭子旁。当人们得知是打捞贤臣屈大夫时，再次冒雨出动，争相划进茫茫的洞庭湖。为了寄托哀思，人们荡舟江河之上，此后才逐渐发展成为龙舟竞赛。据唐朝诗人文秀《端午·节分端午自谁言说》诗："节分端午自谁言，万古传闻为屈原。堪笑楚江空浩浩，不能洗得直臣冤。"至少可以说明把端午节同屈原联系起来已历史久远了。不过还应强调的是，中国的诗人节即因纪念爱国诗人屈原而定为端午节这天。

纪念曹娥说：据出自东汉的邯郸淳《曹娥碑》云，曹娥是东汉上虞人，父亲溺于江中，数日不见尸体，当时孝女曹娥年仅 14 岁，昼夜沿江号哭。过了 17 天，在五月五日也投江，五日后抱出父尸。此则又以重孝重亲之史。

纪念伍子胥说（迎涛神）：或说五月五日时"迎伍君逆涛而上，为水所淹，斯又东吴之俗，事在子胥，不关屈平也"。据史载：伍子胥名员，楚国人，父兄均被楚王所杀，后来子胥弃暗投明，投奔吴国并助吴伐楚，经过五次大的战役而攻入楚都郢城。当时楚平王已死，子胥掘墓鞭尸三百，以报杀父兄之仇。吴王阖闾死后，其子夫差继位，吴军士气高昂，百战百胜，越国大败，越王勾践请和，夫差许之。子胥建议应彻底消灭越国，可夫差不听，加上吴国大宰收受越国贿赂而谗言陷害子胥，夫差信之而赐子胥宝剑，子胥以此冤死。子胥本为忠良，视死如归，在死前还对邻舍人说："我死后，请将我的眼睛挖出来悬挂在吴京之东门上，好看着越国军队入城灭吴。"随后便自刎而死。夫差闻言大怒，令取子胥之尸体装在皮革里于五月五日投入大江，不过，这一吴国忠臣也因含冤而死化为涛神，世人哀而祭之，故有端午节。因此，相传端午节亦为纪念伍子胥之日。这则传说，在江浙一带流传极广。

纪念女诗人秋瑾：秋瑾字睿卿竞雄，号鉴湖女侠，小字玉姑，浙江绍兴人，幼年擅长诗、词、歌、赋，并且喜欢骑马和击剑，有花木兰、秦良玉在世的称号。28岁时参加革命，影响极大，在策划起义时为清兵所捕，至死不屈，于光绪三十三年（1907年）六月五日在绍兴轩亨口英勇就义。后人为敬仰她的诗，哀悼她的忠勇事迹，于是，与诗人节合并来纪念她。

其实，除了上述所说而外，还有一些说法，如介子推的忌日为五月初五；至《越地传》又有了"竞渡之事起于越王勾践，不可详矣"之说。自然，所有这些对历史人物的附说，其实都隐含的是一种后世之人追念他们高风亮节的一种精神寄托，充分体现了中国民俗文化注重教化的文化特征。事实上，端午风俗的起源无论是起源于禳灾还是祭天，均与上述那些历史人物无涉，赛龙舟、走旱船、吃粽子、扎五色线等，都是为了娱神、贿神，都有人类自身不同的功利作用与目的。当然，"随着历史的推移，以教化百姓，淳正风俗为目标，端午风俗才逐渐融入爱国主义内容，而屈原是最理想的人选。于是民俗选中了他，而其原始的含义在这一重大原型置换后，渐渐被人淡忘了"[1]。比如，从驱邪避疫，到纪念屈原等历史人物——五月初五祭迎伍子胥神灵、五月初五祭迎屈原的神灵，其实都直接指向了旧的统治体制并进行控诉，有的甚至说改为端午就是为避唐玄宗讳，那就更是控诉了；或许从严格

---

[1] 陈江风：《古俗遗风》，上海：上海文艺出版社1998年版，第34页。

的意义上，这是一个为着人类自身发展而采取的"技术"性节日，其中包括和谐自然的愿望——规避初夏暑气上升病毒流行的危险：采集艾叶、菖蒲插于门上，以酒浸泡雄黄涂于身体，实际上是为了驱邪禳毒，颇有防病消灾的科学意识。然而，端午节后来的意义起了很大的变化，其节日原意已在年复一年的社会变迁中逐渐损益，以至于今天的这个节日变成了一个中国人美食的节日，从旧有的角黍、粽子制作到今天的各式各样多姿多彩的包粽，不仅许多的地方都融入自己的地方美食特点在粽子中，而且形成了如今的粽子产业；不仅赛龙舟起于民间而走向官方，而且还起于中国走向世界，以至于在中国"端午节"为国家法定节假日之一，并列入世界非物质文化遗产名录；在韩国则有端午祭入选世界非物质文化遗产名录。

　　不过，在普通人家，端午节或许也可成为一种追思祖上先人的节日，笔者即曾有过这种体验，并于1975年调寄有《一剪梅·端午》以追思父亲：

> 思粽心衷人最敏，欲显真情，才显真情。
> 菖蒲艾叶亦为灵，思也温馨，想也温馨。
> 屈原子胥俱楚人，生得真诚，死得真诚。
> 或向子推重尔君，聚了成尘，散了成尘。

1975年端午节前我父亲去世了，过端午时特别有一种思恋，因而写下了这首《一剪梅·端午》词，不过倒也符合端午的实际。其实，在我们的家乡：①端午节是一个具有重要生产意义的节日——抢端阳水。我的家乡算是一个高山村寨，没有江河湖泊，自然没有赛龙舟之类。但是，农业生产需要雨水，而家乡在端午节期间往往会下大雨，老百姓谓之"涨端阳水"，这期间正好整田、栽秧，农谚有"芒种忙忙栽，夏至谷怀胎"之说，即此节日期间所强调的农事。②端午节是一个具有重要婚俗意义的节日——打端阳节。已定婚的青年男女之家，男青年这天要到女方去行礼拜节或称打端阳节，属未婚女婿要给丈母娘送盐蛋、粽子之礼。因夏日太晒需要防暑，故女方一般都要给男方回一顶草帽或一把扇子（属丈母娘给未婚女婿买的草帽、扇子一类防暑用具），农村基本上都是草帽，因而在农村又有"取草帽"一说，甚至也成了玩笑话，如某男对某家有女儿的妇女说："我要到你家取草帽"之类。在农村，送草帽还有勉励热爱劳动的意思，而扇子则有游闲的意味，所以农村基本上就是回赠草帽。此外，土家族还有敬秧神、土王菩萨的习俗。

（四）民族之花

中国民俗学会名誉会长乌丙安教授指出，端午节作为中华民族的传统节日，在中华民族大家庭中，除汉族之外，满、蒙、藏、苗、彝、畲、锡伯、朝鲜、土家、达斡尔等28个少数民族也过端午节。乌丙安说，端午节又称端阳节、重五节、天中节，其历史可以追溯到两千多年前。尽管端午节汉族有祭诗人屈原、祭伍子胥、纪念勾践或孝女曹娥等不同"地区版本"，但实际上它是在酷暑之前的一次全民性的避瘟驱毒、防疫祛病活动。乌丙安教授说，汉族过端午的习俗相当丰富，吃粽子、赛龙舟、插艾蒿、系五彩线等等。许多少数民族的端午习俗结合本民族历史风情也别有趣味。四川小凉山的彝族群众在端午节这一天纷纷进山采集草药，做防病治病之用；仫佬族过端午要抬着纸船到田间赶走害虫，祝祷禾苗成长；贵州苗族端午节除举行赛龙舟外，还举行踩鼓舞、唱歌、赶山、游方等活动；藏族民间过端午节，青年男女到郊野游乐，进行赛马、歌舞、游戏等活动。

乌丙安教授诙谐地说，一个小小的粽子，各民族就吃出了各自的花样。汉族最早是用新竹筒盛米煮成筒粽，后来才改用楝叶、菰芦叶、竹叶、苇叶裹黏米成尖角心形状，煮熟后食用。畲族将粽子称为牯角，用箬叶将糯米包成四角，再用龙草捆扎，十个一串。煮粽常用灰碱水，粽子煮好后，色黄气香，可存放半月；瑶族的粽子常用糯米配腊肉条、绿豆，形似枕头。也有人在糯米中加红糖、花生等制成素馅凉粽子；毛南族的端午节亦称为"药节"，他们用艾叶、菖蒲、黄姜等草药作馅包粽粑食用。乌丙安指出，端午节作为中华多民族的民俗大节，除了自古以来的避瘟驱毒、防灾去病的积极含义外，不可避免地掺杂了不同地方、不同民族的风俗色彩。比如侗族的浴兰习俗、藏族的采花习俗、瑶族的洗浴习俗、朝鲜族的运动会习俗、达斡尔族祭庙的习俗、仫佬族的赶虫保苗习俗、毛南族的防病习俗、土族的射箭比赛习俗、苗族端午习俗与苗族的龙船节、满族端午习俗、彝族端午习俗都阳节及杨梅会、仡佬族等的神仙坡节、水族端午习俗、普米族转山会……在端午节，畲族、京族有祭祖的风俗，土家族有敬秧神、土王菩萨的习俗，锡伯族有叼羊、赛马的习惯，赫哲、蒙古、鄂温克、那伦春、回、满、裕固、羌、彝、白、哈尼、拉祜、纳西、普米、布依、水、仡佬、壮等族也都有各种风格各异的习俗，由此可见端午节已成为中华民族的传统节日，是中华民族特有的文化形式。

（五）内美屈原橘树品格

在后世指向端午节的历史人物中，屈原应是一个传奇，一个具有最高内美的传奇。他生活在战国后期，经历了楚国由盛转衰而亡的楚怀王（前 328—前 299 年在位）和楚顷襄王（前 298—前 263 年在位）时期，是在战国"合纵"、"连横"的大环境中挣扎而至投水而死的伟大的爱国主义诗人，以至于把他投江而死的那一天定为"诗人节"。

屈原很看重自己的内美，其中包括内感于自己的名、字、生辰的内美，外感于客观对象其中特别是橘树之美，其殉节于爱国，或正出于其名之节，是真正的"名节"和真正的内美。

首先，他以自己的名、字为自豪，认为这是其先天具有的"内美"，故于《离骚》中说自己"纷吾既有此内美兮，又重之以修能"，并以此来要求自己而使之外显于社会；另一方面，在名（"屈平"）与字（"屈原"）二字中，隐含有"正则"、"灵均"的社会理想，故《离骚》又自豪地说："名余曰正则兮，字余曰灵均。"对此，李敬一先生有一个解释说：

> 屈原名"平"，"平"的意义是平正，而宇宙中最平正的事物莫过于"天"，天道是公正而可以法则的，所以屈原在诗中称自己名"正则"。"原"的含义是广平，宇宙中最广平的事物莫过于"地"，大地将它的所有财富平均地分给每一个生灵，所以说，养物均调莫过于地，屈原在诗中便称自己字"灵均"。[1]

其次，他以自己的生辰为自豪，认为这是其先天具有之"内美"的受命根基，故其在《离骚》中说："摄提贞于孟陬兮，惟庚寅吾以降。"肯定自己在恰逢寅年、寅月、寅日出生而显得高贵。据考证，这一天当是楚宣王三十年（前 340 年）的正

---

[1] 李敬一：《壮哉唐诗》，北京：新华出版社 2008 年版，第 295 页。

月初七，是"人"日[1]，因此这是"天"、"地"、"人"高度统一的一天。屈原以这一天自己出生作为自己高贵、内美的生命根基。

再次，他通过《橘颂》对自己的内美做了一个系统的概括，共表现为十六个方面，内外各八，最后归结为"可师长"、"可以为象"：

后皇嘉树，橘徕服兮。受命不迁，生南国兮。

深固难徙，更壹志兮。绿叶素荣，纷其可喜兮。

曾枝剡棘，圆果抟兮。青黄杂糅，文章烂兮。

精色内白，类任道兮。纷缊宜修，姱而不丑兮。

嗟尔幼志，有以异兮。独立不迁，岂不可喜兮。

深固难徙，廓其无求兮。苏世独立，横而不流兮。

闭心自慎，不终失过兮。秉德无私，参天地兮。

原岁并谢，与长友兮。淑离不淫，梗其有理兮。

年岁虽少，可师长兮。行比伯夷，置以为像兮。

通观该诗，在第一部分的一开始即肯定橘树乃天地孕育的美善之树，具有受命于皇天后土（后皇）的神圣性，从而表明其受命于天地并有自己的历史责任和使命，因而很快地来到了南方（"徕"通"来"）并适应了南方水土（"服"取习惯、适应意）；或许是因为禀受了再不迁徙的历史使命，因而就永远地生长在南方美丽的国土上了；橘树扎根深固难以迁移的品质，使他一心一意地扎根南方，那种立志是多么让人心折的专一（壹志）；橘树绿叶配着白花（素荣），叶儿显得碧绿，花儿绵绵素洁，纷纷扬扬，茂盛可喜，意态竟然是那样的缤纷可喜、可爱；纷繁复杂的重重青枝（曾枝），虽然带着尖利的刺芒（剡棘），那也不过是为了惩罚袭扰者，借以捍卫那累累而圆美的果实（"抟"通"团"，圆圆的；或同"圜"，环绕意）；在橘树青色和黄色的错杂相间中，不仅透出色彩斑斓的秀美，而且在灿若霞辉的色彩中折射出了智慧的光芒；橘树鲜明的外表颜色是那样的精纯鲜明，橘树内瓤的素色又是那样的莹洁雪白，二者是那样的相协切和而完美，好比于那些能担大任的有道君子，甚至就是

[1] 俗以农历正月初一为鸡日，初二为狗日，初三为猪日，初四为羊日，初五为牛日，初六为马日，初七为人日，各有禁忌。南北朝诗人薛道衡有《人日思归》诗，可见此俗起源很早，其诗曰："入春才七日，离家已二年。人归落雁后，思发在花前。"

大道本身，真是伟大呀！橘树不仅长得繁茂、气韵芬芳、清香馥郁，而且修饰得体、意度潇洒、仪态翩跹，一种超凡脱俗的天生丽质，实在没有任何丑的瑕疵……

经过了对橘树形象美的全面评价后，屈原进入了对橘树内在美的评价，一气肯定了橘树的八种品德：第一是肯定橘树的根正苗红，赞叹那扎根南国的橘树从小就有与众不同的长远志向，可见是少年立志担大任，自然难能可贵；第二是肯定橘树独立于世、不肯迁移的坚定性、专一性，用"难道说"来强调那是值得令人欣喜和赞颂品德。第三是肯定橘树扎根深固而不随意迁移，通过深固其根来彰显其意志坚强，具有到一地即爱一地、美一地、富一地的大爱，这是一种心胸开阔而不求私利的崇高志节。第四是肯定橘树具有冷眼看世界、智慧辨清浊，中流自搏浪、浑世不随波的超然自立、超凡入圣的洁净品格；第五是肯定橘树始终保持清净纯洁之心，警惕、戒惧、谨慎、自重，因而始终没有什么罪愆过失，这种闭心弃欲、谨慎自守而终无过失的完美，并不是谁都能做到的。第六是肯定橘树所始终保持的那种无私品德，可与天地之大德比肩。第七是肯定橘树的那种任由岁月轮回而生死不渝的品格，能够成为其他誓同生死之物的长期朋友，达到友谊长存，即使在众芳俱谢的岁寒也态度坚贞，这的确难能可贵。第八是肯定橘树秉性美丽而善良、自守而不放纵、正直而清纯、坚挺而理正，正所谓"善良美丽而不淫，性格刚强而得理"。在陈述上述八美之后，做出了两个肯定性的总体评价：一个是说橘树即使现在的年岁还很轻，却已可以做我钦敬的师长了；另一个是说橘树的品行就像伯夷的品德那样崇高，因而将永远是我立身做人做事的榜样……

可见，《橘颂》一开始就给人以一种别出心裁的特殊感觉，因为在多橘的南方，只有谁才配发现橘树之真美善？按照司马迁（约前 145 或前 135 －？）《史记》《苏秦传》《货殖列传》等述橘之章有"蜀汉江陵千树橘……此其人皆与千户侯等"的记载，早在汉代以前，江陵一带即已以产橘而闻名遐迩，并出现了种橘致富的类"千户侯"了。并且，这种类"千户侯"还不是少数，而是"此其人皆与千户侯等"。就是在这样的一种产橘之地，以"颂"体而不是"风、雅"之体来写橘树，本身即不仅是眼光独到，而且也价值倾向明显了。

《橘颂》先从橘树扎根南方的根源说起，说那是"受命不迁"的品质，以至于出现了《晏子春秋·内篇杂下》所记"橘生淮南则为橘，生于淮北则为枳"之说，体现了其内在意志的坚定性；此后层层递进，由部分而整体，从生长地（受命）、根、叶、枝、果、色、实、态……直到总体评价，把橘树的外在美做了精准、明晰、深刻的赞颂。在此基础上，屈原更深入橘树之内在的精神美，与其在《离骚》中批判的"羌无实而容长"、"委其美而从俗"等形成了鲜明的对比："独立不迁"的坚定志向，"横而不流"、"淑离不淫"的高尚气节，"愿岁并谢，与长友兮"的坚贞品格，"可以师长"、"可以为像"的崇高范型……这一切表明，屈原已经把自己的内在美全都投射到了橘树之上，故清人林云铭在《楚辞灯》中明确地肯定了二者的统一："看来两段中句句是颂橘，句句不是颂橘，但见（屈）原与橘分不得是一是二，彼此互映，有镜花水月之妙。"事实上，令人叹惋的屈原之死，本身已实践了屈原的内美。甚至可以说，从《橘颂》本身，即可知屈原会为节而死。

对此，我们从西汉贾谊的《吊屈原赋》中亦看出屈原的必死：

谊为长沙王太傅，既以谪去，意不自得；及度湘水，为赋以吊屈原。屈原，楚贤臣也。被谗放逐，作《离骚》赋，其终篇曰："已矣哉！国无人兮，莫我知也。"遂自投汨罗而死。谊追伤之，因自喻，其辞曰：

恭承嘉惠兮，俟罪长沙；侧闻屈原兮，自沉汨罗。造讬湘流兮，敬吊先生；遭世罔极兮，乃殒厥身。呜呼哀哉！逢时不祥。鸾凤伏窜兮，鸱鸮翱翔。阘茸尊显兮，谗谀得志；贤圣逆曳兮，方正倒植。世谓随、夷为溷兮，谓跖、蹻为廉；莫邪为钝兮，铅刀为铦。吁嗟默默，生之无故兮；斡弃周鼎，宝康瓠兮。腾驾罢牛，骖蹇驴兮；骥垂两耳，服盐车兮。章甫荐履，渐不可久兮；嗟苦先生，独离此咎兮。

讯曰：已矣！国其莫我知兮，独壹郁其谁语？凤漂漂其高逝兮，固自引而远去。袭九渊之神龙兮，沕深潜以自珍；偭蟂獭以隐处兮，夫岂从虾与蛭螾？所贵圣人之神德兮，远浊世而自藏；使骐骥可得系而羁兮，岂云异夫犬羊？般纷纷其离此尤兮，亦夫子之故也。历九州而其君兮，何必怀此都也？凤凰翔于千仞兮，览德辉而下之；见细德之险徵兮，遥曾击而去之。彼寻常之污渎兮，岂能容夫吞舟之巨鱼？横江湖之鳣鲸兮，固将制于蝼蚁。

另外，《田氏一家言》中有田宗文《过三闾祠有感》，可见屈原在少数民族文人中亦影响较深：

纫兰过古岸，选胜吊遗祠。积雨迷芳社，哪能不损思？

三、思的洞察：哲理民俗 —— 子贡观腊

在《孔子家语》有一则"子贡观于腊"与孔子的问答。

> 子贡观于腊。
>
> 孔子曰："赐也，乐乎？"对曰："一国之人皆若狂，赐未知其为乐也。"
>
> 孔子曰："百日之劳，一日之乐，一日之泽，非尔所知也。张而不弛，文武弗能；弛而不张，文武弗为。文武之道，一张一弛。"

这则故事出自《孔子家语·观乡射第二十八》，是本篇的最后一个故事："腊"是古代先民在冬天时，在田野里猎取野兽，来祭祀祖先的重要节日。腊祭这一天家家焚香设火，户户结彩铺毡，白日里人们走街串巷，鼓乐欢呼，入夜则火把通明，夜不入寝。子贡从街上回来，孔子问他："看了腊祭，很高兴吧？"子贡却不以为然地回答说："举国上下百姓们欢喜若狂，我真不知道这算什么快乐！"孔子说："百姓们常年辛劳，一年到头就这一天快乐，就这一天放松，这真不是你能体会知道的。紧张而不放松，文王、武王都做不到；放松而不紧张，文王、武王也不会这么做。一张一弛，是文王、武王的主张啊！"本篇开始还有一个"观乡射"的故事：

> 孔子观于乡射，喟然叹曰："射之以礼乐也，何以射？何以听？修身而发，而不失正鹄者，其唯贤者乎？若夫不肖之人，则将安能以求饮？《诗》云：'发彼有的，以祈尔爵。'[1] 祈，求也。求所中以辞爵。酒者，所以养老、所以养病也。求中以辞爵，辞其养也。是故士使之射而弗能，则辞以病，悬弧之义。"[2]
>
> 于是退而与门人习射于瞿相之圃，盖观者如堵墙焉。射至于司马[3]，使子路执弓矢，出列延，谓射之者曰："奔军之将，亡国之大夫，与为人后[4]者，不得入，其余皆入。"盖去者半。又使公罔之裘、序点扬觯而语曰："幼

---

[1] 旧注："祈，求也，言发中的以求饮尔爵也。胜者饮不胜者。"

[2] 旧注："弧，弓也。男子生则悬弧于其门，明必有射事也。而今不能射，唯病可以为辞也。"

[3] 旧注："子路为司马，故射至，使子路出延射。"

[4] 旧注："人已有后而又为人后，故曰与为人后也。"

壮孝悌，耆老好礼，不从流俗，修身以俟死者，在此位。"盖去者半。序点又扬觯而语曰："好学不倦，好礼不变，旄期[1]称道而不乱者，在此位。"也盖仅有存焉。

射既阕，子路进曰："由与二三子者之为司马，何如？"孔子曰："能用命矣。"

"乡射"本是古代的地方长官在春秋两季以礼会民、习射于境内的学校，或相当于现在的干部院校。孔子在观看乡射礼之后即长叹一声说："在射箭的时候配上礼仪和音乐，射箭的人又怎么能一边射而一边听呢？必须有一番努力修养身心的功夫，才有其所发出的箭射中目标的可能。也就是说，只有具备贤德的人才能够做得到。如果是一个不肖之人，他又怎么能射中而罚别人喝酒呢？"说到此，孔子举出《诗经·小雅·宾之初筵》的话说："发射你的箭射中目标，祈求你免受罚酒。"原来在古代有一个习俗：射箭之前进行祈求。祈求什么呢？祈求射中而免受罚酒。原来，这酒只是一种被人养老和养病的代称，祈求射中而辞谢罚酒也就是在推辞别人的奉养，应是说明自己能自食其力。而按照古代的生产生活习俗，约略男子生来就应该会射箭，如果让士人来射箭，假如他又不会，就是不正常的事，除非他有病，所以只好以有病来辞谢。而这又涉及古代的另一风俗，即所谓"悬弧之义"：若家中生了一个男孩，便在门左首悬挂一张木弓以示庆贺，孔子这里即以此一风俗暗示射箭是男子从事的事。可以看出，这则故事的民俗内容十分丰富。

孔子观乡射回来以后，也开始和弟子们在矍相的园圃中学习射箭了，前来观看的人好多好多，就好像一堵围似的。当射箭之礼轮到子路时，孔子就让子路手执弓箭出来邀请比射的人，说："败军之将、丧失国土的大夫、求做别人后嗣的人，一律不准入场，其余的人进来。"人们一听这话，就走了约一半。于是孔子又让公罔之裘、序点举起酒杯说："幼年壮年时能孝敬父母，友爱兄弟，到老年还爱好礼仪，不随流俗，修身以待终年的人，请留在这个地方。"结果又走掉一半。序点又举杯说："好学不倦，好礼不变，到老还言行不乱的人，请留在这里。"结果只有几个人留下没走。射箭结束后，子路走上前对孔子说："我和序点他们这些人做司马，如何？"

---

[1] 旧注："八十、九十曰旄，言虽老而能称，解道而不乱。"

孔子回答说："可以胜任了。"对此，孔子则从更深层次地说：子曰："吾观于乡而知王道之易易也。"意思是说：我参观过乡饮酒礼以后，就知道了王者教化的推行是很容易的事了。由此可见，作为哲学家的孔子是如何看重这些习俗。所以才会亲自带领弟子们去练习，而且在习射的同时不失时机地对民众进行教育。

现在回过头来看腊祭的本然。笔者曾在《土家族古代十月太阳历》一文中说道：作为信仰，腊祭为年终祭祀名，是古代阴历十二月的一种祭祀，或在冬至后第三个戌日祭祀众神；作为历史，其在不同的时代有不同的说法，蔡邕《独断》谓："夏曰嘉平，殷曰清祀，周曰大蜡，汉曰腊。"从其与民众生活的关系看，汉代杨恽于《报孙会宗书》中从民疾的层面加以认知："田家作苦，岁时伏腊，烹羊炮羔，斗酒自劳。"而作为人生，田艺衡《玉笑零音》[1]曾谓："人之初生，以七日为腊；人之初死，以七日为忌。"可见其的人生意义。现详细介绍当时文中的观点如下：

腊为岁中大祭，许慎《说文解字》说："冬日后三戌，腊祭百神。"据荀爽《礼传》记载："夏曰嘉平，殷曰清祀，周曰大蜡。"《史记·秦本纪》记载秦惠王"十二年（前326 年）初蜡"即始以国家名义提倡。《礼记·月令》说："天子乃祈来年于天宗、大割，祠于公社及门闾，腊先祖五祀，劳农以休息之。"据说孔子曾就蜡祭时"一国之人皆若狂"论证了张弛治国安民的道理。[2]《左传》僖公五年讲唇亡齿寒故事，宫之奇曾把"虞不腊也"作为亡国的标准，可见腊祭在古人心目中的重要地位。

（一）腊祭为上古年节

腊祭与貙膢祭一样为上古新年，这在史籍中有确证。《史记·天官书》记载："凡候水美恶，谨候岁始。岁始或冬至日，元气始萌。腊明日，人众卒岁，一会饮食，发阳气，故曰初岁；正月旦，土者岁首，立春日，四时之始也。四始者，候之日。"又《汉书·天文志》说："汉魏鲜集腊明正月旦决八风。"《吕氏春秋·季冬纪》高诱注："大傩，逐尽阴气，为阳导也。今人腊岁前一日，击鼓驱疫，谓之逐除是也。"

---

[1]　百度百科介绍说：田艺衡，字子艺，明末钱塘人，田汝成之子，以岁贡生为徽州训导，罢归。曾任应天（今南京）府学教授，博学，工诗文，少年时即以诗赋著名，其文"神采中涵，奇辉外射"；为人"高旷磊落，不可羁縻"。著作颇丰，有《田子艺集》《煮泉小品》《留青日札》《玉笑拾零》等。曾访问讲学于杭州各大书院，有《游万松书院侍宗师与杨秋官弈见湖亭修真率会晚别江津有作》诗。

[2]　见《孔子家语·观乡射》《礼记·杂记》。

又《乾淳岁时记》说："禁中以腊月二十四为小节夜，三十日为大节夜。""二十四谓之交年。"东汉崔寔《四民月令》说："腊明日谓小岁。进酒尊长，修刺贺君师。"不难看出，腊日叫初岁，与王者农历正月一日相当；腊日在二十四日，是两年相交之日，古十月历以二十四日起过年，休息五至六日而至第二年，故叫交年；腊日也叫小岁或小节夜，即小年，除蔡邕《独断》所说的"迎送五日"之"岁终大祭"而至大年，实是人众卒岁的土家等民族先民的远古年节，属岁中大祭之节。[1]

（二）腊祭古在十月

因为古十月历之故，腊祭本在十月。《礼记·月令》说是"孟冬之月""腊先祖五祀，劳农以休息之"。《隋书·礼仪志》（二）载文帝诏曰："'古称腊者，接也。取新故交接。前周岁首，今之仲冬，建冬之月，称腊可也。后周用夏后之时，行姬氏之腊，考诸先代，于义有违。其十月行腊者停，可以十二月为腊'，于是始革前制。"即说周用夏后之时，于十月举行腊祭不合礼义，遂改为十二月。而夏用的正是古十月历，那时约公元前30世纪前后，大火旦昏中天，正逢冬夏至之时，也正符合十月太阳历冬夏两个新年之制。[2]

（三）腊祭为古虎祭

《史记·天官书》释腊，说腊日为岁终祭日和休息日，以腊明日为正岁、腊岁或岁初。《风俗通义》则言："腊者，接也，新故交接，故大祭以报功也。"又《汉书·礼仪志中》说："冬季之月，星回岁终，阴阳以交，劳农亨大腊。"即并以腊日为新年与旧年的交接日期。《礼记·月令》说："腊，谓以田猎所得禽兽也。"《风俗通义》说："腊，猎也，言田猎取兽，以祭祀其先祖也。"即又以猎狩来释腊。至《路史·前纪·太乙氏》说神农、黄帝、老子都"受要于太一君"，注引《道书》说：太一君"讳腊"，则又以"太一"释"腊"。

事实上，腊祭即为古虎祭。据学界研究，"太一"神出自楚地虎民，而"太一"又讳"腊"，实是古文记音。腊、老、罗、李、尼、俚等并可称为虎。腊亦即喇，

---

[1] 陈久金、卢莲蓉：《中国节庆及其起源》，上海：上海科技教育出版社1990年版。

[2] 陈久金、卢莲蓉：《中国节庆及其起源》，上海：上海科技教育出版社1990年版，第193页。

《盐源县志》载元、明时称土司为"喇他"，"他"即首领，"腊"或"喇"为记音，故言"姓喇。喇，虎也"，知"腊"为古虎称。"老"，古有天老而后有老子，实罗子或罗罗，即虎。《山海经·海外北经》说："有青兽焉，状如虎，名曰罗罗。"此即其证；李、尼、力、利为虎，"尼"亦为虎之称，故孔子"虎掌"，"孔子母征在梦，感黑帝而生，故曰玄圣。""首类尼丘山，故以为名。""孔子反宇，是谓尼父。"[1] 此"尼父"，即"李父"，杨雄《方言》卷八说："虎，陈、魏、宋楚间或谓之李父，江、淮、南楚之间谓之李耳。"依此求之，老子即罗子即李耳，为虎；孔子生于尼丘即虎丘，感于黑帝即黑虎之谓；至于僚人或里人为虎民。

总之，腊祭即古虎民其中也包括今土家族祭祖之节，是远古新年，其时当在冬至时，因使用十月太阳历而在十月。因"虎"称"喇"或"腊"或"纳"之故，虎民也称为喇民、腊民、纳民，如《河图括地象》称："纳民无继，民并穴居，食土，无夫妇，死则埋之。"……

（四）民族之花

中国是一个幅员辽阔的民族大家庭，除汉族而外还生活着 55 个少数民族。各民族人民长期以来共同生活，相互交流影响，从而在文化传统、生活习俗上呈现出许多相同之处。作为中国最为普遍的传统节日，春节在一定程度上已经成了各族人民共同的佳节。春节不仅是汉族的第一大节，也是许多少数民族的重要节日。据记载的材料统计，春节已经成为包括汉族在内的 30 多个民族的共同节日，其中 32 个少数民族普遍过春节。由此可见春节在各族人民心目中的地位。当然，由于各民族生活方式、风俗习惯以及地理位置的差异，因而形成了丰富多彩的具有民族特色的春节习俗，具体可参见《一方水土 一方年节 —— 少数民族的春节习俗》一文。[2]

---

[1] 黄奭：《逸书考·春秋演孔图》。

[2] 本节录自《中华民居》编辑部整理之《一方水土 一方年节——少数民族的春节习俗》，《中华民居》2012 年第 1 期，第 42—58 页。

后　记

　　20世纪80年代在恩施州工作期间，我给自己取了一个特殊的笔名：施铎。施，自然指的是恩施；铎，按照字书的解释，它是一种中国古代乐器，大铃，形如铙、钲而有舌，是古代宣布政教法令所用的器具，盛行于中国春秋至汉代，有木铎、铃铎、铎舞等用例，柄短而呈方形，体腔内有舌或无舌，有舌者可摇击发声，舌分铜制与木制两种，铜舌者为金铎，木舌者为木铎。我以此自名，结合"洪恩"，实际上即是自己给自己界定了思想之"铎"的责任——恩施之铎，直到进入华中农业大学工作后，电子邮箱也仍然以此名之，可见自己对此责任的坚守。在一定程度上说，这已成了我的一种信仰。

　　用"施铎"为笔名期间写了不少关于恩施民俗文化方面的文章，其中不少也的确有震铎的作用，如关于恩施州的发展方向问题，当时即提出在围绕农业现代化展开的思路，到现在看来也并不错：

　　　　发展的问题是一个认识问题，恩施的发展问题，也就是对恩施的认识问题。因此，恩施的经济、技术、社会的大发展，必须有一个文化的大发展作前导……

　　　　凡此等等，一并说明，在发展恩施的指导思想上，我们只能在"四化"建设中化农业，即实现农业现代化。因为只有化农业，才能使我们在保持历史连续性的基础上走出恩施旧文化的圈子。因此，我们的工业，只能在辅助农业上做文章，即以工补农。我们的商品经济，应当围绕农产品商品化做文章，因而是发展农业商品经济，即把商品经济纳入农业现代化的轨道。我们要上马什么项目，不能只因为它能找钱，而要因为它有利于农业现代化。所以，用大农业现代化作为我们的指导思想，以粮稳农，以工补农，以商促农，以特富农，以牧带农，以林支农，以文美农。真正唱一个农业现代化的大合唱，我们才能有希望……

从新文化中探求走出恩施旧文化圈子的可靠手段。新文化的义域，当然是指以现代科学为轴心的现代文明，它所培育的文化复合体——民众的现代素质，是我们得以走出恩施旧文化圈子的根据。因此，兴民力、开民智、动民情、鼓民劲、强民志、聚民心，就现实地成为我们振兴恩施的强力手段。第一，自然科学的发展，是开启民力的手段。从历史发展看，科学的发展与运用，是社会变迁的强力推动因素，特别是技术决定一切的时候更是这样。但是，这种推动因素并没有引起我们的多大注意。最近武汉召开的全国实用新科技推广会议，唯恩施只一自费者参会就是例证，尽管有许多技术是可以直接服务于恩施的农业现代化的。第二，发展社会科学，开发民众智力。我州的社会科学界，一直处于各烧各的香、各扫各的庙的境地，作为社会科学联合体的社会科学联合会，名有实无，无法发挥作用。因此，作为一种特定生产力的社会科学，难以起到开民智的作用。第三，发展文艺事业，调动民众感情。我们要开发恩施，必须有"恩施文学"的呼唤，借以调动民众感情。因此，在恩施的未来发展中，必须大兴民力，大开民智，大动民情。同时还要采取措施，大鼓民劲、大强民志、大聚民心，这也就是以现代新文化扶农。

该文题名《试论恩施州的文化变更与社会发展——兼对恩施州民众心态的文化透视》，写于我还在恩施州社会科学联合会工作期间，但直到 1997 年整理出版《土家族民族文化》论文集时才得以公开出版，其中的原因即因上述观点在一次大会上发言并被地方报纸登载后引起了强烈反弹。不过即使如此，我的文化信念并未动摇，现今的恩施发展已做了迟到的证明。

　　我之所以要在"后记"中提到此文，其实也与在"前言"中列举那些文字一样，强调我之思想的历史连续性，也算是为了与本书有一个历史对比——尽管在观点上会有所区分，但在文化精神与文化价值的取向上，我是一如既往的。直到现在，我仍然期待在中国的民俗文化中去发现我们前进的根基，这就是本书以《民俗文化鉴赏》为书名的原因。